武道學講論

附: 日本武道傳書

杉山重利 編著
金 針 暾 編譯

Academy House
學 士 院

역자 서문

오랫동안 한국은 「文의 나라」로 불리며, 숭문천무(崇文賤武) 사상으로 「尙武」나 「武의 精神」·「武士道」가 강조되는 데에 저항감을 갖기도 하였다. 그러나 지금 만일 한국에서 「武의 精神」·「武士道」를 논한다면 일본의 무사도(武士道)가 오히려 한국으로부터 전래된 것이라고 주장하는 학자도 있기에 일본의 무도(武道)를 재검토하면서 비판적으로 적극 연구·논의되기를 바라는 마음에서 본서(本書)를 편역(編譯)하였다.

서양인들은 「펜은 칼보다 강하다」라고 생각하는 반면, 일본인들은 문무일치(文武一致)·문무겸전(文武兼全), 즉 문(文)과 무(武)는 하나라고 여긴다. 또한 일본의 무사들은 험난한 무도(武道)의 길에 더욱 정진함으로써 깨달음과 무예의 이상을 추구하였으며, 무도를 수련하기 위해서는 자기 자신을 다스리기 위해 엄한 훈련의 고통을 참아내며 위험에 직면해서도 흔들림 없는 마음을 닦아야 한다고 강조하고 있다. 무사의 길이란 단순히 병법(검술·무도)을 훈련하는 것을 가리키는 것이 아니라 무사도에 따라 사는 것을 의미하였다.

이제 우리도 일본의 무도를 좀 더 객관적이고 체계적으로 연구하는 것이 우리 한국무예의 전통을 확고히 하고, 더욱 풍성하게 만들어 줄 수 있는 길이라 믿는다.

한국의 주류 무도스포츠라 할 수 있는 검도·유도·태권도·합기도는 일본의 켄도·쥬도·가라테·다이토류 합기유술의 직접적인 영향아래 탄생한 신무술이라 할 수 있다. 하지만 이러한 사실들이 세상에 알려지기 시작한 것은 그리 오래되지 않은 일이다. 오히려 이때까지 알려지고 홍보되었던 역사는 고구려 벽화나 신라 화랑, 고려사(高麗史)에 나오는 수박(手搏), 택견(태껸), 무예도보통지(武藝圖譜通志) 등이 논문이나 학술지에 인용되면서 대대로 이어져온 우리의 전통무예로 인식되어 왔고, 일부에서는 아직까지도 그에 대한 미련에서 벗어나지 못하고 있다.

韓·日간의 불행했던 과거사로 인해 극일·반일 정서가 팽배했던 우리나라로서는 현대무도스포츠(태권도·유도·검도·합기도)가 일본으로부터 도입되었다는 사실을 얘기하는 것조차 부담스럽고, 또한 치욕스러워하는 정서가 남아 있다. 때문에 일부 무술인들의 감상적인 민족의식의 발로에서 왜곡된 역사를 표방해왔던 것도 사실이다.

그럴 수 있다면 좋겠지만 아무리 우리의 역사를 다시 찾아보아도 한국의 현대 주류 4대 무도스포츠는 그 근원이 전통적인 우리 것이라고 주장하는 학문적 연구가 너무도 부족하다. 그렇다고 한국의 현대 주류 4대 무도스포츠들이 일본의 아류라고 단정짓는다면 그것은 분명히 아니라고 말할 수 있다. 이미 한국의 현대 주류 4대 무도스포츠는 적어도 기술의 외형적인 측면에서 본다면 일본의 원형에서 탈피한 독자적인 무도로 재탄생되었다.

태권도와 같은 경우 이미 단일종목으로서는 세계 최대규모를 자랑하고 있으며, 합기도의 경우 족기술(足技術)의 도입과 술기(術技)에 대한 해석이 일본과는 다른 독창적인 영역으로까지 발전해 나간 상태이다. 물론 검도나 유도와 같은 경우에는 세계적인 경기연맹이 결성되어 있고, 경기적 요소가 강한 이유로 국제적인 룰에 따라 원형을 그대로 유지할 수밖에 없지만, 이념적 접근방법이나 이론의 독자성은 어느 정도 갖추어졌다고 볼 수 있다. 또한 외적인 기량에 있어서도 이미 오래전부터 종주국 일본을 위협하는 수준에서 능가하는 정도의 기술적 영역을 확보하고 있다.

하지만 그렇다고 해서 태권도가 택견에서 비롯되었고, 합기도가 신라시대부터 이어져온 우리의 전통무예라고 주장하는 것은 역사적 사실을 뒷받침하진 않는다. 또한 근대 유도의 원형이었던 유술이 고구려의 각저(角抵)에서 분파된 우리무예였다는 억측도 너무 민족주의적인 편견과 고집일 뿐이다.

뿐만 아니라 호구를 쓰고 죽도를 휘두르면서 신라 화랑을 거론하는 것은 한국 검도계와 신라화랑 모두에게 민망한 일이 아닌가. 따지고 보면 무예도 문화의 한 부분이다. 일찍이 우리 문화는 중국으로부터 많은 영향을 받았고, 일본은 우리 한국으로부터 지대한 영향을 받으며 성장했다. 물론 시대적 상황에 따라 그 반대의 경우도 있었다.

결국 이렇게 전파된 문화는 자국의 정치·경제·문화·사회적 배경 속에 스며들어 독자적인 형태를 띠게 되고, 시간이 지나면서 수많은 시행착오와 함께 고유의 전통이나 정통성을 부여받게 된다. 즉 동양3국 무(武)의 문화라는 것은 필요와 흐름에 따라 전이되지만, 그 토양에 따라 다른 모습으로 꽃피게 되었다고 볼 수 있다.

그리고 반도라는 지정학적 이유로 우리나라는 수없는 외침을 받았지만, 그러나 일제 36년간의 강점기를 제외하면 한 번도 이민족의 완전한 지배를 받은 적이 없었을 만큼 독자적인 문화를 유지해 왔다. 그 기반에는 고구려의 조의선인(皁衣先人), 신라의 화랑(花郎), 백제의 싸울아비(武士) 등과 같은 훌륭한 무예집단이 있었고, 수박·택견 등으로 단련된 민중들의 상무정신이 있었기 때문에 가능했다고 보는 것이다.

하지만 오히려 기존의 한국 주류 4대 현대무도들은 태생의 한계와 양적팽창에만 급급했던 나머지 현대무도로서의 제 가치창조나 학문적·철학적 연구에 소홀했던 것이 사실이다.

비록 태권도가 단일종목으로서는 세계 최대규모로 성장했다고는 하나 아직까지 역사에 대한 정통성을 제대로 밝히지 못하고 있으며, 철학적·사상적 체계가 일본의 그것들에 비하면 부족한 감이 있다.

유도와 검도가 이미 종주국인 일본을 능가할 정도로 기술적인 발전을 했다고는 하나 이 역시도 한국적 기술계발·가치창출이나 이론정립이 미비하다.

또한 합기도와 같은 경우는 기술의 우수성에도 불구하고 그것을 체계화시키지 못하고 있으며, 협회의 난립으로 이전투구를 일삼고 있다. 특히 일부 몰지각한 단체장들은 합기도를 상업화시켜 경제적 치부의 수단으로 활용하는 장사치와 같은 협잡을 일삼고 있기도 하다. 그리고 주류 무도단체들의 이러한 안일함이 결국 오늘날 우리 무예의 현주소를 만들어냈다.

늦은 감은 있지만 2008년 3월 28일(국회통과) 「전통무예진흥법」이 제정(2009

년 3월 29일부터 시행)되어 한국무예 발전에 새로운 계기를 만들게 되었다는 것은 상당히 고무적인 현상이라고 볼 수 있다. 또한 기왕에 전통무예의 새로운 기틀을 제공했다면 정부나 관련기관에서는 기득권의 무예보다는 아직 성숙되지 못한 많은 자생무예에 더욱더 애착과 관심을 가져야 할 것이다. 그리고 합리적인 법적·제도적 장치가 마련되어 단증장사만을 일삼는 일부 무예단체나 매무예인들에 대한 철저한 조사와 행정처분이 뒷받침되어 한국무예의 질을 저하시키는 행위를 사전에 차단시켜야 할 것이다.

그동안 한국무예는 중국이나 일본에 비해 뒤져 있다는 자각 속에서 양적 팽창에만 급급해 왔다. 때문에 한국무예 독자의 제대로 된 학문적 체계나 사상·이념이 없었고 무인으로서의 마음가짐이나 철학이 부족했다. 학계의 무관심도 한몫을 했지만 무엇보다도 정부나 행정관청에서 한국무예의 존재가치를 평가절하했기 때문이었다.

그러나 중국이나 일본도 근대화과정에 있어 한때는 자국의 무예를 등한시한 적도 있었다. 하지만 일본의 가노 지고로(嘉納治五郎)나, 중국의 곽원갑(霍元甲)과 같은 미래를 내다보는 혜안을 가진 무인들이 있었던 이유도 있었겠지만 무엇보다도 정부의 적극적인 지원과 학계의 지속적인 관심이 있었기 때문에 현재는 자국의 소중한 문화유산으로 자리잡고 있다.

그러므로 현재의 한국무예가 나아가고 있는 추세와 앞으로 또 지향해 나가야 할 바가 우리에게 중요한 과제로 대두되고 있다. 물론 이러한 작업은 필히 철학적 사유를 토대로 형성되어야 한다. 철학이 없는 무도체육이란 마치 망망대해에서 방향을 잃은 채 표류하는 배와 같기 때문이다. 그래서 무도체육학자·무도지도자·무도체육전공자들은 모두 확고한 철학적 사고를 갖고 임해야 하며, 그러한 교육이 실천되었을 때에야 비로소 무도체육의 앞날은 희망적이라 할 것이다. 이렇듯 무도의 역사·철학(사상)·정신의 중요성이 강조되고 있음에도 불구하고 그동안 뚜렷한 이론서가 없어서 무도체육 전공 교수님들이나 학생, 무도스포츠 지도자들이 많은 불편을 겪어왔다고 생각한다.

이와 같은 점을 고려해서 본서(本書)는 武道論十五講(杉山重利 編, 不昧堂出

版, 2002)을 번역·편집하여 편역(編譯)하였다. 그리고 일본 무도사상의 이해에 중요한 도움이 되는 명저(名著)인 타쿠앙 소호(澤庵宗彭)의「부동지신묘록(不動智神妙錄, 德間書店)」, 야규 타지마노카미 무네노리(柳生但馬守宗矩)의「병법가전서(兵法家傳書, 岩波文庫)」, 미야모토 무사시(宮本武藏)의「오륜서(五輪書, 岩波文庫)」를 번역·첨가하여 부록으로 소개하였다. 가능한 이해하기 쉽도록 의역하였으나 이따금 번역상의 어려움으로 그대로 직역한 곳도 적지 않다. 그러나 이 책을 계기로 일본 무도의 역사·철학(사상)·정신에 대한 활발한 연구가 진행되기를 기대하며, 우리 무도체육 학도들의 학문에 작은 도움이 될 것을 바라는 마음으로 발분하여 이 편역서(編譯書)를 펴내게 되었다.

본서(本書)만으로서 일본무도 연구에 대한 현실적인 요구에 부응하기에는 아직 부족하다는 느낌을 솔직하게 토로하지 않을 수 없다. 그러나 일본무도 연구자와 일반 독자들에게 일본 무도에 대한 본격적인 접근이 실행될 수 있다면, 본서(本書) 번역의 의의가 충분하다고 생각된다.

우선 이 책의 번역 의도는 필자가 고교시절 유도선수와 근대이후 한국 합기도의 시조로 볼 수 있는 최용술(1899~1986)선생에게 합기도를 배운 인연과 韓·日 합기도의 기원 논쟁과 관련하여 체육학을 연구하는 대학교수로서 제대로 된 무도사(史)를 알고 싶어 관련 서적을 기웃거리던 것이 나중엔 한국무예 전반에 대한 관심으로 확대되었고, 나아가 한국의 현대무도와는 불가분의 관계가 있는 일본무도에까지 빠져들게 되었다.

기회가 있을 때마다 한두 권씩 사 두었던 일본무도 전문서적들의 번역을 통해 궁금증을 해결하였고, 그것들을 탐독하게 되면서 아직까지 우리에게 잘 알려지지 않았거나 일부 오도되고 있는 부분들을 바로 잡고 싶은 생각이 들었다.

사실 번역을 마무리 짓기까지 자료를 찾고 문장을 만드는데 상당한 인내와 노력을 필요로 했다. 애초에 너무 간단하게 생각했던 것과는 달리 번역 작업이 수월한 것은 아니었다. 그러나 완전한 것을 기대하기란 어차피 어렵다는 생각에 용기를 내어 부족한 것을 세상에 알리게 되었다.

이 번역서를 통해 분명한 것은 한국무예의 발전을 위해서는 우리 것에만 한정되지 않고 중국이나 일본과 같이 우리보다 앞서 무도의 제 가치를 인식하고 체계화시킨 것을 타산지석(他山之石)으로 삼아야 한다는 시경(詩經)의 소아편(小雅篇)에 실린 학명(鶴鳴)의 결구(結句)를 빌어 힘들었던 순간순간마다 위안을 삼았다.

이렇듯 일본무도는 한국의 현대무도와는 불가분의 관계에 있고, 그들의 것을 제대로 인식하고 극복하지 못하면, 우리 무예가 가진 한계나 취약점에서 영원히 벗어날 수 없을지도 모른다. 우선 역자(譯者)가 일본과 그들의 무도를 알아보고자 했던 것은 바로 우리 무예를 반성해보는 작업이었다. 또한 이 책을 통해 가장 말하고 싶었던 것은 일본무도를 제대로 인식하고 비교해봄으로써 객관적인 시각에서 한국무예를 바라보자는 것이었다.

즉 우리 무예의 현실적인 문제점과 한계에 대해 제대로 파악하려고 노력할 때만이 이 땅에 고구려·백제·신라인들이 가졌던 기상을 이어받고, 강건실질한 한국무예의 중흥과 위상을 정립시키는 길이 될 것임을 확신한다.

번역을 마무리하면서 일본무도를 보는 관점에 따라 역자(譯者)와는 다른 시각들이 상존할 수도 있으리라 생각되며, 번역에 있어서 미진함은 전적으로 역자(譯者)의 부족함이며, 오류부분은 다음에 수정·보완할 것을 약속드린다. 그리고 번역의 잘못된 점이나 부족함에 대해 준엄한 질책과 조언을 받아 후속연구가 계속 이루어지길 소망해본다.

끝으로 바쁜 가운데도 불구하고 교정에 힘써주신 도서출판 학사원 제위께 진심으로 감사의 말을 전한다.

2010년 6월
태전골 연구실에서
김 우 철 적음

원저자 서문

1900년 미국 체재 중이었던 니토베이나조(新渡戶稻造)에 의해 영문판 무사도 -The Soul of Japan(일본의 혼)-가 출판되었다. 당시 신생국 일본의 진면목을 알고자 하는 유럽에서도 주목을 받게 되어 영어판뿐만 아니라 폴란드·독일·노르웨이·스페인·러시아·이탈리아어 등 여러 나라의 언어로 번역되었다. 그것은 바로 메이지 일본이 세계에 당당하게 자랑하는 베스트셀러였다.

그로부터 약 100년이 지난 시점에서 「무도」가 일본문화로서 세계로부터 주목받을 것을 예측하는 지식인은 적지 않았다. 그 이유로서 21세기 사회에서는 국제화가 급속하게 나아가는 것에 동반하여 국제화대응에 필요한 구체적인 내용이 크게 변화하였기 때문이다.

즉 지금까지의 「어떻게 상대를 이해할 것인가」에서 「어떻게 상대에게 이해시킬 것인가」, 이른바 국제화대응에 관한 질적인 변화가 요구되었기 때문이다. 일본인의 사고방식과 행동양식을 어떻게 효과적으로 바르게 이해시킬 수 있을까에 대하여 일본문화를 통하는 것이 자연스러우며 가장 효과적이라 점에서 「일본무도」에 기대를 모으고 있다 할 수 있다.

그러기 위해서는 먼저 일본인 스스로가 「무도」에 내재된 일본문화의 본질을 이해하는 것이 중요하며, 특히 무도지도자에게는 이 점에 관하여 식견이 요구될 것이다.

물론 「무도」가 일본역사와 전통 하에서 성장하였다는 것에 다른 논리를 주장할 사람은 없지만, 그러나 외래 스포츠와 다른 무도의 특질에 대한 이해는 반드시 충분하다고는 할 수 없다.

무도에는 전통적으로 정신면을 중시하는 사고방식이 널리 인식되고 있으며, 스포츠가 원래 놀이였다는 것에서 본다면, 무도는 스포츠에 비하여 보다 교육적·수신적인 측면이 강하다고 할 수 있다.

그러나 무도는 「예(禮)로 시작하여 예로서 끝난다」와 「심(心)·기(技)·체(体)」에서 보더라도 매우 표층적인 이해에 그치고 있다고 할 수 있다.

그래서 우선 「무도의 본질은 무엇인가」에 대하여 그 요점을 정확하게 파악하고 동시에 무도의 보급·발전에 관한 과제를 알기 쉽게 해설한 것이 본서이다.

특히 장래에 무도지도자가 될 무도학과의 학생들에게 부디 이해를 바라는 마음에서 내용을 15주의 강의형식으로 구성하였다. 또한 이해를 확실히 하기 위하여 각 강마다 중요한 주제를 선정하여 그것을 정리·기술하였다.

다행스럽게 대학에서 실제로 무도지도자 양성교육을 담당하고 계시는 선생님들께서 집필에 협력하여 주셨기 때문에 본서의 내용은 독자의 기대에 부응할 것이라고 믿고 있다.

끝으로 바쁘신 데도 불구하시고 집필해 주신 선생님들, 본서의 기획·편집에 있어서 도움을 주신 출판사 편집담당 제위께 진심으로 경의와 감사의 뜻을 표하는 바이다.

스기야마 시게토시(杉山 重利)

차 례

역자 서문 ··· 3
원저자 서문 ··· 9

제1강 무도와 스포츠

1. 어원으로 본 무도, 스포츠 ·· 20
   1) 무도 ··· 21
   2) 스포츠 ··· 22
2. 무도, 스포츠의 경기대회 ·· 23
   1) 올림픽 경기대회 ·· 23
   2) 국민체육대회 ·· 24
3. 스포츠, 무도의 개념과 정의 ·· 25
   1) 스포츠 진흥법 ·· 25
   2) 무도 헌장(전문) ··· 26
4. 무도의 특성 ·· 28
   1) 무도와 일본인 ·· 28
   2) 무도 전통의 문화적 특징 ··· 28

제2강 무도의 생성과 발전

1. 무도의 생성 ·· 32
   1) 무기의 발생과 무술 ·· 32
   2) 무술의 태동 ·· 33

3) 무도유파의 성립 ·· 34
    2. 무도의 발전 ··· 40
        1) 무도발전의 배경 ·· 40
        2) 무도의 이론적 발전 ··· 41
        3) 에도시대 중기이후의 무도 ··· 42

제3강 무도 정신

1. 무사도의 유래 ·· 46
2. 니토베 이나조가 본 무사도 ··· 47
        1) 무사도의 의의와 그 원천 ··· 48
        2) 무사도의 덕목 ··· 50
3. 기술에서 도(道)의 이행 ·· 53
        1) 가노 지고로의 고도칸 유도 ··· 53
        2) 유도에 있어서의 수심법 ·· 54
        3) 고도칸 유도 수행의 목적과 기본원리 ································· 56

제4강 연습과 수련

1. 수련이라는 말 ·· 60
2. 형(形)의 학습론 ··· 62
3. 끝없는 수행 — 수(守)·파(破)·리(離) ··· 65

제5강 동계수련과 오륜서

1. 동계수련 ··· 70
        1) 동계수련의 기원 ·· 70

2) 동계수련의 목적 ·· 71
    3) 학교행사로서의 동계수련 ·· 75
2. 미야모토 무사시와 오륜서 ·· 76
    1) 오륜서 ·· 76
    2) 무사시의 연표 ·· 79

제6강 일본 무도교육의 변천사

1. 번교의 무예교육 ·· 82
    1) 젠쇼한 번교의 쥰키도 ·· 82
    2) 코부쇼 ·· 83
    3) 마치(町: 읍내) 도장 ··· 83
2. 메이지기의 무도교육 ·· 84
3. 다이쇼기의 무도교육 ·· 87
4. 쇼와기 전쟁 이전의 무도교육 ·· 88
5. 전후의 무도교육 ·· 89
6. 현 일본의 무도교육 ·· 90
    1) 기능의 내용 ·· 91
    2) 태도의 내용 ·· 94
    3) 학습법의 내용 ·· 95

제7강 무도 인구

1. 무도 인구 ··· 98
2. 스포츠소년단의 무도인구 ··· 99
3. 프랑스의 유도인구 ·· 102
4. 세계의 무도인구 ·· 105

제8강 무도의 국제화

1. 유도 ··· 108
   1) 유도보급의 역사 ·· 108
   2) 국제유도연맹의 현상황과 과제 ·· 110
   3) 세계선수권·올림픽경기 ··· 111
2. 검도 ··· 112
   1) 검도보급과 발전 ·· 112
   2) 국제검도연맹의 조직과 세계선수권대회 ···························· 113
   3) 국제보급과 문제점 ··· 114
3. 스모 ··· 115
   1) 스모보급의 역사 ·· 115
   2) 국제스모연맹과 조직 ·· 116
   3) 올림픽종목의 인가와 과제 ·· 117
4. 가라테도(空手道) ··· 118
   1) 가라테(空手)의 기원 ·· 118
   2) 가라테의 일본상륙 ··· 119
   3) 가라테의 유파와 가타(形) ·· 120
   4) 가라테의 시합과 체중제 도입 ··· 121
   5) 가라테의 기술과 유의점 ··· 122
   6) 가라테도(空手道)의 국제화 ·· 123
5. 아이키도 ··· 124
   1) 아이키도의 기원 ·· 124
   2) 아이키의 의미 ··· 125
   3) 아이키도 시합의 기능성 ··· 126

4) 아이키도의 기술과 지향과제 ································· 127

　　　5) 아이키도의 보급과 국제화 ····································· 129

6. 각 경기단체의 조직과 문제점 ·· 130

　　　1) 유도 ·· 130

　　　2) 검도 ·· 130

　　　3) 스모 ·· 131

　　　4) 가라테도 ·· 131

　　　5) 아이키도 ·· 132

제9강 무도지도자

1. 무도지도자 ··· 134

　　　1) 면허개전 ·· 135

　　　2) 단위·칭호 ·· 135

　　　3) 단위를 가진 보건체육 교원 ······································ 137

2. 사회체육지도자 제도 ·· 139

3. 무도지도자 양성대학 ·· 140

4. 무도교원 검정제도 ·· 142

제10강 유도의 기술·전술

1. 유도기술의 원리 ·· 146

　　　1) 맞잡기 ·· 146

　　　2) 기울이기 법칙 ·· 147

2. 유도의 기술체계 ·· 147

　　　1) 메치기기술 ·· 148

　　　2) 굳히기기술 ·· 151

3. 유도기술의 연구·개발 ··· 153
4. 유도의 심판·규칙과 변화 ·· 154
5. 유도의 승부기술과 변화 ·· 157
6. 유도의 전술 ·· 158

제11강 검도의 기술·전술

1. 검도의 기술 ··· 160
   1) 공격기술 ··· 160
   2) 대응기술 ··· 164
2. 검도의 전술 ··· 166
3. 검도의 기술체계 ·· 168

제12강 유도·검도의 형

1. 고도칸유도의 형 ·· 174
   1) 가타제정의 경위 ·· 174
   2) 가타의 종류와 명칭 ··· 174
      ※ 메치기형 ··· 179
   3) 유도의 생활화 ·· 180
2. 일본 검도의 형 ·· 181
   1) 일본 검도형 제정의 경위 ·· 181
   2) 형의 효과(목적) ·· 183
   3) 형실시의 유의사항 ·· 183
   4) 검도형 지도상의 유의점 ··· 185

제13강 유도의 새로운 지도

1. 새로운 유도지도의 진행법 ·· 190
2. 유도의 기본동작 지도 ·· 191
    1) 메치기 기술 ·· 191
    2) 누르기 기술 ·· 192
3. 메치기 기술지도 ·· 192
    1) 다양한 기술의 체험 ·· 193
    2) 움직임을 이용한 기술습득 ·· 193
    3) 특기의 발견과 습득 ·· 194
4. 굳히기 기술지도 ·· 195
5. 유도시합의 유의점 ·· 197
6. 유도·체육의 평가 ·· 199

제14강 검도의 새로운 평가

1. 검도지도의 사고방식 ·· 202
2. 검도놀이(유아의 검도) 지도 ·· 204
3. 초등학교의 검도지도 ·· 204
4. 중·고등학교의 검도지도 ··· 205
    1) 남녀공통 학습의 수업 ·· 206
    2) 미디어를 활용한 검도지도 ·· 207

제15강 무도학의 연구와 방법

1. 무도학연구의 확산 ··· 214

1) 무도의 확산 ··· 214
2) 무도문화의 특징 ·· 215
3) 종합과학으로서의 무도학 ······································ 216

2. 무도학 연구과제의 설정과 진행법 ······························ 217
1) 무도학 연구과제의 설정 ······································· 217
2) 무도학 연구의 진행법 ·· 218

3. 무도연구 과제로서의 「사이」 ···································· 220
1) 사이(間)와 무도의 관계 ·· 220
2) 검도의 「사이(間)」 ··· 222

참고문헌 ·· 224
부록 : 일본무도전서(日本武道傳書) ······························ 229
1) 부동지신묘록 ··· 230
2) 병법가전서 ··· 257
3) 오륜서・병법35개조 ·· 306

제1강
무도와 스포츠

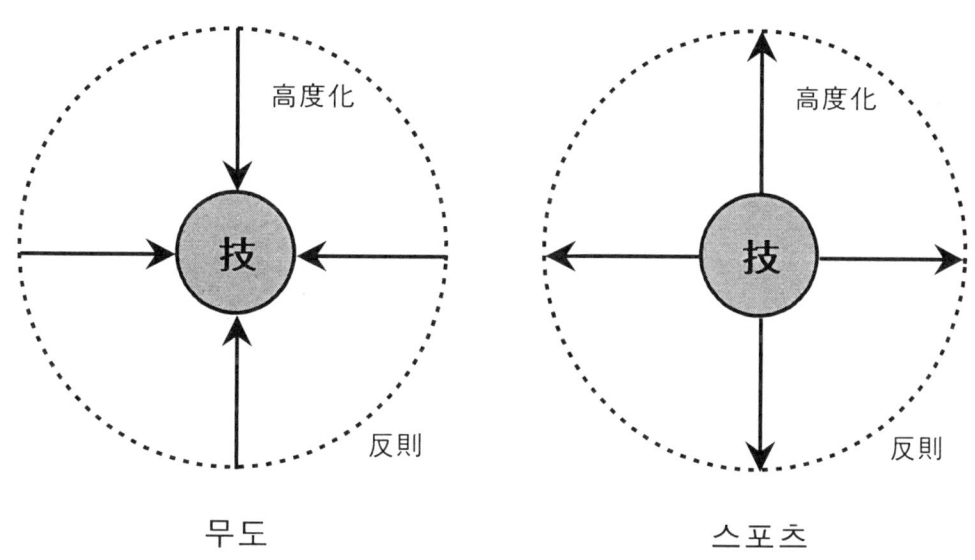

무도   스포츠

1. 어원으로 본 무도, 스포츠

「유도」나「태권도」가 세계적인 스포츠 대제전인 올림픽 경기대회의 정식종목인 이상「스포츠」라는 것은 분명하다. 또한 동시에 한국·일본의 전통적인 무도를 대표하는 종목인 점에 대해서도 이론의 여지가 없다고 한다면, 삼단논법에 따라서「태권도」나「유도」는「스포츠」인 점에서 같다고 정의할 수 있을 것이다.

「무도」와「스포츠」가 매우 공통된 성격을 가지고 있다는 점에 대해서는 대체로 동의를 얻어 공감하고 있으나, 인격을 형성하는 교육방식으로서 무도를 스포츠와 다르다는 점이라고 주장하는 사람은 매우 많다.

분명히 무도에는 전통적으로 정신면을 중시하는 사고방식이 존중받고 있으며, 유럽에서 발생한 스포츠가 원래 놀이였다면,「무도」는 스포츠에 비하여 보다 교육적인 목적이 강하였다고 할 수 있다.

그러나 일본의 학교체육의 내용인 각종 스포츠는 모든 면에 있어서 다만 신체적인 측면뿐만 아니라, 상대의 인격을 서로 인정한다는 이른바 매너(manner, 예법)·태도 등이 학습내용으로서 명확하게 위치가 부여되어 중요하게 다루어져 온 만큼 무도와 스포츠와의 서로 다른 점은 반드시 명확한 것도 아니다.

그래서 본서에서는 무도가 스포츠인지 아닌지를 명확하게 구분할 것이 아니라, 현대사회에 있어서의「무도는 어떻게 행해야 하는가」라는 의식(意識)으로「스포츠는 무엇인가」와 관련시켜 생각해 본다.

먼저 무도와 스포츠의 개념을 분명히 하기 위한 기초분석작업으로서 각각의 어원에 대하여 검토해 본다.

언어는 문화이며, 그 자체 속에 표현하고자 하는 본질적인 내용이 함축되어 있다고 할 수 있다.

1) 무도

「무도(武道)」라는 단어는 중국 고전에 나와 있다. 당나라 시대, 이상은(李商隱)의 『이의산(李義山) 시집』에 「충효양전 문무양도(忠孝兩全 文武兩道: 충성과 효도를 다 갖추려면 학문과 무예 두 가지를 다 겸비해야 한다)」가 있듯이 문무겸비의 필요를 주장한 것으로서 유명한 공자의 「有文事者必有武備(문관에 있는 자라 할지라도 반드시 전쟁을 대비해야 한다 - 출전: 十八史略 - 공자가 노나라의 재상자리에 있을 때 노나라 임금 정공(定公)에게 진언한 말)」 등이다.

무도는 「무」와 「도」의 두 글자가 숙어로서 하나의 단어로 되어 있다. 물론 한자는 각각의 의미를 가지며 조합됨으로써 각각의 복합적인 뜻을 담당하거나 새로운 의미를 만들기도 한다.

무도의 경우는 「무의 도」 또는 「무사의 도」라는 조합형이 되어 다도(茶道)·서도(書道)·화도(畵道)·기도(棋道, 장기나 바둑을 둘 때의 예절) 등과 동류이다. 모두 행위와 동작을 함유한 기능을 의미하는 말과 「도」가 조합되어 있다.

「무(武)」자에 대해서는 회의문자로서 戈＋止(창을 세우다) 戈＋足(무기를 가지고 나아가다), 戈＋正(창을 바르게 하다) 등 제설이 있으나 무도라는 단어의 의미는 대략 다음 3가지로 나누어진다.

① 무사가 지켜야 할 도, 무사도와 같다.
② 무술에 관한 도, 군사상의 내용, 무사로서의 항상 갖추어야 할 것, 즉 궁·마·창·검 등 무예에 관한 기술단련을 말한다.
③ 가부키 용어에서 무술에 통달한 충의로운 무사로 분장하는 역, 무도방(武道方: 무도를 담당하는 사람)을 말한다.

여기서는 ③은 별도로 하고, 사전적 해석으로 본다면 무도(武道)에는 솜씨와는 직접 관계가 없고, 도덕·윤리 측면의 사상개념과 무술·무예에 관한 수행과 방법의 개념으로 대별할 수 있으나, 어쨌든 원래 문도(文道)에 대비하는 단어였다고 생각한다.

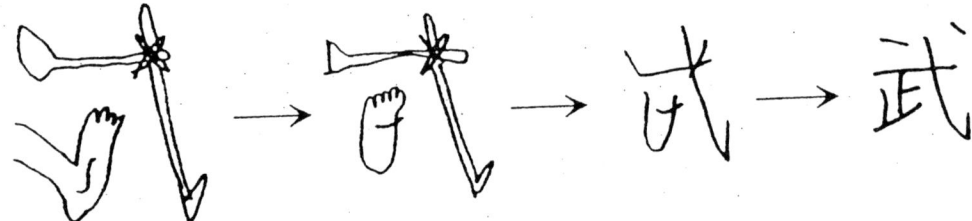

[그림 1] '武'의 解字

2) 스포츠

「스포츠(sport)」는 옥스퍼드 사전(The Oxford English Dictionary)에 따르면, 동사로서는 desporte, dysporte, disporte에서 유래한 disport의 접두어 di(de, dy)를 소실한 것이라 한다. 이러한 단어가 의미하는 부분은 프랑스 고어(Old French)로서 desporter, deporter에도 알 수 있듯이 to play, to divert, to please, oneself 등으로 「즐긴다」라는 뜻이다.

또한 명사로서는 desport, dysport가 사용되었으며, 프랑스 고어에는 desportr, deprot가 사용되었다. 그 의미는 pastime(기분풀이, 유희), recreation(오락), sport(운동경기)이었다.

그 후 19세기경까지 amusement(오락), entertainment(위락), recreation(오락), relaxation(휴양·오락) 등의 의미를 나타냄과 함께 game(놀이·경기), sport(운동경기), pastime(기분전환·유희)의 의미도 나타내게 되었다. 즉 스포츠라는 단어는 광범위에 걸친 '즐거움'과 '기분전환'을 초래하는 모든 것을 포함하고 있다고 할 수 있다.

이들의 배경에 있는 혹독한 노동과의 관계로 스포츠가 인식되고 있다는 점을 이해하는 것이 중요하다. disporter, desporter는 라틴어의 prote(to carry, to bear을 나타낸다)에 dis(away two twice)라는 접두어가 붙은 것으로서 '의무적·강제적으로 해야만 하는 것으로부터 벗어나는 것', '벗어난 시간에서 즐기는 행위'를 의미한다. 따라서 어원에서 본 스포츠는 놀이·레저·레크리에이션과도 동의어적이라는 것을 알 수 있다. 특히 물리적인 측면에 한정되지 않는다는 점에 유의할 필요가 있다.

2. 무도, 스포츠의 경기대회

이를테면 최근에 개최되어온 올림픽 경기대회와 같이 「경기」가 「스포츠」와 동의어로 같이 사용하게 된 것은 언제부터인지는 명확하지 않다.

분명히 스포츠에는 기술을 경쟁하는 즉 「경기(競技)」라는 측면이 큰 위치를 차지하고 있다. 좀 더 정확하게 말한다면 「기술겨루기」뿐만 아니라, 자신의 「기술」과 「힘」을 구사하여 '승리의 획득을 겨룬다'는 것이다. 스포츠의 '승패를 경쟁한다'는 점은 무도에도 존재하기 때문에 공통점이라고 간주해도 된다.

그래서 스포츠의 종합적인 경기대회에서 무도의 위치를 살펴 보기로 하였다.

1) 올림픽 경기대회

전세계(golbal)의 제일 큰 스포츠 제전인 올림픽 경기대회의 개최 경기종목은 경기대회의 개최가 거듭됨으로써 서서히 증가하여 2008년 하계의 제29회 베이징올림픽 경기대회에서는 35경기, 295종목으로, 1964년 하계의 제18회 도쿄올림픽 경기대회의 20경기에 비교하면 15경기가 증가하였다. 물론 올림픽 경기대회에 등장하는 경기는 스포츠로서 모든 조건을 만족하는 것, 즉 세계적으로 인정받고 있는 스포츠라는 것이다.

「무도」로 올림픽 경기대회의 정식 경기로서 채택된 것은 일본의 유도와 한국의 태권도이며, 그 외의 무도는 아직 채택되지 않았다. 이들 「무도」는 「스포츠」로서 세계적으로 인정받고 있으며, 현재로서는 국제적인 보급 등의 조건이 갖추어진 것이 이 두 가지뿐이라고 생각한다. 제29회 베이징 올림픽 경기대회에서 중국의 우슈(무술: 武術, 중국전통무술의 총칭)가 시범종목으로 선을 보이므로 올림픽 정식종목채택을 강력히 추진하고 있어 그 귀추가 주목되고 있다.

2) 국민체육대회

일본을 대표하는 스포츠 제전인 국민 체육대회는 1956년 이후 매년 개최되고 있다. 도도부현(都道府縣)의 대항형식으로 되어 있는 것이 특징으로 경기 중에는 무도의 대부분이 포함되어 있다. 한국에서도 이와같은 전국체육대회가 매년 지방을 순회하면서 실시되고 있다.

일본의 국민체육대회경기 실시 현황은 다음과 같다.

(1) 정식경기
① 동계대회(冬季大會, 3경기)
   스케이트경기, 아이스하키경기, 스키경기
② 하계대회(夏季大會, 6경기)
   수영경기, 보트경기, 요트경기, 카누경기, 볼링경기, 골프경기
③ 추계대회(秋季大會, 31경기)
   육상경기, 축구경기, 테니스경기, 하키경기, 복싱경기, 배구경기, 레슬링경기, 웨이터리프팅경기, 핸드볼경기, 자전거경기, 연식정구경기, 탁구경기, 연식야구경기, 스모경기, 마술경기, 펜싱경기, 유도경기, 소프트볼경기, 배드민턴경기, 궁도경기, 라이플(rifle)사격경기, 검도경기, 럭비경기, 산악경기, 양궁경기, 공수도경기, 총검도경기, 클레이(clay) 사격경기, 언월도경기

국민체육대회의 실제 경기에 대해서는 동계대회 3경기, 하계대회 6경기, 추계대회 31경기로 합계 40경기에 이른다. 이 중에는 스모·유도·궁도·검도·공수도·총검도·언월도(왜장도: 나기나타, 칼날이 초승달 같은 모양에서 유래) 무술 등 7경기의 무도가 포함되어있다.

이점에서 「무도」가 「스포츠」로서 인식되고 있다는 것은 명확하다.

(2) 공개경기
① 동계대회: 바이아슬론(biathlon) 경기(스키의 20km 레이스에 라이플 사격을 합친 경기)
② 추계대회: 스포츠예술, 고등학교 야구

3. 스포츠, 무도의 개념과 정의

무도와 스포츠의 개념(정의)을 검토함에 있어서 현재의 일본 스포츠 행정으로서 가장 중요한 법률인 「스포츠 진흥법」과 무도단체와 학식자들에 의해 정리된 「무도헌장」의 2가지를 검토해 본다.

1) 스포츠 진흥법

무도와 스포츠개념을 생각함에 있어서 법치국가인 일본에 있어서 무도와 스포츠에 관한 법적 근거에 기초하여 그 특징적인 성격 등을 검토하는 것도 바람직하다.

현재 일본의 무도스포츠에 관한 직접적인 법률은 「스포츠 진흥법」이다. 이 법률은 제18회 도쿄올림픽 경기대회(1964년 개최)를 앞두고 1961년(쇼와 36년) 6월에 제정된 것으로서 주로 일본의 스포츠 보급·진흥에 대한 국가와 지방 공공단체의 역할을 규정한 것이다.

이 법률에는 제2조에 스포츠의 인식법, 개념과 정의에 비견하는 것이 명문화되어 있으며, 특히 무도와 스포츠가 구분되지 않고 모든 스포츠에 포함되고 있다. 즉, 「이 법에 있어서 「스포츠」는 운동경기 및 신체운동(캠프활동, 기타 야외활동을 포함)으로서 심신의 건전한 발달을 도모하기 위한 행위를 말한다」고

규정되어 있다. 즉 심신의 건전한 발달을 도모하기 위하여 이루어지는 운동의 전부가 스포츠라는 개념이라면, 그 속에 무도가 포함되는 것에 아무런 의문의 따위는 없다.

2) 무도 헌장

제18회 도쿄올림픽 경기대회(1964년 개최)이후 유도는 물론 공수도·합기도 등 일본의 전통적인 운동문화인 무도의 국제화가 급속하게 진행되는 가운데 「무도는 무엇인가」를 검토할 필요성이 요구되었다. 이리하여 1981년 4월에 일본 무도협의회가 유식자에 의한 무도헌장 작성위원회를 편성하여 약 6년 동안에 걸쳐서 제정된 것이 무도헌장이다.

*무도헌장(武道憲章, 1987년: 쇼와 62년 4월 23일 제정)

무도는 일본 고래의 상무정신(尙武精神)에서 유래하여 오랜 역사와 사회변천을 거치며, 술(術)에서 도(道)로 발전한 전통문화이다.

일찍이 무도는 심기일여(心技一如: 마음과 기술은 하나이다)의 가르침에 근거하여 예를 수양하고 기술을 연마하여 심신을 단련하고, 심담(心擔)을 단련하는 수업도(修業道)·단련법(鍛鍊法)으로서 세련되고 발전해왔다. 이와 같은 무도의 특징은 오늘날에 계승되어 왕성한 활력과 청신한 기풍의 원천으로서 일본인의 인격형성(人格形成)에 많은 역할을 하고 있다.

지금의 무도는 세계 각국으로 보급되어 국제적으로도 강한 관심을 모우고 있다. 우리들은 단순한 기술연습과 승부의 결과에만 빠지지 않고 무도의 진수에서 일탈되지 않도록 자성하며, 이와 같은 일본의 전통문화를 유지·발전시키도록 노력해야만 한다.

여기에 무도의 새로운 발전을 기대하며 기본적인 지침을 들어 무도헌장으로 삼는다.

(목적)

제1조 무도는 무기(武技)에 의한 심신의 단련을 통해서 인격을 닦고, 견식을 높여 유위(有爲)의 인물을 육성함을 목적으로 한다.

(연습)

제2조 연습에 있어서는 시종(시작과 마침) 예법을 지키고, 기본을 중시하며, 기술에만 편중하지 않고 심·기·체(心技體)를 일체라고 생각해서 수련한다.

(시합)

제3조 시합이나 가타(形)의 연무(演武)에 임해서는 평소 연마한 무도정신을 발휘해서 최선을 다함과 동시에 승리하였다고 해서 자만하지 않고, 패배하였다고 해서 후회(좌절)하지 않으며, 항상 절도 있는 태도를 견지한다.

(도장)

제4조 도장은 심신단련의 장이며, 규율과 예의작법을 지키며, 정숙·청결·안전을 기본으로 해서 엄숙한 환경유지에 노력한다.

(지도)

제5조 지도에 임해서는 항상 인격도야에 힘쓰며, 술리(術理)의 연구, 심신의 단련에 힘쓰며, 승패나 기술의 교졸(巧拙)에 구애받지 않고 사표(師表)에 어울리는 태도를 견지한다.

(보급)

제6조 보급에 임해서는 전통적인 무도의 특성을 살려서, 국제적인 시야에 서서 지도의 충실과 연구의 촉진을 도모함과 동시에 무도의 발진에 노력한다.

쇼와 62년(1987년) 4월 23일 제정

일본무도협의회(日本武道協議會)

즉 무도와 스포츠에 대하여 무도의 입장에서 보면 무도가 스포츠인 것은 널리 인정받고 있으나, 그러나 외래 스포츠와 같은 성격이 아니라 일본의 전통적인 운동문화로서 특색을 가진 스포츠라는 것이다.

4. 무도의 특성

무도(武道)가 스포츠와 같이 인식되는 것은 격투형식 등 운동의 구조적인 측면에 착안한 경우가 주류이다.
여기에서는 외래 스포츠와 다른 점을 분명히 구별하기 위하여 일본의 전통적인 문화측면에서 검토해 보기로 한다.

1) 무도와 일본인

오늘날 세계 속의 사람들 사이에는 실로 많은 스포츠에 친숙해져 있다. 이들 가운데에는 그 스포츠가 발생한 국가에 살고 있는 사람들의 「사물에 대한 사고방식」과 「행동양식」을 그 스포츠의 규칙·매너로서 중요시되고 있는 것이 있다.
이를테면 럭비는 심판을 한 사람으로 정하여 그 심판을 절대적인 것으로 하고 있는 것, 또한 게임 종료를 「no side(양측이 없다, 곧 상대편이 없다)」로 칭하는 것은 영국인의 「사고방식」·「행동양식」이라고 해도 좋다. 그리고 이 영국인의 사고방식, 행동양식은 럭비라는 스포츠를 통하여 세계 속에 침투시키고 있다 할 수 있다.
같은 관점에서 일본인의 사고방식·행동양식이 내재되어 있는 스포츠를 든다면 그것은 「무도」일 것이다.

2) 무도 전통의 문화적 특징

무도의 연습과 시합에 있어서의 행동(태도)에서 무도종목에 관계없이 공통적으로 좋은 점 중 하나는 「예(禮)」를 엄격하게 지키고 있다는 것이다. 그 방법은 무도 종목에 따라서 차이는 있으나 시작과 끝의 「예(禮)」를 특히 정중하게 실시하는 부분은 모든 무도종목에 있어서도 같다. 물론 외래 스포츠에서도 예를 들면 테니스 게임이 종료되면 악수하며 서로의 건투를 칭찬하는 것이 있으나 무도와 같은 정중함과 형식의 정확성은 요구되지 않는다.

역시 무도에 있어서의 「예(禮)」는 외래 스포츠의 「매너」·「예의」와는 약간 다른 인식법이 있다고 할 수 있다. 이른바 단지 상대를 존중한다는 것만의 의미를 가진 행동이 아니라, 자기 자신을 높이는 것과 관련하여 인식하고 있다고 생각하는 것은 상대를 존중한다는, 이른바 인간관계의 문제로서만 인식한다면 특별히 이렇게 형식의 엄격함을 요구할 필요는 없다.

무도의 「예(禮)」는 역시 엄격한 형식을 중요시하고, 부수되는 부분에 의의를 추구하고 있다고 생각한다.

무도에는 시합 등의 혹독한 공방 후, 아직 심리적인 흥분이 가라앉지 않은 상태에서도 흥분을 억제하며, 「바르고」·「정중」한 예를 갖추도록 요구하고 있다. 이 의미는 그러한 행동을 취하는 것이 그 행동을 지배하고 있는 자기의 내면 형성으로 이어진다는 사고방식이 자리잡고 있다. 즉 엄격한 형식을 따르는 것은 자기제어(self control)이며, 그 자기제어가 인간형성에 있어서 중요하며 그것이 인간으로서의 삶의 방식, 본연의 자세를 추구한다고 하는 이른바 「도」를 중시하는 것으로 이어진다는 사고방식이다.

요약하면 무도의 연습과 시합에 있어서 「예」를 중시하여 그것을 바르게 실천하는 것을 소양(素養: 평소에 닦아 쌓은 교양)한다는 것은 상대를 존중한다는 겸허한 마음과 그 위에 자기를 제어한다는 이른바 「극기심(克己心)」의 육성을 지향하고 있다고 할 수 있다.

(杉山重利)

제2강

무도의 생성과 발전

1. 무도의 생성

역사 없는 문화가 없으며, 과거의 축적된 결과로서 현재가 존재한다고 생각한다면 배워야 할 것은 너무도 많다.

그래서 여기서는 일본무도의 생성과 그 변천을 찾아가면서 무도의 참 모습을 살펴서 밝히고자 한다.

1) 무기의 발생과 무술

자신의 몸을 지키는 기술을 창안·훈련하기 위한 도구를 제작하고 이것을 사용하는 것은 인류뿐이다. 부족과 집단 간의 다툼이 일어나면 수렵에 사용되던 도구와 격투 기술을 무기(武器, 도구)와 무기(武技, 기술)로서 사용하게 되었다.

일본에 있어서도 기원전 2~3세기 중국과 한반도로부터 도작농경(稻作農耕)과 대륙제의 금속기구가 전래되어 정주생활로 이행되었다. 금속기구는 그 후 일본에서도 생산하게 되었으나 동검동모(銅劍銅鉾: 구리검과 구리창)는 형태가 크고 무기보다 주술적 의례용구 또는 지배자의 권위상징으로서 사용되었을 것으로 생각한다.

무기인 도검에 이러한 의미를 가지게 한 것은 그 후의 도검관(刀劍觀) 등에서 일관되게 확인되었다는 점이다.

위력 있는 무기로서의 평가는 철제도검(鐵製刀劍)에 의해서 더욱 높아졌다. 야요이시대(弥生時代)부터 고분시대(古墳時代)전기(4세기)까지는 검(劍)이 많이 이용되었으며, 고분시대 중기(5세기)부터는 도(刀)가 많아졌으나 모두 칼자루가 짧고 한 손을 이용하여 찌르는 것을 주체로 하였으며, 표창(鏢槍)같은 무기와 창은 원거리에서 던져서 이용하였을 것이다. 활과 화살은 한 그루의 나무에서 적당한 두께로 깎은 것, 또는 적당한 두께 나무의 가지를 그대로 이용한 나무 활을 이용하였다고 한다.

2) 무술의 태동

최초의 무기 사용법에 대해서는 고도한 기술 같은 것은 없었다고 생각한다. 무기는 한반도나 중국의 영향을 받았다는 점과 도검은 평평하게 만든 직도(直刀) 등으로 찌르고, 또는 휘두르는 기술이었다고 추측한다.

그 후 실전경험에서 보다 유리한 만도(灣刀: 휘어진 칼), 호작(鎬作: 볼록하게 볼이 있는 칼)에 대한 추이는 헤이안 중기이후로, 겐지헤이시(源氏平氏)의 무사단이 등장하는 헤이안 말기에는 만도가 우위를 차지하였다. 이 도검의 형태변화는 필연적으로 그것을 사용하는 기술도 변화하였기 때문에, 한 손으로 찌르고 휘두르던 기술에서 양손으로 자르는 기술로 변화하여 일본의 도검은 형태와 기능에 있어서 거의 완성하였다고 할 수 있다.

헤이케모노카다리(平家物語: 헤이케 일가의 영화와 멸망을 그린 가마쿠라시대초기 군담소설 전4권)나 교토의 내궁으로 통하는 다리인 우지바시 합전(宇治橋合戰) 항목에는 구모테(蜘蛛手: 칼을 교차되게 휘두르는 일), 가쿠나와(角繩: 각진포승), 돈보카에리(蜻蛉返: 공중제비), 쥬몬지(十文字: 십자모양), 미즈구루마(水車: 수차) 등 검의 기법 같은 명칭이 나타나지만 대충 사방팔방으로 닥치는 대로 벤 것으로 생각한다.

나라(奈良, 710~784)・헤이안(平安, 794~1192) 시대에 걸쳐서 모든 행사는 의례로서 제도화되어 5월 5일, 6일의 절일(세치니치: 節日)에는 궁정에서 기사와 함께 경마가 실시되었다. 가마쿠라(鎌倉幕府) 막부는 관동 기마군단을 유지하는 군사정권으로 무사의 생활은 「활과 화살을 가진 몸」으로서 궁술・마술은 무사도 확립에도 중심적 역할을 담당하게 되었으며, 무사들도 야부사메(流鏑馬: 말을 달리면서 우는살인 명적을 쏘아 과녁을 맞히는 무예), 가사가케(笠懸: 과

녁 대신 삿갓을 말뚝에 걸어놓고 달리는 말 위에서 활을 쏘는 연습), 이누오우모노(犬追物: 말탄무사 36명이 150마리 개를 풀어놓고 쫓아가며 활을 쏘는 무예) 등의 궁마 무예에 연습과 숙달을 위한 단련을 게을리하지 않았다.

스모는 「고지키(古事記, AD 712)」의 번개의 신인 다케미카즈치노카미(建御雷神)와 바람의 신인 다케미나카타노카미(建御名方神)의 힘겨루기, 「니혼쇼키(日本書紀, AD 720)」에 두 장사인 노미노스쿠네(野見宿禰)와 다이마노케하야(当麻蹴速)의 힘겨루기의 기술에 나타나듯이 원시의 조형(祖形)을 신화로 거슬러 올라갈 수 있으며, 전술의 사례·기사와 같이 궁정의 중요한 절일(節日)행사로서 정해져 있었다.

모든 무술은 본래 공격해 오는 상대를 넘어뜨려 자기의 안전을 꾀하는 투쟁기술이었다. 그리고 전장의 전투기술로서 갑옷과 투구로 중무장하여 말을 타고 활을 쏘며 장도(長刀)와 창(槍)을 휘둘러 도검(刀劍)으로 접전을 벌리고, 서로 엉켜서 강제로 굴복시키는 종합무술이었다. 그것이 점차로 각각 독자의 형태로 분화하여 발전해간 것이다.

3) 무도유파의 성립

(1) 유파성립의 조건

중세의 모든 예능(藝能)과 문학(文學)이 선(禪)사상 등의 영향을 받아 기술추구를 통하여 자기를 발견한다는 의의를 가지며, 일본고유의 전통적 민족문화로서 발전해갔던 것이 중세문화의 특질이었다. 무술도 이 배경 속에서 유파로서 문화적 성격을 가지게 된 것이다.

각 무도의 성립에는 종합무술이 분화하여 천재적인 인물의 출현이 필요하였다. 게다가 존속·발전을 위해서도 기법의 우수함을 증명할 수 있는 명인·달인의 후계자가 필요하였다. 천재에 의해 고도한 기술이 고안되어 이것을 배우고 익히기 위해서는 전문적인 지도와 상당한 기간 계속적인 수행이 필요하게 되어 기술체계・교습체계・전수방법이 정비되어야 했다.

　기술의 정수를 집약하여 단계적으로 체계화된 것이「형(型: 가타)」으로서 확립되었다. 이것은 불필요한 가지와 잎을 잘라내어 생략하고 가장 적절하고 효과가 있도록 필요한 정수를 간결하게 압축한 것으로, 기능적으로도 형태적으로도 한계점까지 단순화되어 세련된 법칙성과 규범성을 가진 것이다. 그 법칙성・규범성에 구속되어 순순히 따라 훈련을 받는 쪽이 정확하고 멋지고 빠르게 숙달될 수 있게 되었다.

　그리고「형(型)」을 엄밀한 작법에 근거하여 사심을 버리고 순수하고 정확하게 반복함에 따라 기술수련을 통하여 말과 문장으로서 표현이 거의 불가능에 가까운「감(느낌)」과「비법」등의 주관적인 요소를 스승으로부터 제자에게로 마음의 교감에 의해서 이심전심(以心傳心)으로 전수되어 신념과 정신을 학습하게 되며, '사물과 이치'・'형태와 마음'・'몸과 마음'의 일체를 체득한다. 즉, 모양을 배우는 것이 마음을 배우는 것이 되며, 기술이 숙달되면 불필요한 힘과 동작이 사라져 깔끔한 운동이 되어 나타난다는 동작의 간결성이 있으며, 결국에는 무심・무아・무념・무상의 경지에 이른다고 한다.

(2) 유파의 성립

① 궁도(弓道)

　다른 부도에 앞선 기사는 14세기 초기에 성립되었다고 한다. 일본 고래의 궁술로서 손류(尊流)・신토류(神道流)・니혼류(日本流)・반류(伴流)・키류(紀流)・타이시류(太子流), 헤이안시대 말기부터 가마쿠라시대가 되면 다케다류(武田流)・이츠미류(逸見流)・오가사와라류(小笠原流)・히데사토류(秀鄕流)를 들 수 있으며, 타케다・이츠미・오가사와라는 자기 가문으로 궁마법식이 계승된 것이다. 이러한 유파는 후의 유파와 같이 기술체계와 교습체계를 가진 형식이 아니라 단지 활에 뛰어난 명인(名人)・상수(上手)를 많이 배출한 가문의 한 수법 정도인 것 같다.

오닝(応仁)의 난(쇼군 후계자 문제로 1467년 5월 26일 교토로 지방 다이묘들이 몰려와 벌인 난) 전후에 나온 근세 궁술 중흥의 시조로 불리는 헤키 단죠우 마사츠기(日置彈正正次)는 지금까지의 사술(射術)을 개량하여 중요한 비결을 완성한 헤키류(日置流)의 시조이며, 근세 궁술부흥의 기반을 만들었다. 그 직전은 요시다 시케카다(吉田重賢)·요시다 시케마사(吉田重政) 부자에게 계승되어 요시다 제류(諸流)의 발전의 계기를 이루었다.

요시다류의 분파를 들면 요시다본계의 이즈모파(出雲派) 외, 요시다 시케마사 넷째 아들인 시케카즈(重勝)의 세츠카파(雪苛派), 그 문하생 반도 세츠이치안(伴道雪一安)의 도세츠파(道雪派), 치쿠린 보죠세이(竹林坊如成)의 치쿠린파(竹林派) 등 많은 유파로 분파하였다. 또한 유조이래의 전통을 계승한 오가사와라류(小笠原流)는 궁마예법 전고(故實: 전거가 될만한 옛일)를 전하였다.

형식을 중요시하는 궁법인 쇼멘류(正面流)와 달리 장거리활쏘기 경기와 함께 헤키류(日置流)의 모든 파가 보사궁술(步射弓述: 뛰어가면서 활을 쏘는 무술)로서 전국에 전파한 후 모든 번(藩)의 한코우(藩校: 제후자제들을 교육하는 학교) 궁술교육에 대부분 채용되었다. 또한 모든 유(流)를 깊이 연구하여 통합한 야마토류(大和流)가 모리카와 코우잔(森川香山)에 의해서 창시되었다.

② 마술(馬術)

마술은 옛날부터 궁사와 연결하여 기사로서 전투장의 중심적 무기로서 중요시되었으며, 14세기 말기부터 15세기 초기에 걸쳐서 성립되었다고 한다.

오츠보 요시히데(大坪慶秀)는 오가사와라 마사나가(小笠原政長)에게 마술을 배워 전래의 기사술을 연구하여 깊은 뜻을 깨닫고, 자신의 창의를 가미하고 새로운 기술체계를 수립하여 오츠보류(大坪流)를 개척하였다. 요시히데(慶秀)의 문하생에는 적자(嫡子)인 무라카미 카가노카미에이코우(村上加賀守永幸), 오츠보류 중흥의 시조인 사이토 아키노카미코우겐(齋藤安藝守好玄)을 비롯하여 우수한 후계자를 배출하여 사사키류(佐佐木流)와 우에다류(上田流)의 분파도 생겼다. 또한 에이쇼(永正) 5년(1508년)에 오가사와라 다네모리(小笠原稙盛)로부터 전승받은 하치죠오 미카미후사시게(八條近江守房繁)의 하치죠류(八條流)는 오가사와라류, 오츠보류와 나란히 하는 유파로 뛰어난 인재를 배출하여 각지로 널리 전파하였다.

③ 검도(劍道)

일본도(日本刀)가 휘어지고 호(鎬: 시노기)를 가지게 된 헤이안시대 말기부터 양손으로 베는 조도기술(操刀技術)이 싹트게 되고, 계속되는 전란 중에서도 연구를 거듭하였으나 기법적으로는 기본적인 종·횡·비스듬히 자르는 법에 불과하였다고 추찰된다.

철포의 전래(1543년)에 따라 말의 기동력에 의존하여 표적이 되기 쉬운 중장비와 움직임이 부자유스런 장대한 칼은 민첩하게 행동할 수 있는 경장비와 짧은 도신으로 변하였기 때문에 백병전이 유효한 전투방법이 되어 일본도의 새로운 조도기술이 연구되었으며 고도화·조직화되었다.

검술유파는 대략 무로마치시대 말기부터 에도시대 초기(16세기 말~17세기 초)에 걸쳐서 성립된 것으로 생각한다. 이들 유파는 시대가 흐름에 따라서 분파를 거듭하여 에도시대 말기에는 약 620개의 유파를 헤아렸으나 그 원류로서 3가지 유파를 들 수 있다.

그 하나는 이이자사 쵸이사이(飯篠長威齋)를 시조로 하는 신도류계(神道流系), 그리고 아이즈 이코우(愛洲惟孝)를 시조로 하는 신카게류계(新陰流系), 그리고 츄죠 효고노스케나가히데(中條兵庫頭長秀)의 츄죠류(中條流)를 기원으로 하는 잇토류계(一刀流系)이다.

신토류계의 시조는 이이자사야마(飯篠山) 성주(후 伊賀守)의 가신이었던 이이자사 쵸이사이(飯篠長威齋)로 텐신쇼덴신토류(天眞正傳神道流)를 개척하여 검도 역사상 중흥의 시조로 불렸다. 문제(門弟)에는 모로오카 이치하(諸岡一羽), 보쿠

덴류(卜傳流) 시조인 츠카하라 보쿠덴(塚原卜傳)의 부(父) 츠카하라 토사노카미(塚原土佐守), 마츠모토 비세노카미(松本備前守) 등이 배출되어 그 말류(末流)에 많은 유파를 만들었다.

신카게류계(新陰流系)의 시조 아이즈 이코우(愛洲惟孝)는 휴가우도(日向鵜戶)의 암실(岩屋)에 머물며 마지막 기도 날에 신으로부터 심오한 뜻을 받아 이치류(一流)를 개척하고 카게류(陰流)로 칭하였다. 이 계통에는 카미이즈미 노부츠나(上泉信綱)의 신카게류, 야규 무네요시(柳生宗嚴)의 야규신카게류 외 많은 유파를 만들었다.

잇토류계의 원류 츄죠류(中條流)의 시조 츄죠 효고노스케나가히데는 가전도술(家傳刀術)에 기술을 보태어 가마쿠라의 슈후쿠지(壽福寺) 승려 지온(慈音)선사로부터 검술을 배워 츄죠류를 개척하였다. 이 계통에는 토다류(富田流), 그리고 이토 잇토사이(伊藤一刀齋)의 잇토류(一刀流)가 생겨나 후에 근대 검도에 막대한 영향을 끼쳤다.

④ 유도

역사적으로 보면 고대의 도수격투법(徒手格鬪法)과 스모에서의 흐름을 볼 수 있어 힘겨루기와 절회스모(節會相撲)에 원형을 확인할 수 있다. 전장에 있어서 격투를 위한 체력·기술의 양성을 위한 무가스모(武家相撲)가 실시되었다. 양성된 기량을 기초로 스모에서 금지된 찌르기·차기·조르기·관절꺾기 등도 활용하여 전장에 있어서의 종합무술로서의 기승전(騎乘戰)·지상전(地上戰), 또는 수중전(水中戰)에 있어서의 격투로 승부가 결정되었다.

그 중에서 츠츠미 야마시로노카미호우잔(堤山城守宝山)은 츠츠미호우잔류(堤宝山流)를 개척하고, 타케우치가(竹內家)에 전해지는 문서에 의하면 타케우치 나가츠토타유히사모리(竹內中務太夫久盛)는 격투·소구족(小具足: 갑옷의 각종 부속품으로 무장한 복장)·포승(捕繩)의 묘경에 달하여 텐분(天文) 원년(1532) 타케우치류(竹內流)를 개척하였다.

도쿠가와시대 초기에 미즈하야 나가사에이몬노부마사(水早長左衛門信正)에 의해 세이코류(制剛流), 세키구치 야로쿠자에몬우지무네(關口弥六左衛門氏心, 호는 柔心)에 의해 세키구치류(關口流)가 개척되었다.

⑤ 창・장도(槍・長刀)

찌르는 무기로서는 고래부터 창(미늘창)이 있지만 실전에서 어느 정도 사용되었는지는 불확실하며, 가마쿠라시대에는 의례용・제례용・무악용 등의 비실리적 목적으로 사용되었다. 헤이안시대 후기부터 실리적인 무기로서 사용된 장도(長刀)는 보졸과 승병의 무기로서 자르고・후려베고・쳐올리고, 또는 찌르는 등의 사용법이 있었다.

무로마치시대가 되면 전투는 잡병(雜兵)의 도보집단전적(徒步集團戰的) 경향이 되어 잡병에도 비교적 먼 거리에서 정예 기마무사를 쓰러뜨릴 수 있게 되었으며, 제작도 다른 무기에 비하여 다루기 쉬운 창이 하급 보병과 승병(僧兵) 외 장수까지도 이용하게 되었다.

창의 지위가 향상됨에 따라서 무예로서의 창술이 출현하였다. 그 대표는 이이자사 쵸이사이(飯篠長威齋)가 개척한 신토류(新當流) 병법일과(兵法一科)의 창술이다. 이 계통에는 이이자사 와카사노카미모리치카(飯篠若狹守盛近)와 혼마 카게유자에몬(本間勘解由左衛門) 외 많은 달인을 배출하고 후세의 창술계에 막대한 영향을 끼쳤다.

⑥ 포술(砲術)

텐분(天文) 12년(1543년) 다네가시마(種子島)에 철포가 전래된 이후 전국시대의 세상을 반영하여 급속하게 보급되어 에도(江戶)시대 초기까지 사이에 포술(총포술)이 체계화되었다. 이나토미 이치무(稻富一夢)의 이나토미류(稻富流), 타츠케 효고노카미카게스미(田付兵庫助景澄)의 타츠케류(田付流) 외 이노우에류(井上流), 지유사이류(自由齋流), 카스미류(霞流), 세키류(關流) 등이 유명하다.

2. 무도의 발전

1) 무도발전의 배경

　세키가하라(關ヶ原)의 전투(1600년) 후, 토쿠가와 이예야스(德川家康)가 전일본의 실권을 잡으므로 에도막부(江戶幕府)가 성립되어 일단 천하는 안정되었으며, 오사카(大阪) 후유진(冬陣: 겨울진)·나츠진(夏陣: 여름진)과 시마바라(島原)의 난(역자주: 토요토미 히데요시(豊臣秀吉)가 죽으므로 임진왜란이 끝나자 도쿠가와 이예야스가 정권을 잡으므로 오사카성의 사나다마루(眞田丸)에 히데요시의 후계자 히데요리를 습격한 겨울진은 양편의 공방으로 승리하지 못했으나, 1615년 여름진에서 이예야스가 승리했다. 그후 20여년이 지난 후 큐슈 시마바라 반도를 중심으로 3대 쇼군 도쿠가와 이에미쓰가 집권하던 1637년 10월 25일부터 다음해 4월 15일까지의 농민·어민·기독교도들이 봉기한 난으로 그들의 영주들인 마쓰쿠라(松倉) 가문과 데라자와(寺沢) 가문이 부가한 과중한 세금에 시달리던 중 기근까지 겹쳐진데다 백성들이 무도한 징세관을 살해한 사건으로 분노의 불씨와 기독교도의 박해와 맞물려 이때 16세 소년 기독교도인 아마쿠사 시로(天草四郞)를 대장으로 추대하여 일어난 민중저항이 시마바라의 난이다) 등 전란도 끝이 없고, 질실강건(質實剛健: 의지나 기상이 꾸밈이 없고 진실하며, 굳세고 건전함)하고 용무(勇武)를 존중하는 기풍은 짙어가고, 막부는 물론 모든 번(藩)에 있어서도 무예가 중시·장려되었다.

　전란의 여운과 상무기풍(尙武氣風)을 배경으로 무사수행(武士修行)도 융성하게 실시되었다. 공복·피로·한서 등 어려움이 많은 여행 중에 기술을 수련하고 연구하여 심신을 연마하였다.

　에도시대 전기의 검술을 시작으로 무예융성(武藝隆盛)의 요인으로서는 이상 언급한 상무기풍 외 막부의 문교정책을 들 수 있다. 도쿠가와 막부는 신분제에 의한 사회질서의 확립, 모든 영주(大名)의 집권적 체제의 편성, 쇄국실시 등의 지배체제의 이론적 확립으로 유교(儒敎: 주자학)가 채용되었다. 이 주자학을 중심으로 한 유교사상과 무예장려가 근세 무사교육의 기둥이 되어 문무양도(文武兩道)의 사상은 무도의 이론적 발전을 촉진하였다.

2) 무도의 이론적 발전

원래 무술은 수련에 의해 체득하는 것으로 지묘(至妙)한 영역과 경지(境地)는 말과 문자로 표현할 수 없는 것으로 간주되었다. 지금까지의 전서(傳書)는 기술명을 기록한 목록이 많았으나 기법·심법을 신도와 유교, 불교와 노장의 말을 빌려서 성문화되었다. 그 중에서 「사리일치(事理一致: 사물의 이치가 일치하는 것)」를 강조하며 정신·사상을 해석하는 경우가 많았다. 즉 에도시대의 무예는 농공상(農工商)의 삼민(三民)의 위에 선 지도자로서의 무사가 갖추어야 할 것으로 도(道)가 설명되어 정착되었다.

근세초기에 나타난 타쿠앙 소호(澤庵宗彭, 1573~1645)의 「부동지신묘록」, 야규 타지마노카미무네노리(柳生但馬守宗矩, 1571~1646)의 「병법가전서」, 미야모토 무사시(宮本武藏, 1584~1645)의 「오륜서」는 후의 무예서(武藝書)에 막대한 영향을 끼친 명저이다.

『부동지신묘록(不動智神妙錄)』은 타쿠앙선사가 야규 무네노리에게 건넨 책이라고 하며, 한 순간도 마음을 멈추지 않는 무심의 위치가 중심사상으로 무심에 도달하는 도정을 사리수행(事理修行: 사물의 이치에 맞게 행실과 마음을 닦음)이라고 해석하고 있다.

『병법가전서(兵法家傳書)』는 야규 타지마노카미무네노리가 유조 가미이즈미 이세노카미(上泉伊勢守), 부친인 야규 세키슈사이(柳生石舟齋＝야규 무네요시) 전래의 신카게류병법을 심법·기법에 걸쳐서 체계화한 것으로서 병법수행의 도를 수신·제가·치국·평천하의 도(道)로 해석하고 위치·의미를 부여한 것으로, 「신리교(進履橋)」(별명: 신카게류병법지서), 「살인도」 및 「활인검」의 3부로 구성되어 있다.

또한 『오륜서(五輪書)』는 지·수·화·풍·공의 5권으로 구성되어 있으며, 풍부한 실전체험을 근거로 한 미야모토 무사시의 병법관(兵法觀)인 공(空)은 만리일공(萬理一空)으로 「무예를 연마하고 마음에 주저함이 없으며, 조금의 흐림도 없고, 어두운 구름이 활짝 갠듯한 경지(空의 道)」를 설(說: 설파)한 일문단으로 요약하였다.

3) 에도시대 중기이후의 무도

에도시대의 중기가 되면 태평성대가 이어져 무력의 필요성이 희박해짐으로써 무사는 문약·화미(文弱·華美)가 되어 상무(尙武)와 질실강건(質實剛健)한 기풍도 저하하여 무술연마도 쇠퇴하였다.

종래의 무술수련은 기술의 정수를 집약하여 단계적으로 체계화된 형(形: 가타) 수련에 의하여 실시되었으나 형식주의적이 되고, 유조(流祖)가 실전과 승부의 경험으로 구성한 형(形)도 중심에서 벗어난 내용으로(枝葉末節) 형(形)의 수만 늘어나게 되어 「화법검법(華法劍法: 겉보기만 화려한 검법)」이라 평가되었다. 이 시대에는 도구를 착용하여 죽도(竹刀)를 가지고 실시하는 수련형식이 태두(台頭)하였다.

신카게류에서는 전국시대 말기의 에이로쿠(永祿)·겐키(元龜) 연간(16세기 중기 경)부터 죽도가 사용되었으며, 도구로는 갑옷과 투구에 힌트를 얻어 점차 개량된 것으로 생각한다.

1710년대에 지키신카게류(直心影流)의 나가누마 시로사에몬쿠니사토(長沼四郞左衛門國鄕)가 도구를 연구·개량하여 보다 안전성을 높이고 죽도에 의한 수련을 시작하였으며, 그 40년 후인 1750년대에 잇토류의 나카니시 츄조츠구타케(中西忠藏子武)가 더욱더 개량하여 도구·죽도에 의한 수련을 지금까지의 형

(形) 수련에 추가하여 실시하게 되었다.

따라서 형(形) 검술에서 시합형식의 죽도타격(竹刀打擊) 수련으로 일대 대변혁을 이루었다. 유파 또는 사범에 따라서는 죽도타격 수련에 비판적인 자도 많았으나 에도시대 후기로 그 시대가 옮겨지면서 죽도타격 수련은 성황을 이루어 검도수련의 주류가 되어 지방에도 급속하게 확대되었으며 상공인·농민에서도 검술 수행자가 증가하였다.

또한 다른 류와 시합이 활발해짐에 따라 승패를 판정하는 타돌부위(打突部位)에 대한 공통이해가 이루어지게 되었으며, 사풍의 쇄신과 막부의 무력·국방 체제의 강화를 목적으로 한 장군직속가족(旗本御家人)의 자제교육을 위해 설치된 강무소(講武所: 코부쇼), 각 번의 학교(藩校: 한코우)와 마을도장(町道場)에 있어서도 유파적 색채를 초월한 표준적인 시합훈련이 이루어지게 되었다.

그리고 이 시대는 페리 내항(M. C. Perry, 미국의 해군사령관이 프리킷함과 범선 2척을 이끌고 1858년 7월 8일 우라가항(浦賀港)으로 진입해서 미대통령의 조약체결 편지를 전함) 이래 대외적으로 긴장상태, 국내적으로는 사상적 대립상태의 동란의 세정(世情)을 타개한 인재는 정치가이며 일류검객이었다. 무의 수련, 즉 심신의 연마에 의한 인간형성을 꾀하는 교육적인 의미가 강하게 되었다.

막부말기에 이르러 융성한 유파는 죽도타격 수련으로 명성이 높았던 유파와 우수한 신파였던 신케이토류(心形刀流), 나카니시파 잇토류(中西派一刀流), 호쿠신잇토류(北辰一刀流), 코우겐잇토류(甲源一刀流), 신도무넨류(神道無念流), 지키신카게류(直心影流)와 쿄신메이치류(鏡新明智流) 등이다.

1868년 메이지 신정부에 의한 근대화 정책이 시작되어 문명개화 속에서 무도는 쇠퇴하였으나 격검흥행(擊劍興行: 메이지 정부의 근대화 정책으로 폐도령이 내려지자 무사와 무사지도자의 생계가 어려워지므로 그들의 구제목적으로 흥행을 승인했으나 초기의 인기를 잃으면서, 「유술회」를 개최한 것이 성황을 이루게 되었다)과 경시청의 무도 채용·장려로 명맥을 이어가게 되었다.

(大坪 壽)

제3강

무도 정신

大日本武徳会　武徳殿

1. 무사도의 유래

무도에는 심·기·체(心技體), 심신일여(心身一如: 몸과 마음은 둘이 아니고 하나이다) 등 정신적인 측면을 강조하는 것이 특징이라 할 수 있다. 또,「예(禮)로 시작하여 예(禮)로 끝난다」등도 그 하나이다. 따라서 무도정신이라는 말도 자주 듣지만 새삼스럽게「무도정신은 무엇인가」하고 질문을 받았을 때 명쾌한 회답은 매우 어렵다.

그래서 여기서는 무도정신을 어떻게 인식(이해)하여 그 내실은 무엇인가 등에 대하여 생각해보기로 한다.

헤이안(平安, 794~1185) 중기 무렵에 귀족이 소유하는 장원(莊園)을 지키기 위해서 무장하여 싸우는 것을 직업으로 한 사람들이 나타났다. 그들은 병(兵)이라는 무사(武士)였다.

무사집단이 커지면서 그 동안에「무사학습」·「무사의 도」라는 규범이 생겼다. 즉 주종간의 충의(忠義)와 무용(武勇)의 존중, 결백함 등이다. 이것이 무사가 지켜야 할 도(무사도)의 유래이다. 이 시대의 무사가 지켜야 할 도의 큰 것은 무장(武將)에게는 사물의 옳고 그름을 분별하는 인격적인 강함이 요구되었으며, 일반 무사(武士)에게는 죽음을 두려워하지 않는 용기와 주군을 모시는 순수한 심정이 요구되었다.

에도시대(江戶時代, 1603~1867) 텐와(天和) 연간이후(1623년경)의 평화로운 시대로 접어들면서 이 무사도의 사고방식이 크게 두 가지 방향으로 나누어진 것이다. 그 하나는 유교의 입장에서 해석하는 사도론(士道論)으로 야마가 소코우(山鹿素行, 1632-1696)를 대표로 하는 학설이다.

농·공·상 3민의 통치자인 무사는「① 인륜 도의 자각을 높일 것, ② 의지를 명확히 할 것, ③ 덕을 수련하며 재능을 연마할 것, ④ 자주 행속(行屬: 행함에 따르는 것)의 선악을 뒤돌아보며 위의(威儀)를 바르게 할 것, ⑤ 일상적인 행동을 조심할 것」의 5가지 항목을 엄중하게 지켜야 함을 요구하고 있다.

그리고 그 실천은 ① 평소부터 지기(志氣)를 배양하여, ② 온정에 넘치는 형용, ③ 위엄이 있으며 사납지 않는 몸놀림, ④ 의리를 구분하여 천명을 믿는 「기지·청렴·강직·정직」이라는 항목을 갖춘 인물상을 추구하였다.

이것에 대조하여 전국시대(戰國時代) 이래의 무용과 죽음의 각오를 기조로 하는 무사도론(武士道論)이 있다. 주군을 위해서는 목숨은 물론, 가족·친족을 버리면서 헌신하는 것을 설명한 것이다. 이 무사도론(武士道論)을 대표하는 사람으로 사가나베시마(佐賀鍋島) 번사 야마모토 츠네토모(山本常朝, 1659~1719)가 있다.

「무사도라 하는 것은 죽는 것을 안다」라는 말로 유명한 그의 저서「하가쿠레(葉隱れ: '나뭇잎 사이에 숨음'의 뜻이며, 무사도론의 대표적인 저서로 전11권, 제1~2권은 야마모토 츠네토모가 말한 무사된 자의 마음가짐을 들어 쓴 것, 제3~9권은 역대 나베시마가(鍋島家) 번주 및 나베시마무사(鍋島武士)의 언행, 제10권은 타번의 무사의 언행, 제11권은 사후 생전의 구두내용을 보충한 것)」는 태평스러운 세상의 퇴폐를 걱정하고 옳고 그름을 초월한 주군에 대한 헌신과 죽음을 각오하여 충성을 다하는 것을 강조한 것이다.

츠네토모는 항상 다음 4가지 서약을 신불에 염원하였다고 한다.
① 무사의 도에 남보다 뒤지지 말 것.
② 주군의 책무에 도움이 될 것.
③ 부모에 효도를 다할 것.
④ 대자대비의 마음을 일으켜 사람을 위하여 최선을 다할 것.

2. 니토베 이나조가 본 무사도

메이지부터 쇼와초기까지 일류의 문화인, 사상가이자 기독교인, 농업경제학자, 동경여대를 설립한 교육자로서 활약한 니토베 이나조(新渡戸稲造, 1862~1933, 도쿄외국어학교·삿포로농업학교 졸업후 미국과 독일에 유학한 계몽사상가)는 독일유학 중에 본(Born) 대학에서 유명한 벨기에 출신 법률학자 라브레(de Labre)에게 "일본의 학교에서 종교교육은 무엇을 배우는가?"를 질문받고, 그는 "일본의 학교에서는 종교를 가르치지 않는다"고 대답하자, Labre는 "종교적 과목없이 어떻게 선악의 구별을 할 수 있는가?"라고 따지고 들자 대답을 하지 못하고, '일본민족이 옛날부터 전승되고 있는 도의심은 어디서부터 온 것일까'를 하룻밤 꼬박 생각하고 생각한 끝에 그것이 무사도라는 결론에 도달하였다.

이것을 영문으로 작성한 것이 『무사도』이다. 이 서적은 그 후 많은 학자들에 의해 일본어로 번역되어 수많은 일본인에게도 읽혀진 명저가 되었다. 이 니토베이나조의 『무사도·일본의 혼』(1899년 發行)에서 무사도의 모습을 찾아보면 다음과 같다.

1) 무사도의 의의와 그 원천

니토베는 「무사도」를 일본고유의 도덕체계로 인식하여 무사가 그 직업과 일상생활에서 지키고 실천해야 할 도덕(道德)이며 무사의 원칙으로 하였다. 이것은 즉 무사계급이라는 신분의 독특한 관습이고 규범이며 의무로 하고 있다.

그리고 그 원천을 탐구하여 무사도에 깊은 영향을 끼친 것으로서 불교·신도·유교를 들고 각각이 무사도에 끼친 인격형성의 많은 요소를 구체적으로 다음과 같이 기술하고 있다.

(1) 불교가 무사도에 끼친 요소
① 당황하지 않고 운명에 맡기는 것.
② 피할 수 없는 사태에 대하여 차분하게 순응하는 것.

③ 위험과 재난에 직면한 경우의 자제심이 강한 평정심.
④ 생에 집착하지 않고 죽음을 두려워하지 않는 마음가짐.

(2) 일본 고래의 신도가 무사도에 끼친 요소
① 주군에 대한 충성심
② 조상 숭배와 부모 효행 등이 있다.

걸핏하면 무력을 앞세우고 오만에 빠지는 무사의 기질에 복종성을 부여한 것이다. 또한 신도(神道)의 교의는 일본민족의 감정생활의 전통적인 2대 특색인 「애국심」과 「충성심」을 포함하여 무사도에 큰 영향을 끼쳤다.

(3) 유교가 무사도에 끼친 요소

공자의 가르침(유교)이 무사의 엄밀한 도덕상의 교양으로서 풍부한 원천이 되고 있다. 공자가 설한 오륜의 도, 즉 군신·부부·부자·장유(어른과 아이) 및 붕우(친구와 관계)는 공자의 책이 일본으로 수입되기 전부터 일본민족이 본능적으로 인지해서 실천한 덕목으로 공자가 그것을 말로서 명확하게 표현했을 뿐이다.

공자의 정치도덕의 교훈에 나타나는 「침착성」·「정이 깊고」, 그리고 「사람들의 마음을 부드럽게 하는 성격」, 곧 인(仁)이 지배계급인 무사의 심정에 잘 적합한 것이라고 할 수 있다.

다만 공자(孔子, BC 551~479), 맹자(孟子, BC 372~289)의 교훈을 지식으로서 알고 있는 것만으로는 충분하지 못하여 이것이 늘 실천되기를 강하게 요구하였으며, 지식이 배우는 자의 마음에 동화되어 훌륭한 성품이 형성되어서 발현되는 것이야말로 참지식이라고 인식한 것이다. 후에 왕양명(王陽明, 1472~1528, 중국 明代의 유학자·정치가로 양명학을 발흥시킴)이 이것을 「지행합일(知行合一: 참지식은 행함에 일치해야 함, 지행일치)」로서 반복하여 설하였다.

2) 무사도의 덕목

(1) 의(義)

의는 세상 일의 도리(道理)에 적합해야 한다. 인간이 실행해야 할 사리(事理)·이해(理解)를 버리고 인도공정(人道公正)을 위하여 도리를 다 하는 것이며, 무사의 규정 중에서 가장 엄격한 가르침이다. 의(義)의 마음은 정의이고 공정이며, 유교의 5덕(仁義禮智信, 인·의·예·지·신)에도 자리매김하고 인간을 형성하는 골격과 같은 것으로 의(義)가 없으면 인간은 존재하지 않는다고도 말 할 수 있는 것이다.

(2) 용기(勇氣)·감투(敢鬪) 및 인내(忍耐)의 정신

용기는 용감한 의기, 세상 일에 두려워하지 않는 기개의 뜻으로 바른 일을 실행하는 것이다. 하야시 시헤이(林子平, 1738~1793, 일본의 실학자·경제학자·지리학자이며, 그의 저서『海國兵談』에서 울릉도·독도가 조선의 것이라고 표기했으며, 현재 홋가이도(北海道)의 옛지명인 '에죠지(虫叚夷)' 개척을 역설하였다)는 "의(義)는 용기를 상대로 하여 재단(裁斷: 옳고 그름을 가리어 결정함)의 마음이 되며, 도리에 맡기고 결심하여 유예하지 않는 마음을 말한다. 죽어야(숙여야) 할 경우에 죽고(숙이고), 죽일(숙일) 때에 죽인다(숙인다)"고 설한다.

공자도 "의(義)를 보고 행하지 못하는 것은 용기가 없는 것이다"라고 하였으며, "용기는 의(義)에 의해서 발동되는 도덕이며, 용기는 인간으로서 바른 일을 하는 것이다"라고 설하고 있다. 사려분별이 없고 다만 혈기가 넘치는 것을 필부의 용기(작은 용기)로서 구별하고 있다.

용맹·인내·용감·호담·용기는 소년을 무사로서 교육하는 자질로서 어린 시절부터 배양되는 덕성으로 간주되어 왔다.

강기(剛氣: 굳세고 꿋꿋한 기상)·견인불발(堅忍不拔: 굳게 참고 견디어 마음이 흔들리지 않음)·대담부적(大膽不敵: 담력이 크고 용감해서 대적할 자가 없음)·태연자약(泰然自若: 어떤 충격에도 태도나 기색이 아무렇지 않음, 큰일을 당해도 놀라지 않고 침착함) 등은 어린이를 무사로 성장시키는 정신도덕의 최고 경지로 가르쳐 젊은이에게 감명을 주어 단련과 모범에 의해서 습득되는 담력이 되었다.

(3) 인(仁)·측은지정

인(仁)은 자애·배려로서 인자는 우아한 덕성이다. 자모(慈母)와 같은 덕(德)이다. 공자가 제창한 도덕관념이며, 송학(宋學: 송대에 확립한 새로운 유교; 주자학; 정주학)에는 인(仁)을 천도(天道)의 발리(發理)로 간주하여 일체의 모든 덕을 통괄해서 실천하는 것을 주덕(主德)으로 하였다.

애정(愛情: 자애로운 마음), 관용(寬容: 관대하여 사람을 용서하고 받아들이는 것), 동정(同情: 타인의 감정·고뇌·불행 등을 그 입장이 되어서 함께 느끼는 것), 연민지정(憐憫之情: 불쌍하고 가련하게 여기는 마음)은 인간의 심정 중에서 가장 기품이 있는 최고의 덕목이었다. 또한 약자·열등자·패배자에 대한 정은 '측은지정(惻隱之情, 측은지심: 가엾고 불쌍히 여기는 마음)'으로서 무사인에 어울리는 덕으로서 중시되었다.

(4) 예의(禮儀)

예의는 사회질서를 유지하기 위하여 사람이 지켜야 할 생활규범의 총칭으로서 인식되어 의식(儀式)·작법(作法)·제도(制度) 등을 포함한다. 유교에서는 가장 중요한 도덕적 관념으로서 해석한다. 예의의 최고의 모습은 사랑으로 발현되고, 경건한 마음과 겸허한 마음으로 경의(敬意)를 표하고 사의(謝意)를 표하는 것이다. 구체적인 덕(德)으로서 관용(寬容: 마음이 넓어 남의 말을 너그럽게 받아들이거나 용서함)인 자비(慈悲)가 있다.

① 친절(親節)로 사람을 함부로 시샘하지 않는다.

② 자만하지 않는다. 잘난 체하지 않는다.
③ 자기 자신의 이익을 탐하지 않는다.
④ 쉽게 사람에게 흔들리지 않는다.
⑤ 나쁜 일을 하지 않는다.

등을 들 수 있다. 형식적인 예를 허례(虛禮)로 간주하여 참된 예(禮)의 마음을 가지지 않는 예의(禮儀)로서 구별하고 있다.

(5) 성실·진실(誠實·眞實)

성실은 타인이나 일에 대하여 진지하게 진심이 깃들여 있는 것이다. 공자는 "진실(誠)은 만사만물의 근본이며, 진실(誠)하지 않으면 사물도 없다"고 설하였다. 무사사회에서는 농공상(農工商)의 서민보다 고도의 성실이 요구되었다. 진실은 거짓·허언이 없는 것으로 정직(진실)은 무사의 명예이며, "무사는 일언만 있고·무사는 이언이 없다(武士有一言, 武士無二言)"으로서 단언한 것은 진실로서 이것을 범한 경우는 죽음으로써 갚는다고 할 정도의 엄격한 규범이다. 또한 허언과 속임수는 겁쟁이로 간주되어 사회적으로 멸시당했다.

(6) 명예(名譽)

명예는 공훈이 있는 것, 좋은 평판을 얻는 것, 인격의 숭고에 대한 자각이며, 도덕적 위엄이 타인의 '승인·존경·상찬' 받는 것이며, 이들은 무사가 가장 명예로 생각하는 부분이다. 무사는 천성적으로 자신의 신분과 동반하는 의무와 특권을 중요시하도록 교육을 받으며, 이름·체면·평판을 중시하고, 예의·염치(廉恥)를 항상 유의하였다. 창피를 당하거나 비웃음을 당하거나, 이름이 더럽혀지는 것에 대해서는 목숨을 걸고 저항하였다.

(7) 충의(忠義)

충(忠)은 거짓이 없는 마음으로 참마음·진실·충실의 뜻으로, 충의는 주군과 국가에 진심을 다하여 봉사하는 것이다(충절, 충성). 주군에 대하여 충의를 다하는 것은 무사의 본분으로 야마모토 쯔네모토(山本常朝, 1659~1719) 등에 의해 가장 중요한 무사도(武士道)의 덕목이 된 것이다.

(8) 극기(克己)

극기(克己)는 자기에게 이기는 것, 의지의 힘으로 자신의 충동・욕망・감정 등을 억제(자제)하는 마음을 의미한다. 용기를 단련하는 훈련에 의해 불평과 고통을 인내하는 것을 배우고, 예절을 지키는 훈련에 의해서 타인에 대한 배려를 요구하였다. 용기와 예절이 합쳐져 금욕적인 마음가짐으로 자연스럽게 생겨나는 감정을 억제하는 노력이 이루어져 함부로 사람들 앞에서 희로애락(喜怒哀樂)의 감정을 표현하지 않는 것이 무사의 덕목이 된 것이다.

3. 기술에서 도의 이행

1) 가노 지고로(嘉納治五郎)의 고도칸(講道館) 유도

문명개화를 구가하는 메이지유신(1868년) 초기, 몸이 허약한 가노 지고로는 소년시절부터 타인보다 강해지고 싶다며 유술수업을 열망하였다. 1877(메이지 10년)년 도쿄테이코쿠(東京帝國)대학에 진학함과 동시에 텐진신요류(天神神揚流)라는 유술에 입문하여 엄격하고 혹독한 수련의 날들을 거듭하고, 이어서 키토류(起倒流)로 전환하여 두 가지 유파의 깊은 뜻을 궁구하였다.

동시에 가노는 이 체험을 통하여 유술이 단지 승부의 방법을 터득하는 것에 그치지 않고, 체력증강과 정신배양에 있어서도 큰 효과가 있다는 것에 착안하여, 다른 유술의 모든 유파를 비교・연구한 결과 유술이 일본 만대(萬代)에 전해질 큰 문화유산(文化遺産)이라는 것을 인식하였다.

무술로서의 목적을 가진 유술의 장점을 활용하여 다른 관점에서 목적을 정하고 개량한다면, 유술이 청소년교육으로서 크게 유효하다고 믿은 가노는 유술 본래의 목적인 승부법(勝負法)과 더불어 체육법(體育法)·수심법(修心法)의 관점에서 목적을 정하고, 이것을 핵심으로 3가지 기술의 체계화를 시도하였다.

① 승부법의 관점에서는「육체로 상대를 제압하고 상대에게 제압당하지 않는 기술연습」을 목적으로 한다.

② 체육법의 관점에서는「근육을 적당히 발달시키고 신체를 강건하게 하며, 힘을 강하게 하여 신체사지(身體四肢)의 작용을 자유롭게 하는 것」을 목적으로 하여 이른바 강·건·용(强健用) 즉, 건강하게 감능(堪能: 감당해내는 능력)한 신체를 만들어 유익한 능력을 얻게 하는 것을 지향한다.

③ 수심법의 관점에서는「덕성을 함양하고 지력(智力)을 단련하는 것」을 목적으로 한다.

이와 같이 승부의 이론을 세상의 모든 일에 응용하여 세상에 접하며, 일에 있어서 스스로 대처하는 부분에 숙련시키는 것을 지향한 것이다.

고류(古流)의 유술은 승부법의 수업이 목적이었으나 가노는 이 새로운 유술의 목적을 공격·방어 기술의 연습을 통하여 인간형성을 도모하는「도(道)」로서 성격을 부여하고, 이것을「유도(柔道)」라 칭하였다. 이것이 기술(術)에서 도(道)로의 변화·시작이다.

또한 이것을 가르치는 곳도 단순히 무술을 수업하여 기술만을 단련하는 곳이 아니라, 그것을 수단으로 인간의 도를 강구하는 곳으로서「고도칸(講道館)」으로 명명(命名)하여, 1882년 5월에「고도칸유도」가 가노 지고로(당시 23세)에 의해서 창시되었다.

2) 유도에 있어서의 수심법

(1) 덕성을 함양한다.

일본에서 오래 전부터 고등교육의 수단이 되어 온 무술정신을 전승하는 유도

수행에 의하여 스스로 ①「자국을 중요시하고」, ②「자국의 사물을 사랑하고」, ③「기풍을 고상히 하고」, ④「용장활발(勇壯活潑: 날래고 씩씩하며, 활력이 있고 발랄함)한 성질」 등의 덕성을 함양할 수 있게 하였다.

또한, 「예(禮)로 시작하여 예(禮)로서 끝나는 유도수행」은 ① 바른 예의작법을 몸에 익히고, 또한 ② 자주·침착·진지(眞摯: 참되고 착실함)·용기·공정·겸양 등의 모든 덕목을 함양할 수 있게 하였다.

그러나 이러한 덕성의 함양은 유도수행의 고유성질에서 자연스럽게 함양할 수 있는 것과 유도에 관계하는 모든 주변의 일을 이용하여 특히 덕육상(德育上)의 교육을 실시하여, 그 목적을 달성하는 것 등에 있어 지도상(指道上) 유의할 필요가 있다고 하였다.

유도의 덕목(德目: 덕을 가리는 조목)을 구체적으로 열거하면 다음과 같다.

① 기풍이 고상할 것, ② 교만·사치풍을 혐오할 것, ③ 정의를 중요시할 것, ④ 도를 위해서는 어렵고 고통스럽다고 말하지 않고 용이하게 신명을 바칠 각오가 있을 것, ⑤ 공정할 것, ⑥예의를 지킬 것, ⑦ 신실할 것, ⑧ 신체를 중요시할 것, ⑨ 유해한 정(情)을 제지할 것, ⑩ 어렵고 힘든 고통을 견디는 습관을 배양할 것, ⑪ 인내의 힘을 강하게 할 것, ⑫ 용기를 풍부하게 할 것, ⑬ 가르침을 받는 것과 스스로 생각하고 연구하는 것의 관계를 알릴 것, ⑭ 준비를 잘 할 것 등이다.

(2) 지력(智力)을 단련한다.

유도의 수행을 통하여 터득을 지향하는 지력(사물을 헤아리는 능력)은 다음과 같다.

① 관찰 ② 주의 ③ 기억 ④ 추리 ⑤ 시험 ⑥ 상상 ⑦ 분류 ⑧ 언어 ⑨ 대량(大量: 큰 도량) 등이다.

(3) 승부(勝負) 이론을 세상 모든 일에 응용한다.

유도수행은 승부도(勝負道)의 추구이기도 하다. 승부 때 이기는 것이 중요한 목표이다. 그 승부에 이기기 위한 이론은 단순히 승부뿐만 아니라 세상의 정치·경제·교육·기타, 모든 일에도 응용할 수 있는 것이다. 승부이론과 그 응용에 대하여 요약하면 다음과 같다.

① 자타의 관계를 알 것 ② 신속히 판단할 것 ③ 선취(앞의 앞, 앞, 후의 앞)할 것 ④ 숙려단행할 것 ⑤ 선수를 빼앗겼을 때의 수단을 강구할 것 ⑥ 나를 안정시키고, 상대를 위태롭게 할 것 ⑦ 멈추는 것을 알 것 ⑧ 제어술을 알고 행할 것 등이 있다.

이러한 가르침은 단순히 유도승부의 수행뿐만 아니라 모든 사회의 제반 일을 행함에 있어서 큰 이익이라고 하였다.

마지막에 가장 중요한 마음가짐의 하나로서「이겨서 그 승리에 교만하지 않고, 패하여 그 패함에 비굴하지 않고, 평온함에 방심하지 않고, 위태로움에 두려워하지 않고, 단지 한 길을 걸어가라」의 가르침을 강조하여, 어떠한 경우에 있어서도 그 경우에서 최상의 상태와 수단을 다하고 유지하라는 것이다.

3) 고도칸유도(講道館柔道) 수행의 목적과 기본원리

가노 지고로는 1915년 고도칸유도의 수행목적을「유도는 심신의 힘을 가장 유효하게 사용하는 도이다. 그 수행은 공격·방어의 연습에 따라서 신체·정신을 단련·수양하여 이 도의 진수를 체득하는 것이다. 그리하여 이것에 의하여 자기를 완성하고 세상을 보익하는 것이 유도수행의 최후(究竟)의 목적이다」고 명기하여 발표하였다.

그리고 유도의 기본원리를 유(柔: 부드러움)의 이치를 더욱 더 발전시킨 신원리로서 ① 정력의 최선 이용, ② 정력의 최선 활용, ③ 최소의 힘으로 최대의 효과를 올리는 것을 종합하여 이를「정력선용」이라 하였다.

또한 또 하나의 사회생활 존속·발전의 원리인 상조상양(相助相讓: 서로 돕고 서로 양보하는 것), 공존공영(共存共榮: 함께 살며 함께 번영함), 융화공조(融和共助: 서로 어울리어 화목하도록 공동으로 돕는 것) 등의 정신을 종합하여 「자타공영(自他共榮: 자기나 남이 함께 번영함)」이라 하였다.

이리하여 1922년 고도칸 문화회의 발족석상에서 「정력선용(精力善用: 심신의 활동력을 좋은 일에 씀)·자타공영(自他共榮)」의 유도원리인 2대 도표(道標)가 제창되어 유도는 정신적으로도 완성의 영역에 도달하였다.

이 정력선용·자타공영에 포함되는 유도의 모든 덕목은 현재 실시되고 있는 각종 무도에도 통하는 무사도 정신이라 할 수 있다.

(松川哲男)

제4강
연습과 수련

1. 수련이라는 말

운동·스포츠에는 다양한 즐기는 법과, 실천 방법이 있다. 어떠한 목적·내용·방법으로 실시하더라도 심신을 단련하고 기술 등을 습득하기 위한 연습은 필수이다. 이 「연습(練習)」과 거의 같은 의미의 말로 「수련(稽古: 게이코)」·「훈련(訓練)」·「트레이닝(training)」 등이 있다.

일반적으로는 「연습」이 사용되지만 스포츠에서는 「트레이닝」이 정착되고 있으며, 무도와 예도 등에서는 여전히 「수련(稽古)」이 사용되고 있다. 각각의 말에는 의미가 있다.

본항에서는 「수련」이라는 말의 의미를 찾으면서 전통문화로서의 무도의 모습을 밝혀 간다.

수련(稽古)은 원래 「지난 날을 생각한다」는 '게이코'로 읽고, 「옛날의 일을 생각한다」라는 의미를 가진 말이다. 옛날에는 중국의 「서경(書經)」의 서두 문장에 일약계고(日若稽古: 옛날을 생각함)로 나타나며, 일본에서도 「고사기(古事記)」 서문의 계고조금(稽古照今)로 나타난다. 「코지엔(廣辭苑)」 사전에는 다음과 같이 기술하고 있다.

① 옛날 일을 생각하는 것. 고서를 읽고서 옛날의 일을 참고하여 이의를 밝히는 것.
② 배운 것을 연습하는 것(학습).
③ 유예(遊藝) 등을 배우(공부하)는 것.

상기 ①의 의미가 변하여 학문하는 것, 학습하는 것, 무도와 예도 등에서 수행·연습하는 것을 의미하게 되었다. 「옛날의 일」에 비중을 지나치게 두면 상고주의(尙古主義)가 되겠지만, 반대로 인간은 학습에 의해서 사회적 존재가 된다는 것을 생각하면, 수련이란 말에는 「인간이 인간답게 생활하기 위한 핵심」

이 나타나 있다고 할 수 있다. 특히 뛰어난 기예를 생명으로 하는 무도(武道)와 예도(藝道)에서는 기술의 깊은 뜻은 이심전심(以心傳心)에 의해서 스승에서 제자에게로 전해진다. 그래서 옛날부터 전승을 깊게 믿고, 선인을 존경하고, 겸허하게 배우는 태도가 무엇보다도 중요시되었다.

「수련(稽古)」과「연습(練習)」의 두 말은 지금은 일상생활 중에서 같은 의미로 사용되는 경우가 많다. 뉘앙스의 차이를 든다면「수련」이 일본 고래의 무도와 예도(藝道) 등에 결부되어 지칭되는 것에 대하여, 외래어 등과는 결합되기 어려운 것에 대하여「연습」이라는 것을 포함하여 널리 사용되고 있다.

일상회화에서 "유도와 검도의 수련(혹은 연습)을 실시한다"라고 하지만, "테니스 수련을 실시한다"라고는 하지 않는다. 대체로 무도적인 것에「수련」을 사용하고, 스포츠적인 것에「연습」을 사용한다.

무도와 스포츠의 차이에 대해서는 둘 다 구별이 외면적으로 매우 어려워지고 있다. 이를테면 무도도 스포츠도 실력을 향상하기 위하여 연속적인 혹독한 수련(트레이닝)을 실시한다. 그리고 승패를 다투는 대결장이 있어서 상대(相對方)와 장(修練場)에 경의를 표하는 예법도 있다. 또한 인격형성을 도모하는 것을 목적으로 하며 교육적 측면을 중시한다. 그리고 국제교류를 강화하는 역할도 하고 있다.

위의 두 말, '무도'와 '스포츠'는 기원과 형성과정을 달리하지만 문화교류가 지구적 규모로 급속하게 진행되는 가운데 동질성을 강화하고 있다.

우리들의 생활양식은 전 시대에서 선해진 전통적인 요소에 그 시대에 새롭게 다른 것으로부터 들어온 요소가 추가되어 새로운 고유의 요소를 만들어가면서 전개해간다. 그렇게 하여 문화는 계승되고 생성된다.

따라서 무도가 스포츠의 영향을 받고, 또한 스포츠가 무도의 영향을 받아가면서 새로운 형태를 만드는 현상은 자연스러운 흐름이다.

그 예로써 유도와 야구를 들 수 있다. 일본에서는 유도의 지나친 스포츠화가 종종 화제가 되고 있으며, 야구는 미국 태생의 베이스볼이 아니라 무도적 요소가 들어간 야구도가 아닐까라는 지적이 있다.

　어쨌든 중요한 것은 외면에 나타난「형태(현상)」를 충분히 관찰하여 그 깊이 흐르고 있는 사물의 본질을 파악하는 데 있다. 사물의 본질은 반드시 구체적인「형태」가 되어서 각각의 시대에 나타난다. 에도 초·중기시대의 하이진(俳人: 일본의 단형시 하이쿠(俳句)의 5·7·5, 3구 17음을 짓거나, 그것을 즐기는 사람)이었던 마쓰오 바쇼(松尾芭蕉, 1644~1694,『오쿠로 가는 작은 길』외 저서가 있다)는 그것을「불역유행(不易流行: 어떤 가치관이나 본질이 세월에 따라 바뀌는 것이 있고, 아무리 세상이 변해도 바꿔서는 안되는 것이 있다)」이라는 말로서 표현하였으나 글로벌화가 진행되는 시대에 있어서는 마땅히 이 시점이 중요한 것이다.「수련」의 의미를 생각하는 것은 무도의 본질을 파악하기 위한 하나의 이치라 할 수 있다.

2. 형(形)의 학습론

　형(形: 가타)「수련」의 원래 의미에서 이해할 수 있게 하려면, 수련에 있어서는 선인(先人)에 경의를 표하고 그 기술과 마음(심성)을 습득하고, 그리고 다음으로 전하는 것이 중요하다. 이 경우 기술의 습득과 마음을 연마(심신수련)하는 것은 별개가 아니라 일체로서 인식하고 있다.

　"무도의 극치는 결국, 마음의 문제가 된다"라고도 한다. 무도의 기술에는 살상력(殺傷力)이 있는 위험한 기술이 많다. 그것은 무술로서 목숨을 주고받음이 행해지는 실전의 장에 임하여, 적에게 이기는 것을 목적으로 기술이 연구된 것에 기인한다.

　목숨을 걸고서 기술을 만들어낸 선인(先人)들은 상대에게 이기기 위해서는 먼저 자기자신을 이기는 것이 필요하다는 것을 자각하고, 무심·무집착으로 죽음의 공포에도 동요하지 않는 마음의 확립을 지향하였다. 그리고 그러한 기술을「형(形: 가타치)」으로서의「형(型: 가타)」에 집약(체험과 연구의 집적)하여 수련방법으로 정한 것이다.

　무술로서의 「가타(型)」에서 체육·스포츠로서도 유의의(有意義)한 「가타치(形)」가 창출되어 지금에 전해지고 있다.

　기예를 「가타치(形)」로 종합하여 그 「형(形)」 중에 「마음」을 맡기는 방법은 무도에 한정하지 않고 예도(藝道)·가도(歌道) 등 일본 문화의 여기저기에서 나타난다. 「가타(型)」는 일본문화를 특징짓는 학습방법과 문화의 전승방법이다.

　「가타(型)」라는 경우, 「일본 검도형(形)」 「메치기형(形)」 등과 같이 구체적으로 일정 형태와 양식을 나타낼 때는 「형(形)」의 글자가, 「무도형(型)」 「고류형(型)」 등과 같이 모범이 되는 모든 것을 그대로 옮겨 전하는 의미를 나타낼 때는 「형(型)」의 글자가 사용된다.

　수련은 이 형(形)을 바르게 흉내내는 것으로부터 시작된다. 그리고 그 반복 중에서 스승의 기술과 마음을 전수·흡수해간다. 수련은 스승과 제자의 인간관계에 의해서 성립되는 면이 크고, 진수(眞髓)를 터득하기 위해서는 「좋은 스승」에게 배우는 것이 무엇보다도 중요하다.

　그리고 기술의 습득이라는 면에서 무도의 수련법을 크게 나누면 「형(形: 가타)」과 「자유대련·시합」의 2가지로 분류할 수 있다. 「형(形)」이 사전에 정해진 순서·방법에 따라서 행해지는 것에 대하여, 「자유대련·시합」에서는 각자가 자유롭게 기술의 공방을 전개한다.

　기술을 바르게 습득하기 위해서는 형(形)에 의한 연습이 필요하지만 단조롭고 신중한 태도가 사라져 타성에 빠지는 경우도 종종 나타나고 있다. 또한 자칫하면 형식으로 흐르기 쉽고 승부의 장이 없기 때문에 독선적이 될 우려가 있다.

　그러나 자유로운 공방이 허락되는 「자유대련·시합」에서는 마음껏 힘을 발휘하여 자기를 시험할 수 있다. 다양한 장면(상황)에 대응하기 위하여 기술의 폭도 확대되었으며(연결·변화), 승부의 장에 있어서 심기체(心技體) 등이 전체적으로 배양된다. 다만 반대로 승부의 재미에 마음이 빼앗겨 본래의 수련취지에서 벗어나, 신체적으로 무리를 강요당하는 경향도 생긴다.

따라서 실제의 수련에 있어서 「형(形)」과 「자유대련·시합」의 비율을 충분히 생각하여 실행하는 것이 중요할 것이다.

특히 경기 스포츠의 영향이 강한 오늘날에는 단조로운 형(形)은 멀리하는 경향에 있으나 앞에서 언급했듯이 형(形)은 무도의 핵심을 이루는 요소이며 결코 소홀히 할 수 없는 것이다.

무도의 진수는 「형(形: 가타)」 속에 집약되어 있다. 단조(單調)로운 수련일지라도 반복하면 어느 순간 어떠한 계기로 그 의미를 파악할 수 있다. 신체 전체로 느끼는 그 무엇이다. 그 순간 정형화된 선인의 체험과 연구는 생생하게 자기자신 속에 되살아나, 자유와 창조성을 초래한다. 「형(形)」수련의 하나의 목표가 바로 여기에 있다.

형(形) 수련이 무도의 특징이며, 또한 형(形)의 의미를 아는 것이 얼마나 중요한가를 『신사도와 무사도』의 저자로 알려진 영국인 유도가·예술가·사상가인 일본통인 레게트(Trevor Pryce Legget, 1914~2000)씨의 문장에서 살펴보자. 레게트씨는 「띄어치기」의 제목인 수상(隨想)(『타산지석』에 수록, 사이마루 출판회) 중에서 유도·「메치기형」의 최초의 기술인 띄어치기는 마법과 같은 기술이며, 현실에는 그 누구도 흉내낼 수 없음에도 불구하고 형(形)의 처음에 나와 있는 것에 놀라고 당황하여 다음과 같이 기술하고 있다.

"머지않아 두 사람은 마주하여 이것이 기적이 아니라는 것을 보이기 위하여 다시 한 번 형(形: 가타)을 반복한다. 또한 정해진 대로 두 발걸음 뒤로 물러나 메치는 손은 몸을 낮추고 우아하게 상대를 공중으로 띄운다. 이와 같은 모범연기는 일본무술 이외에는 세계에 그 유례가 없다. …(중략)… 1938년에 마침내 일본을 방문하여 띄어치기가 전적으로 종이에 그려진 이상이라는 것을 발견한 것, 나로서는 쇼크였다. 누구라도 불가능함에도 불구하고 메치기형(形)의 처음에 나오는 것에 나는 당황하였다. 점차로 나는 이것이 일본인의 성격에 깊이 뿌리내리고 있는 무엇과 연결되어 있다는 것을 알게 되었다. …
(중략)… 일본에 가는 도중에 나는 일본의 전통적 기술의 하나하나-시가
(詩歌)·음곡(音曲)·도자기·접골(接骨)·일본과자(和菓子) 만들기에 이르기
까지-의 기초에 일본인이 말하기 어렵고, 이해하기 어렵고, 또한 배우기 어
려운, 깊이 감추어진 비전(秘傳)과 같은 것을 믿고 있다고 생각하게 되었다.

내가 놀란 것은 그와 같은 비전의 실존에 관한 것이 아니다. …(중략)… 내
가 도저히 믿을 수 없었던 것은 일본인이 그렇게 한 비전(秘傳)과 비전의 보
유자를 중요시한다는 것이다.

유도「메치기형(形)」은 어떻게 하여 상대를 지웃기(무너뜨리기), 어떠한 경우
에 걸기를 할 것인가를 사전의 이론에 근거하여 조직되어 있다. 따라서 단조롭
게 보이는 하나하나의 동작이 실은 의미를 가지고 있다. 의미가 있기 때문에
띄워치기가 메치기형(形)의 첫 번째에 위치가 부여되어 있다.

그 의미는 무엇인가? 한 마디로 말하면 무기(武器), 및 급소지르기(當身技)의
사용을 금지한 고도칸 유도의 지웃기 이론이 여기에 나타나 있으며, 나아가 보
법·이동 방법으로서는 가장 기본적인, 그저 똑바로 걸음으로써, 보폭을 바꿈으
로써 표현하고 있다. 말을 바꾸면 고도칸 유도의 창시자인 가노 지고로의 창조
성·사상이 여기에 녹아 있다고 해도 좋다. 이러한 점에 눈치채는 것이 형(形:
가타) 학습의 의미는 아닐까?

3. 끝없는 수행 - 수(守)·파(破)·리(離)

수련을 쌓는 과정, 즉 수행에 있어서의 순서를 나타내는 말로서「수(守)·파
(破)·리(離)」가 있다. 이 말은 예도(藝道)의 세계에서 사용된 것이 시작이라고
하며, 무도에서는 검도의 가르침으로서 잘 알려져 있다. 형(形)수련에서 보면
「수(守)」는 형(形)에서 들어가는 단계로,「파(破)」는 형(形)을 자신의 것으로

활용하며, 「리(離)」는 형(形)을 떠나 자유로운 활동을 하는 단계라 할 수 있다. 일반적으로는 다음과 같이 설명한다.

① **수** → 스승에 대하여 그 유의(流儀)를 배우고 그 유의를 지키며 노력한다.
② **파** → 스승의 유의를 정진·완성한 후 다른 유파도 연구한다.
③ **리** → 자기의 연구를 집대성하여 독자의 경지를 개척하여 하나의 유파를 만든다.

가노 지고로가 고도칸 유도를 창시한 과정을 보면 정확하게 이 「수(守)·파(破)·리(離)」가 들어맞는다.

그러나 검도의 깊은 뜻을 나타내는 시(歌)에 오와리번(尾張藩) 2대 번주 도쿠카와 미츠토모(德川光友)가 야규 렌야토시카네(柳生連也嚴包: '야규 토시카네'가 원명임, 1625~1694)에게 증정하였다는 다음의 시가 있다.

"당겨 당겨도 / 느슨함이 없는 두터운 시위를 / 떠난 화살 끝은 알 수 없다."

무도의 수련·수행의 의미가 단적으로 나타나 있으며, 마음으로 느껴야 하는 시이다. 그 의미는 아래와 같은 수행단계로 설명되어 있다.

① 당겨 당겨도 → 정진(근면·노력)을 표현. → 「수」
② 느슨함이 없는 두터운 시위 → 정진에 의한 충실을 표현. → 「파」
③ 떠난 화살 끝은 알 수 없다. → 정진·충실을 정상으로 하고 그 절정에서의 비약, 즉 초절(超絶) 경지를 표현한다. → 「리」

정진(守)과 충실(破)이 수행하는 인간의 문제인 것에 대하여 초절(離: 超越)은 더 이상 인간의 문제가 아니라, 「천(天, 또는 부처(佛), 도(道))」에게 결과를 맡기는 모습이라고 한다. 유도의 「낙법」의 의미도 여기에 있다.

수련을 계속하면 상대에 이기기 위해서는 자신의 마음을 이기는 것이 필요하다는 것을 깨닫고, 사리사욕의 자기 보신욕을 버리지 않는 한 참으로 상대를 이길 수 없다는 것을 깨달아 알게 된다.

실은 여기부터가 참 무도수행의 시작이라고 해도 좋다. 무도수행에는 스스로 자기 내면의 마음(여러 가지 욕심·아집)과 마주(向)하는 것으로 무도수행이 인간수행이라는 의미가 여기에 있다.

이와 같이 무도수행이 인생에 깊이 관계하고 있는 이상 그 수행에는 끝이 없다. 수련을 쌓고 수행의 단계를 답습하여,「초절(離)」의 경지에 도달하여 "어제보다는 능숙하게, 오늘보다는 더 능숙하게, 일생 동안 완성시키는 것이다"의 마음자세로 수련하는 것이 중요하다.

일본전통 가면 가무극인 노가쿠(能樂: '노'라고도 함)를 창시·완성한 예능인 제아미(世阿弥, 1363-1443)는 "노(能)는 젊을 때부터 노후까지 배워야 한다", "삶은 끝이 있고 노에는 끝이 없다"(화경: 花鏡, 신의 거울)고 언급하고 있으나 무도도 예도도 끝이 없는 수행에 몰입하는 것을 마지막으로 추구하고 있다. 그저 단순히 기술이 뛰어나 시합에 이기는 것이 무도가 아니다.

즉 무도수련은 인생이라는 관점에서 실시되어 여러 가지 욕심에 빠지는 자기 자신을 극복할 수 있는지, 아닌지에 요점이 있다. 역설적이지만 그러한 태도로 수련을 계속하고 끊임없는 수련을 거듭한다면 상대에게 이긴다는 의미를 알게 되며, 결과가 따라온다. "떠난 화살의 끝은 알지 못한다"의 경지이다.

본항에서는「수련」이라는 말의 의미를 찾아가며 전통문화로서의 무도의 모습을 밝히는 것을 시도하였다. 「수련」은 「형(型: 가타), 형(形: 가타치)」와 「수행단계(수·파·리)」로 이어진다. 이러한 학습방법·전승방법에 일본의 특색이 드러나고 있다.

현재, 무도와 스포츠의 구별이 외면적으로 어려워지는 가운데 경기 스포츠의 과학적 트레이닝 방법이 침투하고 있으므로 전통적인 수련방법을 냉정하게 재검토하는 것에 큰 의미가 있다고 생각한다. 무도수련은 인간의 삶의 방식을 근저에 포함하고 있다. 여러 가지의 현상을 관찰하여 그 본질(삶의 방식)을 찾는 (무도를 배우는) 것에 의미가 있다고 할 수 있다.

(僑本敏明)

제5강

동계수련과 오륜서

1. 동계수련

 무도는 일본 전통적인 운동문화이며, 그 교육방법으로서 중시되고 있는 것에 동계수련(寒稽古: 칸게이코)이 있다. 따라서 말을 바꾸면 동계수련은 무도가 추구하는 것, 지향하고 있는 방향을 의도한다고 할 수 있다.
 그래서 본항에서는 동계수련의 목적을 밝히면서 검호(劍豪) 미야모토 무사시(宮本武藏)의 수련에 대한 생각과 연결되는 점을 찾아본다.

1) 동계수련의 기원

 무도의 특별한 수련 중에「동계수련」・「하계수련」이 있다. 일본에서는 옛날부터「동계행」・「동계수업」등 동계에 날짜를 정하여 억지로 엄동설한에 오로지 신・부처에 참배하고 그 도(道)에 정진하여, 또는 무도・예도에 노력하여 그 진보를 기원한다는 매우 적극적인 수행방법이 행해지고 있었다.

 불교 사전에는 동계행(寒行: 칸교)에 대하여 다음과 같이 기술하고 있다.
 "동계 30일간 매일 밤 추위를 견디고 고통을 참으며, 용경분위(踊經分衛: 춤을 추며 경을 외며, 민가의 문앞에 가서 옷과 밥을 얻는 일)를 행하는 것을 말한다. 이것을 동계수업이라고도 한다. 이 고행을 수련하는 뜻으로서 그 공덕은 다른 평이한 계절에는 쉽게 극복할 수 있다는 믿음에서 기원한다. 징(또는 꽹가리)을 두드리고 칭찬, 혹은 부처이름 등을 부르는 동계염불로 칭하며 많은 승려 간에 이것을 행하고, 나형세족(裸形洗足)에서 방울을 울리고, 신사불각에 참배하는 것을 동계순례 또는 동계참배라고 하여 많은 재가(在家)의 기능진보를 기원하는 자들 사이에도 행해지고 있다."

즉「동계행(寒行)」은 원래 신불수업법(神佛授業法)으로서 행해졌으나, 후에 예도수업(藝道修業)에서도 행해지게 되었다고 생각한다. 「동계행」이라는 형식이 언제부터 시작되었는가를 알 수 있는 정확한 자료는 분명하지 않으나 적어도 신도(神道)의「목욕재계」·「벳카(別火: 공양 때 부정타지 않도록 신성한 취사용 불을 따로 다루는 일)」 등으로 부정을 제거하고 정진하여 신(神)에 대한다는 생각과 행동이 후에 불교의「안거(安居: 승려들이 4월 보름 다음 날부터 7월 보름날까지 3개월 동안 한 곳에 모여 일체의 외출을 금하고 수행에만 전념하는 일)」의 사상과 방법의 하나가 되어 이「동계행」이라는 일본의 독특한 풍미를 가진 수업(수련)형식을 갖추게 된 것으로 생각한다.

종교상의 일은 어쨌든 추움과 더움에 대하여 도피하는 것이 아니라, 오히려 그 안으로 돌입하여 이것을 활용한다는 적극적인 사고방식에 입각한 것이 동계수련과 하계수련이라고 할 수 있다.

옛날에는 에도시대의 검의 수행으로 수용하고 있었지만, 이 동계수련을 교육적인 견지에서 근대 무도에 도입한 것은 가노 지고로이며, 1894년 고도칸의 교육계획 중에 수용한 것이 최초이다.

2) 동계수련의 목적

「동계」는 일본의 달력상으로 1월 6일경부터 약 1개월을 말한다. 이 시기가 1년 중 가장 추위가 심하다고 한다.

「동계수련」은 억지로 이 추운 시기에, 게다가 하루 중에 가장 추운 아침 이른 시간대에 실시하는 수련을 말한다. 추운 시기에 아침 일찍이 일어나는 고통, 몸을 에는 듯한 추위를 감내하며, 일정기간 수행을 계속함으로써 어려움에 맞서는 불요불굴의 의지와 극기심을 키우는 정신면의 단련을 중시하는 것으로 수련에 의한 기술의 숙달은 물론 심신단련·정신수양을 목적으로 하는 것이라 할 수 있다.

유도를 예로 들면, 고도칸에서는 1894년부터 동계수련이 시작되었다. 당초 1월 6일부터 2월 4일까지 30일간 오전 4시부터 7시까지 실시되었지만 오늘날에는 1월 6일부터 15일까지의 10일간 오전 5시 30분부터 7시까지로 되어있다.

각 학교와 무도장에서도 사정에 따라서 같은 과정의 동계수련을 실시하는 곳이 많다.

하계(서중)수련은 동계(한중)수련과는 반대로 1년 중 가장 더운 여름 토용(土用: 삼복) 때로 게다가 하루 중 가장 더위가 심한 오후에 실시하는 수련을 말한다.

고도칸에서는 1897년부터 연중행사로서 시작되어 매년 7월 15일부터 30일간 실시하였으나 현재는 7월 15일부터 2주간 실시하고 있다.

(1) 가노 사범의 동계수련의 취지

일반적으로 사람이 세상에서 일을 행함에 있어서 일신일가(一身一家)를 위한 것, 타인 또는 국가를 위한 것을 가리지 않으며, 그 모두가 심신을 번거롭게 하지 않고 이룰 수 있는 것은 없다. 그리하여 춥고 더움에 굴하지 않고 고통을 참으며 힘든 노동에도 참을 수 있는 힘을 가지는 것은 성공에 필요한 조건이었다. 또한 어려움을 만나서 주저하거나 우물쭈물하지 않고 오히려 용기를 내어 이겨내는 방법을 강구하여 망설이지 않고 나아가려는 것은 성공에 필요한 기상이다.

그렇지만 이와 같은 힘과 기상을 가지고자 욕심을 낸다면 평소에 여기에 필요한 단련을 해야 한다. 찬바람을 맞으며 문 밖에 있는 것을 싫어하지 않고 뙤약볕 속에 도로를 보행하는 것을 불사하지 않는 훈련과 습관으로 홀로 이것을 배양하는 것은 매우 어렵다. 유도수행(柔道修行)과 같이 달리 일종의 목적이 있어 이것을 수행하기 위하여 자연스럽게 이 습관을 배양하는 것이 가장 적당한 방법이다.

고통스런 노동에 굴하지 않는 힘과 같은 것도, 원기를 고무하여 어려운 일을 완수하고자하는 기상과 같은 것도, 동계수련에 의해서 자연스럽게 배양된다. 그러므로 동계수련에서는 단순히 사람을 메치고, 사람을 잡는 기술을 연습하는 수행과 소양은 하지않는다.

동계수련은 정신단련·신체단련에 있어서 가장 적당한 좋은 기회를 주는 것으로 생각하며, 장차 사회에 임해서 난관을 헤쳐나갈 때 모든 사업을 경영하는 힘은 어려운 기회를 이용하여 배양된다는 것을 잊지 말아야 한다.

(2) 동계수련의 추억
(平城 10년 1998년 코쿠시칸(國士館) 대학 졸업생)

4년간의 학생생활에서 동계수련 중 가장 기억에 남는 추억은 세타가야(世田谷, 도쿄)에는 보기 드문 눈 속에서 아침 4시에 일어나 시발전차에 올라 나가야마(永山)역에 도착하니 타마(多摩)는 폭설이었다. 버스가 다니지 않기 때문에 필사적으로 눈 속을 걸어서 마침내 대학에 도착했을 때는 8시를 지나고 있었다.

그러나「오늘의 동계수련은 폭설로 인해 중지」라는 안내문이 붙어 있어 쇼크를 받았습니다. 고생하며 평소보다 3배나 많은 시간을 걸려 왔는데 억울한 생각이 들었습니다. 그러나 사회인이 되어 지금 뒤돌아보면 눈 속 길을 포기하지 않고 걸었던 일은 자신이 최선을 다했다는 자신감을 갖게 되었습니다.「4년간 동계수련을 개근한다」라는 목표를 달성하기 위하여 자신에게 만전을 다한다는 것을 코쿠시칸의 동계수련에서 배웠습니다. 그것이 나의 현재의 생활지침이 되고 있습니다.

마음과 몸에 혹독한 동계수련과 하계수련은 인내·극기·용기·예절 등의 정신과 강건한 신체를 배양하는 것이 목적이라는 것은 말할 필요가 없습니다. 복잡한 현대사회 속에서 살아가는 우리들에게 요구되는 역량은 자기를 규율할 수 있는 것으로 그것을 지향하고 있는 것이 동계수련·하계수련이라고 생각할 수 있습니다. 전후의 경위도 없이 한 순간의 감정만으로 간단하게 타인을 상처주는 풍조 속에서 이러한 신체 단련뿐만 아니라 정신수양에도 크게 효과적인 특별한 훈련을 행하는 것은 앞날을 위해 필요할 것입니다.

(3) 동계수련의 수행

미후네 큐조우(三船久藏) 저 『유도회고록』에는 동계수련의 고통스러운 수업형태가 다음과 같이 기술되어 있다.

> "옛날부터 동계수련·하계수련은 무도에 힘을 쏟는 것 중 하나의 큰 수양으로 주목받고 있는 것으로 다른 일본 고래의 예사(藝事)로서 동시에 어려운 고통을 참으며 정진한다는 정신적인 혹독한 단련이었다.
>
> 정월 6일부터 2월 5일까지 31일간, 오전 4시부터 7시까지의 맹수련으로 나는 양말도 셔츠도 잠방이(내의)도 입지않고 쿠단(九段)을 빠져나와 수이도(水道)다리를 지나서 우치사이와이쵸(內幸町)부터 고도칸까지 1시간 20분이 걸렸다. 때문에 2시 반에는 하숙집을 뛰어나와야 한다.
>
> 그러나 나 같은 경우는 가까운 거리이지만 3시간~4시간 걸려서 걸어오는 사람도 많이 있으며, 수련시간보다도 걷는 시간 쪽이 많은 것이 대부분이었다. 어쨌든 밤중 1시, 2시에 출발하기 때문에 이것이 가장 고통스러웠으며 기술을 연마하는 것보다도 이러한 극기심을 배양하는 데 매우 효과가 있었다고 생각한다.
>
> 이 고통스러운 수련의 가장 큰 고비는 시작한지 1주일부터 10일이 지날 때까지로 이때가 되면 처음의 기력도 떨어지고 아침 일찍 일어나 걷는 것이 실로 고통스럽다. 그러나 이것을 참고 15일 정도 지나면 이번에는 매우 편안해져 약간의 감기와 배고픔 정도는 참고 지낸다.
>
> 이 최고 정점의 고통을 돌파하느냐 마느냐는 모두 우리들의 생활에 있어서도 승패의 분기점에서 이러한 행위에 의해서 수양한다는 것은 단지 유도뿐만 아니라 어떠한 일에도 중요한 점일 것이다."

3) 학교행사로서의 동계수련

학교행사는 특별활동의 하나로 학생의 인간형성 상에서 중요한 교육분야로서 교육과정에 자리매김하고 있다. 특징으로서는 체육수업과 같이 지도내용이 반드시 통일된 것이 아니며, 각 학교가 지역과 학생의 실태를 생각하여 창의·연구하여 탄력적으로 계획하고 운영하는 것이 가능한 교육활동이다.

학습지도요령의 학교행사는「바람직한 집단활동을 통하여 심신의 조화가 갖추어진 발달과 개성의 신장을 도모함과 함께, 집단의 일원으로서의 자각을 깊이하고 협력하여 보다 좋은 생활을 구축하는 자주적·실천적인 태도를 육성한다」는 것을 초·중·고등학교의 공통목표로서 지향하고 있다. 그러나 고등학교에서는 여기에「인간으로서의 바람직한 자세·생활방식에 대하여 자각을 깊이하고 자기를 활용하는 능력을 배양한다」가 추가되어 있다.

○○○고등학교「동계수련」실시계획

1. 취지 : 일본의 전통적인 무도의 교육방법인「동계수련」에 참가하여 스스로 나아가 심신을 단련하고 불요불굴의 정신과 극기심 등을 배양하는 인격형성을 지향한다.
2. 회장 : ○○○고등학교·무도장
3. 일시 : *기간 : ○○○○년 1월 11일 ~ 1월 15일
   *시간 : 오전 7시 ~ 8시 (1시간)
4. 내용 : 유도, 검도, 궁도
5. 참가자 : *참가정원: 유도(150명), 검도(150명), 궁도(50명) 계 350명
   *참가자는 신청 선착순으로 한다.
6. 비고 : *개근자에게는 학교장으로부터「개근상」을 수여한다.
   *최종일의 수련 종료 후「쫑파티」를 실시한다.(참가비 200엔)

이것으로 본다면 「무도의 동계수련」은 학습중심의 학교생활 중에서 생활 리듬과 신선함을 부여하여 일본의 전통적인 운동문화에서 느끼는 인상깊은 체험활동이라고 해도 좋다. 동계수련의 기획·운영에 있어서는 학생의 보다 적극적·의욕적인 참가가 필수조항이기 때문에 무도관련의 운동부뿐만 아니라 학생회 활동과의 연계를 도모하면서 다음의 점을 고려할 필요가 있다.

① 학생이 자신의 능력에 따라서 참가방법과 활동의 질·양을 결정할 수 있도록 탄력적인 계획을 수립한다.
② 가능한 많은 참가자를 재촉하지만 참가인원은 안전면에서 미리 결정해 둔다. 또한 사고 등의 대응에 대해서도 지도해둔다.
③ 통상학습에서는 얻기 어려운 일본의 전통적인 연습방법을 통하여 자기의 체력과 기력에 도전하는 장으로서 활용할 수 있도록 한다.

2. 미야모토 무사시와 오륜서

1) 오륜서(五輪書: 고린쇼)

미야모토 무사시(宮本武藏)의 저서인 『고린쇼(五輪書)』는 본인의 병법관·무예관을 정리한 것으로 에도초기의 병법서로서 너무나도 유명하다. 검호(劍豪)로 불렸던 미야모토 무사시의 수련이 어떠한 것인가는 그가 살아온 시대를 생각하면 대충 상상이 될 것이다. 수업자체가 목숨을 건 것이어서 검도의 역량뿐만 아니라 어떠한 역경에도 굴하지 않는 정신적인 강함이 요구되었다고 생각한다. 따라서 이러한 과제해결에 이어지는 수련이 중시되었다고 한다면 목숨을 건 수련, 혹독한 환경에서의 수련은 동계수련이 떠오른다.

미야모토 무사시는 일본 전국시대 말기인 1584년 3월 4일 하리마쿠니(播磨國, 현재의 효고현의 서남쪽)에서 태어났다. 어린 시절부터 보통사람 이상으로 체격이 좋고 지혜로웠던 무사시는 목도를 가지고 노는 것을 좋아하였다고 한다. 또한 짓테쥬츠(十手術)의 명인으로 병법가였던 그의 아버지 신멘 무니사이(新免無二齊)에게 엄격한 훈련과 강한 자극을 받아 일상생활 중에서 실천적인 검의 사용법을 자연스럽게 익혔다고 생각한다. 체험 중에서 양손을 유효하게 사용하는 법을 생각하여 왼손도 단련하였다. 13세에 반슈(播州; 하리마쿠니 별칭) 신토류(新當流) 병법자, 아리마 키헤에(有馬喜兵衛)와 첫 대전하여 승리한 후, 29살 때 분고(豊後, 지금의 큐슈 동부 오이타현 지역) 오쿠라 후나지마(小倉船島)에서 사사키 코지로(佐々木小次郎)를 이길 때까지 60여회 진검승부를 하여 진적이 없다고 한다. 그 동안의 무사수행 중의 생사를 건 실전을 통하여 다음의 교훈을 남기고 있다.

① 검의 깊은 뜻은 자신의 조단석련(朝鍛夕錬)의 노력에 의해서 생기며 스스로의 마음에서 개발하는 기술이다.
② 자연의 도리의 천칙(天則)에 따르는 것이 중요하다.
③ 형(形: 가타)을 수련함에 따라 기법(技法)뿐만 아니라 심법(心法)분야에 들어갈 수 있다.
④ 아침에 일어나 저녁에 잠들 때까지의 일상을 바르게 지내고 또한 방심이 없는 평상심이 중요하다.
⑤ 무심이 되어 자신을 단련한다면 칼(刀)의 사용법에도 잡는 법에도 자연스럽게 활로가 열려 마음이 생긴다.

또한 무사시는(1641) 강에이 에이인(寬永 衛院) 18년 58세 때 구마모토(熊本) 성주 호소카와 타다토시(細川忠利) 공의 명을 받아「병법35개조」를 기술하였으나 이것이 오륜서의 골자가 되었다.

오륜서는 불교의 5대, 지·수·화·풍·공에서 본뜬 바 5권으로 나누어져 있다.

① 지의 권(地之卷) : 니텐이치류(二天一流)의 기본적인 사고방식.
「천일의 수련을 단이라 하고, 만일의 수련을 련이라」하는 등의 8항목

② 수의 권(水之卷) : 니텐이치류(二天一流)의 검법의 모든 것.
5방의 자세, 칼(太刀)의 도(道)와 5가지의 표(表).
③ 화의 권(火之卷) : 상대와 싸우는 장면의 상태(상황).
상대에 대하여 어떠한 싸움을 할 것인가, 어떠한 전법으로 나아 갈 것인가 등에 대하여 등 27항목
④ 풍의 권(風之卷) : 타류의 검법에 대하여 자기 검법과 비교.
상대의 검법, 타유파의 흐름을 알고 자기유파의 우위성 등 9항목.
⑤ 공의 권(空之卷) : 종합정리: 만리일공(萬里一空).
통찰력이 좋고 물리적으로 움직임을 파악하는 눈(觀見 2개의 눈)을 깨우칠 것. 공의 마음은 선에 있어서 악이 없으며, 지(智)도 있고 도(道)도 있으나 마음은 공(空)하다.

강에이 20년(1643) 10월 상순, 무사시가 60살 때에 구마모토시(熊本市)에 있는 긴보잔 레이간도(金峰山 靈嚴洞)에서 1년 8개월간 기술한 오륜서는「병법35개조」가 토대가 되었으며, 지·수·화·풍·공의 5권을 통하여 어떻게 적을 알고 적을 무찌를 것인가라는 전술론이 기술되어 있다.

예를 들면 ① 적의 유파를 알고 검법을 알 것. ② 대전하여 상대가 쳐들어오려고 할 때 기선을 제압하는 것. ③ 병법의 파악은 크고 넓게 파악하는 것. ④ 충분히 관찰하고 정확하게 보는(觀見 2개의 눈) 것이다.

도(太刀)는 자세가 있으면서, 자세가 없다. 어떠한 상황에서도 반응하여 모든 적을 죽이기 쉽게 잡는 것이다. 싸움의 위치 선점은 태양·빛·불이라는 광원을 자신의 등으로 받고, 또한 적보다 조금 높은 곳에 서고 늘 우위에 있을 것 등을 설명하고 있다.

그리고 마지막에 수련의 목적으로서 대략 다음과 같은 이치를 유의하여 병법의 도(道)를 단련하라고 권하였다.

제1에 긍정적인 사고를 할 것.

제2에 도(道)를 단련할 것.

제3에 모든 예(禮)에 접할 것.

제4에 모든 지식의 도(道)를 알 것.

제5에 모든 일마다 손득을 구분할 것.

제6에 모든 일에 감정(鑑定: 目利; 감식·판정)을 익힐 것.

제7에 눈에 보이지 않는 것을 깨닫고 알 것.

제8에 도움이 되지 않는 일은 하지 말 것.

무사시는 전국시대부터 에도시대에 걸쳐서 진검승부의 인생을 보냈으나 그의 수련론은 검에 대한 지식뿐만 아니라 자신의 체험에 의해서 얻은 것이다. 그러기 위해서도 어쨌든 단련하는 것이다. 그렇게 해서 얻은 기술추구만을 만족하지 않고 기술과 승부의 근본원리를 일상생활 중에 의화(意化: 응용)하는 것이 중요하다고 하였다.

무사시가 살아 온 시대는 생(生)과 사(死)가 늘 종이 한 장 차이로 따라 다니는 현실 속에서 수행 그것이 목숨을 건 것이며, 날마다의 수련이 과제를 극복하는 규범이 행해졌다. 검술의 수련을 통하여 정신적인 생활방식까지 영향을 미치고, 검술원리의 추구는 회화(繪畵) 등의 예술과 직업에까지 응용한 것이다. 즉 하나의 기예(技藝) 추구가 다른 분야에도 통하고, 수련을 통하여 자신의 삶의 방식까지 반영한다는 것이다.

2) 무사시의 연표

1584년 하리마쿠니(播磨國, 현 야마오카 구마모토)에서 출생했으며, 무사시의 어린 시절 이름은 벤노스케(弁之助)였다.

1596년 13세 반슈신토병법자(播州神當兵法者), 아리마 키헤에(有馬喜兵衛)와 첫 승부에 승리.

1600년 17세 세키카하라(關ヶ原)의 전투에 출진(出陳).

1604년 21세 도쿄에서 요시오카이치몬(吉岡一門)과 승부.

1612년 29세 분젠 오쿠라(豊前小倉) 후나지마(船島)에서 사사키코지로(佐々木小次郎)와 승부.

1614년 32세 오사카(大阪)의 후유진(冬陣)에 참가.

1640년 57세 호소카와 타다토시(細川忠利)의 빈객(賓客)으로서 구마모토(熊本)에 감.

1641년 58세 타다토시의 명으로 병법35개조를 집필.

1643년 60세 긴보잔 레이간도(金峰山 靈嚴洞)에서 오륜서를 집필.

1645년 62세 문하생 테라오카츠노부(寺尾勝信)에게 오륜서를 전함.

1645년 5월 19일 사망.

(小山泰文)

제6강

일본 무도교육의 변천사

1. 번교의 무예교육

일본에서 무도(武道)가 학교 교육내용에 수용된 역사는 매우 오래되었다. 1911년(메이지 44년) 「중학교령 시행규칙 개정」으로 "체조에 격검·유술을 추가할 수 있다"는 것으로 거슬러 올라 갈 수 있다. 원래 그 이전의 한코우(藩校)와 코부쇼(講武所)에서 시행된 무예교육도 당연히 무도교육(武道敎育)이라 할 수 있다.

전국에 번교(한코우: 藩校)가 설치된 시기는 각 번에 따라 다르지만 그 대부분은 18세기말 이후이다. 설치된 목적에 대해서도 각 번에 따라 다소의 차이는 있으나 대개는 다음 3가지로 생각할 수 있다.

① 무예를 장려하여 사풍(士風)을 일신한다.
② 인재를 양성하여 번정개혁(藩政改革)에 도움이 되게 한다.
③ 지견(知見)을 넓혀 국내외의 정세변화에 대응할 수 있는 시책(施策)을 확립한다.

각 번은 이와 같은 목적을 달성하기 위하여 각 사범마다 도장에서 자유롭게 시행된 교육의 내용을 정리·통합하여 번사(藩士)와 그 자제들에게 유용한 무예를 교육하게 되었다.

1) 젠쇼한(膳所藩) 번교의 쥰키도(遵義堂)

1809년(분카 6년) 젠쇼한(膳所藩)에 창설된 것으로 문무양도(文武兩道)를 목적으로 서예도장에 무예수련장을 병설하여 검술·창술·궁술 등의 도장이 번교에 편입되었다.

① 과목: 검술·유술·창술·궁술·포술·마술

② 시험: 년1회, 번주 앞에서 「무예어개(武藝御改: 무술시연)」가 실시되었다.
③ 사범 등: 유파마다 수석사범 또는 발탁역·보좌역 각 1명 및 간사 4~5명이 배치되었다.
④ 일과: 검술·창술·궁술의 수련은 연무장에서 오후 2~4시경, 동계수련은 30일간, 오전 2시~6시까지

2) 코부쇼(講武所)

코부쇼는 1856년(안세이 3년)부터 1862년(분큐 2년)까지 막부가 설치한 무술연습소이다. 모든 외국선의 내항에 의해 무력강화의 필요성을 통감한 가신 아베 마사히르(阿部正弘: 후쿠야마 번주로 토쿠가와 막부를 섬겨온 쇼군 직속 로쥬(老中)의 수좌로 서구와의 최초 문호개방이었던 가나가와조약(神奈川條約: 미일화친조약을 체결함, 1854. 3. 31)가 에도만 축지(築地)에 개설한 것으로 그 목표는 서양식 포술의 연습이었으나 전장의 필요성으로 검술·창술도 중시하였다.

여기의 수련자는 주로 장군의 가신과 그 자제 중의 유지자(有志者)였으나 일반인에게도 희망자에게는 수련이 허락되었다. 또한 유파가 다른 검사(劍士)가 함께 수련을 한다고 하는 당시에는 매우 드문 이른바 오픈 형태였다는 것도 주목할 만하다. 이 코부쇼는 시합·수련을 중심으로 오로지 실력주의로 신류(新流)의 검객을 등용하는 등 과감한 방책을 수용하였으나 서양식 군대건설을 지향하는 군사개혁에 의해 폐교되었다.
① 과목: 검술·창술·포술·수영
② 사범 등: 사범역과 교수

3) 마치(町: 읍내) 도장

막부 말기에 검술이 융성한 때 중앙에서 지방으로 무사계급에서 일반 서민으

로 그 동향은 확대되었다. 그 중에는 무사계급이 아닌 자도 적지 않았으며 그들이 수행한 곳은 마치(읍내·마을)도장이었다. 막부 말기에는 크고 작은 다양한 마치도장이 다수 개설되어 대성황이었다고 한다. 막부 말기에서 유신에 걸쳐서 활약한 대부분의 인재는 젊은 시절에 이 마치도장에서 단련한 자가 대부분이었다.

에도(江戶: 도쿄)에서 번창한 유명한 도장으로서는 호쿠신잇토류(北辰一刀流)인 치바슈사쿠(千葉周作)의 칸다(神田) 오다마카이케(お玉ヶ池)「현무관(玄武館)」, 신토무넨류(神道無念流)인 사이토 야쿠로우(齋藤稱九郎)의 쿠단자카우에(九段坂上)「연병관(練兵館)」등이 있다.

이러한 무예의 마치도장은 번교가 공립인 것에 대하여 민간 사회체육 기관이라 할 수 있으며 그 존재는 주목할 만했다.

2. 메이지기의 무도교육

번교의 무도교육은 코부쇼의 폐지(1866년, 분큐 6년), 폐번치현(1871년, 메이지 4년)에 의한 번교의 폐지에 따라 무예교육의 전통은 쇠퇴하였다. 한편 1872년(메이지 5년)에 학제가 공포된 것에 이어 1876년(메이지 9년) 폐도령이 공포되어 일반인의 도검의 소지가 금지되었으며, 또한 1880년(메이지 13년) 교토부(京都府)지사에 의해「격검기술은 무용(無用)에 대한 고유(깨달아 알도록 함) 등의 건」이 발령되는 등 무도교육에 대한 상황은 매우 심각하였다.

(1) 격검기술의 무용(無用)에 대한 고유(告諭)의 첨부건
"…사람의 신체에 가장 중요한 정신의 중심이 되는 뇌수를 부수고, 호흡의 원천인 흉부 또는 인후·안면 등을 때리고 찔러 신체를 비약(飛躍)하고 단기에 호흡이 압박당하는 고통을 주어 분노의 소리를 발하는 등 매우 건강에 해가 되는…"의 이 고유문처럼 무도교육 무용론(無用論)의 발령 공고였다.

이 시기, 무도교육에 있어서 주목할 점은 1882년(메이지 15년)에 가노 지고로가 고도칸을 설립함으로써 무도부활의 기운이 고양되었다는 것이다. 그래서 문부성은 1883년 전습소(傳習所)에 대하여 「격검·유술의 교육에 있어서의 이해·적부」의 조사를 자문하였다.

이것에 대하여 전습소는 유술로 텐신신요류(天神心揚流)·코덴류(戶田流)·기토류(起倒流)·시부가와류(澁川流), 검술로는 지키신에이류(直心影流)·텐신덴부데키류(天神傳無敵流)·호쿠신잇토류(北辰一刀流)·덴쿠류거합술(田宮流居合術) 등을 조사한 결과로서 다음의 결론을 회답하였다.

(2) 체조전습소 제5년보(第五年報)·1884년(메이지 17년)

"전습소(傳習所)에 있어서는 이것을 교육의 이론에 비추어서 단정한 것이 이와 같다.
1. 학교 체육의 정과(正科)로 하여 채용하는 것은 부적당하다.
2. 관행상 실시하기 편한 곳으로서 그들의 정과인 체조를 태만하고, 오로지 마음의 육성만을 치우치는 경우에 이것을 실시하면 성과를 올릴 수 있다."

즉 무도를 정과로 하는 것은 심신의 발달에서 고려하여 부적당하다는 것이다. 이것은 의학적 견지에 따른 것으로 생각한다. 확실하게 당시의 무도에는 학생의 발육·발달 단계에 맞는 지도법이 아직 확립되지 않았다고 할 수 있다.

그 후 문부성은 1896년(메이지 29년)에 학교위생고문회에 검술 및 유술의 위생면에서 본 이해득실을 자문하였다.

그 답신은 "만 16세이상의 강건한 자에 한하여 정과 외로 행하는 것은 가능하지만 선택과목으로 하는 것은 불가능하다"고 전습소의 답신(1884년, 메이지 17년)과 같은 부정적인 내용이었다.

이 답신을 근거로 새로운 대응으로서 등장한 것이 무도가 아닌 체조로서 실시하는 것이었다. 그러나 무도의 체조화는 정과무술이 금지되어 있었기 때문에 체조로 부기하여 실시하려고 하는 구실에 불과하였다.

학교체육의 정과로서 무도를 도입하려는 운동은 점차 커졌다. 제국회의의 논의를 거쳐 중학교령의 개정이 실현된 것은 1911년(메이지 44년)이다. 정과필수가 아니라 선택과목에 불과하였으나 격검과 유술이 체조 안에 추가되어 지도할 수 있게 된 것이 일본의 학교 무도교육의 시작이다.

(3) 제국의회
① 1896년(메이지 29년) 제10회 제국의회, 건의안 접수
「격검을 각 학교의 정과에 추가하는 건」의 청원서
② 1905년(메이지 38년) 제22 제국의회, 건의안·수정가결
「중학교 과정의 모든 학교에 체육정과로 하여 검술형(劍術形)의 체조, 즉 연담조술(練膽操術: 담력을 연마하고 기술을 조련함), 또는 유술형체조(柔術形體操) 중 어느 것 한 가지를 교습해야 한다. 선택과목인 검술·유술은 당국자가 이것을 적절히 독려해야 한다.」
③ 1908년(메이지 41년) 제24회 제국의회, 가결
무도의 정과편입의 건의운동이 결실을 맺음
<중학교령의 개정>
④ 1911년(메이지 44년) 7월 중학교령 시행 규칙 제13조
「체조는 교련 및 체조를 가르쳐야 한다. 또한 격검 및 유술을 추가할 수 있다.」

(4) 무술교원 양성소
학교교육에 대한 무도의 정과채용의 전망이 나왔을 때 신속하게 필요한 것은 지도자이다. 대일본무덕회는 1905년(메이지 38년) 10월에 무술교원양성소를 설치하고 학교무도의 교원양성기관으로서 중심적인 역할을 수행하였다. 그 후 1911년(메이지 44년) 무술전문학교, 1919년(다이쇼 8년)에는 무도전문학교로 개칭하여 무도교원을 배출하였다.

3. 다이쇼기의 무도교육

(1) 1913년(다이쇼 2년) 1월에는 일본 최초의 통일적인 교육과정인「학교체육 교수요목」(학교체육의 목표와 내용)이 공포되었으며, 여기서 무도는 교련·유희와 함께 체조 이외의 교재로서 위치를 부여받았으나 실질적으로는 선택과목으로서 인정받은 것에 불과하였다. 『학교체조요의(學校體操要義), 나가이 도메이(永井道明) 저』에 그 내용이 다음과 같이 해설되어 있다.

"일본 남자 중학교에 있어서의 검술 및 유술은 사실상 전국 대부분으로 실시되는 것으로 현재의 생각과 연구는 이것을 부과할 것인가 말 것인가의 문제에 존재하는 것으로 어떻게 이것을 교수할 것인가의 문제에 있다. …(중략)… 무도가 장래 오랫동안 일본 국민교육으로 이용될 것인가, 혹은 사회적 체육이 되어 존재할 것인가, 또는 장래에 있어서 세계적이 될 일본 국민에게 필요없는가는 실로 이 도(道)의 진화·연구의 여하에 달린 것이다. 그리고 이 도(道) 이상이 되는 수단의 신생발현의 여하에 따라서 결정해야 한다."

(2) 1925년 3월(다이쇼 14년)의 제50회 일본 제국의회에 중학교에 있어서 무도를 독립된 필수교과로 하는「무도보급에 관한 건의안」이 제출되어 아래와 같이 가결되었다.

"정부는 무도보급을 위하여 신속하게 아래의 2항을 실시할 것을 요망한다.
1. 무도를 소학교의 정과에 추가하고 더불어 사범학교의 무도과의 수준을 높일 것.
2. 중등학교의 격검 유술을 무도 필수과목으로 하여 보급할 것.
　　위와 같이 결의한다."

(3) 1926년 3월(다이쇼 15년)에는 학교체육 교수요목의 개정이 실시되어 「격검 및 유술」의 명칭이 「검도 및 유도」로 바꾸었지만 그 취급은 여전히 「추가」에 머물렀을 뿐이다.

4. 쇼와기 전쟁 이전의 무도교육

쇼와기에 들어서 국가주의의 강조와 동반하여 「인격적 체육사상」의 태두와의 관련에 있어, 1931년 1월(쇼와 6년)에 개정된 「중학교령 시행규칙」에서 「검도 및 유도」의 취급을 필수로 하도록 개정하였다. 무도가 학교에 있어서 필수과목으로서 법령화된 최초이다.

(1) 1931년(쇼와 6년) 1월 20일, 「중학교령 시행규칙」의 개정
"검도 및 유도는 이것을 체육에 있어서 필수로 하고, 이것을 검도 및 유도가 일본고유의 무도로서 실질강건한 국민정신을 함양하고 심신을 단련함에 적합하다는 것을 인정하기 위하여 양자 또한 그것을 필수로 한다."

(2) 1936년(쇼와 11년), 「학교교련 교수요목」을 공포
무도의 내용은 기본동작·응용동작의 형(形: 가타) 및 강화(講話: 강의하여 체계적으로 들려줌)이다. 주목해야 하는 것은 강화가 내용으로서 배당되어 있다는 점이다. 강화는 무도 독자의 것으로 무도의 『도(道)』교육이 기대되었다고 생각한다.

(3) 1937년(쇼와 12년), 일화사변(日華事變: 일중전쟁)을 계기로 「국민정신 총동원실시요강」이 각의(閣議)에 결정되어 스포츠를 대신하여 「무도」가 서서히 교육의 중핵적 존재가 되었다.

(4) 1941년(쇼와 16년), 「국민학교령의 발표」와 함께 메이지 이후의 교과명인 「체조과」·「체련과」로 고치고, 「신체의 단련과 정신의 연마」를 제1의(第一義)로 하는 교육으로서의 위치부여를 명확히 하는 가운데 무도가 학교교육의 제1선(第一線)에 등장하게 되었다.

「체련과」의 내용은 체조와 무도의 2가지로 편성되어 무도는 소학교 5학년 이상의 남자에만 필수이다.

5. 전후의 무도교육

1945년(쇼와 20년)의 종전이 전기가 되어 심신연마(心身鍊磨)에 가장 많은 힘을 쏟아부었던 일본의 체육교육에 큰 변화가 생겼다. 지금까지의 내용에서 이른바 군사적 훈련과 관련이 있는 것이 제거됨과 동시에 종전의 무도교육의 「체련과」가 「체육과」로 개명되었다. 이것은 그대로 무도수업의 중지(中止)를 의미하는 것으로서 체육과 교육에 있어서 매우 큰 전환이었다.

(1) 1945년(쇼와 20년) 11월

문부차관 통첩 「종전과 함께 체련과 교수요목의 취급에 관한 건」에 의해서 무도는 정과(正課)도 물론 과외활동도 금지되었다.

"체련과 무도의 수업은 중지할 것. 또한 정과 외에 있어서도 교우회(校友會)의 무도에 관한 부반(部班) 등을 편성하지 말 것. 무도의 중지에 의해 생기는 잉여시간 수는 이것을 체조로 충당할 것."

(2) 1946년(쇼와 21년) 1월

문부성령 제10호 「중학교·고등여학교 교원검정 규정」을 발하여 무도에 관한 면허증을 무효로 한다.

"체련과 무도(體練科 武道) : 체련과 무도 중의 검도, 체련과 무도 중의 유도,

체련과 무도 중의 총검도, 및 체련과 무도 중의 치도(薙刀: 나기나타)의 교원면허증은 그 효력을 잃는다."

그 후에 특히 유도를 중심으로 CIE(Command of Information Education ministry, GHQ의 맥아더최고사령부 민간정보교육부)에 대하여 무도교육에 관한 탄원이 이루어졌으며, 그 결과 민주적인 스포츠의 하나로서의 새로운 내용을 갖춘 무도라는 것을 전제로 1950년(쇼와 25년) 유도에 이어서, 1951년(쇼와 26년)에 궁도가, 1952년(쇼와 27년)에는 검도가「죽도경기」로서 1953년(쇼와 28년)에는 검도의 부활이 실현되었다.

(3) 1958년(쇼와 33년) 10월에 중학교 학습지도요령, 1960년(쇼와 35년) 10월의「고등학교 학습지도요령의 개정」에 있어서 보건교육과의 내용에 스모·유도·검도가「격기」라는 운동영역의 명칭으로 명확하게 자리매김하게 되었다.

(4) 1988년(헤세이 원년) 3월에「개정된 중학교 학습지도요령, 고등학교 학습지도요령」에 있어서는 "일본의 문화와 전통을 존중하는 태도의 육성을 중시한다"라는 관점에서「격기(格技: 맨몸으로 승부를 가리는 재주, 또는 격투기의 준말)」의 명칭을「무도」로 고치고 일본의 역사와 전통으로 배양된「무도」로서 취급이 중시되었다.

6. 현 일본의 무도교육

1998년(헤세이 10년) 12월 14일에「학교교육법 시행규칙의 일부 개정과 중학교 학습지도요령의 개정」이 실시되었다. 이 새로운 교육과정의 기준은 2002년도부터 실시되었다. (2008년도「중학교학습지도요령개정고시」를 통해 보건체육에서 무도를 필수과목으로 추진, 시범학교에 이어 2012년 전체 학교로 확대시키기로 하고, 지도자 양성과 확보에 주력하고 있다. -역자주)

아래는 중학교 학습지도요령·해설(보건체육 편)에 나와 있는 「무도」의 내용이다.

「기능(機能)」과 「태도(態度)」로 구성된 종래의 내용에 새로운 「학습법」이 추가되었다는 점은 주목할 만하다.

1) 기능의 내용

(1) 유도

가) 기본동작(예시)
  ① 자세와 맞잡기
  ② 진퇴동작
  ③ 기울이기와 몸놀림
  ④ 낙법(ukemi)

나) 대인적 기능(예시)
 a) 메치기 기술
  <손 기술>
  ① 빗당겨치기
  ② 업어치기
  <허리 기술>
  ① 허리껴치기
  ② 허리채기
  ③ 허리후리기
  <발 기술>
  ① 무릎대돌리기
  ② 발목받쳐낚기(발목받치기)
  ③ 밭다리후리기

④ 안다리후리기

⑤ 안뒤축후리기

b) 굳히기기술

<누르기 기술>

① 곁누르기

② 가로누르기

③ 윗누르기

c) 기술의 연결 변화

① 메치기 기술의 연결

② 메치기 기술에서 굳히기 기술에 대한 연결

③ 굳히기 기술의 연결

다) 시합

시합은 기능의 정도에 따라서 시합장 넓이·시합 시간·사용 기술·승패 판정의 방법 등의 규칙을 결정하고, 지금까지 몸에 익힌 기능을 활용하면서 상대의 움직임과 기술에 맞는 공방(攻防: 공격·방어)을 연구하여 실시한다.

시합에서는 단지 이기기 위하여 포인트를 올리는 것만 아니라, 안전하고 확실한 기술을 발휘할 수 있도록 한다.

또한 심판에 대해서는 규칙의 이해와 함께 실제 시합에 의해서 안전하게 운영될 수 있도록 하는 것이 바람직하다.

(2) 검도

가) 기본 동작(예시)

a) 자세와 몸놀림

① 자연체(기본자세)

② 중단 자세

③ 다음 몸놀림

b) 타돌의 공격과 방어
　　　① 정면
　　　② 좌우면/sa-yu men(좌우)
　　　③ 몸통/dou(우측)
　　　④ 손목/kote(우측)
나) 대인적 기능(예시)
　a) 걸고 들어가는 기술
　<2단기술>
　　　① 손목-면(kote-men)
　　　② 면-면(men-men) 등
　<harai-waza(떨치는 기술)>
　　　① harai-men,
　　　② harai-tou,
　　　③ harai-kote 등
　<hiki-waza(퇴격기술)>
　　　① hiki-men,
　　　② hiki-tou,
　　　③ hiki-kote 등
　b) 응용기술
　<nuki-waza(빠지는 기술)>
　　　① men-nuki-tou,
　　　② kote-nuki-men 등
　<suri-age-waza(스쳐올려치는 기술)>
　　　① men-suri-age-men,
　　　② kote-suri-age-men 등
　<kaesi-waza(되돌려치는 기술>

① men-kaesi-tou 등
    <uchi-otosi waza(쳐떨어뜨리는 기술)>
        ① tou-uchi-otosi-men 등
다) 시합
 시합은 기능의 정도에 따라서 시합장 넓이·시합 시간·사용 기술·승패 판정의 방법 등의 규칙을 결정한 후 지금까지 몸에 익힌 기능을 활용하면서 상대방의 움직임과 기술에 맞는 공격·방어를 연구하여 실시한다.
 시합에서는 단지 이기기 위하여 포인트를 올리는 것만 아니라 자유롭게 바른 기술이 발휘될 수 있도록 한다.
 또한 심판에 대해서는 규칙의 이해와 함께 실제 시합에 따라서 안전하게 운영될 수 있도록 하는 것이 바람직하다.

2) 태도(態度)의 내용

 태도의 내용으로서는 단지 승패의 결과만을 지향하는 것이 아니라, 기능의 습득 등을 통하여 인간으로서 바람직한 자기형성을 중시한다는 무도의 전통적인 생각을 이해하고, 그것에 근거한 행동방법을 존중하는 태도의 육성이 중요하다. 이를 위해서는 다음 점에 유의하는 것이 중요하다.
  ① 자신이 자신을 규율(規律: 행동준칙의 본보기)하는 「극기(克己)」의 마음을 배양함과 동시에 상대를 존중(尊重)하는 태도로 연습과 시합을 할 수 있도록 한다.
  ② 예의작법(禮儀作法)은 단순히 형(形: 가타)의 흉내로 끝나지 않고 「극기」의 결과로서 마음을 표현하는 것으로서 또한 상대를 존중하는 방법으로서 「예(禮)」를 행하도록 한다.
  ③ 승패에 대하여 공정한 태도를 취하도록 한다.

3) 학습법의 내용

자기능력에 적합한 기술을 습득하기 위한 연습방법과 시합방법을 연구할 수 있도록 한다.

무도는 영역으로서 중학교에서 처음 나타나는 내용이기 때문에 운동의 특성을 충분히 이해할 수 있도록 하는 것이 필요하다.

학습법의 내용으로서는 자기와의 대응에 따라서 변화하는 상대와 공격·방어하는 무도의 특성에서 기본동작과 대인적 기능과의 관련을 도모하면서, 자기의 능력에 적합한 특기를 습득해 갈 수 있도록 공격연습과 약속연습을 연구하거나 틈을 발견하고 타격하는 등, 자유연습과 시합방법을 계획적·계속적으로 연구하는 것이다.

시합에는 개인·단체 형식과 체중별 등이 있으며, 판정기준과 심판의 방법을 연구하여 실시할 수 있도록 한다. 이 때 시합의 결과만을 고집하지 않고 학생이 습득한 기술을 시험하는 기회로서 활용하여 그 내용에서 새로운 과제를 발견할 수 있도록 한다.

그를 위해서는 특히 시합 등은 새로운 기술과 특기를 습득하는 달성적(達成的)인 것과, 상대를 이기는 경쟁적(競爭的)인 것이 있기 때문에 이 두 가지 중 어느 하나를 선택하여 전개할 수 있으나, 가능한 양자의 관련을 도모하면서 진행하는 것이 중요하다.

(杉山重利)

제7강

무도 인구

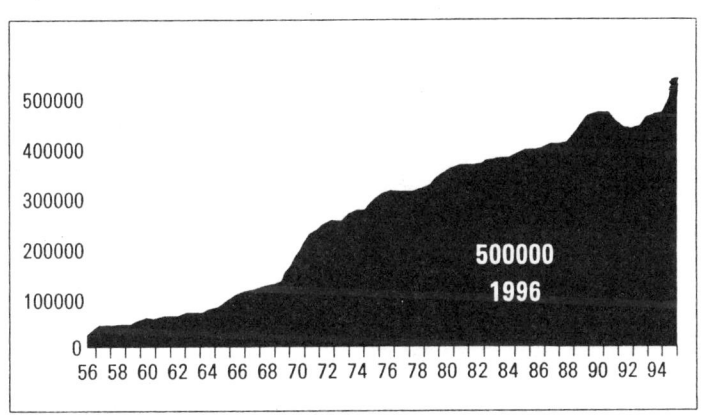

1. 무도 인구

  오늘날 일본의 무도애호가가 감소경향에 있다는 것은 다양한 스포츠 인구에 관련된 자료에서도 밝혀지고 있다. 물론 인구는 일정 지역에 이주하는 사람의 수를 말하며, 일본의 무도인구(武道人口)의 경우 그것은 일본에 있어서의 무도 애호가의 수치를 가리키고 있다. 이 인구는 경제·사회·문화·정치 등의 영향을 강하게 받아 끊임없이 변화하고 있다. 작금의 무도인구는 다양한 영향을 받은 그 결과이며, 여기에는 무도의 장래 발전을 위한 중요한 기초요건이 숨겨져 있다고 할 수 있겠다.

  그래서 본항에서는 일본의 각종 무도인구가 다른 스포츠와의 관련에서 어떠한 상황에 있는가? 또는 특히 유도인구가 가장 많은 프랑스와의 비교를 중심으로 무도애호가를 증가시키기 위한 비책을 찾아보기로 한다.

  무도를 비롯하여 스포츠 인구의 수치는 반드시 확실한 것은 아니다. 스포츠 인구의 대상자를 어떻게 규정하는가에 따라서 그 결과는 크게 달라진다. 즉 경기선수를 가리키는가, 혹은 기분전환 정도로 즐기는 무도애호가를 가리키는가에 따라서 그 인구에 차이가 있다는 것이다.

  스포츠의 경우 특히 국제 비교 등에서는 그 스포츠를 통괄하고 있는 조직에 등록되어있는 자를 인구로 인식하는 경우가 일반적이다. 이른바 경기단체 등록자를 스포츠 인구로 간주한다는 것이다.

  그러나 무도의 경우 등록제도(登錄制度)는 모든 무도종목이 다 정비되어 있는 것은 아니기 때문이다. 그것은 단위제도(段位制度)가 정착되어 있는 관계상, 승단시험(昇段試驗)과의 관련에서 등록을 생각할 수 있기 때문에 매년 등록인구가 확인되지 않는 경우가 많다.

  이를테면 검도의 경우에는 매년마다의 등록이 아니라 검도의 승단시험을 받을 때에 과거 등록을 경신하는 수속으로 처리되고 있다. 따라서 매년마다의 등록인구는 명확하지 않다.

그리고 복잡한 것이 유도이다. 유도의 경우는 전일본유도연맹이 매년 선수·지도자의 등록을 실시하고 있기 때문에 그 수는 명확하게 파악되고 있으나, 한편 유도의 단위 발행(고도칸의 입문자에 한정)이 고도칸으로 되어 있는 것과의 관련에서 고도칸입문자를 유도인구로 보는 파악법도 있다.

따라서 유도인구는 전일본유도연맹 등록자가 25만명이며, 고도칸유도 입문자는 182만명이 된다.

그래서 여기서는 앞으로의 보급 과제를 생각함에 있어서 참고로서 소년기의 무도인구의 추이를 고찰하기 위하여 스포츠 소년단의 무도종목을 들기로 하였다.

2. 스포츠소년단의 무도인구

스포츠소년단은 지역사회에서 스포츠 활동을 하는 소년스포츠클럽을 말하는 것으로 여기에도 당연히 무도종목이 있다. 엄밀한 연령제한은 없으나 대략 12세부터 16세 정도의 연령층을 중심으로 10명에서 30명 정도의 단원과 지도자로 조직되어 있다.

1962년에 창설하여 약 50여년 가까이 지났기 때문에 일본의 스포츠 발전에 어떻든 영향을 미치고 있다고 생각할 수 있다.

스포츠소년단 중 단원수가 많은 종목으로서는 [표 7-1]에서 보는 바와 같이 복합종목·연식야구·축구에 이어서 검도가 제4위이다. 상위 10위까지 위치하는 무도종목으로서는 제4위에 검도가 있고, 7위에 공수도, 8위에 유도가 있으며, 소년스포츠에서 무도는 인기종목이라 할 수 있다.

[표 7-1] 1998년, 1999년, 2000년도 등록단원 종목별 일람

	平成10年度	平成11年度	平成12年度
1. 복합종목	194,480명(21.4%)	188,516명(20.8%)	185,908명(20.5%)
2. 야구	146,120명(16.1%)	153,261명(17.0%)	160,954명(17.7%)
3. 사커	165,840명(18.3%)	160,023명(17.7%)	153,890명(16.9%)
4. 검도	78,681명(8.7%)	77,185명(8.5%)	76,498명(8.4%)
5. 농구	73,853명(8.1%)	73,444명(8.1%)	73,392명(8.1%)
6. 배구	53,844명(5.9%)	54,137명(6.0%)	56,307명(6.2%)
7. 공수도	40,310명(4.4%)	42,131명(4.7%)	44,808명(4.9%)
8. 유도	26,387명(2.9%)	26,457명(2.9%)	26,358명(2.9%)
9. 소프트볼	23,933명(2.6%)	24,098명(2.7%)	24,581명(2.7%)
10. 배드민턴	14,440명(1.6%)	14,702명(1.6%)	15,006명(1.7%)
기타	90,523명(10.1%)	90,228명(10.0%)	90,228명(9.9%)

   2000년의 무도종목의 단원수를 보면 4위 검도가 76,498명으로 가장 많고, 이어서 7위 공수도가 44,808명, 8위 유도가 26,358명, 다음 [표 7-2]에서 밝혀졌듯이 권법이 14,987명의 순으로 1만명을 넘고 있는 것에 비하여, 합기도·언월도·스모·궁도·총검도는 모두 극단적으로 적은 단원수이다.

[표 7-2] 연도별 무도종목별 단원 수

		검도	유도	공수도	권법	스모	나기나타	합기도	총검도	궁도
昭和61年度	단원수 %	165,618 14.8	35,173 3.1	47,925 3.4	17,124 1.5	5,722 0.5	1,390 0.1	2,153 0.2	543 0.0	623 0.1
昭和62年度	단원수 %	169,007 15.1	35,420 3.2	39,715 3.5	17,201 1.5	5,496 0.5	1,273 0.1	2,264 0.2	702 0.1	361 0.0
昭和63年度	단원수 %	164,797 15.2	32,598 3.0	41,596 3.8	16,631 1.5	5229 0.5	1,341 0.1	2,088 0.2	737 0.1	428 0.0
平成元年度	단원수 %	153,800 14.9	30,219 2.9	39,829 3.9	15,336 1.5	5,821 0.6	1,335 0.1	2,119 0.2	571 0.1	414 0.0
平成2年度	단원수 %	106,329 10.6	21,773 2.2	31,882 3.2	12,239 1.2	663 0.1	1,123 0.1	1,352 0.1	122 0.1	185 0.0
平成3年度	단원수 %	109,437 11.0	25,560 2.6	35,110 3.5	14,321 1.4	760 0.1	1,251 0.1	1,686 0.2	229 0.0	236 0.0
平成4年度	단원수 %	105,935 10.5	27,763 2.7	36,579 3.6	14,238 1.4	856 0.1	1,215 0.1	1,558 0.2	295 0.0	346 0.0
平成5年度	단원수 %	102,304 10.0	28,935 2.8	38,211 3.7	14,943 1.5	1,008 0.1	1,091 0.1	1582 0.2	353 0.0	431 0.0
平成6年度	단원수 %	90,763 8.8	25,830 2.5	36,263 3.5	14,252 1.4	821 0.1	1,103 0.1	1,573 0.2	278 0.0	344 0.0
平成7年度	단원수 %	83,880 8.3	24,435 2.4	34,829 3.5	13,603 1.3	766 0.1	1,161 0.1	1,496 0.1	232 0.0	350 0.0
平成8年度	단원수 %	82,158 8.4	24,347 2.5	35,778 3.7	13,341 1.4	957 0.0	1,064 0.1	1,410 0.1	258 0.0	411 0.0
平成9年度	단원수 %	79,298 8.6	25,144 2.7	37,531 4.1	13,563 1.5	808 0.0	1,230 0.1	1,450 0.2	242 0.0	427 0.0
平成10年度	단원수 %	78,681 8.7	26,387 2.9	40,310 4.4	14,311 1.6	788 0.1	1,160 0.1	1,366 0.2	188 0.0	312 0.0
平成11年度	단원수 %	77,185 8.5	26,457 2.9	41,131 4.7	14,544 1.6	807 0.1	1,210 0.1	1,491 0.2	209 0.0	391 0.0
平成12年度	단원수 %	76,498 8.4	26,358 2.9	44,808 4.9	14,987 1.7	823 0.1	1,256 0.1	1,530 0.2	181 0.0	398 0.0

과거 15년간의 단원수 추이를 보았을 때 증가하고 있는 것은 공수도 뿐으로 다른 무도종목은 모두 감소하고 있다. 특히 감소가 현저한 것은 검도로 15년 전의 165,618명이 반수이하이며, 또한 유도의 경우 감소경향에는 있지만 올림픽에서의 활약으로 보합세의 경향을 나타내었다.([그림 7-1] 참고)

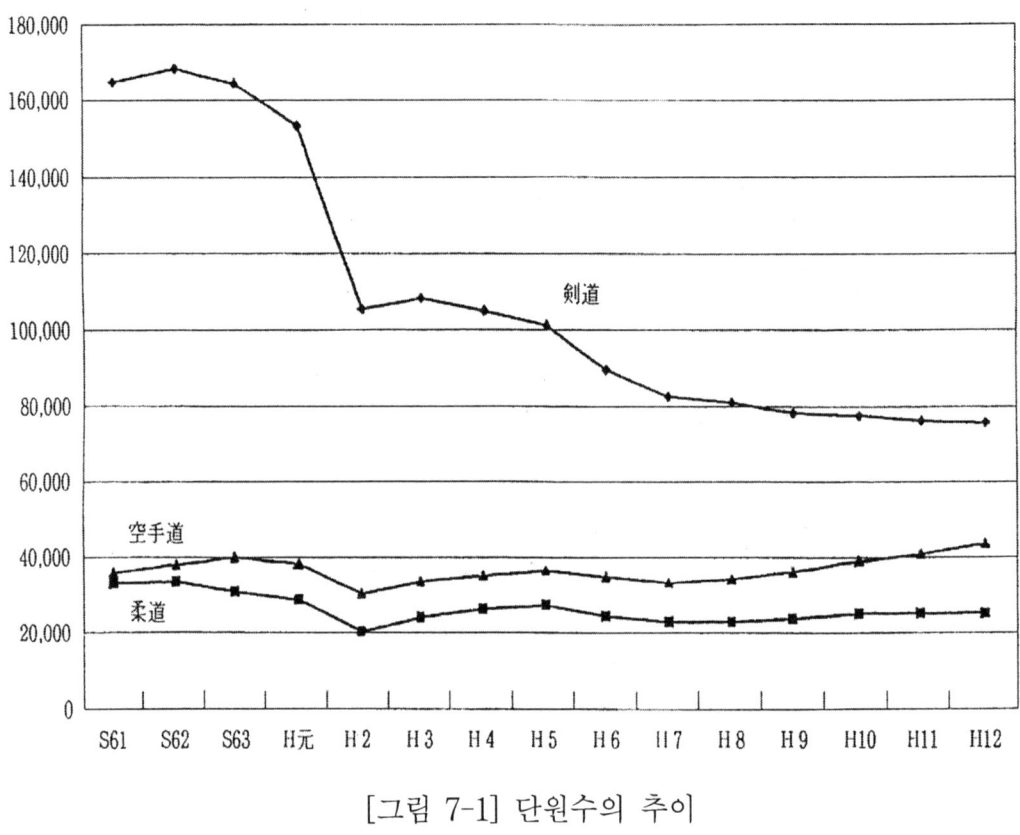

[그림 7-1] 단원수의 추이

3. 프랑스의 유도인구

 가장 주목할 만한 것은 프랑스 스포츠계에 있어 유도의 인기가 높다는 것이다. 물론 프랑스에서 가장 인기가 높은 스포츠는 [표 7-3]에서 처럼 축구 다음으로 테니스, 스키, 페탕크(petanque: 지름 3cm 정도의 나무공을 6~10m 떨어진 곳에 두고, 그것을 표적으로 금속제 공을 던져 가까이에 떨어진 것을 점수로 겨루는 운동경기)의 순으로 제5위에 유도가 등장하고 있다. 그 등록인구가 1990년 약 42만명으로 매년 증가하여 1996년에는 50만명에 달하였다. 현재는 60만명을 보유하고 있는 프랑스 스포츠계에서 제3위로 세계 제일의 보급국이라고 할 수 있으며, 오늘날의 일본 유도인구 18만명과는 비교할 수 없다.(그림

7-2] 참고)

[표 7-3] 프랑스 스포츠 인구 유도 제5위 등록인구 42만명(1990년)

	스포츠	참가자수	100,000명 거주자당 비율
1	축구(Football/Soccer)	1,920,199	3,491
2	테니스(Tennis)	1,363,962	2,480
3	스키(Skiing)	557,074	1,013
4	페탕크(Petanque)	490,949	893
5	유도(Judo)	427,000	776
6	농구(Basketball)	355,076	646
7	럭비(Rugby)	216,246	393
8	승마(Equestrian sports)	183,189	333
9	핸드볼(Handball)	181,371	330
10	골프(Golf)	181,147	329
	합계	5,876,213	10,683

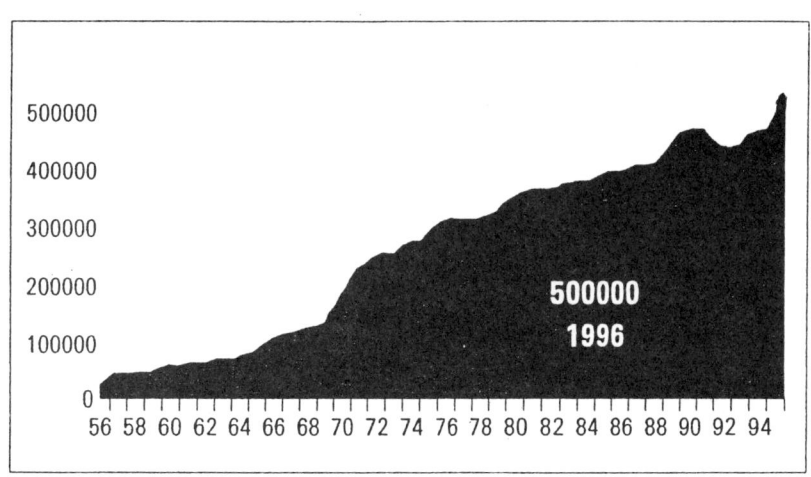

[그림 7-2] 프랑스의 유도인구의 추이

띄의 색 분류기준 　 연령	흰색 6세	흰색~황색 7세	황색 8세	황색~오렌지색 9세
정면에서 앞쪽으로 한 쪽 다리로 받쳐서 메친다.	기술학습은 하지않는다 · 6세까지	무릎대돌리기  / 발목받치기 의 동작 중 1가지	 의 기술 2가지	
배후에서 앞쪽으로 다리를 벌리며 메친다.		빗당겨치기  업어떨어뜨리기  목감아메치기 의 동작 중 1가지	 의 기술 3가지	
배후에서 앞쪽으로 다리를 오므리면서 메친다.		허리띠기  허리꺼치기 한판업어치기		
배후에서 앞쪽으로 한쪽 다리로 감아서 메친다.		※무릎대돌리기: 발바닥을 상대편 무릎관절에 대고 자기 몸을 젖히면서 쓰러뜨리는 기술		무릎대돌리기 
정면에서 뒤쪽으로 한 쪽 다리로 감아서 메친다.		밭다리후리기·발뒤축후리기·안디축후리기·안다리후리기의 동작 중의 2가지		개선·개량—구별 (당겨치기·후리기·걸기·발차기)
후려친다.				내딘은 발로 후려친다

[그림 7-3] 프랑스의 진급별 메치기 기술 도표

일본의 전통적인 운동문화의 하나인 유도(柔道)가 애호가의 비약적인 증가를 도모하고 인기를 회복하기 위해서는 프랑스인들에게 배울 부분이 많을 것으로 생각한다. [그림 7-3]은 프랑스 유도연맹 발행의 초심자 지도 매뉴얼을 참고하여 작성된 것이다.

기본기능의 습득, 즉 「개인연습(個人練習)」을 제일로 생각하는 일본의 지도에 대하여 프랑스에서는 실천적인 연습, 이른바 「상대연습(相對練習)」에 의한 대인적 기능의 습득이 중시되고 있다. 즉 어린이는 작은 어른이 아니라는 것에 착안하여 미니(mini: 소형) 유도가 아니라 놀이가 들어간 프리(pre: 예비)유도를 가르친다는 것이 프랑스 유도계의 특징이라 할 수 있다.

따라서 당연히 연습은 기능을 대강 흉내내면서 상대와 승패를 경쟁하는 것이 강조되고 있다. 그리고 유도에 대한 관심·의욕을 높이기 위하여 매우 상세한 진급제도가 설치되어 있다는 것도 주목할 만하다.

4. 세계의 무도인구

무도의 국제적인 조직은 모두 존재하지만 그 보급은 반드시 활발한 것은 아니다. 올림픽 정식경기인 무도종목은 유도와 태권도만 있다는 것이 그 증거이다. 그러나 올림픽 정식경기는 아니지만 가라테도(空手道)의 국제적인 보급은 눈부시며, 또한 언월도·아이키도(合氣道)·스모 등 세계연맹을 정비하여 점차 저변확대에 힘쓰고 있다.

(山內直人)

제8강

무도의 국제화

1. 유도

현 일본의 주류무도인 유도·검도·스모·가라테도·아이키도 등의 무도는 정도의 차는 있으나 지금은 세계적으로 보급되어 있다. 이러한 현상에서 보급의 역사, 국제대회와 국제조직의 과제와 동향, 문제점 등을 예를 들어 살펴본다.

1) 유도보급의 역사

(1) 가노 사범의 세계연맹 조직화에 대한 활동

유도의 창시자인 가노 지고로 사범은 초창기부터 유도의 세계적 보급을 염두에 두고 활동하였다. 가노 지고로 사범은 「유도 세계연맹조직은 나의 필생의 사업」(1933년 런던에서 세계유도연맹의 구상을 언급한 때의 말)이라고 하며, 종종 해외에 건너가 정력적으로 보급활동을 실시하였다.

가노 사범은 "유도의 정신은 세계평화를 이상으로 하는 국제정신에 가장 잘 합치한다"고도 언급하였으며, 이것이 해외보급의 정신적 지주가 되었다.

1902년(메이지 35년) 청국(중화인민공화국)시찰을 시작으로 1938년(쇼와 13년)에 히가와마루(氷川丸: 쇼와 5년(1931)부터 30년 동안 취항한 일본 최초의 호화여객선으로 지금은 야마시타공원 앞 요코하마항 선착장에 관광용으로 정박 중) 선상에서 79세의 나이로 생을 마감할 때까지 10여 회, 가노 사범은 IOC위원으로 아시아·유럽 등으로 건너가 유도의 해외적인 보급·발전에 힘을 쏟았다.

그러나 1941년에 시작된 태평양전쟁의 전화의 확대와 이미 3년 전 가노 사범이라는 정신적 지주를 잃음으로써 유도의 해외보급 활동에 심각한 타격을 받았다.

(2) 공백에서 융성으로

태평양전쟁은 1945년 일본의 패전으로 끝났다. 전후 GHQ(연합군사령부)에 의해서 학교유도가 금지되고 무도의 국가적 통괄단체였던 대일본무덕회도 1946년에 해산되고, 이 시기에 유도는 각 방면에서 공백의 시대를 맞이하게 되었다.

그러나 1949년에는 유도관계자의 여망(餘望)이 이루어져 전일본유도연맹이 결성되었고, 1950년에는 GHQ통제도 해제되었다. 일본 여기저기에서 유도수련의 재개 움직임이 고양되어, 1952년에는 일본이 국제유도연맹(IJF)에 가맹됨과 동시에 고도칸(講道館) 가노 리세이(嘉納履正) 관장이 IJF(International Judo Federation: 국제유도연맹)의 회장에 취임하였다.

이제 유도는 국제적인 보급의 소지를 다시 손에 넣은 이후 1956년, 1958년에 세계선수권을 일본에서 개최하였다. 1964년의 도쿄올림픽에서는 처음으로 유도가 올림픽의 정식종목이 되었다.

유도세계선수권은 1961년 프랑스 파리의 제3회 대회이후, 1977년 스페인대회가 개최되지 못했으나, 2009년 제26회 대회인 네덜란드 로테르담 아오히체육관에서 있기까지 2년마다 개최되었으며, 여자 대회도 1980년을 최초로 개최되어 오다가, 1987년의 에센(Essen, 독일 북서부 공업도시)대회부터는 남녀 동시에 개최하게 되었다.

올림픽 경기에서 유도는 1968년 멕시코대회에서 실시되지 않았을 뿐, 베이징대회까지 모두 정식종목으로서 실시되었다. 여자는 1988년의 서울올림픽에서 공개경기가 있었으며, 다음 1992년 바르셀로나올림픽부터는 정식종목으로서의 인기종목 한 부분을 차지하였다.

그 동안 일본유도는 지속적으로 지도자를 해외로 파견하였고, 유도복과 다다미를 유도의 개발도상국에 기증하고 해외의 무도지도자·수행자를 적극적으로 받아들여 유도의 발전, 해외보급에 진력하였다.

이러한 노력의 결실을 맺은 유도는 지금은 200여개국과 지역이 IJF에 가맹된 큰 국제적인 스포츠가 되었다.

　해외로부터의 유도유학생의 대부분은 유도 기술뿐만 아니라 예법을 중시하고, 상대를 존경하고 인간성을 연마한다는 유도의 특질을 일본에서 찾으려고 하는 자도 많았다.

　유도가 세계에서 급속히 보급하게 된 배경에는 이러한 유도가 가진 무도로서의 특질도 기여하였다고 할 수 있다.

2) 국제유도연맹(IJF)의 현상황과 과제

(1) IJF 조직

　IJF에는 세계 200여개국과 지역이 가맹하고 있고, 그 산하에는 아시아(39개국), 아프리카(43), 판아메리카(42), 오세아니아(17), 유럽(52)의 5개의 대륙연맹이 있다. 일본을 예로 들면 전유도연맹은 아시아유도연맹(JUA=Judo Union of Asia)의 일원이며, JUA는 IJF를 구성하고 있다.

(2) IJF 과제

　IJF는 전체적으로는 유도의 세계적 발전에 기여하고 있으나 시드니올림픽에서도 드러났듯이 ① 심판교육의 뒤쳐짐과 자질문제점, ② 반칙중시의 유도 또는 포인트 유도에 대한 적절한 대책이 시도되지 않은 점, ③ 경기본위로 예법의 경시에 대한 대책이 늦어짐, 등 많은 문제점을 안고 있다.

　①에 대해서는 IJF심판원의 능력의 차가 크고, 심판위원회도 년 1, 2회의 심판강습회를 개최하고 있으나 심판자의 자질문제가 대두되고 있다.

　②에 대해서는 세차게 몰아 무릎을 닿게 하여「지도」포인트를 겨냥하는 등, 상대를 당겨 떨어뜨려 자신의 유리한 점을 심판에 어필하는 유도에 대하여 심판도 명확한 판단이 없고, 결과적으로 다만 기세가 있는 선수가 유리하다는 것도 확인되었다.

③에 대해서는 승리 포즈와 예가 건성적인 것인 경우도 많다.

이점은 일본선수도 모범이라고는 말하기 어려운 부분이 있다. 또한 유도는 「한판(Ippon)」을 획득하는 것에 진수가 있으며, 「한판」으로 결정되는 유도를 보고 있으면 재미도 있고 매력도 느낀다. IJF로서도 앞으로 유도를 본래의 유도로 만들기 위해서는 엄청난 노력이 필요할 것이다.

IJF규약 세칙에는 "국제유도연맹은 가노 지고로에 의해 창시되었으며, 동시에 심신교육체계이며, 올림픽 스포츠로서도 존재하는 것을 유도로 인정한다"가 있다. 가노 사범의 유도를 유도로 인정하고 있다는 부분에 이 규약의 정신도 느껴지게 된다.

3) 세계선수권·올림픽경기

가노 사범이 지향한 유도의 세계적인 발전은 지금은 세계선수권, 올림픽의 중심종목으로서 발전하였다. IJF의 가맹국도 200여개국에 이르고 있으며 앞으로도 늘어날 것이다. 이러한 발전은 바꾸어 말하면 유도가 매력을 가지고 있다는 것이다.

다른 럭비·축구·배구·레슬링 등에도 스포츠맨십·페어플레이 정신은 있다. 그러나 유도에는 단순히 격투기라고 해서는 설명할 수 없는 무도정신이 존재한다. 다만 힘이 강한 자가 승리하고 강제로 상대를 굴복시키는 것이 아니라 기울이기와 몸놀림을 중시하여 합리적으로 상대를 메친다는 이른바 유도의 무술이치를 습득하여, 이것을 사회 여러 현장에 도움 줄 수 있게 하는 것이 유도정신이라 할 수 있다.

수행 중에서 얻을 수 있는 인내·극기·정진·강의(剛毅: 강직하고 군세어 굽히지 않음)·침착·냉정·용기·배려·존경 등도 유도가 가진 특질의 하나로 말할 수 있다. 세계 200여개국으로 확대된 유도의 발전은 유도가 이러한 매력을 가지고 있기 때문일 것이다.

2. 검도

1) 검도보급과 발전

(1) 검도의 보급활동

검도도 패전 후 일시적으로 유도와 같이 GHQ(general headquarters: 총사령부)로부터 활동을 금지당하였다. 그러나 1952년 4월에 문부차관 통달에 의해서 검도의 죽도경기는 중학교 이상의 체육교재로서 수용하는 것이 허가되었다.

이해 10월에는 전일본검도연맹이 결성되었으며, 이것으로 검도는 국제적 보급의 중핵이 되는 조직을 가지게 되었다.

다음 국제보급에 관한 일본측의 동향을 간단하게 소개한다.

1955년 메이지대학(明治大學)의 검도부가 전후 처음으로 미국에 원정을 비롯하여, 1963년에는 전일본검도연맹이 미국·브라질에 고단자 사절단을 파견하였으며, 1964년에 도쿄올림픽에서는 시범(Demonstration)경기로서 검도를 세계인들에게 어필하였다.

이러한 활동과 전후부터 해외로 보급한 각국 검도계의 검도에 대한 관심이 높아지는 가운데, 1970년에 미국·한국·영국 등의 검도연맹의 강한 요청에 따라서 국제검도연맹(IKF: International Kendo Federation)이 결성되었다.

1990년 4월 4일 IKF의 창립총회는 도쿄 힐튼호텔에서 17개국의 국가와 지역 대표에 의해서 개최되었으며, 초대회장에는 전일본검도연맹회장인 기무라 토쿠타로(木村篤太郎) 씨가 취임하였다. 이 때 IKF의 창립을 기념하여 제1회 세계검도선수권대회(WKC: World Kendo Conference)가 열렸다. 이 대회는 이후 3년마다 2009년 8월의 브라질 상파울로대회까지 제14회가 개최되었다.

전일본검도연맹은 그 동안 1975년에는 외국인 수행자를 대상으로 지도자 연수회를 개최하였고, 1987년에는 일본인의 캐나다 이민 100주년기념대회가 몬트

리올(Montreal)에서 개최되었을 때 일본대표 30명을 파견하였다.

전일본검도연맹은 "검도(거합도 및 장도를 포함)」의 국제적 보급 및 진흥을 도모하고 아울러 검도를 통한 가맹단체 상호간의 신뢰와 우정을 배양하는 것을 목적으로 한다"는 IKF 규약에 근거하여 해외담당 지도자를 단기·장기 파견, 검도 도구의 기증, 일본에서의 외국인 지도자의 연수 등을 국제부문을 중심으로 실시하였다.

이러한 활동 중에서 IKF에는 현재 50여개국과 지역이 가맹하여 해를 거듭할수록 세계대회의 참가국도 증가하고 있다.

(2) 국제보급과 전일본검도연맹의 자세

검도는 유도에 비하여 국제적인 보급에 관해서는 신중한 태도를 취하고 있다. 세계선수권은 있으나 올림픽 종목으로서의 참가는 현시점에서는 소극적이다. 따라서 국제보급이라는 점만을 비교하면 유도 쪽이 보급률이 대단히 높다.

세계선수권은 국제검도연맹(IKF)주최로 1970년 4월 설립된 이후 3년마다 14회가 개최되었으나 올림픽종목은 아니다. "현재는 올림픽종목으로 상정할 생각은 없다"(전일본검도연맹국제부문)라는 것이 전일본검도연맹의 생각이다.

전일본검도연맹으로서는 검도가 승리지상주의와 경기본위만으로 보급하는 것에는 난색을 표명하고 있다. 어디까지나 "검도의 국제보급은 의의깊은 부분이 있으나 일본문화의 전승이며, 바른 검도의 전승이 대전제이며, 그 보급에 있어서는 신중하게 임하고 싶다"는 자세가 국제보급, 특히 올림픽참가에 대한 태도로서 표명하고 있다.

2) 국제검도연맹(IKF)의 조직과 세계선수권대회

(1) 조직
① 가맹국: 50여개국과 지역(아시아, 남북 아메리카, 유럽의 3개 지역이 있다)

② 검도인구: 일본에서 150만명이며, IKF가맹국에서 약 42만명이다. 미가맹국에서 약 수십만명 정도이다. 선수층이 두터운 것은 한국·미국·캐나다·브라질·프랑스·독일 등이다.
③ 회장: 다케야스요시미츠(武安義光) 전검도연합회장(역대 회장은 모두 일본인) 부회장은 4명, 이사 12명, 감사 2명이다.
④ 총회·이사회: 총회는 3년에 1회, 이사회는 연 1회가 열린다.

(2) 세계선수권 대회

세계선수권은 제1회를 일본 도쿄에서 개최하고 2회이후부터는 미국·영국·일본·브라질·프랑스·한국·캐나다·프랑스·타이완에서 개최되었다.

지금까지 단체·개인과 함께 모두 일본이 우승하였으며, 한국이 단체에서 7회대회 이후 준우승을 이어가고 있다. 1997년 10회대회부터 국제선발시합으로서 여자(개인·단체)도 참가하였으며, 2000년 3월 11회 미국 산타 클라라대회에서는 여자 개인전에도 정식선수권이 인정되었다. 2003년 제12회는 스코틀랜드 글래스코대회, 2009년 제14회는 브라질 상파울로 대회에서 한국은 준우승국이었지만, 2006년 13회대회인 대만(타이완)의 타이베이에서는 한국이 일본을 누르고 종합우승국이 되었다.

3) 국제보급과 문제점

(1) 검도 도구가 고가로서 특히 발전도상국에서는 보급에 장해가 되고 있다. 전일본검도연맹은 1990년경부터 신구(新舊) 일별의 용구 10조씩을 해외로 원조하고 있다.
(2) 현 상황에서는 일본과 타국과의 기량의 차가 심하여 국제경기로서의 흥미가 적다. 최근은 한국이 단체와 개인 모두 신장이 현저하였다.
(3) 국제보급과 동반하여 일본 검도의 마음이 바르게 전해지지 않고 있으며,

심판원과 지도자가 적다는 점이다. 전일본검도연맹은 지도자파견을 비롯하여 아시아 지역, 아메리카 지역, 유럽 지역에서 매년 1회의 심판강습회를 실시하고 있다. 1990년에는 『검도화영사전』을 발간하여 바른 검도의 보급에 노력하고 있다.

(4) IKF의 활동은 세계선수권을 정점으로 착실하게 발전하고 있다. 현 시점에서는 전일본검도연맹의 주도로 일본의 발언권도 강하졌으며, 보급시의 문제점에도 대처하면서 추진하고 있다는 느낌이지만 앞으로 가맹국이 늘어나면 「검도를 올림픽에」라는 목소리가 생겨날 것으로 예상된다.

「바른 검도의 보급」을 기치로 전일본검도연맹이 올림픽에서 종종 나타나는 경기중심주의·승리지상주의와 앞으로 어떻게 절충해 나갈 것인가 남겨진 문제는 크고 어렵다고 할 수 있다.

3. 스모

1) 스모보급의 역사

스모(相撲)는 일본의 국기(國技)이다. 국가적으로 매년 여섯 번 일본의 주요 도시에 15일씩 열린다. 1월에 하쓰바쇼(初場所)·도쿄, 3월에 하루바쇼(春場所)·오사카, 5월에 나쓰바쇼(夏場所)·도쿄, 7월 나고야바쇼(名古屋場所)·나고야, 9월에 아키바쇼(秋場所)·도쿄, 11월에 큐슈바쇼(九州場所)·후쿠오카로 도쿄가 3회이며 그 외는 1회씩 개최되고 있다

(1) 전후 아마추어 스모
아마추어 스모(Sumo-wrestling)는 유도의 창시자인 가노 지고로가 도쿄고등사범학장 시절에 학교체육에 스모를 받아들일 것을 제창하여, 메이지 중기 이후부터 전국의 중학·전문학교·대학 등에 스모부가 창설하게 되었다.

1933년에는 제1회 학생스모선수권대회가 개최되었다. 1934년에는 일본학생스

모연맹이 발족하였다. 사회인의 조직화는 조금 늦었지만 전시 하에 체위·체력의 향상에 도움이 된다며 스모가 주창되어 체육경기로서의 스모가 각 계층으로 침투하였다. 그러나 제2차세계대전에 의해서 스모도 해외보급을 포함하여 발전이 크게 저하되었다.

패전 후의 1946년 1월, 아마추어 스모를 통괄하는 일본스모연맹이 발족하였다. 동년 3월에는 문부성이 스모 보급에 노력할 것을 발표하였고, 그후 스모는 국민적인 스포츠로서 인지되어 종전후의 발전을 맞이하게 되었다.

(2) 전후 아마추어 스모와 국제화

스모가 널리 세계인들의 눈에 띄게 된 것은 1964년 도쿄올림픽 때였다. 시범경기(demonstration game)로서의 스모는 전파를 타고 세계 속에 알려지게 되었다. 전후부터 일본인의 이민이 많은 남미와 하와이, 미국 등에서는 스모가 이들 국가에서 실시되었지만 올림픽에서 널리 알림으로써 스모가 세계로 보급되는 큰 계기가 되었다.

본격적인 보급은 1983년에 국제스모협의회가 결성되어 국제스모선수권이 시작되었다. 그리고 1992년에 국제스모연맹(IFS)이 결성되어 그 해 12월에 25개국과 지역이 모여서 제1회 세계스모선수권대회가 개최되었다. 그 이후 대회는 매년 개최되었으며, 2000년 12월에는 브라질의 상파울로에서 제9회 대회가 개최되었다.

여자의 경우는「신스모」로서 전혀 새로운 스타일의 스포츠로서 세계로의 보급을 도모하고 있으나 아시아에서는 일본, 태국 등 2~3개국뿐으로 유럽 쪽에서 진행되고 있다.

2) 국제스모연맹(IFS)과 조직

(1) 설립과 목적: 1992년 12월에 설립되어 일본의 스모를 세계로 보급하는 일

을 최대 목적으로 하였다.

(2) 가맹국: 현재 85개국과 지역이며, 선수층이 두터운 곳은 유럽, 남미 등이다.

(3) 연맹: 현재 아시아(21개국), 아프리카(14개국), 유럽(30개국), 오세아니아(7개국), 판아메리카(13개국)의 각 대륙연맹이 있으며, 이들이 모여서 국제스모연맹을 형성하고 있다.

(4) 위원회: 경기·재무·심판·교육·보급·홍보·의사의 7개 위원회가 있다. 역대회장은 일본인으로 현재는 다나까히데토시(田中秀俊)씨이다.

(5) 경기규칙: 일본의 스모규칙을 사용한다. 샅바 안에 스모 팬티의 착용을 인정하고 있다.

(6) 체중 구분:

① 남자=경량급: 85kg, 중(中)량급: 115kg, 중(重)량급: 115kg이상, 무제한

② 여자=남자와 같은 4계급으로 체중: 50kg, 65kg이하, 65kg이상, 무제한

3) 올림픽 종목의 인가와 과제

국제스모연맹은 2008년 베이징(北京) 올림픽에 스모를 정식종목으로 채택하기 위한 일환으로 매년 IOC에 정식종목인정을 요청하였으나, 복싱·펜싱·유도·태권도 등 격투기는 28종목에 들었으나 스모는 시범경기에도 들지 못했다. 사무국에 따르면 경기인구·가맹국 등은 대기하고 있으며, 여자스모의 보급이 약간 늦어지고 있는 것이 미묘한 부분이다.

국제스모연맹으로서는 국제보급의 스피드는 순조롭다고 보고 있으나 그것에 동반하여 다양한 면에서 이를테면 운동론, 임원의 취임, 규칙개정 등 문제점도 부상하고 있다. 지금까지는 일본 주도로 국제적인 보급·발전이 이루어져 왔으나 앞으로는 경기력에서도 실력을 갖추어 온 유럽에서도 유도와 같이 국제스모연맹에서 발언권을 확대해 나가야 할 것이다.

이점에서 우려되는 것은 무도로서의 스모의 정신이 희박해지는 부분이다. 예

(禮)로 시작하여 예(禮)로 끝난다는 것이 건성으로 변하는 것은 보급의 본의가 아니다.

4. 가라테도(空手道)

1) 가라테(空手)의 기원

도대체 가라테란 무엇인가? 가라테(空手)는 그 글자가 뜻하는 대로 '맨손'이다. 그렇듯 인류에게 있어서 최초의 무기는 손이나 발을 사용, 때리거나 차거나 하는 축권법이었다. 도구를 쓴다고 하는 지혜가 발달하기 전에 손이나 발은 가장 쉽게 쓸 수 있는 무기였다고 할 수 있다. 이 사실은 세계 각지에 전통있는 권법이 있었던 것으로도 알 수 있다. 그런데 세계에서 'Karate'라고 하면 일본의 공수를 지칭한다.

그러면 어떻게 해서 가라테의 기원을 살펴 볼 수 있을 것인가? 일본에는 예로부터 검술·궁술과 같은 것이 무술의 중심이었지만, 찌르거나 차거나 하는 권법도 있었다. 그러나 권법만이 독립해 있었던 것이 아니고, 검술이나 궁술의 게이코(수련) 중에 권법도 익혔던 것이다.

그런데 가라테의 발생에 대해서는 여러 가지 불분명한 점이 많고 가라테로서 빛을 보기 시작한 것은 오랜 무도의 역사에 비추어 보면 극히 최근의 일이다. 가라테는 메이지시대에 류큐(琉球)인 현 오키나와(沖繩)에서 행하여졌던 무술이 일본 본토에 소개되고부터이다. 가라테의 발생에 관해서는 일본 본토가 아닌 오키나와의 역사와 관련이 있다. 역사적으로 중국에서 전해진 문화의 많은 부분은 한반도를 경유했거나, 직접 일본으로 유입된 것이 많지만 카라테만큼은 오키나와가 큰 역할을 하고 있다.

그 이유는 오키나와가 일찍부터 중국대륙이나 남방(南方)과의 중계무역을 하고 있었으며, 중국권법이 일찍부터 전해지게 되었던 것에 기인한다. 또 오키나와는 15세기 당시에 강력한 지배자였던 상(尙眞: 쇼신왕)씨가 철저하게 무기의 휴대를 금지했고, 일본의 에도시대(江戶時代)에는 사쯔마번(薩摩藩: 현재의 가고시마 현)의 통치 하에 놓여지게 되자, 주민들은 철저히 무기의 휴대가 금지되었기 때문에, 그 결과로 맨손을 중심으로 한 권법을 무술로서 행할 수밖에 없었다.

그것마저도 지배자인 사쯔마번의 눈을 피해서 비밀리에 행해졌으며, 전승형태도 전서(傳書)가 아닌 구전(口傳)으로 전해졌다. 이런 이유로 가라테는 여러 면에서 불분명한 점이 많은 것이다. 그러나 지금까지 언급한 대로 가라테의 성립에 있어서는 중국 권법을 중심으로 류큐 독자의 문화가 혼합되어 독특한 권법이 형성되었고, 나아가 일본 고대무술의 영향을 받아 현대의 가라테가 성립되었다고 할 수 있을 것이다.

2) 가라테의 일본상륙

메이지시대에 접어들면서 오키나와(沖繩)는 일본의 한 행정구역(1872년의 류큐번에서 1879년에는 번과 같이 류큐왕국도 폐지하고 오키나와 현을 설치)으로 편입되면서 본토와의 교류가 활발하게 이루어졌다. 그러나 일본 본토의 사람들은 가라테의 존재에 대해서 거의 알지 못했다. 당시 류큐(琉球)에서는 권법을 테(手), 또는 가라테(唐手, 중국 당나라 때 들어온 권법이라는 뜻)라고 불렀고, 그 중심유파는 슈리테(首里手, 류큐왕국의 성이름에 붙여진 권법)와 나하테(那覇手, 오키나와섬의 최대도시 이름의 나하에 붙여진 권법)였고 이밖에도 여러 분파가 있었다. 메이지시대에는 사범학교나 중학교에서 가라테의 기본형인 헤이안가타(平安形)를 창안한 이토스 야스쯔네(糸州安垣: 1830~1914)를 중심으로 오키나와 내에서 널리 행해지고 있었다.

일본 본토에 처음으로 가라테를 소개한 사람은 소토칸(松濤館) 유파인 후나코시 기친(富名越義珍, 1870~1957)이었다. 후나코시 기친은 1911년에 교토의

무덕전(武德殿)에서 처음으로 가라테 연무를 가졌는데, 그 당시에는 류큐가라테술(琉球空手術)이라는 명칭으로 소개했다. 또한 유도의 창시자인 가노 지고로의 고도칸에서 '나이한테(ナイハンテ)'의 가타란 약속형태의 겨루기를 연무하였고, 이를 계기로 해서 동경에 머물면서 가라테의 보급활동을 시작하였다.

가노 지고로는 당시에 일본 체육단체를 총관하는 대일본체육협회의 회장이었기 때문에 후나코시 기친은 가노 지고로의 지원 아래서 가라테를 일본에 널리 알릴 수 있었다. 이후 오키나와의 미야기 쵸준(宮城長順)의 고쥬류(剛柔流), 마부니 겐와(摩文仁賢和)의 시토류(糸東流) 등이 일본 본토의 도쿄에 들어오게 되었다. 또한 후나코시 기친의 제자인 오오쯔카 히로기(大塚博紀)가 와토류(和道流)를 보급하므로써 이후의 4대 유파를 중심으로 발전하게 되었다. 전쟁 전에는 특히 대학을 중심으로 학생들 사이에 보급되었다.

1933년에는 대일본무덕회에 당수(唐手)라는 이름이 정식적으로 인정되었다. 그후로 보급이 되어감에 따라 중국을 의미하는 가라(唐)라는 용어가 바람직하지 못하다 해서 같은 음(音)으로 해석되는 가라(空)라는 용어를 사용하게 되었다. 가라의 의미에는 여러 가지 해석이 있지만, 일반적으로 신체에 아무런 무기를 지니지 않는다는 '도수공권(徒手空拳)'의 의미와, 다른 무술과 같이 선종(禪宗)의 가르침인 공(空)이라는 글자를 사용하게 되었다는 설도 있다. 대일본무덕회가 정식으로 가라테도(空手道)라는 명칭을 인정한 것은 1939(쇼와 14)년이었다.

3) 가라테의 유파와 가타(形)

가라테의 발전 과정을 살펴보면, 그 중심지는 나하(那覇)와 슈리(首里)이었다. 그래서 이 지역의 이름을 붙여 각각의 유파를 나하테와 슈리테라고 해서 초기에는 두 유파로 갈라져 있었다.

나하테에서는 히가온 나칸료(東恩納寬量)·미야기 쵸준(宮城長順)이 배출되었고, 슈리테에서는 슈리의 토착세력 사이에서 보급되어간 것으로 간주되어 이토스 야스쯔네(糸州安恒) 등이 대표적인 인물이었다. 이러한 유파의 기술은 다양한 기술종류와 주먹지르기와 발차기 등의 위험한 기술이 많았고, 수련은 오로지 가타수련을 중심으로 이루어졌다. 그렇기 때문에 위에서 말한 두 개의 파를 기본으로 창시자가 독자의 기술을 만들어, 많은 유파가 오키나와는 물론 본토에서 생기게 되었던 것이다. 그 중에서도 가장 주류를 계승하며, 본토에서 보급 발전한 유파가 '소도칸류(松濤館流)', '고쥬류(剛柔流)', '와토류(和道流)', '시토류(糸東流)'의 4개 유파이다.

그 수는 이름이 알려진 것만 해서 넉넉히 100개 정도의 유파가 난립하게 되었다. 이처럼 난립된 각 유파의 통합의 필요성이 제기되어 1964년에 카라테의 통일조직으로서 전일본가라테연맹(全日本空手道聯盟・JKF)이 결성되었는데 현재는 이 대표적인 4개 유파로부터 각각 2가지씩 대표적인 가타를 골라내어서 총 8개의 가타를 지정형(指定形)으로 제정하였다. 지정형으로는 지온, 칸쿠우다이, 사이파, 세이파이, 세이엔친, 하라사이다이, 시샨, 친토우의 8개로 이루어져 있다. 현재, JKF 주최의 경기회의 가타(形)시합과 공인단위(公認段位) 심사에는 연무(演武)하지 않으면 안되게 되어 있다.

4) 가라테의 시합과 체중제 도입

국민체육대회에서는 경량급(輕量級)・중량급(中量級)・중량급(重量級)으로 체급을 나누어 시합이 이루어지고 있다. 왜 가라테 시합은 체중제를 도입했을까? 가라테는 손으로 찌르거나 발로 차기도 하기 때문에 손발의 길이의 차가 시합에 직접 영향이 있다고 여겨진다. 그 때문에 가라테의 시합은 신장별로 행하는 것이 얼른 보기에도 공평한 것같이 생각된다. 상대를 치거나 차기도 하는 경우 그 충격력이 말해준다. 체중 60kg의 사람과 체중 80kg의 사람의 펀치력은 물론 차기의 힘에도 커다란 차이가 생긴다. 그것은 체중에 의한 충격력이 의미한다.

물론 가라테의 시합은 위험을 피하기 위해 상대의 안면이나 동체에 손이 닿기 직전에 멈추는 '순도매(寸止)'가 원칙이다. 그러나 이러한 규칙은 어디까지나 시합을 안전하게 행하기 위한 규정이며, 원래는 직접 치고 찌르기를 했을 때의 충격력을 고려하는 엄한 격투기였다. 이러한 충격력을 상정해서 시합이 짜여져 있으므로 가라테는 체중제로 행해지는 것이다.

5) 가라테의 기술과 유의점

(1) 가라테의 기술

가라테의 기본적인 기술은 손을 사용한 찌르기·때리기, 발기술로는 차기, 그리고 손과 발의 공격에 대한 방어법으로 구성되어 있다. 손을 사용하는 기술 중에는 대표적인 정권(正拳)은 주먹을 사용한다. 때리기 부분은 인지와 중지의 끝부분의 관절 부분이다. 또 손가락·주먹의 바깥과 안쪽부분, 손바닥을 쓰기도 하며, 모든 부분을 쓰게 된다. 또 팔꿈치와 앞팔 등을 쓰기도 하는 여러가지 사용법이 있다. 발바닥이나 발뒷꿈치와 무릎을 이용한 가격법이 발달되어 있다.

발을 쓰는 기술은 미리 가타가 정해진 시합에서도 많이 볼 수 있으며, 발바닥이나 발뒷꿈치와 무릎 등을 이용한다. 발차기 기술도 앞차기를 비롯하여 회전하여 돌려차기·뛰어차기를 하는 등 과감한 다양한 기술이 전개된다. 특히 상대방의 공격에 대해 손과 발을 사용하거나 몸을 재치있게 다양한 스텝을 이용하여 상대의 공격을 피한다. 발의 놀림과 속력이 있는 전후좌우 움직임이 있는 것으로서 발을 앞뒤로 놀려 상대의 공격을 막으며, 이쪽에서도 공격할 수 있는 공수 일체를 가라테의 특징이라고 할 수 있다. 이런 것을 연속기술을 쓰거나 상대와의 수련 중에 응용해가는 것이 중요하다.

(2) 구미테(組手)란

구미테는 임의(任意)구미테·자유(自由)구미테·시합(試合)구미테로 나눌 수 있다. 임의구미테는 공격하는 측과 방어하는 측으로 나누어 임의의 기술로 나아가 시합하는 것이다. 자유구미테는 공격자와 방어자를 정하지 않고 자유로이 공수를 행하는 것이다. 시합구미테는 시합의 규정에 따라 상대와 겨루는 것이다. 또한 안전성을 확보하기 위하여 주먹에 착용하는 주먹 서포터(supporter), 마우스 피스(mouthpiece), 보디 프로텍터(body protector), 두부·안면을 보호하는 마스크(mask), 헤드기어(headgear)와 같은 보호구를 사용한다. 유파에 따라서는 이들 방호구를 쓰지 않는 경우도 있다.

시합은 개인전과 단체전이 있다. 삼판승부제로서 시합시간 이내에 판수와 득점이 많은 쪽을 승리로 한다. 한판이 되는 기준은 자세·태도·기력(氣力)·잔심(殘心)·타이밍·거리 등이다. 또 유효 두 번으로 한판이 된다. 공격부위는 머리부위·안면부위·목부위·복부·흉부·등부 등인데, 금지기술로는 사타구니 부분 등의 위험한 공격은 금지되어있고, 징벌의 대상이 된다. 시합시간은 성인 남자가 3분, 성년 여자와 소년부가 2분으로 되어 있다. 심판은 감사역 1명, 주심 1명, 부심 1명으로 행한다.

6) 가라테도(空手道)의 국제화

현재 일본의 가라테 수련인구는 약 300만 명으로 추정되고 있다. 그러나 일본의 무도인구는 어린이의 감소와 수험 등의 요인으로 15년 전의 3분의 1이라고 말해지며, 가라테 인구도 확실히 줄고 있다. 이에 대하여 전공련(全空聯)의 전무이사인 하스미(蓮見)씨는 "가라테 인구가 줄었다고 해서 활성화의 감퇴라고는 생각지 않아도 되는 것이 아닌가? 모두가 게이코나 시합 후에 진심으로 충실감(충족감)을 맛볼 수 있는 가라테도(空手道)는 어디로 사라져 버렸는가? 이후는 이것을 되찾기 위해 최대한 노력을 기울이고 싶다"고 앞으로의 과제를 뜨겁게 언급하고 있다.

또한 세계적인 것으로서 세계가라테연맹(WKF, World Karate Federation)이라는 것이 있으며, 1970년 도쿄의 제1회 세계가라테대회 이후 격년제로 행해져, 현재 19회를 치렀다. 2010년도 대회는 세르비아(Serbia) 벨그라데(Belgrade)에서 열렸다. 그리고 가맹국도 현재 180여개국을 넘어 세계적으로 수련인구가 약 1억명이 넘는다고 한다. 또한 아시안게임(아시아 경기대회)에는 정식종목으로 선택되었고, 세계대학가라테선수권대회나 동경세계여자가라테선수권대회 등도 개최하고 있어, 이후 더욱 더 가라테의 국제화가 진전되리라고 기대된다. 국제가라테연맹(WKF)은 2009년부터 변경된 경기규정으로 대회를 진행하고 있다. 덧붙여 말하면, 2016년 올림픽 정식종목 채택을 앞두고 경기 규정 등 세부사항을 수정하였다.

5. 아이키도(合氣道)

1) 아이키도의 기원

현재의 아이키도(合氣道)는 우에시바 모리헤이(植芝盛平 1883~1969)에 의해서 처음으로 성립되었다. 우에시바는 와카야마(和歌山)의 타나베시(田辺市)시 태생으로 신장이 156cm 정도로 신체는 매우 작았으나 그는 전통적인 유술과 검술에 커다란 관심이 있어 꾸준히 수련하였다. 우에시바가 아이키도를 창립하게 된 계기는 두 번의 기회가 있었다. 첫 번째로는 와카야마 태생이었던 그가 홋카이도(北海道)의 개척민으로 있을 때 아이키도의 개조(開祖)라고 할 사람을 만났던 것이다.

그것은 1915(다이쇼 4)년 우에시바 모리헤이가 31살 때 다케다 소가쿠(武田惣角, 1860~1943)와의 만남이었다. 현재의 후쿠시마현(福島縣)의 아이즈(會津) 지방의 아이즈번에 전해져 내려오던 다이토류아이키유술(大東流合氣柔術)의 전승자였던 다케다는 홋카이도를 순회하면서 다이토류아이키유술을 지도중이었다. 당시에는 가노 지고로의 고도칸(講道館) 유도가 유술계에 커다란 세력을 형성하고 있었고, 유도에 비해 그 존재가 그다지 알려져 있지 않았던 다이토류아이키유술이 일부의 경찰을 대상으로 지도되고 있었던 것을 생각하면 다케다는 상당한 실력을 지니고 있었다.

우에시바는 우연히도 홋카이도의 히사다(久田)여관에서 다케다를 만나 그의 이야기를 듣고 감동받아 그 여관에서 약 1개월간 다이토류아이키유술의 지도를 받고, 1년 후에 우에시바는 다이토류아이키유술의 오의(奧義)를 전수받게 되었다. 그러나 이대로 갔다면 우에시바는 단지 다이토류아이키유술의 전승자로서 끝나버리게 되었을 것이다. 그러나 우에시바는 그 후 다이토류아이키유술을 꾸준히 수련하면서 한층 자기 자신의 창의·연구를 행하여 기술개량을 이룩했다.

두 번째는 우에시바의 부친이 위독하다는 전보를 받고 아버지의 병이 낫도록 기도를 받기 위해 데구치 오니사부로(出口王仁三郎)에게 갔던 것이다. 데구치는 당시 신도(神道)의 일파인 오오모토교(大本敎)를 주재하고 있었다. 데구치는 우에시바에 대해서 정신적으로 커다란 영향을 끼쳤고, 우에시바의 아이키유술이 성장할 수 있도록 강력한 후원자가 되었다. 또한 우에시바는 데구치의 권유로 '우에시바쥬쿠(植芝塾)'라는 도장을 열게 되어 오오모토교(大本敎)의 젊은이들이 심신을 단련했다.

이와같이 우에시바가 다케다와 데구치와의 만남을 통하여 아이키도를 창립함에 커다란 영향을 끼쳤다. 다케다로부터는 아이키도의 기술적인 기본을, 데구치로부터는 정신적인 지주를 받게 되었다. 이러한 도움과 자신의 피나는 끊임없는 노력의 결과 현재의 아이키도가 생기게 된 것이다.

2) 아이키(合氣)의 의미

검도나 궁도는 사용하는 무기의 명칭을 따라 이름이 지어졌지만 아이키도는 어떠한 의미가 있었던 것일까? 1922년에 우에시바는 다케다로부터 다이토류아이키유술의 기록물들을 전수받아 얼마동안 아이키유술이라는 용어가 사용되었다. 그리고 쇼와기로 들어선 1920년이후 '아이키부도(合氣武道)'라는 명칭을 사용하였다.

그러나 2차대전중인 1942년경에 유도와 검도, 그리고 궁도와 마찬가지인 명칭으로 통일시키려고, 아이키부도에서 '아이키도(合氣道)'라는 명칭으로 정착하게 되었다. 이처럼 다이쇼(大正)에서 쇼와(昭和)에 걸쳐 명칭은 여러 가지로 바뀌었지만 에도시대에 생겨난 아이키유술의 '아이키'의 명칭은 바뀌지 않았다.

우에시바는 아이키에 대하여 "아이키는 타인의 기(氣)에 맞추는 도(道)라고 하였으며, '5：5의 10, 2：8의 10, 즉 상대가 5라는 힘으로 다가오면 자신은 5의 힘으로 상대하고, 2의 힘으로 다가오면 8의 힘으로 상대하여 상대와 자신의 합을 10으로 하여 발휘한다. 이것이 화합(和合)의 도이다"라고 설명하였다.

그러나 상대의 기(氣)에 서로의 기를 맞추게 되면 서로 짜고 하는 수련(게이코)이 됨으로 무도로서 상대를 제압한다는 것이 불가능해진다. 그래서 현재는 아이키도는 "천지의 법칙(氣)을 명백히 하고, 모든 동작을 천지의 법칙에 어울리도록 단련하고 상대를 이기는 것만이 아니고, 자기자신도 완성시키는 도(道)인 것이다"라고 말해지고 있으며, 천지의 기(氣)에 합치하는 도(道)라는 의미가 있다는 것이다.

3) 아이키도(合氣道) 시합의 가능성

현재의 아이키도는 개조(開祖)인 우에시바 모리헤이(植芝盛平 1883~1969)를 바탕으로 많은 유파가 파생되어 갔다. 이런 현상은 각 유파의 창시자의 가타(形)에 대한 인식의 차이에서 비롯된 것이다. 즉 아이키도시합을 행하지 않고 가타를 중심으로 하는 유파가 대부분인데, 그 중에는 시합을 행하는 유파도 존재한다.

각각의 사고방식을 보기로 하자. 먼저 시합을 행하지 않고 가타의 연무(演武)가 중심인 유파를 보기로 한다. 주된 것은 우에시바 깃쇼마루(植芝吉祥丸)가 발

홍시킨 닛폰아이키회(日本合氣會)이다. 깃쇼마루는 "무도의 武자는 '戈(무기)'를 멈춘다(止)고 쓰고, 상대와 다투는 것이 아니고 사랑하는 것이며, 화합하는 마음이 아닌가"라고 기술하면서 사랑의 정신으로 상대와 합기(合氣)하는 것이야 말로 진정한 무도의 깨우침이 아닐까 한 것이다.

또한 아이키도연습에서 마음가짐은 "승패를 겨루지 않고 서로가 취하고 받아들이고 두 사람이 협력해서 기술을 만들어간다"고 말하고 있다. 이처럼 상대를 넘어뜨리기를 첫째 목적으로 삼는 것이 아니고, 수련을 통해서 화합의 도를 달성하려는 것이다. 따라서 시합이라는 형식을 취하지 않고 연무(演武)라는 형식으로 행해진 것이다.

한편, 자유연습(亂取: 란도리, 자유대련)과 시합을 행하고 있는 유파로서는 도미키 겐지(富木謙治)가 창시한 아이키도협회이다. 도미키는 자유연습법을 고안한 계기에 대하여 "자유연습법은 형식에 흐름 없이 실제적인 '기술'을 몸에 지니도록 하는 것이 첩경이다. 또한 자유연습법과 시합이라고 하는 실전적 장면에서의 수행에 의해서 용기(勇氣)나 극기(克己)라고 하는 인간형성을 도모할 수 있다"라고 강조하였다. 즉 가타(形)는 소중하기는 하지만 가타 만으로 실전적인 면에서 한계가 있다고 해서 아테미(當身: 급소지르기) 기술 5본(本), 관절기술 12본을 기본으로 자유연습법을 수련하도록 하였다. 그리고 경기에 있어서는 고무재질의 단도(短刀)를 사용하여 상대를 찌르는 공격자에 대하여 아테미기술이나 관절기술로서 공격과 방어하여 득점제로 우열을 가리도록 한 것이다.

4) 아이키도의 기술과 지향과제

아이키도나 유도의 그 기원을 거슬러 올라가면 근세 이후에 행해진 것에 비롯된 유술이다. 유술은 전장에서 상대를 살상하는데 그 목적이 있었기 때문에 던지기 기술뿐만 아니라, 주먹지르기와 발차기와 같은 급소지르기 기술과 관절기술, 나아가 단도 등 무기를 사용하는 기술도 있었다.

앞에서 설명하였듯이 유도는 가노 지고로가 유술의 던지기 기술과 굳히기 기술을 중심으로 목돌려잡기와 소매를 잡고 '맞붙기를 행하는' 자유연습으로 만들어 냈던 것이다.

한편 아이키도는 우에시바가 유술의 기술을 가타(形)로서 남기고, 상대와의 순간 틈을 이용하여 몸맞붙기의 기술로 넘어뜨리고, 상대의 손목을 잡고 던지는 등의 종합무술을 습득시키도록 했다. 아이키도는 유도에서 수련하기 힘드는 몸맞붙기 기술이나 관절기술을 습득할 수 있도록 했던 것이다.

당초 우에시바는 1940년경에 '코테카에시(손목뒤집기)', '코테히네리(손목틀어꺾기)', '오시타오시(눌러쓰러뜨림)'와 같은 용어를 사용하였다. 이후 많은 지도자들이 기술의 객관화가 필요하다고 해서 명칭을 붙인 것이며, '이해가 안되는' 부분이 많은 아이키도를 '익히기 쉬운'·'이해되는' 아이키도로 바꾸었다.

[표 8-1] 대표적인 유파와 유조명(流祖名)

유파 이름	유조(流祖)	수련법
合氣會	植芝吉祥丸	가타(形) 수련중심
心身統一合氣道	藤平公一	가타(形) 수련중심
養神館合氣道	鹽田剛三	가타(形) 수련중심
合氣道協會	富木謙治	가타(形)＋자유연습

그런데 아이키도에서는 어떠한 상대에 대해서도 대응할 수 있도록 아이키도 독자의 움직임이 가능하도록 보통자세(自然體)에서 한쪽 발을 반보(半步) 정도 내딛는 준비자세를 취하게 된다. 또 몸들어가기는 상대가 공격해 들어오는 선(線)을 비껴서 상대의 가장 취약한 부분인 사각(死角)에 들어가 즉시로 상대를 제압하는 것이다.

아이키도의 몸놀림은 원운동을 기본으로 손과 발을 이용한 몸놀림을 하고 있다. 어느 몸놀림도 배꼽아래 4~5cm에 있는 제하단전(臍下丹田)에 기를 집중시켜 심·기·체를 일치시켜 경묘자재(輕妙自在: 경쾌하고 교묘해서 구속을 받지 않고 자유로이 행함)의 기술을 발휘하는 것이 중요하다. 결코 완력만으로 되는 것이 아니고 여성이나 아이들이라도 충분히 행할 수 있게 된다.

수련자는 가타(形)의 수련을 할 때 상대의 중심을 어떠한 방향으로 무너뜨릴까와 자신은 어떻게 몸을 놀릴 것인가를 늘 생각하면서 되풀이할 필요가 있다. 그리고 자신에게 알맞은 기술을 자유자재로 다룰 수 있도록 하는 것이 수행의 목적이라고 할 수 있다.

5) 아이키도의 보급과 국제화

쇼와 초기인 1925년경부터 육군·해군, 그중에도 해군대장이었던 다케시다 이사무(竹下勇)의 후원아래서 군인이나 군관계의 학교를 중심으로 아이키도가 지도되는 일이 많아졌다. 당시의 육군이나 해군의 사회적 지위로 생각한다면 아이키도는 사회적으로 보급되기 쉬운 처지에 있었다고 할 수 있다. 또 유도의 창시자 가노 지고로는 1930년에 아이키도의 도장을 방문해서 우에시바 모리헤이의 연무를 보고 "이것이야말로 자신이 이상으로 생각하던 무도이다. 즉 유술의 도이다"라고 극찬하면서 고도칸(講道館)의 고단자를 몇 명 우에시바 모리헤이의 수련관에 파견하여 아이키도를 배우도록 하였다.

쇼와 20년대 후반인 1950년대부터 동시에 검도계에서도 아이키도를 수련하는 사람도 많아졌다. 아이키도는 제2차세계대전이후에는 해외로 보급되어갔다. 특히 1976년에는 미국을 중심으로 29개국이 가맹한 세계아이키도연맹이 발족되어 총회는 4년마다 개최되고 있다. 1984년에 세계적 조직인 국제경기연맹총연합회(GAISF)의 정식회원이 되었다.

현재 국제아이키도연맹(IAF, International Aikido Federation)의 정식가맹국은 100여개국에 달하고 있으며, 아이키도는 "승패를 다투지 않고 심적 면을 교육하는 무도이다"라고 하는 독자적인 목표하에 세계아이키도대회도 개최되고 있으며, 현재 세계에 2,000만여명의 애호자가 있다고 말해진다.

6. 각 경기단체의 조직과 문제점

1) 유도

① 명칭과 설립: 1950년 7월, 세계유도연맹(IJF)
② 인구: 200여개국과 지역, 5개 대륙연맹, 아시아 39, 아프리카 43, 판아메리카 42, 오세아니아 17, 유럽 52개국 등이다.
③ 조직도: 회장, 부회장(5개 대륙의 회장), 사무총장, 교육이사, 심판이사, 스포츠이사
④ 문제점: 심판교육, 반칙중시, 예법경시, 유도매력의 약화되고 있는 점 등이다.
⑤ 규약상세: 국제유도연맹은 가노 지고로에 의해 창시되었으며, 동시에 심신의 교육체계이며, 올림픽 스포츠로서도 존재하는 것을 유도로 인정한다.

2) 검도

① 명칭과 설립: 1970년, 세계검도연맹(IKF)
② 인구: 50여개국과 지역, 3지역의 연맹, 아시아 14, 판아메리카 11, 유럽 26개국 등이며, 수련인구 200여만명이다.
③ 조직도: 회장, 부회장(4명), 이사(12명), 감사(2명), 사무총장
④ 문제점: 검도도구가 고가, 일본과 타국과의 기량의 차이로 국제보급(심판원 등)이 어렵다.

⑤ 규약상세: 검도(칼을 뽑음과 동시에 공격하는 무도인 居合道, 말뚝처럼 세워놓은 짚묶음을 치는 枕道를 포함)의 국제적 보급 및 진흥을 도모, 더불어 검도를 통하여 가맹국단체 상호의 신뢰와 우정을 배양하는 것을 목적으로 한 것이다.

3) 스모

① 명칭과 설립: 1992년, 국제스모연맹(IFS)
② 인구: 90개국과 지역, 5개 대륙과 지역, 아시아 21, 미국 14, 판아메리카 13, 오세아니아 7, 유럽 30개국 등이다.
③ 조직도: 회장, 부회장, 경기위원회, 재무위원회, 심판위원회, 교육위원회, 보급위원회, 홍보위원회, 의사위원회
④ 문제점: 운동론, 담당의 취임, 규칙개정
⑤ 규약상세: 일본의 스모를 세계로 보급하는 것을 목적으로 한 것이다.

4) 가라테도

① 명칭과 설립 : 1970년, 세계가라테연맹(WKF)
② 인구 : 아시안게임 정식종목으로 세계 180여개국, 수련인구는 1억명 정도로 알려져 있다.
③ 조직도 : 회장, 부회장, 경기위원회, 심판위원회, 홍보위원회
④ 문제점 : 2009년부터 통합변경된 경기규정(룰)의 홍보와 보급, 심판원의 교육과 양성 등
⑤ 규약상세 : 1016년 올림픽 정식종목 채택을 앞두고 경기규정 등 세부사항의 수립·수정 등

5) 아이키도

① 명칭과 설립 : 1976년, 국제아이키도연맹(IAF), 1984년 국제경기단체연합(GATSF)정식회원
② 인구 : 100여개국, 일본·한국을 바롯하여 현재 2,000만명 정도로 추산된다.
③ 조직도 : 회장, 부회장, 이사, 감사, 사무총장
④ 문제점 : 카타중심 유파, 시합중심 유파의 조화, 승패를 다투지 않고(약속대련) 심적 면을 교육하는 무도를 목적으로 한 것.
⑤ 규약상세 : 일본의 아이키도의 세계보급을 목적으로 한 것이다.

(齊藤 仁)

제9강

무도지도자

1. 무도지도자

　무도의 보급진흥에 있어서 지도자가 맡은 역할은 매우 중요하다는 것은 말할 필요도 없다. 오늘날 무도애호가(武道愛好家)가 감소경향에 있는 것에 대한 원인의 하나에는 지도자의 역량과 그 양성확보에 문제가 있다고 생각한다.
　물론 무도에 흥미·관심을 가진 자에 대하여 실천의욕을 보다 높이기 위한 적절한 지도, 체력과 건강상태를 배려한 지도 등 개개의 뛰어난 지도활동의 축적이 무도보급·진흥의 기초이며, 이를 가장 중시해야 하는 것이다.
　세계를 대표하는 뛰어난 능력을 가진 선수의 발굴, 이에 대한 지도도 또한 같은 것이다. 그렇다면 지도자의 자질·능력이 중요하며, 당연히 그것을 지원하는 지도자 체제가 주목되어야 한다.
　그래서 본항에는 무도지도자의 자격제도·양성제도를 중심으로 살펴 보기로 한다.
　무도지도자는 무도를 배우고자 하는 자에 대하여 무도의 실기를 지도하는 것이 원칙이다. 이 실기지도에 대하여 지도자 자신이 실기만 지도할 수 있다면 임무를 완수할 수 있다고 생각하는 경향이 있다. 그러나 지도자 자신의 실기력과 실기의 지도력과는 표리일체적인 관계이지만 동일시할 수 있는 것은 또한 아니다. 보다 뛰어난 지도를 하기 위해서는 실기력뿐만 아니라 지도를 지원하는 다양한 분야, 예를 들면 바이오메카닉스(biomechanics: 생물의 운동을 기계공학적인 면에서 연구하는 학문)와 심리학·사회학 등의 기초적 이해에 근거한 견식, 생애스포츠·경기스포츠에 관한 폭넓은 지식·정보 등을 갖추고 있는 것이 필요불가결하다.
　그러나 무도지도자에 대해서는 일본의 전통적인 운동문화로서 외래 스포츠와 다른 실로 흥미깊은 사고방식과 구조가 존재한다. 면허개전(免許皆傳)·승단단계(昇段段階)의 단위·호칭이 그것이다.

1) 면허개전

무술의 유파가 활발하였던 시절에는 혹독한 수행을 견디고 그 유파의 창시자의 마음에 흡족한 수준에 도달한 자에게 수여하는 「면허개전」은 당연히 지도자의 모든 조건을 갖춘 지도자이다. 개전(皆傳)이란 예능·무술 등의 도(道)에서 스승으로부터 그 유파의 깊은 뜻을 모두 전수받는 것을 말한다.

무술계급은 무술의 유의(流儀)에 따라서 반드시 동일한 것은 아니지만 「목록(目錄)」·「면허(免許)」는 대표적인 무도계급이라 할 수 있다.

「목록」은 수업이 진행되어 초보수준을 벗어났다고 판단되었을 때 발급하는 칭호로 유도로 보면 초단 정도로 생각하면 된다.

「면허」는 목록을 취득한 자가 앞으로 더욱 더 수행을 거듭하여 한층 발전하여 가르칠 수 있는 수준에 달한 자에게 발급하는 것으로서 그 유의의 무술을 가르칠 수 있는 자가 면허받는다. 당연히 지도자 자격이 있다. 유도의 창시자 가노 지고로는 이 「면허」에 대하여 고도칸 유도의 4단 정도에 상당(『유효의 활동(有效活動)』제6권, 제6호, 1920년. 고도칸)하다고 언급하였다.

2) 단위·칭호

무도의 특징 중 하나로서 단위칭호(單位稱號)를 들 수 있다. 이 단위칭호는 무도뿐만 아니라 서도·주산 등 상당한 분야에 정착되어 있으며, 이것은 고도칸 유도(메이지 15년인 1882년 永昌寺書院에서 유도를 지도하면서 유술에서 유도로 호칭한 바 가노 지고로의 교육관·인생관·사회관·세계관이 담겨져 있다)가 창설한 것으로서 참으로 교육적 발상에 근거한 계획적인 제도라고 할 수 있다. 주목을 필요로 하는 것은 유도의 단위 중에 지도자로 인정되는 계급이 확립되어 있다는 점이다. 승단증서(昇段證書)의 문언(文言)이 단위에 따라서 다르며 그 문언에 기술되어 있다.

(1) 고도칸 유도의 승단
① 초단에서 3단
"일본 전(傳)고도칸 유도의 수업에 정력을 쏟고 크게 진보를 보임에 따라서 초단·2단·3단으로 명하며, 향후 더욱 더 연마가능이 있는 자(硏磨可有之者)이다."
② 4단, 5단
"오랜 세월 일본 전(傳)고도칸유도의 수업에 정력을 쏟고 업적과 기술이 숙련에 도달함에 따라서 4단·5단으로 명하며, 향후 더욱 더 연마하여 궤도(軌道: 정상적인 발전 방향과 단계)에 있어서 선달자(先達者)이다."
이 증서에서 알 수 있듯이 4단·5단은 「선달자(先達者)」 즉 지도자라고 기술되어 있다.
③ 6단부터 8단
"오랜 세월 일본 전(傳)고도칸유도의 수업에 정력을 쏟고 업적과 기술이 숙련에 도달함에 따라서 6단·7단·8단으로 명하며, 향후 연마하여 훗날 궤도(軌道)에 있어서 사범자(師範者)이다."

(2) 검도칭호의 수심자격(受審資格)
한편 검도의 승단증서를 보면 「(○)단을 수여한다」의 문언(文言)만으로서 지도자 자격으로 통용되는 증서는 없다.
검도의 경우에는 단위와는 별도로 「연사(鍊士)」·「교사(敎士)」·「범사(範士)」의 칭호가 제도화되어 있으며, 그 중에 지도자의 자격으로 통용되는 것이 있다. 이 칭호는 검도 이외의 궁도(弓道)와 언월도(나기나타) 등의 모든 무도에 있어서도 개설되어 있으나, 여기서는 검도의 자격제도만 들어 보겠다.

① 연사: 6단수여자로, 6단수여후 별도로 정한 연한을 경과하여 가맹단체의 선고(選考)를 거쳐 가맹단체회장에 의해 추천된 자.
② 교사: 연사에서 7단수여자로, 7단수여후 별도로 정한 연한을 경과하여 가맹단체의 선고를 거쳐 가맹단체회장에 의해 추천된 자
③ 범사: 교사에서 8단수여자로, 8단수여후 8년이상 경과하여 가맹단체의 선고를 거쳐 가맹단체회장에 의해 추천된 자, 및 전검도회장이 적격이라고 인정한 자.

이와 같이 칭호를 수심(受審)받기 위해서는 적어도 6단을 취득해야 한다는 것이 조건이다.

또한「연사」를 취득하는 자의 요건으로서는
① 검도 실기의 수련을 계속하고 있는 자.
② 검도의 지도자적 입장에 있는 자로서 사회적 식견에 풍부하고 건전한 사회생활을 영위하는 자.
③ 가맹단체가 실시하는 강습을 받고 연사로서 필요한 일본검도 형·심판법·지도법 등의 지식, 실기에 있어서의 능력의 인정을 받은 자(사회체육지도자자격이 중급 인정 등)이다.

이와 같은 모든 조건으로 보면 검도의 확고한 지도자는「검도6단」, 또는「연사」이상이 검도계 및 사회적으로 인정받고 있는 지도자의 척도라 할 수 있다.

3) 단위를 가진 보건체육 교원

무도지도자로서 그 자격을 신뢰할 수 있는 한 가지로 교원양성대학에서 교육자로서 전문교육을 받고 보건체육의 교원면허증을 취득한 무도유단자를 생각할 수 있다.

보건체육의 교원면허 취득자는 이미 체육·스포츠의 지도자로서 필요한 전문

과정을 수료한 자로 무도의 실기와 이론이 갖추어져 있다면 무도지도자로서 위치를 부여하는 데 이론은 없을 것이다.

그 실태는 현재 중학교·고등학교에서 보건체육의 교과내용으로서 유도·검도의 수업을 담당하고 있는 교원 중에 유도유단자는 중학교에서 33.1%, 고등학교에서 46.2%이며, 검도에서는 중학교에서 19.0%로 고등학교에서 16.4% 보다 높은 비율이다. 또한 그 단위를 보면 중학교에서는 2단이하가 71.7%, 3단이상이 28.3%, 고등학교에서는 2단이하가 66.7%, 3단이상이 34.3%, 이른바 저단위 취득자가 대부분을 차지하고 있는 것을 알 수 있다([표 9-1] 참조).

[표 9-1] 남자보건체육담당교원의 단위 보유현황

学校別 (学校数) m	保健教育 担当教員数 n	柔道 剣道 計	保健教育当教員의 単位保有状況									一校当에 有段者数 a/m	有段者의 比率 (a/n×100)
			有段者								無段者		
			初段	2段	3段	4段	5段	6段	7段	計a			
中学校 (470校)	1,172	柔道	239	61	34	28	34	2	-	388		0.8	33.1%
		剣道	114	24	18	18	37	9	3	223		0.5	19.0%
		計	353	85	52	46	61	11	3	611	561	1.3	52.0%
高等学校 (141校)	786	柔道	206	58	23	16	33	26	1	363		2.6	46.2%
		剣道	49	16	4	7	15	29	9	128		0.9	16.4%
		計	255	74	27	23	48	55	10	492	294	3.5	62.6%
計 (611校)	1,958	柔道	445	119	57	44	67	28	1	751		1.2	38.3%
		剣道	168	40	22	25	52	38	12	352		0.6	18.0%
		計	608	159	79	69	109	66	13	1,103	855	1.8	56.3%

(註) 격기의 지도에 관한 조사(문부성 체육국)

이러한 상황을 비추어 보면 문부과학성은 무도의 학교체육 실기지도자에 대한「실기강습회」및「단위취득강습회」등의 사업을 오랜 기간에 걸쳐서 실시하여 무도지도자의 자질향상과 자질을 갖춘 무도지도자 확보의 시책을 강구하여 왔다.

그러나「무도 본래의 좋은 점과 매력」, 그리고「도를 추구하는 무도」와 「생애 스포츠로서의 무도」라는 무도의 특성을 활용한 학습지도를 중시한다면 역시 전문성이 풍부한 지식과 바른 기술을 겸비한 무도지도자는 필요불가결하며 중요하다. 이 문제는 21세기의 새로운 무도교육을 확립함에 있어서 가장 큰 테마라고 할 수 있다.

2. 사회체육지도자 제도

재단법인 일본체육협회는 국민스포츠와 경기스포츠의 진흥에 해당하는 지도자 자질과 지도력의 충실을 도모하여 지도생활의 촉진과 지도체제를 확립하기 위하여 공인 스포츠지도자 제도를 제정하고 있다. 이 제도는 스포츠지도자를 「스포츠지도원」·「코치」·「트레이너」·「소년스포츠지도원」의 종류로 분류하여 각각의 역할을 규정한 것이다.

[표 9-2] 공인스포츠 지도자의 등록 현황(2000년 10월 1일 현재)

加盟 武道団体名	스포츠指導員 地域스포츠指導員			코치 (競技力向上指導者)			合計
	C級	B級	A級	C級	B級	A級	
全日本柔道連盟	—	—	—	229	77	—	306
全日本剣道連盟	1,117	—	—	—	—	—	1,117
全日本弓道連盟	481	91	—	98	1	—	671
全日本空手道連盟	2,776	856	89	228	129	13	4,091
全日本나기나타連盟	946	261	—	79	47	32	1,365
日本스모(相撲)連盟	44	6	—	—	—	—	50
합계	5,364	1,214	89	634	254	45	7,600

(註) 1. 격기의 지도에 관한 조사(文部省體育局)
　　 2. 조사대상 : 중학교 470교, 고등학교 141교

자격취득상황의 통계에 따르면 무도(유도·검도·궁도·공수도·언월도·스모)를 전문적으로 지도하는 지도자는 전체 7,600명으로 지나치게 적다고밖에 할 수 없으며(표 9-2), 10년이 지난 오늘에는 그마저 감소된 것이다.

종목별로는 공수도의「스포츠지도원」·「코치」가 압도적으로 많으며 전체의 53.8%를 차지하고, 무도의 지도양성에 가장 힘을 쏟고 있는 현상이었다.

물론 무도 독자의 지도자제도가 확립되어 있지 않은 현상황에 다소의 문제의식을 가지고 있다면, 이 제도를 더욱 더 유효 또는 적극적으로 활용해야 할 것이다.

게다가 생애스포츠가 진전되고 있는 오늘날, 일본의 전통적 운동문화인 무도가 널리 국민들 사이에 정착하기 위해서는 지도자의 정비·충실이 필요한 것이다.

지도자의 자격취득에 부과되는 강습내용을 개제하여 장래에 있어서의 무도지도자의 효과적 활용을 기대하면서 전문직으로서의 확립에 도움이 되길 바란 것이다.

3. 무도지도자 양성대학

무도지도자의 양성기관으로서 옛날에는 한코우(蕃校)와 코부쇼(講武所) 등을 들 수 있으나 가장 현대무도에 영향을 미친 것은 대일본무덕회의『무술교원양성소』일 것이다. 오늘날에 있어서의 무도기술과 수련체계는 이 시대에 확립되었다고 할 수 있다.

종전후는 무도수련에 대한 금지조치가 취해졌지만, 1957년 이후는 무도(격기)의 학교교육에 대한 부활을 주장하여 새로운 무도지도자의 양성과 재교육이 시작되었다.

따라서 체육계 대학에 있어서 무도지도자 양성이 시작되었으며, 특히 1965년대에는 무도의 전문적 지식과 기능을 체득한 인재양성을 목적으로「무도학과」

를 설치하는 대학이 등장하였다.

이것은 무도를 일본 전통적 운동문화로서 인식하여 역사·사상·사회 배경 등을 통하여 무도의 본질을 탐구하면서 무도의 충실·발전에 도움이 될 수 있는 지도자 양성에 주안점을 두었다고 할 수 있다.

각 대학에 따라 특색·특징이 있는 커리큘럼이 설정되었지만, 주요 체육·무도 관련의 전문(전수)과목을 들어본다.

각 대학의 주요 체육·무도 관련의 전문(전수)과목

체육과목	해부학, 운동생리학, 스포츠생리학, 스포츠영양학, 스포츠사, 체육원리, 스포츠심리학, 스포츠 바이오메카닉스, 스포츠사회학, 스포츠의학, 스포츠행정, 체육측정평가, 운동학(운동방법학 포함) 등
무도과목	무도개론, 무도론, 무도사, 무도지도론, 무도서강독, 무도문화론, 무도트레이닝론, 비교무도론, 무도정보론, 정복(整復: 接骨)개론, 무도운동학, 무도이론·실습 등

현재에는 무도학과를 개설한 대학이 국립·사립을 합쳐서 일본 전국에 6개 대학이 있으며, 연간 약 400~450명의 인재를 사회로 배출하고 있다.

최근의 경향으로서 교원채용의 대폭적인 감소와 함께 교원양성에 브레이크가 걸려 사회체육전반과 생애스포츠·지역스포츠의 분야 등에 폭넓게 활동할 수 있는 무도지도자를 요구하는 방향으로 변하고 있다.

또한 최근에는 올림픽을 비롯하여 많은 국제대회와 강습회가 세계 각국에서 열리는 등 무도의 국제화에는 눈부신 발전이 있다. 당연히 일본에서도 많은 선수와 지도자가 참가하여 국제 레벨의 경기력 향상과 보급·지도에 노력하고 있는 현상황이다.

21세기의 무도지도자 양성대학으로서는 무도를 통하여 국제교류에 적극적으로 관계하며, 의도적으로 국제사회에서 리더십을 발휘할 수 있는 지도자양성을 시야에 넣은「커리큘럼개편과 인재육성」을 추진해야만 하는 상황에 이르렀다고 할 수 있다.

[표 9-3] 무도지도자를 양성하고 있는 일본의 주요 국립·사립대학

区分	大学名	学部			大学院		
		学部名	学科名	入学定員	研究科名	専攻名	入学定員
国立	鹿屋体育	体育	武道 体育・スポーツ	50 100	体育学	体育学	(修) 18
私立	国際武道	体育	武道 体育	200 200	武道・スポーツ	—	(修) 10
	国士館	体育	武道 体育	75 150	スポーツシステム	スポーツシステム	(修) 40
	中京	体育	武道 体育 健康教育	50 300 80	体育学	体育学	(修) 12 (博) 4
	東海	体育	武道 体育 社会体育	40 160 80	体育学	体育学	(修) 10
	日本体育	体育	武道 体育 健康 社会体育	120 750 160 160	体育科学	体育科学	(修) 25 (博) 6

<기타관련대학>
大阪体育(体育·300), 順天堂(体育·140), 仙台(体育·250), 中京女子(体育·50), 筑波(体育専門·240), 天理(体育·120), 東京女子体育(体育·250), 日本(文理·200), 日本女子体育(体育·250), 福岡(体育·250), 早稲田(人文科学·300)

4. 무도교원 검정제도

이 검정제도는 교육직원 면허법에 근거하여 문부과학성이 실시하는 것으로

무도를 전문으로 지도하는 고등학교의 교원자격을 수여하는 것이다. 면허증의 종류는 고등학교 교원1종 면허증으로 면허교과는 유도 및 검도이다.

교원자격인정시험 규정(1973년 8월 9일 문부성령 제17호)에 의하면 수험자격은 대학을 졸업한 자로서 연령이 만 22세 이상으로 정해져 있으며, 실기 레벨에 있어서는 유도는 3단이상, 검도에 대해서는 4단이상이 바람직하다고 한 것이다.

자료로서는 오래되었지만 합격자의 추이는 [표 9-4]와 같다.

[표 9-4] 고등학교 유·검도 교원자격인정시험 합격자수의 추이

(단위 : 명)

区分		S.39~52	S. 53	S. 54	S. 55	S. 56	S. 57	S. 58	S. 59	S. 60	S. 61	S. 62	合計
柔道	受驗者數	1,681	-	57	25	24	34	40	37	38	36	31	2,003
	合格者數	210	-	15	6	5	5	7	11	10	9	6	284
劍道	受驗者數	2,631	84	95	59	57	85	92	82	67	89	54	3,385
	合格者數	328	26	30	22	17	14	14	20	18	20	18	522
合計	受驗者數	4,312	84	152	84	71	119	119	119	105	125	85	5,388
	合格者數	533	26	45	28	22	19	31	31	28	29	24	806

(문부성 교육조성국조사)

유도·검도를 비교하면 검도의 합격자가 65%로 유도보다 높은 수치를 보이고 있으나, 수험자수의 비율로 보면 합격률 14~15%로 그렇게 많은 차는 없다. 수험자수의 차(差)에 관해서는 당시의 유도·검도 인구에 비례하고 있다고 생각한다.

제10강
유도의 기술·전술

tomoe-nage(배대뒤치기)

1. 유도기술의 원리

유도의 기술·전술은 변화한다. 인간체계와 국제화는 물론, 사회·문화 등의 영향을 받아 변화한다. 특히 유도의 경우, 급속한 국제화가 진행되어 체중별경기 채용 등의 영향은 유도에 대한 가치관 뿐만아니라 기술·전술에도 미치고 있다고 생각한다. 그래서 여기서는 유도의 기술·전술에 관련된 기본적인 지식을 이해하면서 기술·전술의 연구와 개발의 실마리를 찾아본다.

「유능제강(柔能制剛: 부드러움으로 강함을 제압한다)」이 유도의 기술원리라는 것은 말할 것도 없다. 최소의 힘을 작용시켜 최대의 효과를 올리는 것, 힘이 세고 큰 남자가 힘이 약하고 작은 남자를 메칠 때에도 무리하지 않고 상대의 힘을 이용하여 가장 효과적인 힘을 사용하는 것이 유도기술의 이상이다.

즉 유도기술이 지향하고 있는 것은 온 힘을 다하여 상대를 압도하는 것은 아니라는 점이 특징이다.

그러기 위해서는 기술을 지지하는 가장 중요한 요소인 ① 자세 ② 맞잡기 ③ 이동 ④ 몸놀림 ⑤ 기울이기 ⑥ 지웃기 ⑦ 걸기 등을 체계적·종합적으로 파악하고 연습하는 것이 요구된다.

여기서는 「맞잡기」와 「기울이기(무너뜨리기)」를 들어보기로 한다.

1) 맞잡기

이를테면 자세와 맞잡기에서도 공방의 결과를 좌우하는 중요한 유도의 기술이라 할 수 있다. 맞잡기는 자신의 장기(長技)를 발휘하는데 상황이 좋은 맞잡기가 되는 것을 추구하여 다투는 것이기 때문에 이른바 유도공방의 최초의 단계에서 발휘되는 기술이다.

2) 기울이기(무너뜨리기) 법칙

기본적인 기울이기의 방향으로서 8방향 기울이기(무너뜨리기)를 들 수 있으나 실제로 기울이기 방향은 무수하게 많다. 오히려 기울이기에서 중요한 것은 상대를 기울이게(무너뜨리게) 하려면 먼저 자신이 움직이지 않으면 안된다는 역학적인 법칙이다. 유도의 기술에는 이 법칙이 첫째로 강조된다.

※ 상대를 기울이는(무너뜨리는) 방법

(1) 스스로 움직여 상대를 유인하고 부드러운 진퇴동작에 따라서 상대가 움직이는 사이에 무너지고 있다는 것을 알지 못하게 균형(밸런스)을 무너뜨리는 방법이다. 실제로 스스로 움직임에서는 슬쩍 손으로 눌러 되받아치는 부분을 앞으로 띄우듯이 무너뜨리는 등 몸의 움직임 같은 것은 없다.

(2) 수동적으로 상대의 움직임에 편승하면서, 또한 상대의 움직임을 교묘하게 이용하여 무너뜨리는 방법이다. 상대가 당기는 경우에는 그 당김에 편승하여 같은 방향으로 밀면서 상대의 몸자세를 무너뜨리고, 또는 상대가 물러나는 것 이상으로 나아가 상대를 자연스럽게 무너뜨린다. 또한 상대가 밀어 오는 경우는 그 힘에 반항하지 않고 당기면서 상대의 몸을 불안전하게 하여 혹은 상대가 밀어 오는 이상으로 물러나 상대를 당겨 무너뜨리는 방법이다.

2. 유도의 기술체계

유도의 기술은 ① 메치기기술, ② 굳히기기술, ③ 급소지르기기술로 분류할 수 있다. 다음에서는 ① 메치기기술과 ② 굳히기기술을 살펴본다.

1) 메치기기술(Nage-waza: 投技, Throwing techniques)

메치기는 안정된 선 자세를 유지하려고 하는 상대를 기울여서 메쳐 넘기는 기술이다. 메치기 자세에 따라서 (1) tachi-waza(맞잡기: 立技)와 (2) sutemi-waza(누우며메치기기술: 捨身技)가 있다.

선기술인 맞잡기(tachi-waza)는 선 자세에서 기술을 걸고, 누우며메치기기술(sutemi-waza)은 자신의 신체가 누우면서 각각의 기술을 건다.

그래서 기술의 분류는 알기 쉽도록 신체의 부위에 따라서 명칭이 붙어 있는 것이 많다. (1) 맞잡기(tachi-waza)는 기술을 거는 부위에 따라, 가) 손기술(手技), 나) 허리기술(腰技), 다) 발기술(足技)로 분류되고, (2) 누우며메치기기술(sutemi-waza)은 버리는 방향에 따라, 가) 바로누우며메치기(masutemi-waza: 眞捨身技), 나) 모로누우며메치기(yokosutemi-waza: 橫捨身技)로 분류된다.

(1) Tachi-waza(맞잡기: 立技)
　가) Te-waza(손기술: 手技): 16가지
　　　① seoi-nage(업어치기)
　　　② tai-otoshi(빗당겨치기)
　　　③ kata-guruma(어깨로메치기)
　　　④ sukui-nage(다리들어메치기)
　　　⑤ uki-otoshi(띄어치기)
　　　⑥ sumi-otoshi(모로떨어뜨리기)
　　　⑦ obi-otoshi(띠잡아떨어뜨리기)
　　　⑧ seoi-otoshi(업어떨어뜨리기)
　　　⑨ yama-arashi(외깃잡아업어후리기)
　　　⑩ morote-gari(다리잡아메치기)

⑪ kuchiki-taoshi(오금잡아메치기)

⑫ kibisu-gaeshi(발목잡아메치기)

⑬ uchimata-sukashi(허벅다리비껴되치기)

⑭ kouchi-gaeshi(안뒤축되치기)

⑮ ippon-seoi-nage(한팔업어치기)

⑯ obitori-gaeshi(띠잡아 뒤집기)

나) Goshi-waza(허리기술: 腰技): 10가지

① uki-goshi(허리띄기)

② o-goshi(허리껴치기)

③ koshi-guruma(허리돌리기)

④ tsuri-komi-goshi(허리채기)

⑤ hane-goshi(허리튀기)

⑥ harai-goshi(허리후리기)

⑦ utsuri-goshi(허리옮겨치기)

⑧ ushiro-goshi(뒤허리안아메치기)

⑨ tsuri-goshi(띠잡아허리채기)

⑩ sode-tsuri-komi-goshi(소매들어허리채기).

※ daki-age(안아들어올리기)(시합에서는 유효가 아니다.)

다) Ashi-waza(발기술: 足技): 21가지

① de-ashi-barai(-harai, 나오는발차기)

② hiza-guruma(무릎대돌리기)

③ sasae-tsurigomi-ashi(발목받치기)

④ osoto-gari(밭다리후리기)

⑤ ouchi-gari(안다리후리기)

⑥ kosoto-gari(발뒤축후리기)

⑦ kouchi-gari(안뒤축후리기)

⑧ okuri-ashi-barai(-harai, 모두걸기)
⑨ uchi-mata(허벅다리걸기)
⑩ kosoto-gake(발뒤축걸기)
⑪ ashi-guruma(다리대돌리기)
⑫ harai-tsuri-komi-ashi(발목후리기)
⑬ o-guruma(허리대돌리기)
⑭ osoto-guruma(두밭다리걸기)
⑮ osoto-otoshi(밭다리걸기)
⑯ tsubame-gaeshi(모두걸기되치기)
⑰ osoto-gaeshi(밭다리되치기)
⑱ ouchi-gaeshi(안다리되치기)
⑲ hane-goshi-gaeshi(허리튀기되치기)
⑳ harai-goshi-gaeshi(허리후리기되치기)
㉑ uchi-mata-gaeshi(허벅다리되치기)

(2) Sutemi-waza(누우며메치기기술: 捨身技)

가) Ma-sutemi-waza(바로누우며 메치기기술): 5가지
① tomoe-nage(배대뒤치기)
② sumi-gaeshi(안오금띄기)
③ ura-nage(뒤로누우며어깨너머로던지기)
④ hiki-komi-gaeshi(끌어누우며뒤집기)
⑤ tawara-gaeshi(뒤집어넘기기)

나) Yoko-sutmi-waza(모로누우며메치기기술): 14가지
① yoko-otoshi(옆으로떨어뜨리기)
② tani-otoshi(오금대떨어뜨리기)
③ hane-makikomi(허리튀겨감아치기)

④ soto-makikomi(바깥감아치기)

⑤ uki-waza(모로떠기)

⑥ yoko-wakare(옆으로누우며던지기)

⑦ yoko-guruma(모로돌리기)

⑧ yoko-gake(모로걸기)

⑨ daki-wakare(허리안아돌리기)

⑩ uchi-makikomi(안쪽감아치기)

⑪ kouchi-makikomi(안뒤축감아치기)

⑫ osoto-makikomi(밭다리감아치기)

⑬ harai-makikomi(허리후려감아치기)

⑭ uchi-mata-makikomi(허벅다리감아치기)

※ kawa-zu-gake(안다리꼬아넘기기, 금지기술)

2) 굳히기기술(Katame-waza: 固技, Grappling techniques)

굳히기기술은 (1) osae-komi-waza(누르기: 抑込技), (2) shime-waza(조르기: 締技), (3) kansetsu-waza(꺾기: 關節技)로 분류된다.

(1) Osae-komi-waza(누르기: 抑込技): 9가지

누르기는 상대를 일반적으로 올려 보게 하고 자신은 상대 위에서 대체로 마주한 형태에서 속박을 받지않고 일정시간을 일어날 수 없도록 제어하여 누르는 기술을 말한다.

① kesa-gatame(곁누르기, 가사깃누르기)

② kata-gatame(어깨누르기)

③ yoko-shiho-gatame(가로누루기, 가로사방누르기)

④ kuzure-kami-shiho-gatame(위고쳐누루기, 위고쳐사방누르기)

⑤ kuzure-kesa-gatame(고쳐곁누르기, 고쳐가사깃누르기)

⑥ tate-shiho-gatame(세로누르기)

⑦ kami-shiho-gatame(위누르기)

⑧ uki-gatame(모로누루기)

⑨ ushiro-kesa-gatame(뒤곁누르기)

(2) **Shime-waza**(조르기: 締技): 11가지

손·팔·다리로, 또는 목덜미를 이용하여 상대의 경부를 졸라서 제어하는 기술을 말한다.

① nami-juzi-jime(십자조르기)

② gyaku-juji-jime(역십자조르기)

③ kata-juji-jime(외십자조르기)

④ hataka-jime(맨손조르기)

⑤ okuri-eri-jime(안아조르기)

⑥ kataha-jime(죽지걸어조르기)

⑦ sode-kuruma-jime(소매깃잡고조르기)

⑧ katate-jime(어깨로조르기)

⑨ ryote-jime(양손조르기)

⑩ tsukkomi-jime(주먹조르기)

⑪ sankaku-jime(삼각조르기)

※ dou-jime(몸통조르기, 금지기술)

시합에서는 다음의 조르기를 금지한다.

㉠ 경부 이외를 조르는 것

㉡ 직접 다리를 끼워서 조르는 것

㉢ 띠의 끝 또는 상의의 소매를 이용하여 조르는 것

㉣ 주먹 또는 손가락으로 직접 조르는 것.

(3) Kansetsu-waza(꺾기: 關節技): 9가지

손·팔·다리 등으로 상대의 관절을 꺾는, 또는 반대로 늘리거나 혹은 굽히는 등으로 제압하는 기술을 말한다.

시합에서는 팔 관절 이외의 관절기술은 금지되어 있다.

① ude-garami(팔얽어비틀기)
② ude-hishigi-juji-gatame(팔가로누워꺾기)
③ ude-hishigi-ude-gatame(어깨대팔꿈치꺾기)
④ ude-hishigi-hiza-gatame(무릎대팔꺾기)
⑤ ude-hishigi-hara-gatame(다리대팔꺾기)
⑥ ude-hishigi-waki-gatame(겨드랑이대팔꺾기)
⑦ ude-hishigi-ashi-gatame(다리대팔꺾기)
⑧ ude-hishigi-te-gatame(손대팔꺾기)
⑨ ude-hishigi-sankaku-gatame(삼각팔꺾기)

(4) Kinshi-waza(금지기술): 4가지

① ashi-garami: kansetsu-waza(다리얽어비틀기, 금지기술)
② do-jime: shime-waza(허리조르기)
③ kani-basami: yoko-sutemi-waza(가위치기)
④ kawazu-gake: yoko-sutemi-waza(안다리꼬아넘기기)

3. 유도기술의 연구·개발

가노 지고로 사범은 uki-koshi(허리띠기)가 특기였다. 그러나 어느 날부터 한 명의 문하생인 사이고 시로(西鄕四郞, 고도칸 四天王의 1인)에게 허리띠기를 걸 수 없게 되었다. 그것은 기술을 걸려고 하면 그것을 눈치챈 문하생이 옆으로

피하며 몸을 풀었기 때문에 걸기가 되지 않는다는 것을 알았다. 그 후 연구한 결과 옆으로 피해서 몸을 푸는 것이 불가능하도록 발을 뻗어 상대의 발을 고정시키고 띄우기를 하자 메치는 것이 가능하였다. 이것이 uki-koshi(허리띄기: 浮腰)의 원형이 되었다.

또한 얼마 지나지 않아 이번은 허리띄기가 걸리지 않게 되었다. 그것은 문하생이 옆으로 몸을 피하면 허리띄기를 당하기 때문에 그 자리에서 몸을 뒤로 등지며 방어하고 있다는 것을 알게 되었다. 이 자세를 경직된 둥근 목재와 같이 딱딱해진 상태로 생각하고 지점을 낮추고 상단을 당기면 쉽게 던질 수 있었다. 이것이 tsuri-komi-koshi(허리채기: 釣込腰)의 원형이 되었다.

이와 같이 가노 지고로 선생 스스로와 그 문하생들의 창의·공부로 새로운 유도기술이 개발되었다. 이것은 그 예의 하나이다.

또한 최근에는 손발이 긴 외국선수의 신체특징을 활용한 기술이 보였다. 예를 들면 아시아선수권대회(2000년 5월, 오사카)에서는 샬리하니 선수(이란)의 tani-otoshi(오금대떨어뜨리기)가 보였다. 그 선수의 주장에 따르면 이란에서는 레슬링의 대표적인 기술이라고 한다. 왼쪽 당기는 손은 잡지 않고 오른쪽 채는 손만으로 오른쪽 안쪽 다리를 건다. 그러나 도중에서 상대의 오른쪽 발 무릎 뒤에 오른쪽 발목을 걸어 동시에 왼쪽의 당기는 손으로 상대의 왼쪽 무릎 뒤를 외측에서 들어 올리듯이 하여 안고 후방으로 신체를 누이면서 메치는 누우며메치기 기술이었다. 이런 기술분류로서 어떤 종류가 되는가를 두고 어려운 판단을 내린 결과 「tani-otoshi(오금대떨어뜨리기: 谷落)」에 포함된 것이다.

세계에는 몽골 스모와 같은 그 국가의 독특한 격투기가 있으며, 그러한 기술과 유도기술이 섞여 새로운 기술이 개발될 가능성이 있게 된 것이다.

4. 유도의 심판·규칙과 변화

유도의 심판·규칙은 국내와 국제 2종류가 실시되고 있다. 그러나 현재에는 세계선수권대회와 올림픽으로 이어지는 국내대회는 국제규칙으로 실시되고 있다. 국제규칙에 대하여 생각해 본다.

[표 10-1] 판정기준의 변천

판정기준	실시기간
기술이상	1956년(S31) 제1회 세계유도선수권~1972년(S47) 제20회 올림픽까지
유효이상	1973년(S48) 제8회 세계유도선수권 이후
효과이상	1979년(S54) 제11회 세계유도선수권 이후, 2009년 이후 폐지됨

① [표 10-1]과 같이 세계유도선수권대회 1956년~제20회 올림픽대회인 1972년경까지는 "전일본유도연맹 공인 고도칸시합심판규정에 따른 것이다. 판정의 기준은 「절반」이상으로 한다"이며, 시합전개의 움직임도 적고 일반관객에는 지루한 시합이 많았다.

② 제8회 세계유도선수권대회인 1973년경부터 "판정기준은 「유효」이상으로 한다"로 변경되었으며, 공격하지 않으면 「주의」라는 반칙이 주어지게 되어 격렬한 움직임이 있는 시합으로 전개되어 일반관객도 즐기게 되었다.

③ 제11회 세계유도선수권대회인 1976년 때부터 "판정기준이 「효과」이상으로 한다"로 변경되었다가, 2009년부터는 「효과」가 폐지되어 현재에 이르고 있다.

최근의 올림픽대회 등에서 종종 심판의 판정 미스(mistake)가 발생하여 문제가 되고 있다. 심판위원회에서도 항시 판정 미스를 방지하기 위하여 코치 서미트(coach summit, 코치회의) 등 연수회를 개최하여 대책을 강구하고 있다.

※메치기기술의 판정기준과 득점
(1) 메치기기술은 「한판(Ippon)·절반(Waza-ari)·유효(Yuko)·효과(Koka: 폐지)·판정」이 있다.

(2) 반칙은「반칙패(Hansoku-make: 한판), 경고(Keikoku: 절반), 주의(Chui: 유효), 지도(Shido)」이다.

(3) Ne-waza(누운자세의 기술)의 누르기 시간이「한판(25초 이상), 절반(20~25초), 유효(10~15초), 효과(15~20초: 폐지)」로 변경되었다.

(4) 벌칙이 주어지는 경우는 다음과 같다.
① Hansoku-make(반칙패)는 허벅다리걸기·허리띄기·허리후리기 등과 같은 기술로 공격할 때 몸을 앞으로 숙이면서 머리가 먼저 매트에 닿을 때,
② Keikoku(경고)는 고의로 상대를 밀어내거나 어떤 이유에서라도 장외로 나갈 때,
③ Chui(주의)는 발이 상대방의 얼굴에 닿거나 기술을 걸려고 상대를 끌어당기면서 눕는 경우,
④ Shido(지도)는 공격을 하지않고 방어태세만 취할 경우이다. 단, 위험지대 안에서 공격·방어 없이 5초를 넘길 경우에 주어지던「지도」의 벌칙은 폐지되었다.

(5) 2009년이후부터는「효과(Koka)」라는 판정점수가 폐지되고,「Shido(지도)」의 판정기준이 설정되었다.「지도 2개」가 선언되면「Yuko(유효)」로,「지도 3개」는「Waza-ari(절반)」으로,「지도 4개」는「Ippon(한판)」으로 인정되었다. 한판(Ippon)은 가장 높은 득점으로 한판선언과 함께 경기가 종료된다. 절반은 한판의 반으로 두 개를 얻으면 한판으로 경기가 종료된다.「한판승」으로 경기가 끝나지 않을 때는 기록자에 의해 기록된 득점으로「우세승」을 판정하여 선언한다. 유효(Yuko)가 아무리 많아도 절반(Waza-ari) 1개보다 못하다.

(6) 연장전은 종전 5분에서 3분으로 단축시켜 먼저 득점하는 자의 「골든스코어제도(golden score)」를 채택하였다.

5. 유도의 승부기술(Kimari-waza)과 변화

유도의 국제화속도는 현저하였다. 여기에 동반하여 체중별경기의 채용과 심판·규칙의 개정 등이 적극적으로 실시되어 왔다. 이들은 어떠한 형태로 유도의 기술·전술에 영향을 미치고 있다고 생각한다. 여기서 시합에 있어서의 「승부기술」에 대하여 1964년(도쿄올림픽 개최)이전과 이후의 비교를 살펴본다.

(1) 1949~1952년까지 개최한 전국고등학교유도대회, 전일본학생유도우승대회, 동서학생유도대항시합, 전일본학생유도선수권대회, 국민체육대회, 전일본유도선수권대회를 포함한 10,552시합의 승부기술(메치기기술)의 회수에 따라서 순위에 따르면 발기술이 단연 많았고, 허리기술이 그 다음이었다.

(2) 1970년·1971년 개최된 전일본유도선수권시합의 시행기술과 승부기술을 정리했더니, 시행기술수·승부기술수 모두가 발기술이 단연 많은 점은 위의 내용과 같은 경향이라고 할 수 있다. 그러나 승부기술의 내용에서는 뚜렷한 특징은 보이지 않았다.

(3) 오늘날 가장 특징적인 것은 「허리띄기(uki-goshi)」라는 대표적인 허리기술이 전혀 보이지 않게 되었다는 것이다. 훌륭한 「허리띄기」는 유도를 대표하고 있는 기술의 하나라고 할 수 있으나, 반대로는 순간 타이밍이 어긋남으로써 되받기기술의 역습을 당할 위험성이 높다는 점에서 시합에는 부적합한 기술이 되었다고 생각한다.

6. 유도의 전술

시합선수의 각자에 따라 독특한 전술방법이 있다. 때문에 "이것이 전술이다"라고 결정하는 것은 불가능하다. 그러나 내가 유도를 배우기 시작한 중학생 때 「전후공격」의 중요성을 선생과 선배로부터 배웠다.

예를 들면 메치는 ouchi-gari(안다리후리기)와 kosoto-gari(발뒤축후리기)라는 기술로 공격하면 상대는 뒤로 넘어가지 않으려고, 또한 넘어지지 않기 위하여 자연스럽게 앞으로 기울어진 자세가 되어 seoi-nage(업어치기) 등 앞으로 메치는 기술에는 유효하였다.

또한 중학교 시절에 구입한 유도지도서를 보면 신체사용법에 대하여 적혀 있었다. 아이키도에는 이동력이라는 몸놀림으로 상대를 움직여서 상대의 공격태세를 무너뜨리는 것을 말하지만, 유도에서도 이와 같이 상대와 움직임을 주고받음으로 기회를 넓힐 수 있게 되는 것이다. 책에는 그 방법을 기술에 따라서 이쪽이 어떻게 하면 요구대로 상대를 움직여(상대가 움직임) 기회를 만들어 기술을 걸 것인가가 적혀 있었다. 현재는 이 움직임의 주고받음이 없고 모든 상대와의 연결을 끊어버리는 유도를 많이 본다.

고인이 된 고타니 스미유키(小谷澄之) 선생이 어떤 지도서에서 언급하고 있는 "유도기술의 종류는 많지만 결국은 몸의 놀림이다"라고 적었다. 이 기본연습을 철저하게 익히는 것으로 전술이 쉽게 가능해진다는 것은 틀림없다고 생각한다. 그렇게 함으로써 시드니대회의 100kg급의 금메달리스트인 이노우에 코세이(井上康生) 선수와 같이 수족이 길고 가슴이 깊은 외국선수와 대전한 경우라도 변형으로 대항하기 어려운 상대를 깨끗하게 한판 승부할 수 있는 기술을 체득할 수 있었다고 생각한다.

(森脇保彦)

제11강

검도의 기술・전술

1. 검도의 기술

무도와 스포츠의 기술·전술도 변화하였다. 검도(劍道)의 경우는 유도와 달리 급속한 국제화를 맞이하지 않았기 때문에 변화의 정도는 적다고 하겠지만 현재의 기술·전술이 체계화되기까지는 다양한 영향을 받아 변화해 왔다고 할 수 있다.

검도 기술은 크게 「sikake-waza(공격기술)」와 「ouji-waza(방어기술)」로 나눌 수 있다. 물론 「공격기술」은 상대의 틈을 타고 공격하는 기술인 것에 대하여, 「방어기술」은 상대의 공격에 대응하여 변화하면서 공격하는 기술이다.

1) 공격기술(sikake-waza)

(1) harai-waza(떨치는 기술: 拂い技)

상대의 자세를 완전히 무시하고 들어가는 것은 거의 무모하며 타돌할 때는 반드시 상대자세의 허점인 틈을 보고, 혹은 상대자세를 무너뜨리고 들어가야 한다.

상대의 자세를 무너뜨리기 위해서는 어떤 부분을 공격하여 그 방면으로 상대의 검 끝, 혹은 상대의 마음을 유도하여 틈을 만드는 경우와 상대의 검 끝의 부분을 눌러 hajiki(튀기), harai(떨치기) 등으로 무너뜨리는 경우가 있다. 그 중에서 상대의 죽도를 떨치고 공격하는 기술을 harai-waza(떨치는 기술)라 한다.

상대의 죽도를 떨치는 경우에는 다음과 같은 것을 주의할 필요가 있다.

① 떨칠 때는 상대의 죽도 중간 정도를 떨쳐 올리거나, 떨쳐 내린다.
② 떨치는 순간은 호(鎬: 칼볼, 칼의 볼록한 부분)의 일단으로 떨쳐 올리거나 떨쳐 내린다.

③ 떨쳐 올리는 것과 휘둘러 덮는 것이 2단(二段)이 되지 않도록 한다.
④ 떨치는 순간은 손목(小手: kote)을 활용하여 기민하게 떨쳐 올리게 한다.
⑤ 상대의 자세가 내려진 경우는 쳐서 떨어뜨리도록 떨친다.

harai-waza(떨치기기술)에는 ① harai-men(面), ② harai-kote(小手), ③ harai-dou(胴), ④ harai-tsuki(突) 등이 있다.

(2) debana-waza(선제기술, 돌출기술: 出端技)

상대가 치는 동작을 하려는 순간을 겨냥하여 치는 기술이 debana-waza, 또는 detbana-waza(出端技, 돌출기술)이다.

de(t)bana-waza는 syutto-waza(出頭技)라고도 하며, 상대의 순간적인 틈을 치기 때문에 사이를 두지 않고 버리고 치는 기분으로 날카롭고 신속한 동작이 필요하다.

또한 동작의 시작을 치기 위해서는 그 동작이 형태가 되어서 나타날 때는 타이밍이 벌써 늦고 이를테면 치더라도 성공률은 낮은 것이다.

가장 좋은 기회는 동작을 시작하려고 하여 그것이 형태로 나타났을 때이다. 그러기 위해서는 상대의 동작에 마음을 빼앗기지 않고 늘 상대의 동작에 편승하는 듯한 기분이 필요한 것이다.

debana-waza(돌출기술)에는 ① syutto-men(出端面), ② syutto-kote(出端小手; de-kote: 出小手), ③ debana-tsuki(出端突)가 그 대표적이다.

(3) hiki-waza(퇴격기술, 당기는기술: 引き技)

hiki-waza는 상대를 유인해서 치는 기술로 그 주기술은 ① hiki-men(引き面), ② hiki-dou(引き胴), ③ hiki-kote(引き小手)이다. 이 기술을 연습할 때는 다음과 같은 점에 주의한다.

① 상대에게 hiki-waza를 출수(出手)할 수 있는 틈을 생기게 한다.
② 상대가 공격할 수 없는 상태를 만든다.

③ hiki-waza를 출수할 수 있는 타이밍(timing)을 만든다.
④ hiki-waza는 민첩성이 필요하기 때문에 동작을 빨리하여 손목 등을 사용하여 강하게 친다.
⑤ 상대에게 자신의 허점을 이용당하지 않도록 강한 기세로 치고 애매한 기술을 사용하지 않는다.

(4) 이단·삼단 기술

이단(二段)·삼단(三段) 기술은 다른 신체부위를 공격하여 상대가 그 쪽을 방어하여 다른 곳에 틈이 생긴 부분을 치는 기술이다.

이단·삼단 기술은 유인기술과 달리 처음부터 유인하여 치는 것이 아니라, 정말로 칠 생각으로 치지 않으면 안된다. 이단·삼단의 기술을 실시하기 위해서는 다음과 같은 주의가 필요하다.

① 연속하여 실시하는 경우는 단번에 실시한다.
② 최초의 타돌시, 왼쪽 발의 당김을 빠르고 신속하게 동작한다.
③ 어중간한 타격이 아니라, 1타 1타 전력을 다하여 친다.

(5) katsugi-waza(메는 기술: 担ぎ技)

katsugi-waza는 일종의 유인기술이다. 기회를 보고서 자신의 죽도를 왼쪽 어깨에 메고 상대가 이끌려 검날을 우측으로 보낼 때, 또는 손잡이를 들고 변형된 중단자세가 되었을 때, 그대로 상대의 죽도와 평행하게 상대의 얼굴(面), 또는 손목(小手) 부분을 치는 기술이다.

katsugi-waza는 유인기술이기 때문에 상대가 유인되지 않으면 오히려 상대에게 공격을 당하여 자멸하는 경우가 많기 때문에 멜 때는 충분히 기회를 노리고 과감한 동작을 하는 것이 중요하다.

보통 검도에는 정면이나 혹은 우측의 기술이 많이 이용되지만 공격방향이 한쪽으로 치우치게 되면 상대의 수비범위를 좁게 해서, 또한 심리적으로도 안심

감을 주기 때문에 전후·좌우의 기술을 통하여 공격해야 한다.

katsugi-waza는 좌측의 공격기술로서 가장 효력이 있는 기술이다.

katsugi-waza에는 ① katsugi-men(面), ② katsugi-kote(小手)가 대표적인 기술로서 많이 이용된다.

(6) maki-waza(감는 기술: 巻き技)

상대의 죽도에 이쪽의 죽도를 밀착시켜서 우에서 좌로, 또는 좌에서 우로 원을 그리듯이 감아올리거나 감아떨어뜨려 자세를 무너뜨려 타돌하는 기술을 maki-waza라고 한다.

대표적인 기술은 「maki-age-kote」, 「maki-otoshi-men」이 있다.

① 「maki-age-kote」는 공격하면서 베는 검끝을 1회 우측 밑으로 감을 때, 상대가 당황하여 손잡이를 올렸을 때 손목을 친다. 이때에 타이밍이 맞게 감아 손목을 치기 위해서는 연습의 축적이 필요하다.

② 「maki-otoshi-men」은 maki-age-kote와 같은 요령으로 우하, 또는 좌하로 감아서 타이밍이 맞게 과감하게 친다. 이때에 베는 끝을 감으면서 칠 때는 죽도를 정중선(正中線)으로 되돌려서 정확하게 과감하게 친다.

(7) katate-waza(한손 기술: 片手技)

katate-waza는 일종의 도약의 도구로서 멀리서 기회를 보고 몸을 던져 치는 기술로 좋은 기회와 과감함이 필요하다.

katate-waza는 한 손만으로 치기 때문에 몸의 균형이 무너지기 쉽기 때문에 쳤을 때는 반드시 오른 손을 좌측 허리로 끌어당기는 것이 중요하다.

katate-waza는 반드시 상대를 공격하여 상대가 당겼을 때 실시한 것으로 공격했을 때 나오는 상대에게는 금물이다.

katate-waza에는 ① katate-migi-men(片手右面), ② katate-tsuki(片手突き) 등이 있다.

(8) 상단기술

상단기술(上段技術)은 자세가 말해 주듯이 어디까지나 공격적인 기술로 상단면(上段面)과 상단손목(上段小手)이 있다. 상단자세에서 상대의 움직임을 보고서 쳐들어가는 것이지만 팔(腕)만으로 치는 것은 아니라 반드시 몸(體)을 동반하여 치며, 우측 손은 반드시 우측 허리로 당기고 몸의 균형을 잡아야 한다.

① 상단의 men-waza(머리치기)는 상대의 베는 끝이 위로부터 가르며 치는 기분이 중요하다. 상대의 베는 끝을 두려워한다면 칠 수 없다.

② 상단의 kote-uchi(손목치기)는 몸을 충분히 좌측으로 나아가 상대의 자세와 평행하게 치는 것이 좋다. 이 경우 두 손으로 치는 경우도 있다.

요점은 상단기술이며, 위에서 압박하는 기분으로 공격, 상대의 나오는 끝, 당기는 끝, 손잡이의 올라간 끝을 치지 않으면 성공하지 못한다.

2) 대응기술(ouji-waza: 応じ技)

(1) suri-age-waza(스쳐올리는 기술)

쳐들어 온 상대의 죽도를 이쪽 죽도의 좌측, 또는 우측에서 스쳐올리듯이 떨쳐올려 상대의 죽도가 떨어져 틈이 생기는 부분을 치는 기술로 스쳐올리는 경우에는 다음과 같은 주의가 필요하다.

① 스쳐올리는 동작과 치는 동작이 한 동작이 되도록 한다.
② 스쳐올리는 순간은 손목을 사용하고, 어떤 각도를 주어 스쳐올린다.
③ 당기는 기분으로 대응하지 않고, 언제나 맞이하는 기분으로 대응한다.
④ 스쳐올리는 것은 우좌(右左) 자유롭게 가능하도록 연습한다.

suri-age-waza에는 ① men-suri-age-men, ② men-suri-age--dou, ③ men-suri-age-kote, ④ kote-suri-age-kote, ⑤ kote-suri-age-men, ⑥ tsuki-suri-age-men 등의 많은 기술이 있다.

(2) uchi-otoshi-waza(쳐떨어뜨리는 기술)

쳐들어오는 상대의 죽도를 우측 또는 좌측 아래로 쳐떨어뜨려 그대로 치는 기술로, 이 기술은 자신의 자세보다도 상대가 낮게 타돌해 오는 경우에 유효하다. 높은 경우는 스쳐올리든지, 대응하여 되돌리든지 혹은 빼는 쪽이 좋을 것이다.

uchi-otoshi(쳐떨어뜨리기)의 경우는 충분히 몸을 놀려 손목을 활용하여 작고 날카롭게 실시한다.

이 기술은 그다지 많지 않지만 ① dou-uchi-otoshi-men, ② 상단에서의 tsuki-uchi-otoshi-men이 많이 이용된다.

(3) kaeshi-waza(되받아치는 기술)

정확히 말하자면 ouji-kaeshi-waza(대응되받아치는 기술)이다. suri-age-waza(스쳐올리는 기술)와 닮았지만, suri-age-waza는 대응하는 측(側)을 치는 기술이며, kaeshi-waza는 대응하는 측(側)의 반대로 죽도를 되받아치는 기술이다.

되받아치는 경우는 단순히 손만으로 치지 않고 발놀림을 충분히 동반하여 몸을 열고(開) 손목을 부드럽게 하여, 그다지 상대의 죽도에서 떨어지지않고 원운동으로 실시할 필요가 있다.

몸의 열기(開)가 충분하지 않거나 상당히 상대의 죽도에서 떨어져 되돌리면 상대의 타돌이 유효하게 되는 경우가 많다.

이 기술은 늘 상대의 힘을 이용하여 치는 기술이기 때문에, 고도의 기술이지만 상당히 안전도가 높고, 상대에게는 심신 모두 충격을 주는 기술이다.

kaeshi-waza에는 ① men-kaeshi-u-men, ② men-kaeshi-sa-men, ③ men-kaeshi-u-men, ④ men-kaeshi-u-kote, ⑤ kote-kaeshi-kote, ⑥ dou-kaeshi-men 등이 있다.

dou-kaeshi-men과 uke-nagashi-men과는 거의 비슷하지만 엄밀하게 말하면, 전자는 kaeshi-waza(되받아치는 기술)에, 후자는 suri-age-waza(스쳐올리는 기술)에 속한다.

⑷ nuki-waza(빠지는 기술)

nuki-waza는 상대에게 하늘을 치게 하여 상대의 기술과 몸이 끝난 부분을 치는 기술이다.

빼기 위해서는 몸을 열어 실시하는 경우와 남겨 빼는 경우가 있다. 그러나 빼는 것이 상대에게 미리 알려지게 되면 실패로 끝나기 때문에, 충분히 끌어당겨 상대가 행동을 일으키고, 마치 목적을 달성하려고 하는 순간에 실시하는 것이 좋다.

따라서 충분히 끌어당길 때까지 마음과 자세를 무너뜨리지 않고 견디는 연습을 해둘 필요가 있다.

또한 동작도 신속하게 부드럽게 한 번의 동작으로 시행하며 당황해서는 안 된다.

nuki-waza에는 ① men-nuki-men, ② men-nuki-u-dou, ③ men-nuki-sa-dou, ④ men-nuki-kote, ⑤ kote-nuki-men, ⑥ kote-nuki-u-men(半面) 등이 있다.

2. 검도의 전술

시합에 이기기 위해서는 단지 기술이 뛰어나기 때문에 이긴다고 하는 간단한 논리만은 아니며, 기술의 우열 이외에 시합을 좌우하는 것은 시합자의 정신상태 및 타돌의 호기를 놓치지 않는 날카로운 집중력이다.

따라서 세심한 주의를 기울여 정신을 안온평정(安穩平靜)하게 하여 체력·기술의 최대능력을 발휘하는 것이 시합필승의 요결이다.

시합의 필승요결(必勝要訣) 그 가운데에 몇 가지를 들어 본다.

(1) 선(先, 3가지의 선)

(2) 간합(間合: 거리·틈, 3가지 間合)

(3) 타돌기회(打突機會)

(4) 현대일치(懸待一致: 걸기와 기다림, 곧 공격과 방어, 방어와 공격이 일치하는 것)

(5) 허실(虛實)

(6) 사계(四戒)

(7) 삼살법(三殺法)

(8) 3가지 허락하지 않는 부분(三不許處)

이상 여덟가지 외에도 많은 시합의 필승을 위한 요결이 있으나, 여기서는 (1)의 선(3가지의 선)에 대하여 설명해 둔다.

선(先)은 상대의 기선을 제압하여 이기는 기회를 말한다. 옛날부터 모든 유파에 있어서 가장 효과적으로 이기는 기회를 3가지로 들어 「3가지의 선」이라 하였지만 이것은 유파에 따라서 구분과 표현이 달라 5가지, 혹은 7가지를 주장하고 있는 유파도 있다.

현재, 가장 일반적으로 말하고 있는 「3가지의 선」은 「先先의 先」「先(先前의 先)」「後의 先」이라는 분류로 잇토류(一刀流)에 근거한 생각이다.

① 「선선의 선」은 상대의 타돌을 예측하여 여기에 생기는 틈을 치는 기회를 말하는 것으로, 선선의 선에서 치는 구체적인 기술로서는 debana-waza가 있다. 「선선의 선」이라는 표현은 조금 난해하지만 상대하여 양쪽 다 치려는 기(氣)를 하나의 선(先)으로 하고, 이미 상대가 이쪽의 기(氣)를 치려고 하는 기를 2번째의 선(先)으로 하고, 그 2번째의 기를 살펴 알고 치기 때문이라고 한다.

② 2번째의 「선(先前의 先)」은 상대에 틈(허점)이 생긴 부분을 치는 기회를 말한다. 이것을 받아들이는 기술로서는 debana-waza 이외의 shikake-waza, 즉 기본적인 한 번 치기의 tobikomi-waza(단발기술)를 비롯하여 harai-waza 등이 여기에 해당한다.

③ 3번째의「후의 선(後의 先)」은 상대의 타돌을 제치고 생기는 틈을 치는 기술로 모든 ouji-waza, 즉 kaeshi-waza, nuki-waza, suri-age-waza 등이 해당된다. 이것은 상대의 타돌을 미리 알지 못하고, 상대의 타돌에 반응하여 기술을 내는 경우를 말한다.

이와 같은「3가지의 선」은 정신적인 어려운 내용을 포함하고 있다. 일반적으로는 적극적으로 상대에게 기술을 걸어 들어가는 것을「선을 건다」, ouji-waza로 이기는 것을「후의 선으로 이겼다」와 같은 사용법을 취하고 있지만, 후의 선의 경우, 단지 상대가 쳐오는 것을 기다려서 그것에 대응하는 것이 아니라, 상대의 공격, 상대가 그 공격에 참지 못하고 치고 들어오는 부분을 끊어 놓는 것이「후의 선」이다.

다음으로 (2)의 3가지 마아이(間合: 거리)에 대해 간단히 언급하고자 한다. '마아이'는 상대와 자신과의 사이에 공간적인 것을 생각하지 않으면 안된다. 그 상대와의 거리를 간합이라 한다.

① 일족일도(一足一刀)의 간격
② 원간(遠間)
③ 근간(近間)

3. 검도의 기술체계

검도의 기술체계에서 기능적 내용을 간략하게 3가지로 살펴본다.

1) 기초지식

(1) 죽도 : 길이, 무게, 검 끝의 길이
(2) 복장 : 수련복, 바지
(3) 방구 : 착용법, 벗는법, 정리법

(4) 예법 : 인사법

2) 기본동작

(1) 자세와 태세 : ① 중단, ② 상단, ③ 하단, ④ 팔상(八相), ⑤ 겨드랑이자세
(2) 발놀림 : ① 보통걷기, ② 밀어걷기, ③ 이어걷기, ④ 벌려걷기
(3) 거동 : ① 상하거동, ② 경사거동
(4) 타돌 : ① 안면, ② 손목, ③ 몸통, ④ 찌르기
(5) 반격 : ① 정면치기, ② 좌우면치기

3) 응용기능

(1) shikake-waza(기본기술: 치고·때리기)
   가) harai-waza(떨치는 기술)
      ① harai-men
      ② harai-kote
      ③ harai-dou
      ④ harai-tsuki
   나) debana-waza(돌출기술)
      ① debana-men
      ② debana-kote
      ③ debana-tsuki
   다) hiki-waza(당기는 기술)
      ① hiki-men
      ② hiki-kote
      ③ hiki-dou

라) 2단기술

  ① kote→men

  ② men→dou

  ③ kote→dou

  ④ men→men

  ⑤ tsuki→men

  ⑥ tsuki-kote

마) 3단기술

  ① kote→men→dou

바) katsugi-waza(메는 기술)

  ① katsugi-kote

  ② katsugi-men

  ③ katsugi-dou

사) maki-waza(감는 기술)

  ① maki-kote

  ② maki-men

아) katate-waza(한손 기술)

  ① katate-migi-men

  ② katate-tsuki

자) 상단기술

  ① men-waza(머리치기)

  ② kote-uchi(손목치기)

(2) ouji-waza(응용기술: 교환)

 가) suri-age-waza(스쳐올리는 기술)

  ① men-suri-age-men

  ② kote-suri-age-men

③ men-suri-age

④ tsuki-suri-age-men

⑤ kote-suri-age-kote

⑥ men-suri-age-dou

⑦ men-uchi-otoshi-men

⑧ kote-uchi-otoshi-men

나) uchi-otoshi-waza(쳐떨어뜨리는 기술)

① dou-uchi-otoshi-men

② tsuki-uchi-otoshi-men

다) kaeshi-waza(되받아치는 기술)

① men-kaeshi-dou

② men-kaeshi-men

③ kote-kaeshi-men

라) nuki-waza(빠지는 기술)

① men-nuki-men

② men-nuki-dou

③ kote-nuki-u-men

④ men-nuki-sa-dou

⑤ men-nuki-kote

⑥ kote-nuki-kote

(右田重昭)

제12강

유도·검도의 형

1. 고도칸 유도의 형

1) 가타제정의 경위

유도기술에는 수많은 공격·방어 방법이 있다. 그 중에서 대표적인 것을 선정하여 공격·방어의 순서와 방법을 약속하여 만든 것이 가타(形)이다.

형(形: 가타)에는 메치기형(投形)·굳히기형(古形)·극형(極形)·유형(柔形)·고식형(古式形)·오형(五形)·고도칸호신술형·정력선용국민체육형·여자호신법이 있다.

이중 메치기형(投形)·굳히기형(固形)을 자유대련형(亂取)이라고 한다. 이러한 고도칸 유도의 형은 가노 지고로 사범에 의해서 고안되어 후에 제정되었다. 1884년~1885년에 걸쳐서 메치기형·굳히기형이, 1887년에 오형(五形)·유형(柔形)·강형(剛形)이, 1888년에 극형(極形)이 만들어졌다.

고식형(古式形)은 기토류(起倒流) 유도의 형을 그대로 남긴 것이다. 1906년 대일본무덕회의 요청에 의해 가노 지고로 사범이 위원장이 되어 17명의 위원과 함께 연구하여 개정·추가하여 메치기형·굳히기형·극형이 제정되었다. 그후 유형·강형(현재 실시되고 있지 않다)·오형·고식형이 제정되었다. 1927년 정력선용국민체육형이 제정되었고, 그리고 1943년 여자호신법이, 1956년 고도칸호신술형이 제정되었다.

2) 형의 종류와 명칭

(1) 메치기형(投形)
메치기기술의 도리를 이해하고 체득시킬 목적으로 메치기형이 만들어졌다.

손기술(te-waza), 허리기술(goshi-waza), 발기술(ashi-waza), 바로누우며 메치기기술(ma-sutemi-waza), 모로누우며메치기기술(yoko-sutemi-waza) 중에서 대표적인 기술 3가지를 선택하여 우조(右組), 좌조(左組)로 편성하여 실시하는 형이다.

① te-waza(손기술): uki-otoshi, seoi-nage, kata-guruma
② goshi-waza(허리기술): uki-goshi, harai-goshi, tsuri-komi-goshi
③ ashi-waza(발기술): okuri-ashi-barai, sasae-tsuri-komi-ashi, uchi-mata
④ ma-sutemi-waza(바로누우며메치기기술): tomoe-nage, ura-nage, sumi-gaeshi
⑤ yoko-sutemi-waza(모로누우며메치기기술): yoko-gake, yoko-guruma, uki-waza

(2) 굳히기형(固形)

굳히기 기술의 도리를 이해하고 체득시킬 목적으로 굳히기형이 만들어졌다. 누르기기술(osae-waza), 조르기기술(shime-waza), 꺾기기술(kansetsu-waza) 중에서 대표적인 기술 5가지를 선정하여 실시하는 형이다.

① osae-waza(누르기기술): kesa-gatame, kata-gatame, kami-shihou-gatame, yoko-shihou-gatame, kuzure-kami-shihou-gatame
② shime-waza(조르기기술): kata-juji-jime, hadaka-jime, okuri-eri-jime, kata-ha-jime, gyaku-juji-jime
③ kansetsu-waza(꺾기기술): ude-garami, ude-hijigi-juji-gatame, ude-hijigi-ude-gatame, ude-hijigi-hiza-gatame, ashi-garami

(3) 극형(極形)

진검승부의 도리와 실제를 배우는 것을 목적으로 만들어졌다. 맨손·단도·장도를 사용한 공격에서 ademi-waza, nage-waza, katame-waza를 응용하여 상대를 제압하는 형이다. i-tori(居取: 자세취하기) 8가지, tachi-ai(立合: 승부겨루기) 12가지로 구성되어 있다.

① i-tori(居取, 자세취하기 8가지): ryode-dori, tsuka-kake, suri-age, yoko-uchi, ushiro-dori, tsuk-komi, kiri-komi, yoko-tsuki

② tachi-ai(立合, 승부겨루기 12가지): ryode-dori, sode-dori, tsuk-kake, tsuki-age, suri-age, yoko-uchi, ke-age, ushiro-dori, tsuk-komi, kiri-komi, nuki-gake, kiri-oroshi

(4) 유형(柔形)

공격·방어의 원칙적인 몸놀림, 힘의 용법 등을 체육적으로 편성한 것이다. 형은 3교(15가지)까지이며 느슨한 동작으로 실시하기 때문에 남여노소의 구분 없이, 또한 어떠한 복장으로도 어떠한 장소에서도 실시할 수 있다.

① 제1교: tsuki-dashi, kata-oshi, ryode-dori, kata-mawashi, ago-oshi
② 제2교: kiri-oroshi, ryo-kata-oshi, naname-uchi, kata-te-dori, kata-te-age
③ 제3교: obi-tori, mune-oshi, tsuki-age, kiri-oroshi, ryo-gan-tsuki

(5) 고식형(古式形)

가노 지고로가 고토간유도를 창시하기 전에 배웠던 형으로 기토류(起倒流) 유도의 형이다. 무사가 전장에서 갑주를 입은 요로이쿠미우치(鎧組討)의 메치기 기술을 주로 한 형으로 공격·방어의 도리가 제시되어 있다. 정면 14가지, 뒷면 7가지로 구성되어 있다.

① 정면(表, 14가지): yumeno-uchi, ryo-kuhi, mizu-guruma, mizu-nagare, hiki-otoshi, koda-ore, uchi-kudaki, tani-otoshi, kuruma-daoshi, shikoro-dori, koro-gaeshi, yu-dachi, taki-otoshi

② 뒷면(裏, 7가지): miku-daki, kuruma-gaeshi, mizu-iri, ryu-setsu, saka-otoshi, yuki-ore, iwa-nami

(6) 오형(五形)

1887년(메이지 20년)에 제정한 유도의 공격·방어의 도리를 물의 양상(우주의 대현상)을 본떠 오형으로 표현한 것이다. 개개의 명칭은 없다.

(7) 고도칸호신술형

진검승부의 형으로 도수(徒手)·단도(短刀)·창(杖)·권총(拳銃)을 사용한 공격에서 몸을 지키는 것을 목적으로 한 유도의 기술 중에서 21가지를 선정하여 구성되어 있다.

가) 도수부(徒手部: 맨손부, 12가지)

① 맞붙은 경우

ryode-dori, hidari-eri-tori, migi-eri-tori, kata-ude-tori, ushiro-eri-tori, ushiro-jime, kakae-dori

② 떨어진 경우

naname-uchi, ago-tsuki, gan-men-tsuki, mae-geri, yoko-geri

나) 무기부(武器部, 9가지)

① 단도의 경우

tsuk-kake, choku-zuki, naname-tsuki

② 창의 경우

huri-age, huri-oroshi, morote-tsuki

③ 권총의 경우

syomen-zuke, koshi-gamae, haimen-zuke

(8) 정력선용국민체육형

치고·찌르고·차고, 기타 맨손으로 실시하는 유도의 공격·방어의 기술을 체육목적으로 하여 편성한 것이다.

단독동작은 ademi-waza, 상대동작은 극식(極式)연습과 유식(柔式)연습으로 구성되어, 극형·유형에서 기술을 선정한 48가지의 기술로 구성되어 있다.

A. 단독동작

가) 제1류(第一類, 15가지)

① go-ho-ate(五方當): hidari-mae-naname-ate, migi-ate, ushiro-ate, mae-ate, ue-ate

② o-go-ho-ate(大五方當): o-hidari-mae-naname-ate, o-migi-ate, o-ushiro-ate, o-mae-ate, o-ue-ate

③ go-ho-geri(五方蹴): mae-geri, ushiro-geri, hidari-mae-naname-geri, migi-mae-naname-geri, taka-geri

나) 제2류(第二類, 13가지)

kakami-migaki, sa-yu-uchi, zen-go-tsuki, ryote-ue-tsuki, o-ryote-uetsuki, sayu-kogo-shitatsuki, ryote-shitatsuki, naname-ue-uchi, naname-shita-uchi, o-naname-ue-uchi, ushiro-zumitsuki, ushiro-uchi, ushiro-tsuki, mae-shita-tsuki

B. 상대동작

가) 제1류: kime-shiki(極式練習, 10가지)

① i-tori(居取: 자세취하기)

　　ryote-dori, huri-hanashi, gyakute-dori, tsuk-kake, kiri-kake

② tachi-ai(立合: 승부겨루기)

　　tsuki-age, yoko-uchi, ushiro-dori, naname-tsuki, kiri-oroshi

나) 제2류: zushiki(柔式練習, 10가지)

① 1교(一敎)

　　tsuki-dashi, kata-oshi, kata-mawashi, kiri-oroshi, katate-dori

② 2교(二敎)

　　katate-age, obi-tori, mune-oshi, tsuki-age, ryogan-tsuki

(9) 여자호신법

1943년(쇼와 8년)에 제정한 이 법은 여자가 다른 것으로부터의 위해(危害)에 대하여 몸을 지키는 것을 목적으로 하고 있다. 몸놀림, 상대로부터 벗어나는 이탈법, 상대의 제호법의 3교(三敎: 18가지)로 구성되어 있다.

① 제1교 몸놀림(8가지)

제1, 제2, 제3, 제4, 제5, 제6, 제7, 제8

② 제2교 이탈법(5가지)

katate-tekubi-tori, ryote-katate-dori, shishi-gyaku-dori, ude-kakae-tori, ushiro-tori

③ 제3교 제호법(5가지)

ude-gyaku-tori, ushiro-eri-tori, ushiro-kubi-himo-shime, ushiro-tori, kyohaku-tori

이상의 9가지(1)~(9) 형의 종류·목적·방법·원리를 설명하였으나, 형은 목적에 따라 실시한다.

자유대련을 목적으로 하는 경우는 메치기형·굳히기형이 있다.

승부법과 호신법으로서 극형(極刑), 고도칸호신술형, 여자호신법이 있다.

요로이쿠미우치(鎧組討)형으로서 고식형(古式形)이 있고, 예술형으로서 오형(五形)이 있으며, 체육법으로서 정력선용국민체육형, 유형(柔形)이 있다.

이러한 형 중에서 자유대련형인 메치기형의 연습요점, 연습방법, 가타(형)에 따른 효과는 다음과 같다.

※ **메치기형**

가) 연습요점

① 복장을 바르게 정리한다. 띠를 단단히 매고 유도복이 흐트러지지 않도록

한다.
② 가타(형)의 연습에 의해서 각종의 폭넓은 좌우의 기술을 체득하여 자유대련에 활용한다.
③ 바른 기본·도리로 정확하게 기술을 걸어 자유대련의 버릇을 보이지 않는다.
④ 신중하게 연습한다. 잡기는 본기로 던지려고 하지않고, 받기도 기술을 걸리지 않았는데도 혼자서 고의로 넘어지는 낙법을 하는 등 형식적이 되기 쉽기 때문에 서로 마음을 맞추어서 실시한다.

나) 연습방법
① 형(形)은 도장 중앙에서 이루어지도록 잡기·받기를 각자 위치에 유의한다.
② 예법(禮法)·보법(步法)·낙법(落法) 등 메치기 기술의 기본을 혼자, 또는 상대(2명)와 연습한다.
③ 각 기술의 요점을 이해하고 일거일동이 틀리지 않도록 동작 하나하나를 분해하여 정확하게 연습한다.
④ 시작은 각자의 기술을 연습하고, 이어서 3가지의 기술을 통하여 연습한다.
⑤ 하나의 기술을 실시할 때는 각 동작이 끊어지지 않도록 유의한다.

다) 형에 따른 효과
바른 도복착용과 예법, 기술의 정형(定型), 자유대련기술의 궤범(軌範: 어떤 일을 판단하거나 행동하는 데에 본보기가 되는 규범이나 법도)의 수득(修得), 기능결점의 교정, 유도원리의 체득, 태도의 향상, 안전에 대한 배려이다.

3) 유도의 생활화

가노 지고로 사범은 형과 자유대련은 문장을 만들 때의 문법과 작문이라고 한다. 형을 실시함에 따라 기술의 도리와 실제를 체득하여 자유대련 중에서 활용하는 것이 기술의 향상으로 이어진다. 또한 현대사회의 문제로서 건강과 고령화, 가정과 학교, 일반생활 중에서 일어나는 폭력이 문제시되고 있다.

건강을 목적으로 복장과 장소에 한정하지 않고 남녀노소가 즐겁게 할 수 있는 생애체육으로서 또한 일상생활 중에서 일어나는 다른 것으로부터의 위험에 대하여 몸을 지키는 호신법으로서, 유도의 「가타(형)」 역할은 큰 의미를 가지고 있다.

근년 유도의 원점으로 되돌아가는 것으로 「가타」의 중요성이 주장되어 1997년부터 전일본유도 「가타」경기대회가 개최되고 있다.

(小山泰文)

2. 일본 검도의 형

1) 일본 검도형 제정의 경위

전일본검도연맹이 정식으로 채용하고 있는 일본검도형은 구대일본무덕회가 1912년 10월에 제정하고, 1917년 9월에 가주(加注)하여 그 위에 1933년 5월에 가주증보한 것을 원본으로 하고 있다.

죽도가 발명되지 않았던 시대의 검도연습에는 목도(木刀)를 사용하였기 때문에 현재와 같은 자유로운 대련이 불가능하였다. 그래서 500여개를 헤아리는 각 유파는 각각 형(形)을 만들어 일정의 형식과 순서에 따라서 연습한 이러한 형은 후세에 전해져 가르치고 있는 동안에 다양하게 개선되어왔다.

(1) 1895년(메이지 28년)

대일본무덕회(大日本武德會)가 창립되었다. 1905년 10월 1일 무도전문학교가 설립되었고, 1942년 4월에 국가기관으로 바뀌었다가, 1946년인 쇼와 21년 점령군에 의해 해산되었다. 그리고 1950년인 쇼와 25년에 부활되었다.

(2) 1911년(메이지 44년)

중학교령 시행규칙의 일부 개정에 의해 처음으로 중학교의 정과교재가 되었다. 동년 4월에 무덕학교가 설립되어 검도는 발전의 궤도에 올랐다. 그래서 지도상 어떠한 유파에도 치우치지 않게 통일된 형(가타)제정이 필요하게 되었다.

(3) 1911년 12월(메이지 44년)

대일본무덕회는 이사회를 열어 협의한 결과 가타(형)의 위원회를 만들어 다음 5명을 주사(主査)로서 선출하여 수개월에 걸쳐서 연구·토의를 거듭하였다.
　　주사 : 다카노사사부로(高野佐三郎), 나이토 다카하루(內藤高治), 몬나 타다시
　　　　　 (門奈 正), 네기시 신고로(根岸信五郎), 츠지 신페이(辻 眞平)

(4) 1912년(다이쇼 원년) 10월

대일본무덕회의 이름으로 검도의 각 유파 중에서 가장 뛰어난 것을 수용하여 「대일본제국검도형」 tachi(太刀) 7가지, kodachi(小太刀) 3가지가 제정되었다.

(5) 1917년(다이쇼 6년) 9월

몸가짐에 관한 세부의 해석차에 의해 수정·가주(加註)가 있었다.

(6) 1933년(쇼와 8년) 5월

검도의 보급·발전이 눈부시므로 한층 세부에 걸친 상세한 해석의 필요성에 따라 대일본무덕회 본부가 전국에서 다음 10명의 위원(委員)을 선출하여 가주·증보가 이루어졌다.
　　위원 : 다카노사사부로(高野佐三郎), 나카야마 하쿠도(中山博道), 다카하시 큐
　　　　　 타로(高橋趙太郎), 가와사키 젠사부로(川崎善三郎), 시마타니 야소하치
　　　　　 (島谷八十八), 오가와 킨노스케(小川金之助), 모치다 모리지(持田盛二),

사이무라 고로(齊村五郎), 미야자키 사부로(宮崎茂三郎), 다카노 시게요시(高野茂義)

2) 형의 효과(목적)

검도형은 각 유파 중에서 뛰어난 기술을 모아 통합·통일한 것이며, 검도의 기초적인 예법과 기술, 그리고 검의 이치를 나타낸 것이다.
① 예의 작법, 안정된 태도가 몸에 배이게 한다.
② 자세가 바르게 된다.
③ 상대의 기분과 움직임을 충분히 파악할 수 있다.
④ 동작이 기민해진다.
⑤ 기술상의 나쁜 버릇을 고칠 수 있다.
⑥ 간격(또는 타이밍)을 숙지할 수 있다.
⑦ 기합·기백이 단련된다.
⑧ 검의 도리를 터득할 수 있다.
⑨ 기품과 풍격, 기위(氣位: 자부심·자존심)가 갖추어진다.
⑩ 타돌이 정확해지고 잔심(殘心: 후비심)을 터득할 수 있다.

3) 형실시의 유의사항

(1) 형실시 때 사제의 위치
위치는 ① uchi-dachi(打太刀, 스승의 위)와 ② shi-dachi(仕太刀, 제자의 위)가 정해져 있다.
양자의 관계를 정확하게 인식시키고, 스승인 uchi-dachi(打太刀)는 shi-dachi(仕太刀)인 제자의 위치를 정확하게 가르친다.
따라서 uchi-dachi는 늘 shi-dachi를 리드하고, shi-dachi는 이것을 따르는 기

분으로 실시한다. uchi-dachi는 기회를 보고 타돌하여 이기는 것을 shi-dachi에게 기억시킨다.

(2) 검도형을 실시할 때의 유의점

① 입회(立會: 마주서기) 전후의 작법, 마주서기의 몸가짐, 칼의 취급법을 적절하게 실시한다.
② 5가지 자세, kodachi(小太刀)의 형에 있어서의 반신(半身)의 자세, 입신(入身: 들기몸)의 몸짓을 바르게 실시한다.
③ 시선두는법(metsuke: 目付け), 호흡법 등을 소양(素養: 평소에 닦아 쌓은 교양)하여, 시종 충실한 기세·기백을 가지고 기를 모아 실시하여 단위(單位)에 어울리는 박진성·중후성을 가지고 실시한다.
④ uchi-dachi, shi-dachi의 관계를 이해하고, 원칙으로서 shi-dachi는 uchi-dachi에 따라서 실시한다.
⑤ tachi(太刀)의 형에 있어서는「기회를 보고」, kodachi(小太刀)의 형에 있어서는「입신(立身)으로 되려는 부분」이 있는 타돌의 시기를 적절하게 실시한다.
⑥ 각본마다 이치를 숙지하여 기술에 따른 타돌의 정도·완급·강약을 터득하고 1박자로 실시한다.
⑦ uchi-dachi는 일족일도(一足一刀)의 간격에서 타돌부위를 정확하게 타돌하며, shi-dachi는 mono-uchi(物打: 날 끝에서 약 10cm의 사이)에서 타돌부위를 정확하게 타돌한다.
⑧ tachi를 쳐드는 정도를 알고, 지나치게 높이 쳐들어 검끝이 양손의 높이보다 내려가지 않도록 한다.
⑨ 발놀림은 밀어걷기로 실시하여 타돌한 때 뒷발을 남기지 않고 앞발에 동반하여 끌어당긴다.
⑩ shi-dachi는 타돌후 충분한 기위(氣位: 자기의 품위를 간직하려는 마음가

짐; 자존심)로 잔심(긴장을 풀지 않는 마음가짐: 후비심)을 표시하고, uchi-dachi는 shi-dachi의 충분한 잔심을 확인한다.

4) 검도형 지도상의 유의점

⑴ 형(가타)의 공부와 마음가짐

일본검도형 해설서를 숙독·정통하여 원리와 법칙을 이해하고, 기능을 체득시킨다.

⑵ 검도의 취급자세

입회(立會: 마주서기) 몸가짐 및 칼의 취급을 적절하게 실시하고, 특히 kodachi(小太刀)의 두는 방법에 유의시킨다.

⑶ 검잡기의 5가지 자세

① 중단(中段) 자세

검 끝의 높이는 인두(咽頭: 식도와 입 사이의 기관)로 하고 연장(延長)은 양 눈의 중앙 또는 좌측 눈으로 한다.

② 상단(上段) 자세

㉠ 양손좌상단: 좌측 발을 앞으로 내어 좌자연체(左自然體)가 되어 검끝은 약 45도 후상방(後上方)으로 향하여 약간 우측이 된다.

㉡ 양손우상단: 자연체로 검끝은 정중앙선 약 45도 후상방으로 향한다.

③ 하단(下段) 자세

중단(中段) 자세에서 그대로 검 끝을 상대의 무릎 앞의 아래(약 3~6cm의 부분)까지 내린다.

④ 팔상(八相)의 자세

도신(刀身: 칼몸)은 약 45°로 기울여 칼끝은 상대에게 향한다.

⑤ 겨드랑이 자세

칼날 끝은 우측 비스듬히 아래로 향하게, 검끝의 높이는 하단보다 약간 낮게 하여 도신이 상대에게 보이지 않도록 자세를 취한다.

(4) tachi(太刀)의 형(7가지)과 ko-dachi(小太刀)의 형(3가지)

① tachi(太刀) 1번째
 ㉠ uchi-dachi(打太刀: 스승의 위)는 손잡이와 함께 반동을 주지 않고 크게 정면을 친다.
 ㉡ shi-dachi(仕太刀, 제자의 위)는 검끝이 내려가지 않도록 크게 뺀다.

② tachi(太刀) 2번째
 ㉠ uchi-dachi는 shi-dachi의 오른쪽 손목을 바르게 치고, 오른쪽 손목 약간 밑의 위치에 멈춘다.
 ㉡ shi-dachi는 uchi-dachi의 칼을 빼고, 치고 내릴 때 비스듬하게 치지 않도록 한다.

③ tachi(太刀) 3번째
 ㉠ uchi-dachi는 정확하게 급소를 찌르고 손잡이가 올라가지 않도록 한다.
 ㉡ shi-dachi는 좌측 주먹이 정중앙선을 벗어나지 않도록 위축시킨 후 uchi-dachi의 흉부를 찌르고, 다시 위치를 좁히기 위하여 나아갈 때 손잡이를 보이지 않도록 한다.

④ tachi(太刀) 4번째
 ㉠ 쌍방 모두 비스듬한 치기가 되지 않도록 정면을 친다.
 ㉡ 접전 위치는 정면의 높이로 한다.

⑤ tachi(太刀) 5번째
 ㉠ uchi-dachi는 큰 기술로 턱까지 자르는 기분으로 정면을 친다.
 ㉡ shi-dachi는 좌측 칼볼(鎬)로 스쳐올린 검끝이 내려오지 않도록 한다.

⑥ tachi(太刀) 6번째

㉠ 상중단(相中段)이 되어 uchi-dachi는 작은 기술로 바르게 오른쪽 손목을 친다.
　㉡ shi-dachi는 작은 기술로 우측 칼볼로 스쳐올린다.
⑦ tachi(太刀) 7번째
　㉠ uchi-dachi는 정면으로 치고 나갈 때, 우측 비스듬히 앞으로 밟아나가지 않도록 한다.
　㉡ shi-dachi는 우측 허리를 칠 때 uchi-dachi에서 눈을 떼지않도록 한다.
⑧ ko-dachi(小太刀) 1번째
　㉠ shi-dachi(제자)는 받아 제칠 때 손목을 부드럽게 칼로 받지않도록 칼볼의 사용법, 신체의 개방에 주의시킨다.
　㉡ ko-dachi의 검끝은 uchi-dachi(스승)의 얼굴 중심의 높이로 들고 칼 끝의 방향은 아래로 한다.
⑨ ko-dachi(小太刀) 2번째
　㉠ uchi-dachi(제자)는 1박자로 겨드랑이 자세에서 바르게 상단(上段)으로 휘두르며, 똑바로 쳐내리고 비스듬하게 치지않도록 주의시킨다
　㉡ kodachi의 검끝은 uchi-dachi(스승)의 흉부 높이로 한다. 받아 제칠 때는 우측 손을 크게 머리 위로 휘둘러 받아 제친다.
⑩ ko-dachii(小太刀) 3번째
　㉠ uchi-dachi(스승)는 세 걸음을 전진함과 동시에 「얍」기합으로 바르게 정면을 친다.
　㉡ ko-dachi의 스쳐올리기, 스쳐내리기, 스쳐제치기, 스치기를 shi-dachi(제자)에게 이해시킨다.

(矢野博志)

제13강
유도의 새로운 지도

1. 새로운 유도지도의 진행법

　여기 본항에서는 학교체육에 있어서의 유도지도에 대하여 언급하고자 한다.

　최근 한국은 물론 일본을 둘러싼 유도환경은 크게 변화하고 있다. 생활수준의 향상과 고령화사회에 동반하는 여가증대, 도시화에 의한 인간관계의 소외화, 방송·신문·인터넷 등의 정보화·국제화 등등이다.

　사회변화가 현저한 가운데 운동과 스포츠에 요구되는 것은 단순히 건강과 체력향상만으로 머물지 않고, 심신 모두 풍부하고 충실한 인생을 보내기 위하여 도움이 되는 생애체육·스포츠와의 관계를 충분히 고려한 것이라야 한다는 것이 학교체육 현장에서도 요구되고 있다.

　그러기 위해서는 학생 자신이 학습하는 운동의 어디에 즐거움과 매력을 느끼고 있는가에 착안할 필요가 있다. 그 후에 학생 한 사람 한 사람이 외부의 자극없이 스스로의 마음에서 일어나는 내발적 동기에 의해서 운동의 특성을 깊이 느끼고 자기 교육력을 육성할 수 있도록 지도하는 것이 필요하다.

　이상의 요망들을 근거로 하여 새로운 시점에 선 유도지도에 대하여 구체적인 예를 들면서 언급해 본다.

　한정된 수업시간 중에서 학생 한 사람 한 사람이 얼마나 유도의 장점을 접할 수 있는가가 새로운 유도지도의 요체(要締: 중요한 점)가 된다. 구체적으로는 상대의 움직임과「기술」에 대하여 스스로가 연구하여 공방(攻防)하는 기술을 습득하는 기쁨과 승패를 겨루는 즐거움을 맛볼 수 있도록 하며, 무도에 대한 전통적인 생각을 이해하고 그것을 근거로 하여 행동양식을 갖추는 것이다.

　자칫하면 지금까지의 유도지도에는 단계적인 지도를 중시한 나머지 단독의 기본동작의 반복과 하나의 기술완성을 지나치게 요구하여 유도 본래의 즐거움과 기쁨을 충분히 맛볼 수 없었고 그냥 수업이 끝나는 경우가 있었다.

그래서 지도자는 능률이 좋은 기본동작의 습득법, 초기단계에서 많은 기술을 체험할 수 있는 학습지도의 진행법, 혹은 학습의 절차(과정)를 학생 스스로가 즐기는 방법 등을 창의・연구할 필요가 있다.

게다가 빠른 단계에서의 간이시합을 통하여 자기의 능력에 적합한 과제를 발견하게 하여, 스스로 연구하고 그 해결에 대처하도록 수업을 전개하는 것이 요구된다.

또한 최근 여자유도가 각광을 받는 일이 많아져 그 영향도 있어서인지 유도를 이수하는 여자도 늘고 있다.

여성의 신체발육의 특징과 심리적인 특성 등에 충분히 고려하면서 학습지도를 연구해가는 것이 중요하다.

2. 유도의 기본동작 지도

유도의 기본동작을 학습함에 있어서 중요한 사항과 구체적인 예를 다음에 제시한다.

1) 메치기 기술

메치기기술(nage-waza)의 기본이 되는 「자세와 맞잡기」・「진퇴동작」・「기울이기와 몸놀림」・「낙법(落法, 受け身: ukemi)」의 동작은 단독연습을 최소한으로 하고, 대인기능과 관련지으면서 상대와의 공방시에도 충분한 대응이 가능하도록 지도하는 것이 중요하다.

특히 낙법지도는 단독동작이 이해되었다면 몸놀림과 기울이기의 학습과 일체가 된 대인적 동작과 관련하여 지도를 진행하여, 어느 방향으로 던져지더라도 낙법할 수 있도록 하는 것이 바람직하다. 이때 쉽고→어려운, 느리고→빠른, 낮고→높은, 약하고→강한, 혹은 그 장소→이동 등의 원칙에 따라서 단계적인 수준에 맞추도록 한다.

① 양 무릎을 붙인 받기를 빗당겨치기(tai-otoshi)와 같은 몸놀림으로(앞으로 회전하는 놀림) 넘어뜨린다.

② 중간 허리의 상대를 밭다리 후리기와 같은 몸놀림으로 밀어 넘긴다.

2) 누르기 기술

굳히기 기술의 공방에 필요한 기본동작, 누르기 기술의 연구, 간단한 누르기 기술에 대한 공격과 방어 등은 학생 한 사람 한 사람이 스스로 연구하여 과제를 해결하는 기쁨을 느낄 수 있는 최초의 기회라고도 할 수 있다.

지도자는 학생에 대하여「누르기」의 정의로 아래와 같은 힌트를 주어 학생의 자유로운 발상을 촉진하고, 학생 주체의 학습활동을 진행하는 것이 중요하다.

① 상대가 누워있을 것
② 자신이 대략 상대와 마주 대하고 있을 것
③ 다리와 동체가 감겨있지 않을 것

또한 도입으로서 다음과 같은 게임도 효과적이다.

① 엎드려 누워있는 자세에서 방어하고 있는 상대를 등쪽 어깨를 바닥에 닿게 하면 승리한다.
② 먼저 상대의 띠를 푸는 쪽이 승리(자신의 띠에 손을 대지않음)한다.
③ 학생 자신이 생각한 누르기 기술로 오랫동안 누르는 쪽이 승리(최대 30초)한다.

3. 메치기 기술지도

메치기 기술의 지도에서 특히 중요하다고 생각하는 것을 다음에 열거한다.

1) 다양한 기술의 체험

초기단계에서 많은 기술을 체험하는 것은 장래 학생 한 사람 한 사람이 자기 능력에 따라서 기술을 선택하고, 특기로서 자유연습(自由練習)과 시합(試合) 등에서 활용할 수 있도록 하기 위하여 매우 중요한 일이다.

또한 동시에 빠른 단계에서 학습한 기술의 연결기술을 즐기는 것을 가능하게 한다.

2) 움직임을 이용한 기술습득

초기단계에서는「당기는 손」·「채는 손」을 교묘하게 사용하여, 상대를 정방향으로 기울이는 동작은 상당히 어렵고, 자칫하면「기울이기」가 없는 상태로「지읏기」·「걸기」에 들어가기 때문에 스스로 균형이 무너지기 쉽다. 이것은「잡기」뿐만 아니라「받기」로서는 부상을 유발하는 원인이 된다.

그래서 서로 한 방향으로 이동하면서 무리없는 몸놀림에 따라서 초심자로서는 매우 어려운「기울이기」를 생략하고, 자기 자신의 몸놀림(지읏기) 연습에 집중할 수 있다. 게다가 기술을 시연하는 기회를 가지므로 기술을 배울 수 있는 매우 효과적인 학습방법이라 할 수 있다.

(1) 이상의 요점을 더욱 더 구체적으로 정리하면 다음과 같다.

① 학습교재와 비디오교재 등을 활용하여 기술을 구조적(기술의 분류·계통성·요점)으로 이해시킨다.

② 대충 그 기술의 들어가는 법을 이해하였다면 한쪽 방향으로 이동하는 상대의 움직임을 이용하여 무리가 없는 몸놀림으로 메친다.

③ 갑자기 완성된 기술을 학습하는 것이 아니라 채는 손을 상대의 등 뒤로

돌리는 등 머리를 짜내어 쉽게 습득할 수 있는「기술다운 동작」을 사용하여 다수의 메치는 방법을 체험한다.

④ 한 방향으로 이동하면서 같은 몸놀림으로 걸 수 있는 기술을 하나로 정리하여 학습한다.

⑤ 간단한 발기술 등을 이용하여 상대의 동작을 끌어내어 다음 기술로 연결해 나간다.

(2) 몸놀림과 메치기 기술의 정리

※ 학습목표 : (가) 정리관점과 정리 ⇨ (나) 전개
(가) 정리관점과 정리 : 움직임을 이용한 메치기
　① 이어걷기로 옆쪽 또는 비스듬히 후방으로 이동 → 빗당겨치기, 허리껴치기, 업어치기, 모두걸기(okuri-barai)
　② 보통걷기로 물러나기 → 빗당겨치기, 허리껴치기, 허리후리기, 나오는 발차기
　③ 보통걷기로 앞으로 나가기 → 안다리후리기, 밭다리후리기, 안뒤축후리기
(나) 전개:
　약속연습, 자유연습, 연결기술

---

3) 특기의 발견과 습득

기능을 높이기 위해서는 학습단계에 따라서 지금까지의「…다운기술」에서 기존의 기술로 서서히 수정을 해가면서「공격연습」·「약속연습」·「자유연습」·「간이시합」의 시간배분에 머리를 짜내어 학습을 진행하는 것이 중요하다.

동시에 학생 한 사람 한 사람이 개성에 맞는 기술(특기)을 발견하여 습득할

수 있도록 각기 자신의 능력과 적성에 맞는 기술을 선택하여 갖추어 가도록 지도한다.

특기를 습득하는 것은 학습에 대한 의욕을 높일 뿐만 아니라, 그 기술을 축으로 한 효과적인 연결·변화의 기술학습에 도움이 되며 기능의 폭을 확대한다.

※「메치기 기술의 학습을 높이는 방법」

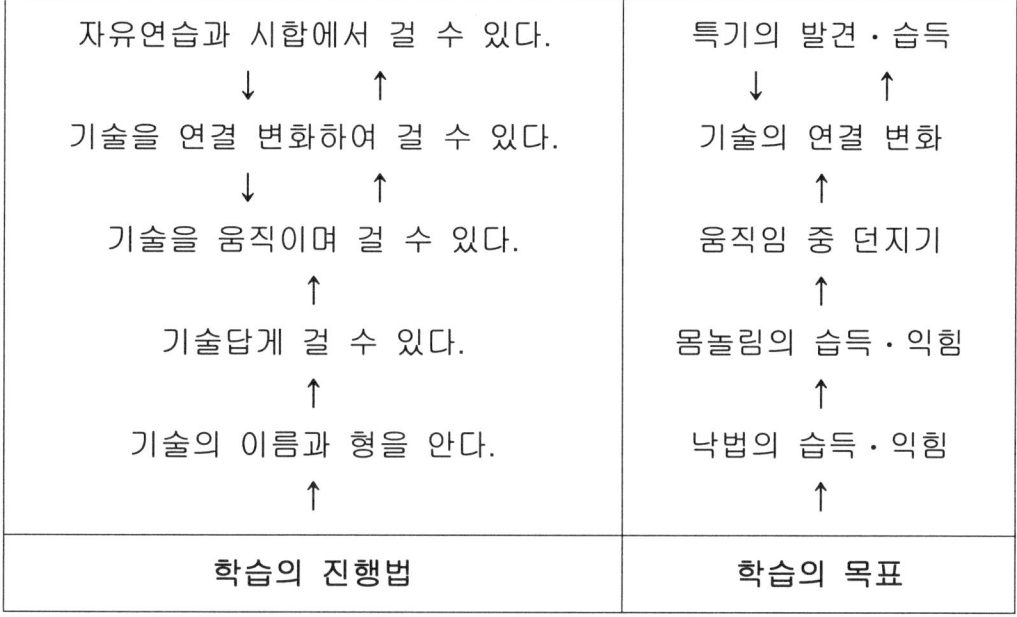

4. 굳히기 기술지도

학생 스스로의 발상에 의한「누르기」가 과연 효과적인지 어떤지를 실제로 시험해 본다. 그런 다음에 합리적인 힘의 사용법이 이루어졌는가를 해설(解說)하면서 기존의 누르기기술을 지도하는 일이 중요하다.

또한 더불어 대응법(물러서는 법)을 지도함으로써「잡기」가 상대의 움직임에 따라서 누르기기술로 연결하는 것이 효과적이라는 것을 알 수 있다.

굳히기기술의 공격·방어의 학습은 과제로서 스스로 생각하거나 연구하면서 과제를 해결하는 기쁨을 맛보는 기회이기도 하다. 그룹학습 등을 통하여 서로 연구하고 발표하면 보다 효과적이다.

엎드려 누운 자세의 상대를 어떻게 하여 드러눕게 할 수 있을까 등 학생의 아이디어는 때에 따라 지도자의 상식을 뛰어넘어 학생과 지도자가 하나로 되어서 사고(思考)의 과정(process)을 즐기는 장면이기도 하다.

조르기기술·관절꺾기기술에 관해서는 그 개요를 이해시키는 정도로 하고 사고방지에 충분히 유의하는 것이 중요하다.

※ 굳히기를 위한 누르기 기술의 연결·변화의 예

(1) 곁누르기
  ① 잡기: 곁누르기로 누른다.
  ② 받기: 밀어 제쳐 뒤집으려고 한다.
  ③ 잡기: 오른손을 붙이고 방어한다.
  ④ 받기: 붙인 손의 팔꿈치를 왼손으로 밀어서 머리를 뺀다.

(2) 뒤곁누르기
  ① 잡기: 받기의 오른팔을 겨드랑이에 끼워서 뒤곁누르기(고쳐 곁누르기)한다.
  ② 받기: 오른팔을 빼고 좌우로 뒤집으려고 한다.
  ③ 잡기: 오른팔을 받기의 넓적다리에 끼우고 왼팔로 받기의 오른팔을 얼굴 쪽으로 안고 가로누르기한다.

(3) 가로누르기
  ① 받기: 잡기의 왼쪽 어깨를 왼쪽 손바닥으로 밀어서 스페이스를 확보하

고 오른팔을 가슴 밑에서 뺀다.
② 잡기: 오른팔로 받기가 뺀 오른팔을 잡아채고 다시 왼팔을 잡아채어 머리 방향에서 받기의 좌측으로 돌아 목 밑으로 오른팔을 돌려 가로누르기(고쳐 누르기)한다.

(4) 가로누르기
① 받기: 오른팔을 좌측 비스듬한 방향으로 올려 새우모양으로 뒤집으려고 한다.
② 잡기: 그 오른팔을 즉각 머리(오른쪽 뺨)로 끼우고 좌측 팔에 받기의 동체를 걸어 세로누르기한다.

(5) 세로누르기
① 받기: 비어있는 왼손으로 잡기의 오른쪽 다리를 밀고 자신의 다리로 오른쪽 다리를 감는다.
② 잡기: 좌측 위쪽으로 올라가면서 허리를 틀어서 우측 다리를 빼고 어깨누르기한다.

(6) 어깨누르기
① 받기: 오른손을 주먹쥐고 그것을 좌측 손바닥으로 밀어서 오른팔을 뺀다.
② 잡기: 기회를 놓치지 않고 받기의 오른팔을 제압하여 곁누르기한다.
※ 다시 위의 (1)의 곁누르기로 돌아가 (6) 어깨누르기까지 되풀이하여 연습한다.

5. 유도시합의 유의점

학생 한 사람 한 사람이 「마음」·「기술」·「몸」의 종합력을 발휘하여 기능의 정도에 따라서 기술을 시험하는 것은 유도의 특성에 접하여 즐거움을 맛보는 기회가 된다. 동시에 유도에 대한 관심과 의욕을 한층 더 높여 스스로의 과제를 발견하는 중요한 장면이기도 하다.

시합에 있어서는 서로 안전에 유의하고 규칙을 지키며 상대를 존중하는 태도를 중시하는 것이 필요하다.

또한 학생 스스로가 심판·시합계획을 입안하고 실행함으로써 규칙의 이해와 승패에 대한 공정한 태도를 배양함과 동시에 실제 시합에 따른 시합운영을 학습할 수 있다.

(1) 안전에 대한 유의점

시합운영에 있어서 가장 고려해야 하는 것은 「안전」에 대한 것이다. 주요 유의점을 다음에 든다.

① 체중·신장의 차를 고려하여 대전상대를 결정한다.
② 기능 레벨의 차를 고려하여 시합 내용과 방법을 결정한다.
③ 예법은 바르게 상대를 존중하고, 금지사항은 지키도록 지도한다.

(2) 기능레벨에 따른 시합의 방법

① 기능레벨에 따른 학습목표: 학생으로 생각하게 한다.
※(⑥ 과제발견을 정리해서 다시 실시한다.)
② 시합형식: [예] ㉠ 체중별 ㉡ 굳히기 기술을 시킨다.
③ 시합시간: 2~4분으로 한다.
④ 판정기준: 시간 내에 메친 회수로 한다.
⑤ 금지사항: 학습한 기술, 감아치기 기술은 금지한다.
⑥ 과제발견: 학생으로 생각하게 하여, 학습노트를 활용하게 한다. ← 역할분담(심판, 시간담당, 기록담당 등), 다시 ①로 돌아간다.

(3) 시합의 학습 사이클

① 학습목표 → ② 그룹모임 → ③ 시합계획 입안 → ④ 시합연습 → ⑤ 미

팅(meeting) → ⑥ 각자의 과제 연습 → 다시 ① 학습목표로 되돌아 감

6. 유도·체육의 평가

지금까지의 유도·체육의 평가는 운동기능의 우열과 과제달성도에 주요 관점을 둔 경향에 있었다.

이제부터는 새로운 학력관에서 ① 관심·의욕·태도, ② 사고·판단, ③ 운동의 기능, ④ 지식·이해 등의 관점에 충분히 근거하여 한 사람 한 사람의 장점·가능성을 적극적으로 평가하는 자세가 중요하다. 이를 위해서는 학습 가이드 등을 이용하는 등 지도자 자신의 연구가 요구된다.

(柏崎克彦)

제14강
검도의 새로운 평가

1. 검도지도의 사고방식

　오늘날 검도인구가 감소경향에 있는 것은 다양한 조사자료에서 밝혀지고 있다. 특히 1962년에 창설된 일본스포츠소년단의 검도종목을 보면 1986년에 약 165,000명이, 2001년 15년 사이에 약 7,5000명으로 반수이하로 감소하였다는 사실은 검도계의 장래에 있어서 중대한 문제이며, 그 원인과 대책 등을 서두르지 않으면 안되는 과제가 산적하다.
　물론 그 원인이 지도방침・방법에 관계가 있는지, 어떤지는 정확하지 않지만 소년검도에 직접적으로 관련이 있는 지도자의 검도지도에 대한 사고방식과 지도방법 등의 영향은 크다고 할 수 있다.
　그래서 본항에는 스스로 수련장에 나아와서 노력하는 검도지도를 추구하며, 특히 소년에 대한 보다 좋은 지도에 대하여 생각해 보기로 한다.
　검도지도에서 먼저 중요한 것은 검도로 무엇을 가르치는가, 지도목표를 어디에 두며, 무엇을 추구할 것인가를 자문하는 것이다.
　검도를 배워야 할 내용은 여러 가지 있다. 물론 검도가 일본의 전통적인 운동문화라는 것을 생각한다면 「예(禮)」와 「도(道)」 등 무도가 중시하는 정신적인 측면을 적극적으로 받아들이게 할 필요가 있다.
　그러나 검도의 기술・전술과 무도정신을 어떠한 수순・방법으로 가르칠 것인가는 명확한 것은 아니다. 당연히 배우려고 하는 자의 습숙(習熟: 익혀서 숙달시킴)의 정도에 따라서 그 내용을 달리하지 않으면 안된다.
　즉 ① 「초기단계」→ ② 「약간 진행된 단계」→ ③ 「진행된 단계」로 지도역점을 둘 곳이 달라지는 것이다. 물론 「초기단계」에 있어서도 무도의 정신면을 취급하는 것은 가능하지만 본격적인 무도정신을 지도내용으로 하기에는 무리가 있다고 할 수 있다.

노(能)의 대성자인 제아미(世阿弥, 1363~1443년, 무로마치 시대의 能樂者·謠曲作者)의 저서『풍자화전(風姿花傳: 바람의 모습으로 꽃을 피워 전함, 제아미가 선친인 강아미의 유훈을 토대로 평생동안 작품을 지어 비전(秘傳)으로 공연한 것을 1909년에 7책으로 간행)』에 기록된「연내수련각조목(年來稽古條條)」은 노(能)의 수련법을 종합한 것이지만 그 입문기 대문(긴 문장의 한 절)은 검도초심자 지도에 적합하다.

"노(能)의 수련은 약 7세부터 시작하면 좋다. 이때의 수련은 어린이 마음에 맡기는 것이다. 어린이의 자연스러운 마음의 움직임을 중요시하여 좋아하도록 지도하면서 이 길에 끌어들이는 것이 중요하다. 무턱대고 이것은 좋았다, 이것은 나빴다 등 좋다 나쁘다고 말해서는 안 된다. 지나치게 주의(注意)만 주면 어린이는 주눅이 들어 싫어하게 된다. 지나치게 손이 많이 가는 사물흉내 등은 아무리 능력이 있다고 하더라도 시켜서는 안된다."

제아미의『풍자화전』에 따르면 소년기의 검도지도는 다음의 과정을 중시해야 하지 않을까 생각된다.

『검도 놀이』 ⇨⇦ 『즐거운 검도』 ⇨⇦ 『본격적인 검도』

※ 계속적인 수련만이 검도의 원천이다.

수련은 고통스러운 것이다. 그 고통을 뛰어넘는 것이야말로 진짜 검도에 접하는 것이 가능하다는 수련상(稽古像)은 초심자에 익숙하지 않을 뿐만 아니라 이 사고방식에 근거한 지도가 검도애호자를 감소시키고 있다는 것이다.

검도 기술·전술의 수득(修得)은 물론, 무도정신도 상당한 세월을 거쳐서 비로소 현실 가능한 것으로 이루어지며, 그렇게 되기 위해서는 계속적인 수련만이 필수조건이다.

즉 수련의 계속 없이는 아무것도 실현할 수 없다는 것이라고 한다면, 계속적인 수련을 유지할 수 있도록 어린이들의 검도에 대한「기대」와「즐거움」에 착안한 지도가 중요하다. 내일도 하고 싶은 검도, 배우고 싶어지는 검도, 수련에 대한 의욕을 키우는 지도가 금후 지향해야 할 방향이라고 할 수 있다.

2. 검도 놀이(유아의 검도) 지도

유아 때는 거의 본격적인 검도는 무리이기 때문에 그냥 놀이단계가 좋다. 따라서 이 유아 때의 지도는 놀이를 통하여 검도를 지도하는 마음가짐이 중요하며 지도에 초조함은 금물이다. 물론 이 단계에 있어서도 정신면의 지도는 중요하며 오히려 이 단계부터의 정신적인 지도가 필요하다고 할 수 있다.

다음 [표 14-1]은 우라와시(浦和市)에서 지도한 슈신쥬쿠(修心塾) 검도도장의 실천을 인용한 유아의 진급표의 한 예이다.

「별」·「코끼리」에 이르기까지 출석일수에 따라서 진급한다. 어린이들에게 목표와 검도를 배우고 있는 자각을 날마다의 「실행」과 「태도」에 따라서 제시된 것으로 정신면의 초보적인 교육이다.

[표 14-1] 도장과 집에서 검도의 급과 실행

급	도장에서 실행	집에서 실행
별	큰 목소리로 대답할 수 있다.	인사를 확실하게 할 수 있다.
토끼	친구와 사이가 좋아진다.	옷을 혼자서 갈아입을 수 있다.
곰	약한 자를 괴롭히지 않는다.	이야기를 확실하게 들을 수 있다.
코끼리	시킨 것은 찾아 할 수 있다.	아빠, 엄마와의 약속을 지킨다.

3. 초등학교의 검도지도

초등학생에게는 장래에 무한의 가능성이 숨겨져 있다는 것은 말할 필요가 없다. 그러나 이 나이 때의 지도에서 주의해야 할 것은 먼 장래의 성공을 지향하는 것도 필요하지만 내일로 이어지는 것에 역점을 둔 지도 쪽이 아동발육·발달 단계에 근거하고 있다는 점이다.

다음 [표 14-2]는 초등학생의 진급표의 한 예이다. 여기서는 7급부터 1급까지이며, 검도입문시 흰색에서 시작하여 색깔이 있는 별(★) 수에 따라서 세분화되어 진급시험과 출석률로 6년간의 기술도달목표를 제시하고 있다. 바로 어린이들의 계속 참가의식의 고양을 도모하는 연구라고 할 수 있다.

[표 14-2] 초등학생 진급표

급수	색깔	별의 수(색)				
1급	자주색	자주색	자주색	자주색	자주색	자주색
2급	빨간색	빨간색	빨간색	빨간색	빨간색	빨간색
3급	파란색	파란색	파란색	파란색	파란색	파란색
4급	초록색	초록색	초록색	초록색	초록색	초록색
5급	오렌지색	오렌지색	오렌지색	오렌지색	오렌지색	오렌지색
6급	노란색	노란색	노란색	노란색	노란색	노란색
7급	흰색	복숭아색	복숭아색	복숭아색	복숭아색	복숭아색

(註) ① 2개월에 1회 진급시험을 행한다.
② 수험자격은 과거 2개월간의 출석률이 80%이상으로 한다.

4. 중·고등학교의 검도지도

중·고등학교가 되면 검도는 교과·보건체육의 내용에 명확하게 자리매김하고 있다. 댄스와 무도의 선택필수로 무도 하나로서 유도와 함께 검도가 있다. 따라서 여기서는 중·고등학교에 있어서의 검도수업을 살펴 본다.

1) 남녀공통 학습(共習)의 수업

과거 무도수업은 주로 남자로 규정하고 있었다. 이 당시의 여자에게는 무도 대신에 댄스를 하게 하였다. 그러나 1988년(헤세이 원년)의 학습지도요령의 개정에는 그 규정이 사라지고 학습내용의 남녀 구별이 모두 사라지게 되었다.

지금부터의 사회에 있어서는 모든 사람들이 밝고 풍부한 생활을 지향하며, 각각의 라이프스타일(life style)에 따라서 운동과 스포츠를 문화로서 풍부하게 향수(享受)하기를 추구하였다. 그 중에서 전개되는 스포츠는 극히 자연스러운 형태로 남녀 혼합의 활동이 이루어져 있다고 한다면 그를 위한 교육으로서의 체육수업이 남녀 구별 없이 무도·댄스·축구 등을 이수(履修)할 수 있게 된 것은 당연하다고 할 수 있다.

남녀공통 학습의 수업을 진행하는 경우, 남녀의 체격과 체력 등의 차이를 근거로 하여 기본적으로는 성차별 없이 가능한 개인의 차이로서 인식해가는 것이 중요하다.

(1) 검도의 특성

검도의 특성을 파악하는 경우 기능의 관점도 중요하지만 뭐니뭐니 해도 먼저 학생에 있어서 상대와의 공방시합이라는 즐거운 스포츠임을 명확히 하는 것이다. 그러나「손발의 움직임이 어렵다」,「여름은 덥고 겨울은 춥다」,「겨울의 맨발을 괴롭다」,「방호구가 차고 냄새난다」,「상대가 경험자라면 바로 패한다」,「예법이 엄하다」등의 마이너스의 이미지를 가지기 쉬운 경향도 있다.

(2) 학습 목표

① 대인적인 특징, 특히 틈(타이밍·기회)에 주목하여 학습의 첫 단계에서 틈 만들기를 학습시키고 타돌하는 것의 즐거움을 체험시킨다.

② 대인적 기능의 향상을 꾀하여 특기를 몸에 익힌다.
③ 검도의 작법을 이해시키고 즐거운 연습과 시합이 가능하도록 한다.

(3) 학습 코스
가) 1단계:
① 학습 목표
② 반 편성
③ 방호구(防護具)의 취급
나) 2~20단계:
① 목표 2~16단계: 상대가 일으키는 틈을 찾아서 얼굴·손목·몸통을 정확하게 치는 것을 배운다.
② 목표 6~20단계: 틈이 생기도록 상대를 공격하여 만들어진 틈을 치는 것을 배운다.
③ 목표 12~20단계: 자신의 움직임에 의해서 상대를 유도하고 상대가 치는 것을 피하고 즉시 되받아치는 것을 배운다.

2) 미디어를 활용한 검도지도

검도는 상대의 움직임에 대응하여 「치고·찌르고·피하고」등의 공방을 즐기는 스포츠이지만 자신의 과제와 연습의 성과를 VTR로 녹화·재생·출력하여 비평을 더하거나 자신과 친구의 동작화상을 보고 즐기게 하여 과제를 추구시키는 지도법이다.

(1) 학습 코스
[표 14-3]은 기본동작과 대인기능을 몸에 익히게 하여 상대의 움직임에 대응한 기술을 사용하여 공방을 즐길 수 있도록 하는 것을 목표로 한 학습 코스이

다.

[표 14-3] 검도학습 코스의 일례

단계	시작단계	중간단계										정리단계	
시간	1　　2	3　　4	5	6	7	8	9	10	11	12	13
10분 20분 30분 40분	오리엔테이션 예법 방호구의 착탈 대련 [일제학습]	준비운동 자유연습 기본동작 대인기능 호각연습 [파트너학습]	[목표 1] ・기본동작・본인의 기능을 몸에 익힌다. ・호각연습을 즐긴다.		준비운동 시합상정훈련 단체시합 자유연습 호각연습 [그룹학습・자유학습]			[목표 2] ・특기를 몸에 익힌다. ・실력이 비슷한 상대와의 호각연습과 시합을 즐긴다.			준비운동 개인시합 자유연습 학습정리 [일제학습]

(2) 학습의 진행과 지원

상대의 움직임에 대응하여 공격을 막고 되받아치면서 자신의 기술이 성공한 때의 즐거움과 기쁨을 맛보도록 기본동작과 대인기능을 복습하여 동작의 정확성을 향상시키면서 호각연습을 하게 한다.

VTR시청에서 자기의 과제를 알게 하고, 과제를 습득하는 학습과정에서 개별적으로 지원하면서 시합과 호각수련을 즐기기 위하여 특기를 몸에 익히게 한다. 학생자신이 과제와 학습방법을 결정해가는 수업 타입이다.

① 수업 타입

㉠ A타입: 교사가 학습의 과제와 방법을 결정하는 일제지도를 한다.

㉡ B타입: 교사가 학습의 과제를 제시하고 생도가 학습방법을 연구한다.

㉢ C타입: 생도가 학습내용과 과제를 결정하고 교사는 방법에 대하여 연구

한다.

ㄹ D타입: 생도가 학습과제와 방법을 결정해간다.

학습의 개성화를 도모하기 위한 수업 타입이지만 지도의 개별화에도 대응한다. 학생의 학습의욕을 높이는 방법으로서 A타입이 수업의 기초기본이 되고, B타입에서 C타입, C타입에서 D타입으로 나아간다.

② 학습의 흐름과 교사의 지원

   ㉠ 학습과제·목표결정
    ↓
   ㉡ 학습활동(계획을 세우고, 방법결정, 자료활용)
    ↓
   ㉢ 평가한다.

학생의 개별화·개성화를「자유연습」중에서 대응해가지만 이때 교사의 지원이 필요하다. 과제의 결정과 수정, 과제를 습득하기 위한 연습내용과 방법, 기술지도, 비디오자료의 보충(補充) 등 필요에 따라서, 그때그때 지도·지원해 간다. 특히 A타입에서 확실한 지도가 요구되며, 이후의 타입 B, C, D를 추진하는 가운데 중요한 열쇠가 된다.

③ 학습과정의 패턴

 ㉠ 호각연습을 즐기기 위한 학습과정: 목표 1

  기본타격의 자유연습 - (VTR시청→일제연습) - 호각연습

 ㉡ 시합을 즐기기 위한 학습과정 1: 목표 2-1

  시합상정연습 - (시합→평가) - 자유연습 - 호각연습

 ㉢ 시합을 즐기기 위한 학습과정 2: 목표 2-2

  시합상정연습 - (시합→평가) - 자유연습 - 호각연습

④ 학습 스타일

 ㉠ 일제 학습

  VTR시청, 학습 프린트 기입

ⓛ 파트너 학습

　목표 1의 자유연습, 호각연습

ⓒ 그룹 학습

　목표 2-1의 시합상정연습, 자유연습

ⓔ 프리 스타일

　목표 2-2의 자유연습 및 호각연습(互角練習)

[자료] 전일본검도연맹 비디오시리즈「검도지도요령」각권의 내용

第1卷 基礎編 (30分)	礼法	立礼(섰을 때 예의) 座礼(앉았을 때 예의)
	基本動作	자세와 태세 준비방법과 마무리방법 사이(間合) 발놀림(足さばき) 휘두르기(素振り)
第2卷 実技編 I (30分)	바른打突	머리・손목・몸통의 바른 타격법 몸・손목・몸통의 바른 타격개시법 잔심(残心: 후비심) 正面・左右面의 타격법, 막는법 되받아치는법, 막는법
	공격기술	떨치는기술 二段・三段의 기술
第3卷 実技編 II (30分)	대응기술	스쳐올리는기술 되받아치는기술 쳐떨어뜨리는기술 빼는기술
	수련方法	基本수련 互格수련

(3) 실패의 발견과 그 해결

VTR시청에서 자신의 동작과 다른 학생의 동작에서 여러 가지 실패를 알게 된다. 여기에 과제가 생겨나 학생의 연구와 교사의 지원이 더해져 과제해결로 나아간다. 실패 해소법의 예를 다음에 보인다.

디디는 발의 타이밍이 맞지 않다.
↓
학생에게 녹화된 영상을 출력시킨다.
↓
참고 예와 비교하여 다른 점을 알게 한다.
↓
교정을 위한 연습내용을 생각하게 한다.
↓
실제로 얼굴을 칠 수 있을 때까지 연습한다.
↓
다시 한 번 녹화하여 출력시킨다.
↓
참고 예와 비교하여 「되었다」는 것을 확인시킨다.
↓
반복연습하여 자신의 기능으로 한다.

(太田昌孝)

제15강

무도학의 연구와 방법

1. 무도학연구의 확산

모든 무도의 실천 중에서 무도가(武道家, 또는 경기자)는 상대와의 대치, 자신과의 대치에 있어서 많은 문제를 인식한다. 그것은 기술습득과 지도방법일지도 모르며 마음가짐(마음의 자세)의 문제일지도 모른다.

무도를 지향하고 체득한다는 것은 다른 스포츠가 그러하듯이 연구하는 자세를 제외하고 기능향상을 기대하는 것은 불가능하며「무도」를 이해할 수 없다.

여기서는 연구대상으로서의「무도」의 윤곽을 밝히고 무도에 대한 의문·과제를 해결하는 방법에 대하여 생각해 본다.

1) 무도의 확산

중국에서 탄생한「문도(文道)」의 대조개념으로서,「무도(武道)」는 일본에서 1192년 미나모토 요리모토(源賴朝)가 지금의 가나가와현(神奈川縣) 옛지명인 사가미(相模)지방 가마쿠라(鎌倉)에 창시한 일본 최초의 무인정권을 연후 마지막 막부 호죠 모리도키(北條守時)가 멸망할 때까지의 약 150년간의 가마쿠라(鎌倉)시대로 거슬러 올라 갈 수 있다. 가마쿠라시대의「무도(武道)」는 무사계급의 도덕으로서 무덕(武德)과 무사도(武士道)라는 의미를 가지며, 근세 초기에 있어서는「무도」는「무사도」와 동의어였다.

또한『하가쿠레(葉隱; 1710년부터 1716년까지 장장 7년에 걸친 기록으로 일본의 사가번(佐賀蕃, 지금 큐슈의 서북부의 현)의 가신 야마모토 쓰네토모(山本常朝, 1659~1719)가 구술하고, 그의 수하 낭인인 다시로 쓰라모토(田代陣基, 1678~1748)가 받아적은 책으로 '나무잎 그늘' 아래에서 이야기한 책이라는 뜻)』에는「무도」를 무사의 계급적인 행동규범 또는 생활윤리, 즉 무사도라는 도덕적·사상적인 것이라 했다. 그리고「무술」·「무예」는 무사도를 실현하기 위한 수단, 혹은 무사도를 보완하기 위한 수련·교양으로 생각하고 있었다.

메이지(明治)시기에 들어 대일본무덕회(大日本武德會) 설립(1895년)을 계기로 국민적 도덕함양 등을 목적으로 한 개념으로서「무도」가 강조되어 국기(國技)로서의 의의가 주창되었다.

그 후 중학교령 시행규칙의 일부개정(1911년)에 의해 검도·유도가 학교체육에서 채용되고, 이후 언월도·궁도가 도입되고, 쇼와 초기에 걸쳐서 각 무도의 종합명칭으로서「무도」가 자리매김하게 된 것이다.

제2차세계대전하에 있어서「무도」는 국가적·군사적 색채를 강하게 띤 결과 종전후 연합군의 점령정책에 의해 금지당하게 되었다.

1950년 이후 순차적으로 무도의 부활이 인정되어 무도진흥을 위한 일본무도관의 설립, 대학의 무도학과 설치, 일본무도학회의 설립 등이 실시되었다.

또한 현대의 일부 무도는 올림픽 종목으로서 채용되어 개별 국제경기연맹 및 국제대회가 개최되는 등「무도(Budo, 武道)」로서의 보급을 보게 되었다.

이와 같이 무도는 각 시대 내에서 사회적인 가치를 부여받고 공존하면서 이룩해온 문화라고 할 수 있다. 또한 오늘날의 국제화는 바로 서구에서 발신(發信)된 근대합리주의이며, 근대화 가운데서 무도도 또한 유도의 포인트제와 같은 합리적인 시점이 요구되어 왔다.

그러나 근대의 붕괴가 지적되고, 한편에서 글로벌화를 주창하는 현대에 있어서 전통·지역·민족이 새로운 의미를 가지게 되었다. 이와 같은 가운데「무도」와「Budo」의 개념재규정이 궁극적인 연구과제로서 이것을 의식한 개별연구과제가 요구되었다.

2) 무도문화의 특징

그렇다면 일본에 있어서 무도의 문화적인 특성은 어디에서 찾을 수 있는 것일까? 애초에 일본 무도는 불교와 유교를 비롯하여 모든 종교의 영향을 다분히 받아가면서 독자적인 사상체계(思想體系)와 교수체계(敎授體系)를 형성하고 오늘날의 무도에 이르렀다. 무도의 문화성(文化性)에 대하여 나카바야시(中林)는 다음 점을 특징으로서 들고 있다.

무도의「기법(技法)」에는『형(가타: 型)』을 기능의 중핵으로 해서 수련·전승되어온 것이며,『가타(型)』를 반복 학습하여 수득(修得)하는 것은 획일적인 기술의 수득을 의미하는 것이 아니라, 자유롭고 개성적·창조적인 기술의 실현을 의미한다. 이것은 단지 운동의 정형적인『가타(型)』의 학습이 아니라 마음과 결합된 기술의 학습이라 할 수 있다.

무도에 있어서의「심법(心法)」은 상대와 대치했을 때의 마음가짐법, 곧 마음가짐이라는 궁극적인 심리상태를 요구하고 있다. 또한「심신일체(心身一體)」로서의 심신일원론(心身一元論)을 기초로 한다. 심신과 정신훈련이 상응한다는 동양적 신체론(身體論)으로서 인식할 수 있다.

실천적 교훈으로서의「수행(修行)」은 트레이닝과 연습이라는 개념을 포함한 것이며, 학습내용의 이전과 이후의 주체적 바람직한 자세까지를 포함한 개념이라 할 수 있다.

이와 같은 무도의 문화적 특징은 서구에서 탄생한 근대 스포츠와 크게 성격을 달리하고 있다. 그렇지만 무도를 대인경기(對人競技, 근대 스포츠)로서 인식한 경우, 레슬링과 배드민턴 등의 일반적인 운동(스포츠) 문화와의 공통성을 간단하게 찾아낼 수 있다. 이것은 무도를 근대 스포츠로 지원해온 체육과학(體育科學)의 지견(知見: 지식과 견문)과 방법(方法)으로서 어떤 부분을 명확히 할 수 있다는 것을 의미한다.

3) 종합과학으로서의 무도학

이 스포츠과학은 자연과학·사회과학·인문과학에 걸쳐서 기초적·응용적 모든 전문과학으로 구성된 종합과학이며, 스포츠철학·스포츠운동학 등의 모든 영역으로 구성된 학제적인 과학이며, 복수(複數)의 모든 전문과학의 방법론적 수법을 구사하여 스포츠(運動) 현상을 연구대상으로 하는 학문이다.

이것을 무도로 바꾸어 보면「무도학(武道學)은 무도(운동) 현상을 연구대상으로 하여 복수의 모든 전문과학의 방법론적 수법을 구사하여 자연과학・사회과학・인문과학에 걸친 기초적・응용적 모든 전문과학으로 구성된 종합과학」이라 할 수 있다.

그러나 무도학은「학(學)」으로서는 미숙한 학문이라 하지 않을 수 없다. 왜냐하면 스포츠과학이 그러하듯이 모든 과학을 포괄하는 고유의 학문영역과 그 방법에 대하여 반드시 확립되어 있다고 할 수 없기 때문이다. 그 의미에 있어서 무도학 자체도 연구대상이 된다.

2. 무도학 연구과제의 설정과 진행법

1) 무도학 연구과제의 설정

무도학(武道學)의 연구과제(硏究課題)라고 하더라도 막연한 것으로 그 내용이 보이지 않는다. 조금 구체적으로 생각해 보아야 한다. 연구과제는 연구 테마(thema: 주제)이며 자신이 무도에 대한 문제의식을 밝혀나가는 부분부터 시작되는 것이다.

이를 테면 자신이 시합 때에 언제나「주눅든다」는 것이 있었다고 할 때, 그 의문은 "왜 나는 주눅드는 것일까"부터 시작한다. 그리고 "나는 언제나 주눅이 드는 것일까?", "사람은 모두 시합에서 주눅이 드는 것일까"로 넓혀간다. 이것이「주눅든다」라는 나의 문제의식의 확대이며, 연구과제(테마) 설정의 첫걸음이라 할 수 있다.

그리고 동시에「무엇을 위하여」・「무엇을」밝힐 것인가를 확인할 필요가 있다. 목적이 없는 연구는 상대를 보지 않고 마구 죽도만 휘두르는 모양으로 상대를 확인하고 정확하게 타돌하는 것이 연구에 있어서도 다름없이 요구된다.

그러면 어떠한 연구과제가 어울리는 것일까?

첫째로 그 연구과제 및 그 해명의 수순이 독자성에 풍부한 독창적인 연구가 요구된다. 타인과 완전히 같은 것이라면 연구할 필요가 없기 때문에 여기서는 연구를 실시하는 주체자의 창의(originality)가 필요하다고 할 수 있다.

둘째로 연구방법이 어느 정도 예측할 수 있는 것이어야 한다. 아무리 연구과제가 뛰어나더라도 과제에 대한 학문적인 문헌과 자료가 없거나, 실험적 수법이 도출되지 않으면 최종적인 결론을 얻기에는 곤란하기 때문이다.

2) 무도학 연구의 진행법

연구과제가 결정되면 실시하기 위한 준비라 할 수 있는 연구계획을 입안하게 된다. 연구계획은 연구과제를 명확히 하기 위하여 어떠한 「수순」으로 어떠한 「방법」을 이용하여 「정리」해 갈 것인가를 예측하는 것이다.

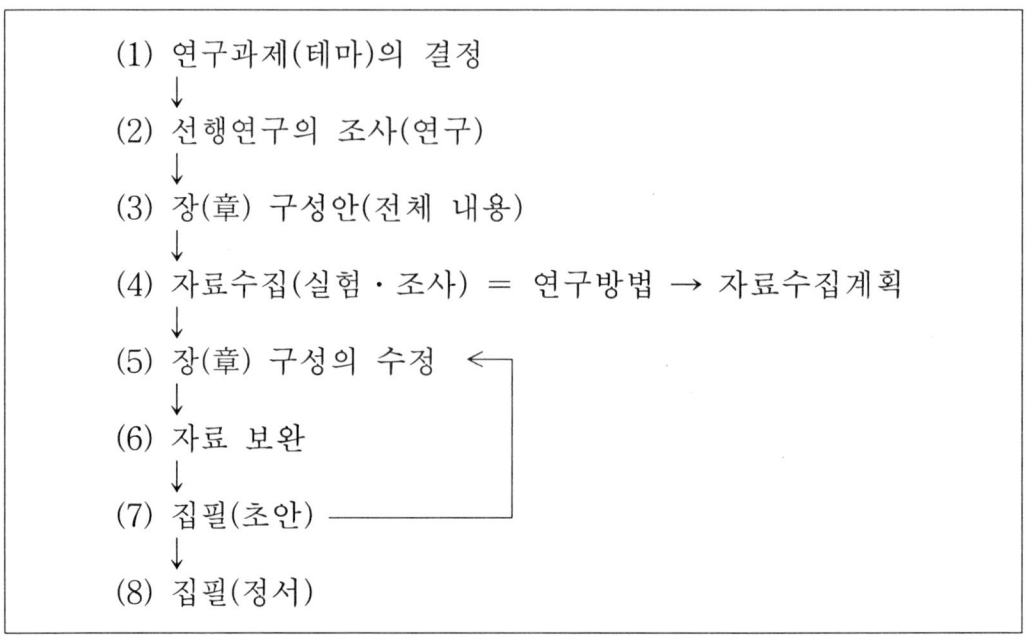

[그림 15-1] 연구계획의 흐름도

연구계획 입안시(立案時)에 먼저 연구과제에 대하여 과거 어떠한 연구가 있었는가? 어느 정도까지 밝혀졌는지를 정리할 필요가 있다. 이것을 「선행연구의 조사(연구)」라고 한다. 선행연구의 조사(연구)는 연구과제의 도달점을 명확히 할 뿐만 아니라 연구과제에 대한 새로운 시점을 시사해 주는 것이 된다.

다음에 연구 전체의 내용을 나타내는 「장구성안(章構成案)」을 작성하여, 이 연구를 어떠한 내용과 시점으로 실시할 것인가를 대략 구성한다. 이것은 어디까지나 안(案)이며, 「자료수집」 등의 조사 가운데 당연히 몇 번이고 수정되는 것이다. 「자료수집=연구방법」은 실제의 연구내용에 상당하는 것이며, 연구수법에 따라 그 자료가 문헌 데이터와 실험 데이터, 혹은 사회조사 데이터이기도 한 것이다. 따라서 이 「자료수집=연구방법」을 어떻게 실시할 것인가? 충분한 시간과 에너지(정력)를 소비하여 「자료수집계획」을 세우는 것이 중요하다. 이 「자료수집=연구방법」은 크게 다음과 같이 4가지로 분류된다.

(1) 문헌적 연구

역사학·철학·교육학이 주로 문헌적연구(文獻的硏究) 스타일을 취한다. 문헌 그 자체를 연구대상으로 하여 문헌에 나타나는 저자의 사상과 사고를 분석하거나 문헌에서 연구자료를 입수하여 논리를 세우는 연구방법이다. 이것은 인문과학적 연구에 한정하지 않고 자연과학적 연구에 있어서도 공통적으로 필요한 연구방법이기도 하다.

(2) 조사적 연구

앙케이트 등의 사회조사를 실시하여 자료수집하는 것이며, 실증적 연구라 할 수 있다. 이 조사적 연구는 실험적 연구와 같이 무엇인가를 조사하면 수치 데이터로서 취급할 수 있기 때문에 객관적인 연구로서 신뢰를 부여하는 사람이 많지만 조사방법과 가설의 타당성 연구 없이 판단하는 것은 위험하다.

조사에 있어서는 조사의 목적을 명확히 하여 조사항목 설정시에 조사가설을 세운다. 또한 조사대상의 질·량(표본추출)의 선정, 조사표(질문표)의 작성, 조사의 집계와 분석 등 충분한 검토를 필요로 한다.

(3) 실험적 연구

실험적 연구에 의해서 데이터를 얻는 것으로 조사연구와 같이 실험의 목적을 명확히 하여 실험계획의 입안시에는 실험가설을 세우는 것이 필요하다고 할 수 있다. 또한 피험자의 선정과 실험조건의 연구 등, 실험시에 충분한 계획과 예비적 실험이 필요하다. 실험적 연구는 측정기기와 컴퓨터의 조작 및 지식이 필요하며 그 습숙(習熟: 배워 익혀 숙달함)에 대해서도 요구된다. 또한 일반적으로 무도학 연구에 있어서의 실험적 연구는 물리학적(운동역학)·생물학적·생리학적·심리학적인 시점에서의 연구인 것이다.

(4) 실천(체험)적 연구

이 연구는 개개 세분된 영역 중에서 과제를 해결하려고 하는 입장이 아니라 실천(체험)한 것을 연구과제로서 모든 이론과 일체화시켜 전문적인 입장에서 분명히 하고자 하는 것이다. 이것은 이를테면 새로운 기술을 획득한 프로세스(process: 과정)와 지도실천 등 기술의 개발·실현과 그 목적에 대한 지도실천 내용 등 모두가 연구대상이 된다. 여기에는 날마다의 기록이 중요하며 실천(체험)을 객관적·논리적으로 해명하는 것이 요구된다.

3. 무도연구 과제로서의 「사이」

1) 「사이(間)」와 무도의 관계

그러면 무도에 있어서 빈번하게 사용되는 「사이(間)」를 예로 하여 생각해 보자. 「사이」에 유사한 말이나 언어표현으로서는 「간격」·「간극」·「틈」·「겨를」・「엿보다」・「충분하다」・「멍청한」 등 많은 뜻이 있다.

사회심리학자인 미나미히로시(南博)는 「사이」의 현상에 대하여 3가지의 장면으로 예를 들고 있다. 첫번째로 일상생활장면이며, 둘째로 예술장면에서 사용되는 「사이」이다. 그리고 세번째로 무도를 포함하여 넓은 의미의 스포츠에서 사용되는 「사이」이다.

이렇게 보면 무도의 「사이」는 일본인・일본문화의 특징을 나타내는 말과 개념이라 할 수 있을 것이다. 그렇다면 무도학의 연구과제로서의 「사이」는 일본문화론・일본인론(日本人論)을 배경으로 전개하는 것이 전제가 된다. 그리고 샤미센(三味線: 일본 고유의 삼현금)과 오도리(踊: 춤) 등 일본의 전통적인 예술영역의 「사이」와 무도와의 차이를 연구하는 것이 과제로서 나타난다.

이것은 「형(型)」의 문제까지 파급하는 흥미깊은 것이라고 할 수 있으며, 무용과 무도의 관계가 「무도(舞道)=「무도(武道)」의 관계로서 성립하는지 어떤지 등 문화사연구의 큰 테마가 직면해 있다고 할 수 있다.

또한 무도를 포함한 스포츠에서의 「사이」는 우리들에게 「타이밍」・「리듬」・「템포」・「박자」라는 말에 대해서도 동시에 생각하게 한다. 예를 들면 미야모토 무사시는 『오륜서』에서 「병법의 박자」를 논하여 박자와 박자의 사이가 「간격」이라는 것을 설명하였다. 또한 야구에서 투수가 타자와의 타이밍을 빼앗는다(시간을 빼앗는다)는 말을 하는 경우가 있다.

이와 같은 사례는 수없이 많으며, 스포츠의 사상을 무도로, 무도의 사상을 스포츠에 맞추어 설명하는 것이 가능하다. 이것은 무도와 스포츠가 장면 장면에 있어서 근사한 정황이 있으며, 스포츠 장면에는 스포츠과학의 용어로 무도에서는 무도용어로 설명・정의해 왔기 때문이다.

이와 같이 결국 무도를 포함한 모든 스포츠의 「사이」는 서로 대치하는 적에 대하여 상대의 예측을 넘은 「간격구조」를 창출하고, 이쪽의 「간격에 막혀」 상대를 「멍청하게」 한다는 것이라고 할 수 있다. 즉, 일상적인 「사이」를 의도적으로 파괴하여 비일상적인 「사이」를 창출하여 대치하는 상대의 「틈」을 겨냥하는 것이라고 할 수 있다.

2) 검도의 「사이」

그렇다면 검도에 있어서의 「사이」를 생각할 때 「사이」는 「간격(거리)」과의 관계로 이해할 필요가 있다. 일반적으로 「사이」는 대치하는 상대와의 거리간격을 의미하고, 「간격」을 두기 위한 주요한 요소로 간주하고 있다. 이것에 따르면 「사이」는 다음 3가지로 구분할 수 있다.

① 한 발 앞으로 내디디면 상대를 타돌할 수 있으며, 한 발 뒤로 물러나면 상대의 타돌을 피할 수 있다. 「일족일도의 사이(기본적인 사이)」
② 타돌 후에 생기는 매우 근접한 「턱경쟁(근간)」
③ 약간의 몸놀림으로 타돌이 「가능한 사이(중간)」

한편 「간격」은 상대와 대치한 때의 양자의 관계를 가리키는 것으로 양자의 「사이」가 공유하는 상태를 의미한다. 「간격」은 자신의 「사이」를 중심으로 하여 자신에는 유리하게, 상대에게는 불리한 상태를 만드는 것이며, 하나의 흐름(시합 등의 시간적 구분) 가운데서 생기(生起)하여 같은 「간격」이라도 상대와의 관계에서 유리하거나 불리하기도 한다.

또한 「간격」을 규정하는 것으로서 거리간격 이외의 요소로서 양자의 기능(기술·체력·정신력·전술 등), 자세, 죽도의 조작, 몸놀림의 방향 등을 들 수 있다.

예를 들면 시합장면에서 양자가 일족일도(一足一刀)의 간격으로 대치하고 있는 장면이 있다고 하자. 결과는 「상급자 A가, 하급자 B로부터 머리를 치고 승리」하는 것이다. 이것은 지금까지의 이론을 근거하면 어떠한 방법을 이용하여 설명할 수 있는 것일까?

[표 15-1] 검도의「사이」를 측정하는 항목과 방법

```
1  사이・간격을 안다…VTR…① 거리척도와 타임의 기준치를 입력하고 시
                         간변화 중에서의 거리간격을 구한다.
                       ② 죽도의 움직임을 구한다.
2  동작 개시를 안다…근전도…좌비복근(左腓腹筋)・좌요골근(左橈骨筋: 좌
                     하완외골)에서 근전도(筋電圖)를 도출하여
                     동작의 개시와 동작에 대한 대응의 시간적
                     관계를 구한다.
3  심리 상태를 안다…내성보고…사전・사후의 내성보고(內省報告)에서 심
                     리적 상태를 구한다.
         (1) STAI…「주눅든다」의 측면에서 심리적 상태를 구한다.
         (2) TSMI…경기의욕을 구한다.
```

(1) STAI(State-Trait Anxiety Inventory: 특성불안척도) : 스필버거(Spielberger), 고르서치(Gorsuch) 등이 작성한 자기평정형 불안척도의 한 가지로 상태불안과 특성불안을 측정하기 위한 질문지법으로 각기 20문항으로 구성해서 4단계로 답하는 것으로 되어 있다.

(2) TSMI(Taikyo(體協) Sport Motivation Inventory: 일본체육협회경기 동기조사)로 운동전후의 심리적 적응을 밝히기 위한 조사이다. 조사는「① 욕구・개성차원, ② 시합・연습에의 방향관계차원, ③ 경기의 장면에 대한 행동표출차원」으로 구성한 146항목의 설문지이다.

위 [표 15-1]과 같이「사이」의 객관적 지표로서 시간경과 중에서 거리, 죽도와 죽도의 관계, 동작의 시작과 그것에 대한 대응동작, 경기자의 심리상태 등을 실험적 방법 및 심리적 질문지 등의 방법에 의해 데이터를 수집하여 설명할 수 있다.

(時本識資)

참고문헌

[第1講]

語源にみる武道：中林信二『武道論考』1987. 12

語源にみるスポーツ：島崎 仁『スポーツに遊ぶ社会に向けて』, 不昧堂出版, 1998

「武」の解字：藤堂良明『武道を知る』不昧堂出版, 2000

杉山重利『武道の教育的価値』体育科教育 第41巻第13号, 大修館書店, 1992

杉山重利『格技と武道』中学校体育実践指導全集 第7巻, 武道, 1992

中林信二『武道論考』1987

島崎 仁『スポーツに遊ぶ社会に向けて』, 不昧堂出版, 1998

日本武道協議会『武道憲章』1987

[第2講]

今村嘉雄 他『日本武道大系 第10巻』同朋舎出版, 1982

佐伯梅友『平家物語』三省堂, 1973

武田祐吉『日本書紀二』朝日新聞社, 1969

中林信二『武道のすすめ』日本武道館, 1987

仁木謙一 他『日本史小百科武道』東京堂出版, 1994

綿谷 雪『日本武芸小伝』人物往来社, 1961

[第3講]

下村 效編『武士』東京堂出版, 1993

新渡戸稲造著, 名和一男訳『武士道』日本ソノ書房

新渡戸稲造著, 奈良本辰也訳『武士道』三笠書房, 1993

新村 出『広辞苑』第五版, 岩波書店, 1998

神子 侃『葉隠』徳間書店, 1964

田中, 藤堂, 東, 村田『武道を知る』不昧堂出版, 2000

奈良本辰也『武士道の系譜』中央公論社, 1975

嘉納先生伝記編纂会編『嘉納治五郎』講道館

　　[第4講]

和辻哲郎・古川哲史校訂『葉隠』岩波書店 (文庫本), 1980

井本農一『芭蕉入門』講談社 (学術文庫), 1998

嘉納治五郎『柔道校本上巻』堀書店, 1953

中林信二『「稽古」における技と心』(「武道論考」所収) 中林信二先生遺作集刊行会,
　　　1988

大森曹玄『剣と禅』春秋社, 1966

田代秀徳『武道について－哲学的考察』東海大学体育学部紀要 第1号, 1971

富木謙治『体育と武道』早稲田大学出版部, 1970

田中守・藤堂良明・東憲一・村田直樹『武道を知る』不昧堂出版, 2000

トレバー・レゲット、大蔵雄之助訳『他山の石』サイマル出版会, 1984

世阿弥『花鏡』「世阿弥芸術論集」新潮社, 1976

　　[第5講]

松本芳三『柔道のコーチング』大修館書店, 1995

竹内善徳『図解柔道の教室』北隆館, 1973

デービィッド・マツモト『柔道』本の友社, 1996

川村晃『宮本武蔵』成美文庫, 1984

一川格治『宮本武蔵 二天一流の剣と五輪書』土屋書店刊, 1985

村田直樹, 田中守, 他『武道を知る』不昧堂出版, 2000

桑田忠親『宮本武蔵五輪書入門 二天一流の極意』日本文芸社, 1974

小澤四郎『負けを知らなかった日本人』リヨン社, 1992

　　[第6講]

村山勤治『学校武道の歴史』中学校体育実践指導全集 第7巻, 武道, 1992

杉山重利『武道の教育的価値』体育科教育 第41巻第13号, 大修館書店, 1992

杉山重利『格技と武道』中学校体育実践指導全集 第7巻, 武道, 1992

   [第7講]

『講道館柔道科学研究会紀要』

CAT, 中山啓子『フランスの柔道家が心酔する最後の日本人 栗津正蔵』1999年9月号

『世界柔道選手権大会視察フランス柔道調査報告』1997

   [第8講]

尾形敬史ほか『競技柔道の国際化』不昧堂出版, 1998

柔道大事典編集委員会『柔道大事典』アテネ書房, 1999

柔道指導者研究会（編）『柔道の視点－21世紀へ向けて－』道和書院, 2000

『第10回世界剣道選手権大会（京都）』パンフレット, 1997

村田直樹ほか『武道を知る』不昧堂出版, 2000

   [第9講]

文部省体育局, 格技の指導する調査, 1983. 8

講道館(編),「有効の活動」第6巻, 第6号, 1920

   [第10講]

醍醐敏郎『柔道教室』大修館書店, 1970

松本芳三『柔道のコーチング』大修館書店, 1975

竹内, 杉山, 手塚『論説柔道』不昧堂出版, 1984

大滝忠夫『柔道論考』大滝忠夫退官記念会, 1972

中村, 村田『柔道用語小辞典』講道館, 2000

   [第11講]

『幼少年剣道指導要領』（財）全日本剣道連盟, サトウ印書館, 2000

佐藤成明『剣道・攻めの定石』, 東京印書館, 1987

矢野博志, 太田昌孝, 氏家道男, 右田重昭『剣道』, 国書刊行会, 1988

縄田忠雄『剣道理論と實際』, 大盟館, 1938

伊保清次『剣道必勝講座 実践に弱いのはなぜか』, スキージャーナル, 1993

中野八十二『剣道入門』, 西東社, 1975

井上正孝『現代剣道の課題』, 1993

奥山京助『少年剣道指導講座』, スキージャーナル, 1986

　　［第12講］

小谷澄之, 大滝忠夫『最新柔道の形 全』不昧堂出版, 1971

醍醐敏郎『柔道教室』大修館書店, 1970

橋元親『写真でみる柔道の形』大修館書店, 1971

松本芳三『柔道のコーチング』大修館書店, 1975

和村公男, 松川哲男『現代スポーツコーチ実践口座 18柔道』, ぎょうせい, 1987

醍醐敏郎 佐藤正『講道館柔道講習会資料』2000

竹内善徳『柔道』不昧堂出版, 1979

(財) 全日本剣道連盟『日本剣道形解説書 昭和65年12月7日制定』

『剣道 (社会体育教本)』(財) 全日本剣道連盟, 1999

矢野博志, 太田昌孝, 氏家道男, 右田重昭『剣道』, 国士館大学格技研究室, 1985

　　［第13講］

文部省『学校体育実技指導資料 柔道指導の手引き』, 1993

竹内善徳編著『柔道の視点』道和書院, 2000

文部省『高等学校学習指導要領』, 1999

文部省『学校体育指導ビデオ ホップ スホップ柔道』, 1997

鮫島元成他『平成11年度学校体育実技指導者講習会柔道班資料』文部省, 1999

斉藤和哉『平成11年度東部地区学校体育実技指導者講習会研究協議資料』, 1998

　　［第14講］

大滝忠夫監修『論説柔道』不昧堂出版, 1984

杉山重利編著『SPASS・中学校体育・スポーツ教育実践講座 第10巻』ニチプン, 1998

加藤幸次著 先生シリーズ⑨「個性を生かす先生」図書文化社, 1989

全剣連ビデオシリーズ「剣道指導要綱」企画, 制作, 監修 財団法人全日本剣道連盟

[第15講]

河野哲也『レポート・論文の書き方入門・改訂版』慶應義塾大学出版会, 1999

ジェリー・トーマス ＆ ジャック・ネルソン ; 宮下充正, 片岡暁夫監訳『最新体育・スポーツ科学研究法』大修館書店, 1999

スポーツ実践研究会『入門スポーツの心理』不昧堂出版, 1997

中林信二『最新スポーツ大辞典』大修館書店, 1987, 1093～1097

日本野外活動研究会『自然体験活動の報告書レポート・論文のまとめ方』 杏林書院, 1998

波多野義郎『保健体育実例レポート・論文の書き方』泰流社, 1974

南博『間の研究』講談社, 1983

부록

日本武道傳書

부록 1) 부동지신묘록

부록 2) 병법가전서

부록 3) 오륜서 · 병법35개조

부록 1) 부동지신묘록(不動智神妙錄)

[글머리]

무도(武道) 심법사상의 기본 텍스트로 자주 인용되는 다쿠앙 소호(澤庵宗彭, 1573~1645)의 『부동지신묘록(不動智神妙錄)』은 에도(江戶)시대의 대표적인 병법서로, 미야모토 무사시(宮本武藏)의 『오륜서(五輪書)』, 야규 무네노리(柳生宗矩)의 『병법가전서(兵法家傳書)』와 더불어 일본무도의 삼대명저로 알려져 있다.

다쿠앙(澤庵)선사는 일본 검도의 정신적 지주로 미야모토 무사시, 그리고 야규 무네노리(柳生宗矩)와도 막역한 사이였다는 사실 때문에 무도를 연구하는 사람들에게 익히 알려진 인물이다.

『부동지신묘록(不動智神妙錄)』이란 문서는 야규 무네노리(柳生宗矩)에게 보낸 조언의 편지 형식으로 쓴 다쿠앙의 저술로 1626년에서 1629년 사이에 완성된 것이라 한다. 이 문서의 내용은 무술실전에서의 불교적 심법(心法)을 가르치고 설명한 것이다.

다쿠앙의 무도심법 관련 저서로는 『부동지신묘록(不動智神妙錄)』 외에도 『태아기(太阿記)』, 『영롱집(玲瓏集)』 등이 있다. 다쿠앙은 『태아기(太阿記)』에서 불법을 태아에 비유하면서, 검은 살인검(殺人劍)이어서는 안되며 활인검(活人劍)이 되어야 한다고 주장한다. 활인검이 되지 못한 검술가는 미숙한 영역을 벗어나지 못한 사람이라는 것이다. 또한 『부동지신묘록』이 '나' 자신이 되는 법을 기술한 것이라면, 『태아기』는 '나와 다른 사람'과의 관계를 다룬 것이며, 『영롱집』은 본질적·근원적인 입장에 서서 "'자기'란 무엇인지, 무엇 때문에 살며, 무엇으로 '자기다운 삶'을 살 수 있는가"를 탐구한 저술이라고 할 수 있다.

그리고 일본에서의 병법(兵法)은 원래 '사람을 죽이는 법'의 검술이나 창술 등을 총괄해 사용하는 말이기도 하다. 일본의 병법은 검술을 중심으로 발전해 왔다. 당시 검술이 주된 일본은 혼란스러운 시기였다. 이에 대해 다쿠앙은 일본 센고쿠(戰國)시대의 살벌한 분위기가 남아 있는 에도(江戶)시대 초기에 무사(武士)가 지녀야 할 자세에 대해 강조했다. 특히 무사들이 겪어야 했던 죽음에 대한 공포와 사회적인 살벌한 분위기 속에 삶을 지혜롭게 하는 실천공부로서의 진정한 무사의 자세는 '부동심(不動心)'이라는 의미로 정리하여, 에도바쿠후(江戶幕府)의 검술(劍術)사범으로 당대 최고의 검술가(劍術家)이자 막역한 친구인 야규 무네노리(柳生宗矩)에게 불법(佛法)을 통한 검술을 기술하고, 나아가 검술자의 삶 자세를 설명하면서 그 가운데에서 올바른 사람으로 사는 방법을 기술한 것이다.

'무심시도(無心是道: 마음에 걸림이 없는 상태 이것이 도이다)'라는 말처럼 다쿠앙은 생활 속에서 번뇌 망념이 없는 무심(無心)의 경지에서 자신의 삶을 지혜롭게 사는 것이 실천적인 공부라고 설명하고 있다. 삶의 번뇌 속에 살아가는 현대인들도 어느 순간 마음을 버리고 자연과 동화할 때 진정한 자신을 찾아갈 수 있다고 생각한다. 하지만 현대인들은 세상 속에 빠져 그럴만한 여유를 찾지 못하는 경우가 많다. 그 방법으로 무도수련을 통해서 '부동심(不動心)'을 배우고 무심을 배우는 여유를 찾아보는 것이 현대적 무도수행의 실천과제가 아닐까 생각해보면서 다쿠앙 선사의 『부동지신묘록』은 현대를 사는 우리에게도 시사하는 바가 매우 크다고 하겠다.

본편은 이케다 사토시지(池田 諭)가 현대 일본어로 주석을 단 『不動智神妙錄, 德間書店, 2007)』원전을 번역하였음을 밝힌다. 또한 가급적 당시 에도시대(江戶時代) 상황의 사실전달과 이해증진의 측면에서 고어체를 직역하였기 때문에 문장이 세련되지 못한 부분도 있음을 이해하면서 심독하기 바라며, 이 책의 번역이 오늘날의 우리 무도인들에게 조금이나마 무도사상 이해에 도움이 되기를 바라는 바이다.

[원문]

무명주지번뇌(無明住地煩惱)

무명(無明)이란 밝지 않다고 말하는 낱말이다. 미혹을 말하는 것이다. 주지(住地)란 멈춘 경지라고 말하는 낱말이다.

불법수행에 오십이위(五十二位)[1] 경지라 말하는 것이 있다. 이 오십이위의

---

1) 五十二位(52位) : 수행의 완성까지의 전체 과정을 오품제자위(五品弟子位)에서 시작하여, 이하 오십이위계(五十二位階)로 나누어 수행하기를 요구하는 행위설이다. 이것은 모든 사람을 똑같이 부처님의 경계로 인도해 들이려 하는 강한 종교적 관심을 가지고 설하신『법화경』의 설법이며,『보살영락본업경(菩薩瓔珞本業經)』의 오십이위설 등에서 계발(啓發)되어 생각해낸 것으로서 독자적인 조직·구성을 가지고 있는 행위교설이다.

오품제자위(五品弟子位)에 이어 계속되는 52위는 십신(十信)·십주(十住)·십행(十行)·십회향(十廻向)·십지(十地)의 오십위와 등각지(等覺地)·묘각지(妙覺地) 순으로 오십이위의 단계를 말한다.

하나하나의 위계에 있어서 무명(無明)의 일부분씩을 깨뜨려서 진리의 극상(極相)을 관득하고자 하는 노력이 성실하게 이어지는 것이다. 이러한 노력은 나중에 수행자로 하여금 무시(無始)의 무명의 원저(源底)를 달관(達觀)하고 무명의 상태와 이별하는 경지로 인도해간다. 이 경지가 곧 묘각지인 것이다. 여기에 이르러 구경(究竟)의 해탈이 획득되고 무상의 홍지(弘智)가 열린다. 이처럼 오십이위의 행위설은 각기 그러한 실천적 과제를 짊어지고 있는 위계의 총합 위에 성립되는 교설인 것이다. 아무튼 오십이위설은 관득 정도와 번뇌(三惑)의 과제(破除) 정도를 기축(機軸)으로 하여 수행의 진행상황을 단계적으로 정리한 교설이다.

① 십신(十信)-퇴위(退位) : 범부의 단계로 아직 견사(見思: 번뇌, 망상)를 끊지 못한 경지
② 십주(十住), 십행(十行), 십회향(十回向)-불퇴위(不退位) : 견사진사(見思塵沙: 모래와 같이 많은 번뇌)를 끊은 경지
③ 십지(十地), 등각(等覺) : 무명(無明)을 끊은 경지
④ 묘각(妙覺) : 무명(無明)을 단진(斷盡)한 부처의 경지
·무명(無明) : 잘못된 생각이나 집착 때문에 진리를 깨닫지 못하는 마음의 상태로 이는 모든 번뇌의 근원이 된다.
·번뇌(煩惱) : 마음이나 몸을 괴롭히는 노여움이나 욕망 따위의 망령(亡靈)된 생각, 곧 망상(妄想)이다.
·부동지(不動智) : 중생이 부처가 되기 위해 닦는 52가지 수행단계 중의 하나로,『화엄경』「지품(地品)」의 여덟 번째이다.

경지 중에 일체의 사물에 마음이 멈추는(빼앗기는) 것을 주지(住地)라고 말한다. 주(住)란 머문다는 것을, 지(地)는 처(장)소를 말하는 의미이다. 머문다고 말하는 것은 무슨 일에 마음을 빼앗기는 것을 말한다.

당신의 병법(검술)2)에서 말하고 있는 것은 상대편으로부터 쳐오는 다치(太刀: 도검의 총칭, 또는 허리에 차는 긴 칼, 이하 태도로 표기함)를 한 번 보고, 바로 그 자리에서 그 태도(太刀)를 막으려고 생각한다면, 상대의 태도(太刀)에 마음이 머물러 이쪽의 움직임이 둔해져 상대방에게 베임을 당하게 된다. 이것을 마음이 머문다(빼앗긴다) 라고 하는 것이다.

쳐들어오는 태도(太刀)를 보아도 거기에 마음을 멈추지 않고 상대가 쳐들어오는 태도(太刀)의 동작에 맞추어 이쪽에서 쳐야겠다고 생각지도 말며, 생각(思案)과 분별(分別)을 그치고, 들어 올린 태도(太刀)가 보이거나 말거나 거기에 조금도 마음을 빼앗기지 않고, 그대로 상대편으로 붙어 들어가며 상대의 태도(太刀)를 막으면, 나를 베려고 오는 태도(太刀)를 이쪽이 빼앗아 역으로 상대를 벨 수가 있는 것이다.

선종(禪宗)3)에는 이것을 '오히려 쟁머리(鎗頭)를 잡아 역으로 적을 찌르는 것'이라 말한다. 쟁(鎗)은 창이다. 상대가 가진 태도(太刀)를 이쪽에서 빼앗아 역으로 상대를 벤다는 뜻이다. 당신이 말하는 무도류(無刀流)4)의 무도(武道)가 바로 이것이다.

상대가 쳐오거나 내가 쳐나가거나, 치는 사람이나 치는 태도(太刀), 틈(거리)이나 박자(시간)에 마음을 조금이라도 빼앗기면 이쪽의 움직임이 둔해져 상대에게 베임을 당하게 된다.

적 앞에서 내 몸을 의식하면 적에게 마음을 빼앗기게 되므로 내 몸에라도 마

---

2) 병법(兵法) : 일본에서 병법은 원래 '사람을 죽이는 법'이나, 검술·창술 등을 총괄해 사용하는 말이다. 또한 일반적으로 일본의 병법은 검술을 중심으로 발전해 왔다.
3) 선종(禪宗) : 내적 관찰과 자기 성찰로 심성(心性)의 본원(본성)을 참구할 것을 주창한 불교의 한 종파이다.
4) 무도류(無刀流) : 검의 지극한 경지로 마음밖에 따로 칼이 없으며 온 우주가 모두 한 마음이다.

음을 두어서는 안된다. 내 몸에 마음을 붙잡아 두는 것은 입문해서 비로소 수련을 시작하던 때(초심자 시절)의 일이다. 자신의 칼의 움직임을 의식하면 나의 태도(太刀)에 마음을 빼앗기고 만다. 박자를 맞추려고 마음을 두면 그것에 마음을 빼앗긴다. 자기 태도(太刀)에 마음을 두면 그 태도(太刀)에 마음을 빼앗긴다.

무엇인가에 마음을 빼앗기면 이쪽이 속빈껍질(얼빠진 사람)이 되어버린다는 것이다. 당신에게도 그런 경험이 있을 것이다. 그것을 불법(佛法)에 비유하여 말하는 것이다. 불법에서는 이렇게 머무는(홀리는) 마음을 미(迷)라 하고 그러므로 무명주지번뇌(無明住地煩惱)라 한다.

제불부동지(諸佛不動智)

제불부동지(諸佛不動智)라고 말하는 것의 부동(不動)이란 움직이지 않는다고 말하는 낱말이다. 지(智)는 지혜의 의미이다. 움직이지 않는다고 해도 목석처럼 전혀 움직이지 않는 것은 아니다. 상대방에도 사방팔방에 마음은 자유롭게 움직이면서도 어떤 것에도 마음을 빼앗기지 않는 것이 부동지(不動智)라고 말한다.

부동명왕(不動明王)5)은 오른 손에 검을 들고, 왼손에 오랏줄을 쥐었으며, 이(齒)를 허옇게 드러내고, 눈을 부릅떠 불법을 방해하는 악마를 굴복시키려고 우뚝 서있는 자세가 이런 모습이다. 어떤 나라의 세계(世界: 중생이 삶을 영위하는 세상)에서 숨어 있는 이야기이다. 이같은 형상은 불법수호의 모습으로 만들어진 형상을 이 부동지(不動智)를 체현한 것으로 중생들에게 비추어지고 있다.

아무것도 모르고 한결 같이 평범한 사람(衆生)은 겁을 내어 불법과 원수맺지 않으려 생각하며, 깨달음에 접근한 사람은 부동지(不動智)의 의미표현을 깨닫고 일체의 헤메임(미혹)을 버린다. 즉 부동지(不動智)를 밝혀, 이 몸에 부동명왕만큼 이 심법(心法; 不動智)을 체현(體現)하는 사람은 더 이상 악마는 존재하지

---

5) 부동명왕(不動明王): 대일여래(大日如來)의 변화신으로서 일체의 악마와 번뇌를 항복시키려는 무서운 얼굴을 한 신장이다.

않게 될 것을 알게 하기 위해 부동명왕이 있다.

그러므로 부동명왕이라 해도 사람의 일심(一心)이 움직이지 않음을 말한다. 또 몸이 흔들리지 않는 것을 말한다. 흔들리지 않는다는 것은 마음이 일체의 사물에 멈추지 않는 것이다.

사물을 한 번 보고도 거기에 마음을 빼앗기지 않는 것이 부동(不動)이라 말한다. 왜냐하면 사물에 마음을 빼앗기면 여러 가지 분별심(分別心)이 가슴에 있는 동안 가슴 속에서 여러 가지로 움직인다. 마음을 빼앗기면, 빼앗긴 상태의 마음이 움직이는 것 같아도 자유자재로 움직이는 것이 되지 못한다.

예를 들면, 열 사람이 한 번씩 칼(太刀)질을 해도 그 하나하나의 칼을 막아 흘리어 그 자취에 마음을 남기지 않고, 그 자취를 버린다면 열 사람 모두의 움직임에 응한 것이 된다. 열 사람에 열 번 마음이 움직였다 해도 어떤 한 사람에게 마음을 빼앗기지(머물지) 않았다면 계속적으로 쳐오는 움직임에 결함의 틈(헛점)이 없게 된다.

만약 그 한 사람에게 마음이 빼앗긴다면(머물러 있다면) 그 한 사람의 태도(太刀)는 막을 수 있을지 몰라도, 두 사람째부터 맞붙게 되면 움직임이 결여됨을 말하는 것이다.

천수관음의 부동지

천수관음(千手觀音)[6]이라서 손이 천개 있음으로 활을 든 한 손에 마음을 빼

---

6) 천수관음 : 천수천안관음(Sahasra-bhuja-avalokitesvara), 천수천안관세음(千手千眼觀世音), 천비천안관세음(千臂天眼觀世音), 천광관음(天光觀音) 등 경전에 따라 여러 가지로 불리우고 있지만 흔히 천수관음(千手觀音)이라 불리어진다. 이 관음은 인도에서 십일면관음과 불공견색관음 이후에 성립되었다고 생각된다. 변화관음이 흔히 갖는 다면다비(多面多臂)의 모습을 발전시킨 것으로 천이라는 수는 무한의 수를 나타낸다고 보아 관음의 자비력을 최대한 강조한 것으로 해석된다.

천수천안경(千手千眼經)에 의하면 이 보살은 과거세에서 미래세의 일체중생을 구제한다는 대비심다라니(大悲心多羅尼)를 듣고 환희하며, "일체중생을 이익되게 하고 안락하게 하기 위하여 몸에 천수천안이 생겨나게 하라"고 발원하여 천수천안의 모습이 되었다고 한다. 이러한

앗기면 다른 999개의 손은 모두 할 겨를(짬, 시간적 여유)이 없다. 한 곳에 마음을 두지 않으므로 천개의 손이 사용된다.

관음보살(觀音菩薩)이라 해도 어찌 하나의 몸에 천개의 손이 있겠는가? 부동지(不動智)를 얻게 되면 몸에 손이 천개라도 모두 쓸 수 있음을 사람들에게 가르치기 위해 만들어진 모습이다.

가령 한 그루의 나무에 마주 대하여 그 속에 붉은 잎 하나만을 보고 있으면 나머지 잎은 눈에 들어오지 않는다. 잎 하나에 눈(마음)을 빼앗기지 않고, 한 그루의 나무에 어떤 마음도 머무는 것 없이 마주쳐 본다면 수많은 잎이 남김없이 눈에 들어오고, 하나의 나뭇잎에 마음을 빼앗기면 나머지 잎은 보이지 않는다. 하나에 마음을 빼앗기지 않으면 백개 천개의 나뭇잎이 모두 보인다. 이것을 깨달은 사람은 바로 천수천안관음(千手千眼觀音)으로 된다.

그런데도 한결같이 범부(凡夫)는 단순하게 몸 하나에 천개 손, 천개 눈이 있다고 여겨 감사하며 믿는다. 사리를 조금 아는 사람은 몸 하나에 천개의 눈이 어떻게 있을 수 있느냐, 거짓말이라 하며 비난하고 공격한다. 그 사리를 아는 사람은 오직 감사하는 데서 그치지 않고, 공격도 안하며, 도리(道理)로 이것을 존경하여 믿으므로 불법(佛法)은 능히 하나의 사물로 근본적인 이치(理致)를 나타낸다는 것을 알게 된다.

여러 가지 도(道: 가르침)가 있어도 이것과 같다. 일본 고래의 신도(神道: 일본 민족 고유의 전통적인 신앙. 민간적인 씨족신, 고장의 수호신 등을 모신 신사와, 토착적인 민간신도를 메이지 정부가 재창출한 국가신도가 된 황실의 신사참배가 그것이다)는 특히 그렇다고 본다. 있는 그대로 보고 믿는 사람도, 무작정 공격만 하는 사람도 바람직하지는 않다. 거기(천안: 天眼)에는 도리가 있는 것이다. 이도 저도 여러 가지 도(道)가 있지만 결국 귀결은 같다.

소원에 의하여 천수관음은 천 개의 자비로운 눈으로 중생을 응시하고 천개의 자비로운 손으로 중생을 제도한다는 것이다. 따라서 그 무한한 자비력으로 인해 특히 대비관음(大悲觀音)이라고도 불렀다. 이 보살의 경전은 7세기 중엽에 한역된 천수천비관세음보살다라니신주경(千手千臂觀世音菩薩多羅尼神呪經)인데 그 뒤로 여러 관계경전이 한역되어 천수관음신앙은 중국에서 폭발적인 유행을 보게 되었다.

무심무념(無心無念)

그런데 초심의 단계로부터 수행하여 부동지(不動智)의 경지에 도달하였다면, 본래로 되돌아가서 머무는 초심의 단계로 떨어져야 한다면 자세한 연유가 들어 있다.

당신의 병법(검술)으로서 말한다. 초심일 때는 몸에 알맞는 태도(太刀)를 어떻게 잡는지조차 몰라, 몸에 마음이 머무를 여유가 없다. 상대가 쳐오면 자신도 모르게 막기에 급급해 아무 것도 생각하지 못한다.

그럴 경우에 여러 가지 것을 배우면 태도(太刀) 잡는 법, 마음 두는 곳, 이런 여러 가지 것을 배우는 것은 여러 것에 마음을 빼앗겨 상대를 칠 때면, 이럴까 저럴까 의외로 부자유스러운 것들이 날을 거듭하고 해가 바뀌도록 연습을 쌓은 후에는 몸의 자세, 태도(太刀)잡기에도 마음쓰는 일이 없어지고, 다만 최초의 아무 것도 모르고 연습하던 초심 때의 마음 상태로 된다.

이것은 처음과 끝과 똑같은 마음가짐이 된 것으로, 하나에서 열까지 세고 다시 되돌아 세면, 하나와 열이 이웃이 된다고 말하는 것과 같다.

일본 전통음악의 한 옥타브 안에 12율명(양악의 음계와 같은 뜻임) 따위에도 처음 하나의 낮은 일월(壹越)부터 점점 올라가 상무(上無)라고 말하는 최고음에 이르면 일월(壹越)의 아래와 상무(上無)의 위와는 이웃으로 된다.

「1. 일월(壹越: 양악의 '라'음계), 2. 단금(斷金), 3. 평조(平調), 4. 승절(勝絶), 5. 하무(下無), 6. 쌍조(双調), 7. 부종(鳬鐘), 8. 황종(黃鐘), 9. 만(鸞), 10. 반섭(盤涉), 11. 신선(神仙), 12. 상무(上無)」

제일 높은 것과 제일 낮은 것은 비슷하다고 말한다. 불법(佛法)에서도 지극한 경지에 가면 불(佛)도 법(法)도 모르는 사람처럼 눈에 띄는 장식도 아무 것도 없게 된다.

그 때문에 초심자의 마음을 빼앗기는 단계인 무명번뇌(無明煩惱)와 뒤의 부동지(不動智)가 하나가 되어 얕은 지혜가 활동할 여지가 없게 되고, 무심무념(無心無念)의 경지에 이른다고 한다. 즉, 궁극(窮極)의 경지에 이르면 손발이 저절로 움직여 마음은 전혀 쓰지 않는 경지(境地)가 되는 것이다.

가마쿠라(鎌倉) 시기에 불국국사(佛國國師, 1240~1316)[7]의 와카(和歌)에 "마음이 있건 없건 오야마다(小山田)의 장난이 아닌 허수아비라네"처럼 모든 것이 이 노래와 같다.

야마다(山田)의 허수아비로서는, 농작물을 지키려고 생각을 하지 않지만 인형(허수아비)을 만들어 활과 화살을 들려주어 놓았다. 새·짐승들이 그것을 보고 도망을 간다. 이 인형에 일체(새를 쫓으려는) 마음은 없지만, 사슴이 겁을 내고 달아나게 되면 도움을 가져오지 않는다고 말할 수 없다.

온갖 어떤 도(道)이든 그 궁극에 이른 사람의 행동을 비유한 것이다. 수족의 어디를 움직이든 마음이 머물지 않고, 마음이 어디에 있는지도 모르고, 어디에 있건 무념무심(無念無心)으로서 야마다의 허수아비처럼 되어 버리는 것이다.

오로지 도리에 어두운 사람은 처음부터 지혜가 없기 때문에 전혀 지혜가 나올리도 없다. 또 매우 높은 궁극의 지혜는 이미 깊은 곳에 이르고 있기 때문에 일체 나타나지 않는다. 아직 미숙한 사람들을 위해서 지혜가 머리에 나오기 때문에 우스꽝스럽다. 지금쯤 출가한 사람의 행동에도 납득이 가지 않는 것이 있어 이상하게 생각하는 이도 필시 있다. 부끄러운 일이다.

이의 수행(理之修行), 사의 수행(事之修行)

이(理)라는 것은 위에서 언급한 것처럼 지극해서 어떤 것에도 빼앗기지 않고, 다만 무심(無心)해진다. 위에 이미 기록한 것과 같다. 그러나 사(事)의 수행을 하지 않으면 도리(道理)만 가슴 속에 있어 몸도 손도 움직이지 못한다. 사(事)

---

7) 불국국사(佛國國師: 1240~1316) : 고봉현일(高峰顯日), 후일 차아천황(嵯峨天皇)의 황자, 16세에 동복사(東福寺)에 들어가 수행, 건장사(建長寺)의 탕약시종자, 그후 무학선사(無學禪師), 무준사범(無準師範), 일산국사(一山國師)에게서 참선함, 와카슈(和歌集)를 남겼다.

의 수행이란 당신의 병법(검술)에 숙달됨은 자세를 다섯 가지에 하나로, 여러 가지의 연습하는 것이다.

　도리를 알더라도 그것이 자유롭게 작용하지 않아서는 안된다. 몸을 다루거나 태도(太刀)쓰기가 능해도 이(理)의 궁구에 어두우면 끝내 이루지 못한다. 이(理)의 수행과 사(事)의 수행의 두 가지는 마차의 두 바퀴처럼 되어야 한다.

간불용발(間不容髮)

　머리카락 들어갈 틈이 없다(지체없다, 겨를도 없다)는 말이 있다. 당신의 병법(검술)에 비유하여 말하겠다. 틈이 없다란 사물이 둘로 겹쳐 있는 그 사이에는 한 올의 머리카락도 들어갈 틈새가 없다는 뜻이다.

　예를 들면 손을 탁 마주치면 즉시 탁하는 소리가 난다. 치는 손 사이에 머리카락이 들어갈 틈도 없이 소리가 난다. 손을 친 뒤에 소리가 생각하고 틈을 두고 나오는 것이 아니다. 치는 것과 동시에 소리가 난다.

　상대의 쳐오는 태도(太刀)에 마음을 빼앗기면 틈이 생긴다. 그 틈으로 이쪽의 움직임이 비게 된다. 상대가 쳐오는 태도(太刀)와 내 쪽의 움직임 사이에 머리카락이 들어갈 틈이 없을 정도라면 상대의 태도(太刀)는 나의 태도(太刀)가 된다.

　선(禪)의 문답에서는 이 마음이 중요하다. 불법(佛法)에서는 이 멈추는 사물에 마음을 빼앗기는 것을 싫어하는데 이 멈추는 마음을 번뇌(煩惱)라 한다. 세찬 물결에 구슬이 굴러가듯 급히 흘러 조금도 멈춤이 없는 마음을 중시한다.

석화의 기(石火之機)

　석화(石火)의 기(機)라고 말하는 것이 있다. 이것은 앞의 마음가짐(머리카락이 들어갈 틈이 없다는 말)이다. 돌을 탁하고 치면 순간적으로 불꽃이 튀는데,

친 순간에 튀는 불꽃이 나면 틈도 겨를도 없다. 이것도 마음을 멈출 틈이 없는 것을 말한다.

빠른 것을 말하는 것이라 생각하면 잘못이다. 마음을 사물에 빼앗기지 않는 것이 도리이다. 잠깐이라도 마음을 멈추지 말것을 설명한 것이다. 마음이 멈추면 내 마음을 적(상대)에게 빼앗긴다. 빨리 해야지 생각하고 마음먹으면 그 생각에 이미 마음을 빼앗긴 것이 된다.

사이고(西行: 1118~1190)법사[8]의 노래에 "세상을 비관한 사람이라고 하지만, 이 세상은 잠시 머무는 곳, 마음을 두어서는 안된다는 생각뿐"이라 한 것은 강구(江口)의 유녀(遊女)가 부른 노래이다. "마음을 두어서는 안된다는 생각뿐"이란 하구를 소개하는 것은 병법(검술)의 마음가짐으로 지극히 타당하다 말하겠다. 마음을 멈추지 않음이 중요하다.

선종(禪宗)에서 "부처란 무엇인가?"란 질문에, 주먹을 쳐들었을 것이다. "불법의 극의는?"이란 질문이 끝나기도 전에 "매화 한 가지"라든지, "뜰앞의 동백나무"라고 답한다. 답의 옳고 그름을 묻는 것이 아니라 머물지 않는 마음을 존중한다.

멈추지 않는 마음은 색(色)이나 향기(香)에도 움직이지 않는다. 이 움직이지 않는 마음의 본체(本體)를 신(神)이라 받들고, 부처(불타: 佛陀)라 존숭하며, 선심(禪心)이니 극의(極意)니 말하지만 생각한 뒤 말하면 금언묘구(金言妙句)라 하더라도 머문 경지의 번뇌일 뿐이다.

석화(石火)의 움직임은 번쩍 빛나는 번개의 빠름이다.

예를 들면, "우에몽(右衛門)"하고 부르면 즉시 "예"라고 대답하는 것이 부동지(不動智)이다. "우에몽"하고 부르자, 무슨 용무인가 있을 만한 따위를 생각하여, 뒤에 "무슨 일입니까"하는 마음은 번뇌에 머문 경지이다.

멈추어 사물에 흔들리어 미혹된 마음을 번뇌에 머문 범부(凡夫)라 한다. 또한

---

8) 사이고(西行, 1118~1190) 법사 : 원래 무사출신으로 불교에 귀의하여 일본 방방곡곡을 돌아다니며 수행한 승려로 일본 와카(和歌)의 대표적 시인이다.

"우에몽"하고 부르자, 놀란 것처럼 곧바로 대답하는 것은 제불(諸佛)의 지혜이다.

  부처와 중생이란 둘도 없다. 신과 사람이란 둘도 없다. 이같은 마음이야말로 신(神)이라 하고 부처(佛陀)라 한다.

  신도(神道)·가도(歌道)·유도(儒道) 등 도(道)에는 여러 가지가 있지만 모두 이 일심(一心)을 밝히는 것이다.

  말로서 마음을 강석(講釋: 강론하며 해석함)하자면, 이 한 마음은 세상 사람 누구에게도 있으며, 낮이나 밤, 착한 일이나 악한 일도 업(業)에 따라 집을 버리거나 나라를 망치고, 그 사람의 정도에 따라 착하게도 나쁘게도 되며, 마음의 업보(業報; 業果; 善業善果·惡業惡果)에 있는 것들이니, 이 마음이란 어떤 것일까 깨달아 밝힌 사람이 없어 모두가 마음에 미혹되어 있다.

  세상에는 마음이란 것을 모르는 사람도 있다. 마음을 능히 밝힌 사람은 간혹 있음을 보기도 한다. 이따금 밝게 아는 것도 있지만, 역시 행하기는 정말로 쉬운 일이 아니라. 이 일심(一心: 한 마음)을 잘 설명한다고 해서 마음을 분명히 알아냈다고는 말할 수 없다.

  물(水)에 관해 설명해도 입은 젖지 않으며, 아무리 불(火)을 설명해도 입은 뜨거워지지 않는다. 실체의 물, 실체의 불, 그 자체에 맞닥뜨리지 않고는 알지 못한다. 물이나 불의 글자를 설명해서는 알 수 없다. 음식에 관해 설명을 잘 해도 시장해지는 것은 없어지지 않는다. 설명하는 사람의 분수(사물을 판단하는 슬기)로 알 수 있는 것도 아니다.

  세상에는 불도(佛道)와 유도(儒道)가 마음(心)을 설명하고 있지만, 그렇게 설명하는 것처럼 자신의 몸가짐이 일치하고 있지도 않으며, 마음을 분명하게 알지 못하고 있다. 각각 자기 몸에 있는 일심(一心)을 신중히 궁구(窮究: 깊이 파고 들어가 연구함)하여 깨닫지 않고서는 확실하지 않다.

  또 학문(특히 불법)을 배우고 있는 사람들의 마음이 밝지 못한 것은, 학문을 배우는 사람은 많이 있음에도 이것은 숫자상의 문제가 아니라, 배우는 사람들의 마음가짐이 모두 좋지 않기 때문이다. 이 일심(一心)을 어떻게 밝히는가 하는 문제는 깊이 공부함으로써 나타나게 된다.

마음의 두는 곳(心之置所)

마음을 어디에 두는가? 적의 몸 움직임에 마음을 둔다면 적의 몸 움직임에 마음을 빼앗긴다. 적의 태도(太刀)에 마음을 둔다면 그 태도(太刀)에 마음을 빼앗긴다. 적을 베는 것에 마음을 둔다면 적을 베려고 마음을 둔 거기에 마음을 빼앗기고, 나의 태도(太刀)에 마음을 둔다면 나의 태도(太刀)에 마음을 빼앗긴다. 내가 베려고 생각하는 곳에 마음을 두면 베려고 생각하는 곳에 마음을 빼앗긴다. 상대의 자세에 마음을 둔다면 상대의 자세에 마음을 빼앗긴다. 아무튼 마음을 둘 곳은 없다.

어떤 사람이 "내 마음을 여기 저기 다른 곳에 주면 마음가는 곳에 뜻을 빼앗겨 상대에게 지게 되므로 내 마음을 배꼽 아래(丹田)에 밀어넣고 다른 곳에 보내지 말며, 상대가 움직이는 것에 대응하면 된다"고 말한다.

사리에 맞다고 할 수 있는 온당한 말이다. 그렇지만 불법(佛法)의 향상된 경지에서 보면 배꼽 아래(丹田)에 넣어 다른 곳에 보내지 않는 것은 낮은 단계로 향상된 경지는 아니다. 수행하고 연습(수련)하는 경지이다. 경(敬: 공경)이란 글자의 심경이다. 또는 맹자의 '방심(放心)'을 찾는다고 말하는 품위(品位)이다. 더욱 높은 향상단계가 아니다. 경(敬)이란 글자의 마음가짐이다. 방심(放心)에 대해서는 다른 책에 기록된 것을 참고하라.

배꼽 아래(丹田)에 밀어넣어 다른 곳으로 보내지 않으려 한다면, 보내지 말아야 하는 것에 마음을 빼앗겨 앞으로의 작용이 뜻밖에 부자유(不自由)하게 된다.

어떤 사람이 묻기를 "마음을 배꼽 아래(丹田)에 밀어넣고 움직이지 않는 것도 부자유하여 소용이 없다면 내 자신의 안 어디에 마음을 두어야 좋은가"라고 말하였다.

대답하여 말하기를 "오른 손에 마음을 두면 오른 손에 마음을 빼앗겨 움직임이 자유롭지 못하게 된다. 마음을 눈에 둔다면 눈에 빼앗겨 몸의 움직임이 결여된다. 오른 발에 마음을 둔다면 오른 발에 마음이 빼앗겨 몸의 움직임이 결여된다. 어디든지 한 곳에 마음을 두면 다른 쪽에는 마음의 움직임이 결여된다."

"그러면 다름 아닌 마음을 어디에 두어야 적절하겠는가?"

내가 대답하여 말하는 바 "어디에도 두지 않으면 내 몸에 가득히 두루(골고루) 미쳐 몸 전체에 퍼져있게 됨으로, 손에 들어 있을 때는 손의 작용이 필요하다. 발에 있을 때는 발의 작용이 필요하다. 눈에 있을 때는 눈의 작용이 필요하다. 그 들어 있는 곳곳에 널리 미쳐 있는 만큼 그 들어 있는 곳곳에 작용할 수 있다. 만에 하나라도 그 한 곳에 정해 마음을 두면 그 한 곳에 마음을 빼앗겨 움직임이 결여된다. 마음 둘 곳을 생각한다면 그 생각에 마음을 빼앗기게 되니, 생각도 분별도 남기지 말고, 마음을 온몸에 던져 버려 어디에도 마음을 두지 말고, 그 여기 저기에 존재해 작용하면 실패없이 이루어질 것이다.

편락(偏落)과 편심(偏心)

마음을 한 곳에 두는 것을 편락(偏落)이라 한다. 편(偏)은 한쪽에 치우친 것을 말한다. 정(正)이라는 것은 모든 곳에 골고루 퍼져 나간 것이다. 정심(正心)이란 전신(全身)에 마음을 퍼지게 하여 한쪽에 치우치지 않음을 말한다. 마음이 한 곳에 치우쳐 다른 쪽이 결여되는 것을 편심(偏心)이라 한다. 치우친 마음은 싫어함을 말한다. 어떤 일이든 굳어진 것을 편락(偏落: 한쪽으로 지우쳐 떨어지는 것)이라 하여 도를 닦는 데에 가장 기피하는 것이다.

어디에 둘까 하는 생각이 없다면 마음은 전신에 넓게 골고루 퍼져 있게 된다. 마음을 어디에도 멈추지 말고 적의 움직임에 반응해 그때그때 마음을 그 곳곳에 있도록 유의해야 한다.

전신에 퍼져 있다면 손으로 끌어묶을 때는 손에 있는 마음을 쓰면 되고, 발이 소용될 때에는 발에 있는 마음을 쓰면 된다. 한 곳에 고정해 두면, 그 둔 곳으로부터 꺼내 써야 하기 때문에, 거기에 마음을 빼앗겨 움직임이 없어진다. 마음을 줄로 묶어 놓은 고양이처럼 다른 곳에 보내지 않으려고 내 몸에 끌어 묶는다면 나의 몸에 마음을 빼앗기는 것이다. 몸 안에 버려두면 다른 곳에 보낸 것이 아니다.

오로지 한 곳에 마음을 멈추게 하지 않는 공부 이것이야말로 모두 다 수행(修行)이다. 마음을 어디에도 두지 않는다는 것이 안목(眼目: 사물을 보고 분별하는 견식)이요 요점이다. 어디에도 마음을 두지 않으면 마음은 어디에도 있게 된다. 마음을 밖으로 움직일 때에도 마음을 한 방향에 두면 다른 아홉 방향은 마음이 모자라게 된다. 마음을 한 방향에 두지 않으면 열 방향에 마음이 가게 된다.

본심(本心)과 망심(妄心)

본심(本心)이라 말함은 한 곳에 머물지 않고 몸 전체에 골고루 퍼진 마음이다. 망심(妄心)은 무언가를 생각하여 한 곳에 굳어버려 있는 마음으로, 본심(本心)이 한 곳에 모여 응집되어 망심(妄心)이라고 말하는 것이 된다. 본심을 잃어 버리면 여기 저기의 움직임이 모자라게 되므로 잃어 버리지 않도록 하는 것이 무엇보다 중요하다. 예를 들면 본심(本心)은 물처럼 한 곳에 머물지 않는다. 망심(妄心)은 얼음같은 것으로, 얼음으로는 손이나 머리를 감거나 씻을 수 없다. 얼음을 녹여 물을 만들어야 어디로든 흘러가서 수족(手足)도 다른 것도 씻을 수 있다.

마음이 한 곳에서 굳어 한 가지 일에 멈추면 얼음덩어리처럼 자유롭게 쓸 수 없으니, 얼음으로는 수족을 씻을 수 없는 것과 같다. 마음을 녹여 온 몸에 물이 흘러 퍼지도록 움직여, 곳곳에 보내어진 생각대로 쓰는 것이다. 이것을 본심(本心)이라 말한다.

유심지심(有心之心)과 무심지심(無心之心)

유심(有心)의 마음이라 말하는 것은 망심(妄心)과 같아, 유심(有心)이란 것은 '있는 마음'이라고 읽히는 낱말로 무슨 일에나 한 쪽으로 생각이 틀어박힌(고정된) 것이다. 마음에 생각하는 것이 있어 분별과 생각이 일어나기 때문에 유심의 마음이라 한다.

무심(無心)의 마음이라고 말하는 것은 앞의 본심(本心)과 같아서 굳어 덩어리진 것없이 분별도 생각도 무엇 하나 없을 때의 마음, 온몸에 넓게 퍼져있어 몸 전체에 골고루 미친 마음을 무심이라고 말하는 것이다.

어디에도 두지 않은 마음이다. 목석같은 것이 아니라, 머물지 않는 것을 무심(無心)이라 말하는 것이다. 마음에 생각이 머물면 사물이 있게 되고 멈추는 곳이 없다면 마음에 아무것도 없다. 마음에 아무것도 없는 것을 무심의 마음이라고 말하며, 또는 무심무념(無心無念)이라고도 한다.

이 무심의 마음에 충분히 익숙해지면 한 가지 일에 멈춤이 없고, 한 가지 일에 모자람이 없으며, 언제나 물이 차있듯이 이 몸에 마음이 차있어 쓰고 싶을 때 꺼내어 소원대로 쓴다.

한 곳에 고정되어 멈춘 마음은 자유롭지 못하다. 마차의 바퀴도 고정시키지 않았기 때문에 구른다. 한 곳에 고정시키면 구를 수가 없다. 마음도 일시(一時: 잠시동안)라도 고정하면 움직일 수가 없게 된다.

마음 속에 무엇인가 생각에 몰두하면 사람이 말하는 것을 들으면서도 듣지 못하게 되며, 생각하는 그것에 마음이 머무는 이유이다.

　마음이 그 생각하는 일에 머물러 한 쪽에 치우쳐, 그 한쪽에 기울어지면 무엇을 들어도 들리지 않으며, 보아도 보이지 않게 된다. 이 마음에 그 생각하는 일에 이 있는 사물을 없애면 무심이 되고, 단지 필요할 때만 움직이고 그 필요에 합당하다.

　이 마음에 있는 것을 없애려고 생각하는 마음이 다시 마음 안에 있는 것이 된다. 생각하지 않으면 저절로 제거되어 무심이 된다.

　항상 마음으로 이렇게 하면 어느 때없이 향후 저절로 그같은 경지에 도달한다. 급하게 보내더라도 빨리 도달하는 것이 아니다.

　옛 노래에도 있다. "생각하지 말자고 생각하는 것도 사물을 생각하는 것이니, 생각조차 생각말아야지."

수상타호로자 날착즉전(水上打胡蘆子 捺着卽轉)

　호리병박을 날착한다는 것은 손을 사용해서 호리병박을 누르는 것이다. 호리병박을 물에 던져놓고 손으로 누르면 픽하고 옆으로 빠져나간다. 어떻게 해도 한 곳에 멈추지 않는다.

　달인의 마음은 잠시라도 사물에 머물지 않는다. 물위의 호리병박을 누르는 것과 같아진다.

응무소주이생기심(應無所住而生其心)

應無所住而生其心(마땅히 머무는 바 없이 그 마음을 내어라)9)의 글자는 일본

---

9) 응무소주이생기심(應無所住而生其心) : '마땅히 머무는 바 없이 그 마음을 내어라'는 뜻으로 『금강경(金剛經)』에 있는 한 구절로, 『육조단경』에도 인용되었다. 금강경은 반야의 원리를 가장 대표적으로 잘 보여준 반야의 경전으로서 달마(達磨)의 선(禪)을 이어받은 5祖 홍인(弘忍, 606~674)이래 선종(禪宗)의 지침이 되어 왔으며, 특히 6祖 혜능(慧能, 638~713)은 이

어로 '오무쇼쥬지죠고신'이라 읽습니다. 온갖 일을 하려고 생각하면 그 하려는 일에 마음이 멈춘다. 그 때문에 거기에 마음을 멈추지 말고, 하려고 하는 마음을 일으키라는 말이다.

하려는 마음이 일어나지 않으면 손이 움직이지 않는다. 움직이면 거기에 멈추는 마음을 일으켜, 하려는 그 일을 하면서 거기에 멈추지 않는 것을 모든 도(道)의 명인(名人)이라고 말한다.

이 멈추는 마음에서 집착심이 일어나고, 윤회(輪廻: 輪廻轉生)하는 것도 이것에 비롯되니, 이 멈추는 마음이 생사(生死)의 고리가 되는 것이다.

꽃이나 단풍을 보고 아름답다고 생각하면서도 그 생각에 멈추지 않는 것이 중요하다.

자원(慈圓: 1155~1225, 카마쿠라 시기의 천태종 승려)10)의 노래에 "사립문에 향기나는 꽃도 그렇기로 바라보니, 한스러운 세상이군" 하였다. 꽃은 무심하게 향기를 피어내는데 자신은 꽃에 마음을 빼앗겨 바라보고 있으니 자신의 이런 끌린 마음이 원망스럽다는 노래이다.

보거나 듣거나 한 곳에 마음을 멈추지 않는 것이 극의(極意)에 이르는 것이다.

경의 한 구절인 응무소주이생기심(應無所住而生其心)으로 심지(心地)를 개명하였으며, 금강경을 전수받아 뒷날 선종 특히 남종선(南宗禪)의 경전으로 신봉되었다. 혜능(慧能)은 본래 중국 최남단인 남해신흥(南海新興)에서 소년시절에 나무장사를 하면서 어머니를 봉양하고 있을 때 어떤 스님에게 금강경의 한 구절인 '應無所住而生其心'의 게송(偈頌)을 듣고 마음을 깨달은 바 있어 출가하여 5祖 홍인(弘忍)문하에서 행자생활을 하던 보잘것 없는 신분이었으나, 그가 비범한 법기(法器)임을 알아본 5祖 홍인(弘忍)이 사람들은 보지 못하게 하고 조실방에서 금강경을 설하시는데 "응당 머무른 바 없이 그 마음을 내어라, 즉 객관세계에 끌려다니지 말고 집착없이 그 마음을 내어야 한다(應無所住而生其心)"는 글귀에 이르러서 그 말씀 아래 크게 깨달아 일체만법이 제 성품을 여의치 않음을 알았다. 이에 홍인(弘忍)이 혜능(慧能)의 깨달음을 아시고 삼경(三更) 한밤중에 "네가 이제 6대조니라"하고 인가하여 법을 받으니 그가 6祖 혜능(慧能)이다.
10) 자원(慈圓, 1155~1225) : 카마쿠라(鎌倉) 전기의 천태종(天台宗) 승려, 11살에 부모를 여의고 정력사(廷曆寺)의 좌주각쾌(座主覺快)에 사사받아 득도, 와카(和歌)에 조예가 깊어 사이고(西行) 풍의 와카슈(和歌集)를 펴내었다.

주일무적(主一無敵)의 경(敬)

경(敬)이란 글자를 주일무적(主一無適: 중국 송나라 程朱의 修養說)이라 해석하는 것도 "마음을 한 곳에 확정하고 다른 곳에 마음을 두지 말라"는 것이다. 그 후에 칼을 뽑아 베어도 베는 쪽에 마음을 옮기지 않는 것이 중요한 것이다. 특히 주군으로부터 명령을 받았을 경우에 경(敬)이란 글자를 심안(心眼)으로 삼아야 한다.

불법에도 경(敬)이란 글자의 마음이 있으니, '경백(敬白)의 종(鐘)'이라 하여, 종을 세 번 울리고 합장하여 신중하게 아뢰는 것이다. 먼저 부처의 이름을 부르는 이 경백(敬白)의 마음은 주일무적(主一無適: 一心專念하여 흔들리지 않는 상태로 마음을 한 곳에 집중하여 잡념을 버림)·일심불란(一心不亂: 한 가지에만 마음을 써 어지러워지지 아니함)과 같은 뜻이다.

그럼에도 불법에서는 경자(敬字)의 마음을 궁극의 경지로 보지 않는다. 자기의 마음을 집중하여 어지럽게 하지 않도록 배우는 수련연습의 가르침이다.

이 수련의 연륜이 쌓이면 마음을 어디에 내놓아도 자유로운 경지에 이르는 것이다. 앞의 응무소주(應無所住)야말로 변함없는 궁극의 경지이다.

경(敬)의 글자는 마음이 다른 곳에 가려는 것을 붙잡아 보내지 않는 것이다. 마음을 보내면 어지러워진다. 생각하고 조금도 방심하지 않고 마음을 붙잡아 두는 경위(境位)이다.

이것은 당장 마음을 어지럽게 하지 않으려는 잠깐 동안의 상태이다. 항상 이와 같이 하는 것은 부자유스럽다.

말하자면 참새 새끼를 고양이가 잡아먹었다고 고양이를 줄에 바짝 죄어 묶어두고 풀어 주지 않는 것처럼, 자기의 마음을 줄맨 고양이처럼 묶어두면 어디로든 데리고 나갈 수 없어 부자유스러워 마음대로 움직이지 못한다. 고양이를 잘 훈련시켜 두고 줄을 풀어놓아 가고 싶은 곳에 가서 참새와 함께 있어도 잡아먹지 않도록 하는 것이 '응무소주 이생기심(應無所住 而生其心)'의 뜻이다.

내 마음을 풀어 마치 줄을 풀어준 고양이처럼 놓아두어 가고 싶은 곳에 가더라도 거기에 마음이 멈추지 않도록 마음을 다짐하는 것이다.

전광영리참춘풍(電光影裏斬春風)

당신의 병법(검술)에 넌지시 말하자면, 태도(太刀)를 치는 손에 마음을 두지 말라. 일체 치는 손을 잊어버리고 사람을 베고, 적에게도 마음을 두지 말라. 적도 공(空), 나도 공(空), 치는 태도(太刀)도 공(空)이라고 하고, 마음을 공(空)에 빼앗겨서는 안된다.

가마쿠라(鎌倉)시기의 무학선사(無學禪師, 1226~1286)[11]가 중국에 체재했을

---

11) 무학선사(無學禪師, 無學祖元-佛光禪師・円滿常照師, 1226~1286) : 중국 남송시대에 임제종(臨濟宗)의 승려. 1278년 일본 북조시종(北條時宗)의 초청으로 일본으로 건너가 건장사(建長寺)에 거주. 그뒤 엔각사(円覺寺) 제1세가 되었고, 시종(時宗)의 스승으로 큰 영향을 주었다. 전광영리참춘풍(電光影裏斬春風)이란 게송은 무학선사(無學禪師)가 온주(溫州) 지방에 있는 능인사에서 수행하고 있었는데 몽고군이 쳐들어와 스님을 잡아 놓고 목에 칼을 들이댔다. 보통사람들 같으면 두려움과 절망이 앞서 살려달라고 애걸을 하거나 자포자기로 한탄하는 법인데 스님은 아무렇지도 않게 가부좌를 틀고 앉아서 아래의 게송을 읊었다는데서 유래한다.
「乾坤孤筇卓無地(지팡이 꽂을 땅도 천지간에 없다마는) / 且喜人空法亦空(나와 법이 공하거늘 그 무엇 걱정하리) / 珍重大元三尺劍(진기하고 우습도다 원나라의 세치 칼이) / 電光影裏斬春風(번갯불의 그림자를 봄바람이 베려하네)」
죽음 앞에서도 한점 미동없이 읊은 이 게송 속에는 무학선사의 드높은 기상이 서려있음을 알 수 있다. 게송 속의 '지팡이 하나 꽂을 땅도 천지간에 없다'는 것은 스님의 마음 살림살이를 가리킨다. 아무런 집착도 욕심도 없는 일체를 마음에 두지 않는 그것이다. 이처럼 '나와 법(法)이 공(空)하거늘 그 무엇 걱정할까'라는 것은 스님의 부동하고 여여(如如: 변함이 없음)한 깨침의 경지를 가리킨다. 무학선사의 마음 속엔 나도 없고 남도 없다. 왜냐하면 나다 남이다 하는 것은 모두 분별망상이 만들어낸 거짓 현상으로 보기 때문이다. 중생들 마음에는 '나'가 있고 또 그 '나'에 의해서 비추어지는 '남과 세상'이 있다고 여긴다. 자신의 마음과 육신은 물론 이에 의해서 포착되어지는 산하대지와 일월성신, 그리고 모든 삶의 현상들을 실제로 여긴다는 말이다. 이것을 불교에서는 아집(我執)과 법집(法執)이라고 하는데 이는 중생들이 태어날 때부터 지니고 온 어리석은 판단에서 기인된 것이다.
공(空)이란 '실제하지 않음(非有)' '존재하는 것 같지만 거짓현상(假有)'이라는 뜻으로 자아가 공(空)한 것을 아공(我空 혹은 人空), 남과 대상이 공(空)한 것을 법공(法空)이라고 하며, 이 둘을 합쳐 이공(二空)이라고 한다. 자신의 목숨을 번갯불 그림자에 비유하여 이공(二空)의

때, 대당의 전란 속에서 원나라(중국이 몽골의 지배를 받은 시기) 군대에 붙잡혀 목에 칼을 들이대고 내려치려고 하는 순간 "전광영리참춘풍(電光影裏斬春風: 번갯불의 그림자를 봄바람이 베려하네)"라고 게(偈: 伽陀: (범어의)가타)를 읊으니 원나라 군사가 칼을 버리고 도망갔다고 한다.

乾坤孤筇卓無地(건곤고공탁무지)　지팡이 꽂을 땅도 천지간에 없다마는
且喜人空法亦空(차희인공법역공)　나와 법이 공하거늘 그 무엇 걱정하리
珍重大元三尺劍(진중대원삼척검)　진기하고 우습도다 원나라의 세치 칼이
電光影裏斬春風(전광영리참춘풍)　번갯불의 그림자를 봄바람이 베려하네

　위의 게송(偈頌: 佛德을 찬미하는 네 시구)에 표현된 무학선사의 마음은, 태도(太刀)를 번쩍 들어올린 것은 번개와 같이 번쩍하고 빛을 내는 순간 어떤 마음도 생각도 없다. 치는 칼에 마음이 없고 베는 사람이나 베임 당하는 나도 마음이 없다.
　베는 사람도 공(空), 태도(太刀)도 공(空), 당하는 나도 공(空)이니, 베는 사람도 사람이 아니고, 치는 태도(太刀)도 태도(太刀)가 아니며, 당하는 나도 번개가 번쩍이는 순간에 허공에 부는 봄바람을 베는 것처럼, 전연 마음을 두지 않는 그런 마음이다. 바람을 베려는 것은 태도(太刀)를 의식하고 있지 않은 것이다.
　이와같이 마음을 잊고 많은 일을 행하는 사람이 상수(上手)의 경지이다. 춤을 추려면 손에는 부채를 들고 스텝을 밟는다. 그 손과 발을 잘 움직여 춤을 잘 추어야지 하고 생각하여 마음이 멈추면 상수라고 할 수 없다. 아직 손과 발에 마음이 머물러서는 그 몸짓이 좋을 수가 없다. 죄다 마음을 버리지 않고서는 그 춤사위는 모두 좋을 수가 없다.

　도리를 밝히고 내려치는 칼날을 봄바람에 비유하여 법공의 도리를 밝힌 무학선사의 게송은 불법의 궁극이 어디에 있는가를 밝혀주는 심법의 경지라 할 수 있다.

구방심(求放心)과 요방심(要放心)

'구방심(求放心)[12]'이란 말은 맹자(孟子, BC 372~289, 왕도정치 주장자)가 말씀하신 것이다. "(배움의 도는) 놓아버린(흐트러진) 마음을 찾아서 내 몸에 되돌리려고 하는 마음이다." (학문지도무타 구기방심이이의: 學問之道無他 求其放心而已矣)

예를 들면, 개나 고양이, 닭 등이 다른 곳에 갔다가 다시 제 집으로 찾아오는 것처럼 마음이 몸의 주인인 것을 나쁜 길로 갔는데도 어찌 찾아가 되돌아오게 하지 않느냐는 것이다. 정말로 당연한 도리이다.

그런데 소강절(邵康節, 1011~1077, 北宋의 철학자)[13]이란 사람은 '요방심(要放心)'[14]이라 했다. 전혀 반대되는 말이다. 이같이 말한 의미는 마음을 붙잡아만 두는 것은 피곤하고, 고양이처럼 움직이지 못하니, 사물에 마음이 머물지도 않고 물들지도 않도록 능숙하게 사용하도록 내버려두고 어디를 가더라도 놓아두라는 뜻이다.

사물에 마음이 물들어 멈추는 것이니, "물들게도 멈추게도 하지말라, 내 몸에 되돌려라"하는 것은 초심자의 수련단계이다. 연꽃은 진흙에 물드는 것 같아도 여전하고, 진흙 속에 있어도 편안하다. 잘 다듬어진 수정구슬은 진흙 속에 있어도 진흙에 더럽혀지지 않으니 마음도 이렇게 되어, 가고 싶은 곳으로 보낸다.

마음을 붙잡아 매는 것은 자유롭지 못하다. 마음을 붙잡아 매는 것은 초심자(初心者)나 할 일이다. 일생을 이같이 한다면 윗 단계로 올라가지 못하고 아래 단계에서 끝난다.

---

12) 구방심(求放心) : '잃어 버린 마음을 찾는다'는 의미. 세상 사람들은 자기 집에 기르던 개나 닭이 나가서 돌아오지 않으면 찾아오려고 한다는 맹자의 말씀에서 유래하였다.
13) 소강절(邵康節, AD 1011~1077) : 北宋의 철학자인 소옹(邵雍), 시호가 강절임, 주자(朱子)에 많은 영향을 끼쳤다.
14) 요방심(要放心) : '마음을 모았다가 다시 놓아 버린다'는 뜻.

수련할 때는 맹자가 말한 '구방심(求放心)'의 마음가짐이 좋다. 지극한 경지에서는 소강절의 '요방심'이라고 한다.

중봉화상(中峯和尙, 1263~1323)15)의 말에도 '구방심(求放心)'이 있다. 이 말의 의미는 다름 아닌 소강절의 마음을 놓는 것이 중요하다고 말한 것과 한 가지로, 방심을 찾되 잡아 당겨 한 곳에 두지 말라는 뜻이다.

또 '구불퇴전(具不退轉: 변하지 않는 마음을 가지라)'이라고 말한다. 이것도 중봉화상이 한 말이다. 대비해서 물러서지 말고 변함없는 마음을 가지라고 말하는 뜻이다. 인간이 한두 번은 잘 나가지만 피로하여 평상시와 같지 않을 때라도 물러서지 않는 마음을 가지라는 것이다.

급수상타구자 염념불정류(急水上打毬子, 念念不停留)

급수상타구자 염념불정류(急水上打毬子 念念不停留)라고 말하는 것은 "급류에 던져진 공은 물결을 타고 들락 날락 한 순간도 멈추지 않는다"는 뜻이다.

전후제단(前後際斷)

앞의 마음을 버리지 못하고, 또 지금의 마음을 뒤에 남기는 것(흔적)은 좋지 않다. 앞과 지금과의 사이를 끊으라고 말하는 마음이니, 이것을 전후의 사이를 끊어 버리라고 말하는 뜻이다. 마음을 어디에도 멈추지 말라는 것이다.

수초상 화주운(水焦上 火酒雲)

이세모노가타리(伊勢物語) 제11단에 "무사시의 벌판을 오늘만은 태우지 말아

---

15) 중봉화상(中峯和尙: 中峯明本, 知學禪師, 1263~1323) : 元나라의 임제종(臨濟宗)의 승려, 고선인지(古先印之)가 원(元)에 갔다가 그의 문하(門下)가 되어 묵적(墨跡)으로 유명하다.

요, 숲 속에 마누라도 숨어있고 나도 숨어 있어요."16) 이 노래의 마음을 누군가가 "흰 구름이 떠오르면 시들어 버린 나팔꽃"이라고 하였다.

영내평화(領內平和)

　내심으로 생각하고 있었던 것을 간하여 올리는 바입니다만 제 어리석은 생각을 때마침 다행스럽게 알고 본 바를 대강 써 올립니다.
　당신은 병법(검술)에서 고금무쌍의 달인이므로, 당시 관위(官位) 봉록 등에서 세상의 평판도 아주 좋습니다. 이렇게 두텁고 큰 은혜를 잠잘 때나 깨어 있을 때 잊어서는 안되며, 아침 저녁으로 은혜에 보답하고 충성을 다하는 것만을 생각할 것이 마땅합니다.
　충성을 다한다는 것은 먼저 자기의 마음을 바르게 하여 몸을 닦아 털끝만큼도 임금에게 두 마음을 갖지 않는 것이며, 사람에게 원한을 품거나 비난하지 않으며, 매일 매일의 출사(출근)에 태만하지 않으며, 집에서는 부모에게 효도를 다하고, 부부간에도 조금의 어그러짐 없어야 합니다. 예의 바르고, 첩을 두지 않습니다. 색의 길을 끊습니다. 부모로서의 위엄으로 도리를 다합니다. 아랫 사람을 쓰는데 사사로운 정을 두지 않습니다. 착한 사람을 가까이에 둡니다. 자신의 모자람을 경계합니다. 나라의 정치를 바르게 널리 폅니다. 착하지 않은 사람을 멀리 할 것 같으면 착한 사람이 날로날로 나설 것이며, 착하지 않은 사람도 저절로 주인의 착함에 감화되어 악을 버리고 선(善)으로 돌아옵니다.
　이같이 군신 상하가 선인(善人)이 되어 사사로운 욕심이 적어지고 사치가 없어지는 때는 나라는 부유해지고, 백성도 풍요로와 안정되고, 자식은 어버이와 친하게 지내며, 아랫 사람들이 손발처럼 위를 도울 것 같으면 나라는 저절로 평화로워질 것입니다. 이것이 충(忠)의 시작입니다.

---

16) 이세모노가타리(伊勢物語) : 헤이안시대의 주인공 아리와나노 나리히라(在原業平, 남자)의 일대기를 그린 125단의 짧은 단편 가운데 제11단이다. 작자미상.

어시어용(御時御用: 온도끼고요우)

　이 쇳덩이 같은 두 마음없는(충성스런) 병사들을 이하(以下) 여러모로 '때와 용도에 맞게 쓴다면(御時御用)' 천만인을 써도 뜻대로 쓸 수 있을 것입니다.
　앞에서도 말씀 드렸던 바 천수관음의 일심(一心)이 바르면 천개의 손을 전부 쓸 수 있는 것처럼, 당신의 병술(검술)이 바르다면 일심의 움직임이 자유자재로워 수천의 적도 한 칼에 복종시킬 수가 있습니다. 이것이야말로 큰 충성이 아니겠습니까?
　그 마음이 바른 경우는 밖에서 인품을 살펴 알 수 있는 것이 아닙니다. 굳게 먹은 한 생각이 일어나는 곳에 선과 악이 둘로 갈라집니다. 그 선악 둘의 근본을 고려하여 선을 행하고 악을 행하지 않으면 마음은 저절로 바르게 됩니다.
　악(惡)인 것을 알면서 멈추지 못하는 것은 자신이 악(惡)을 좋아하는데 고민이 있기 때문입니다. 혹은 여색(女色)을 밝히고, 사치(奢侈)를 제멋대로 하는 것도 과연 마음에 좋아하는 작용이 있기 때문이며, 착한 사람이 있어도 자기의 기분에 맞지 않으면 좋은 일도 배려하지 않습니다. 무지하더라도 일단 좋아지면 등용하고, 좋아함으로써 선인(善人)이 있어도 쓰지 않으면 없는 것과 같은 것입니다.
　그러므로 수천명이 있어도 저절로 주인에게 도움이 되는 자는 한 사람도 없게 됩니다. 그저 한 번 마음에 든 무지한 젊은 패의 악인(惡人)은 근본에서 마음이 삐뚤어진 사람이기 때문에 일에 임해서 목숨을 버리겠다고 생각하는 것이 애초에 없습니다. 마음이 바르지 못한 사람이 주인을 도왔다는 것은 예전부터 삼가 들어본 적이 없습니다.

선인국보(善人國寶)

　당신께서 제자를 발탁하여 이같은 일이 있다고 하시니 대단히 불쾌하셨겠습니다.

이것은 모두 일편의 취미를 즐기는 것에서 나쁜 버릇에 끌리어 악(惡)으로 떨어짐을 알지 못합니다. 사람이 알지 못한다고 생각하겠지만, 희미함에서 뚜렷하게 된다고 생각해서, 내가 마음에 알면 천지의 귀신은 물론 모든 백성이 이것을 느껴 압니다. 이런 식으로 나라를 지킨다면, 정말로 위험한 일이라 아니할 수 없습니다. 그렇게 되면 커다란 불충(不忠)이라 하겠습니다.

비록 나 한 사람은 아무리 불같이 주인에게 충성을 다한다고 생각해도 일가가 화합하지 못하고, 야규 다니이치(柳生谷一)의 고향 사람 모두가 배반한다면, 무슨 일도 상위(相違)해질 것입니다.

모든 사람의 착함·악함을 알고 생각하면, 그가 사랑하고 쓰는 신하, 또는 친하게 사귀는 친구들로서 알 수 있습니다. 주인이 선하면 그 신하들도 모두 선합니다. 주인이 바르지 않으면 신하도 친구도 바르지 않습니다.

그러면 여러 사람이 모두 무시하고 이웃 나라들은 깔볼 것입니다. 선(善)할 경우는 모든 사람이 친하게 지내게 될 것입니다. 나라로서는 선인(善人)으로 말미암아 보물이라고 말합니다. 더할 나위 없이 체득될 것입니다.

충신제일(御忠臣第一)

사람을 등용하는 것에 관해 사사로운 불의를 없애고, 소인(小人)을 멀리하고, 현인(賢人)을 좋아하며 등용하는 것을 급하게 한다면, 점점 나라의 정치가 바르게 될것이므로 충신이 제일임에 틀림없을 것입니다.

그 중에도 당신 아들의 행적(품행)에 관한 것으로, 부모의 몸가짐이 바르지 않은 데 자식의 그름을 나무라는 것은 거꾸로입니다. 먼저 당신의 몸가짐을 바르게 하고, 그 다음에 가르치면 저절로 소행이 바르게 되고, 당신의 동생인 내선전(內膳殿: 천황의 수라를 맡았던 주방의 관원)도 형의 행동을 보고 배워 바르게 되면 부자(父子)가 모두 선인으로 됩니다. 축복할만한 일입니다.

취할 것이냐 버릴 것이냐의 기준은 의(義)라고 합니다. 지금 이 시점에서 주군의 총애를 받는 신하의 한 사람으로서 다른 다이묘(大名: 에도시대에 봉록이 일만석 이상인 무사)들로부터 뇌물을 많이 받아, 욕심으로 정의(正義)를 잊는 일이 있어서는 품행이 옳지 않습니다.

당신은 난무(亂舞: 노 춤의 연기 사이에서 추는 춤)를 좋아해, 자신의 노(能; 能樂: 일본의 대표적인 가면 음악극)가 멋지다 여기고, 여러 다이묘(大名)들이 있는 곳에 쳐들어가 노(能)를 권유하려는 것은 전적으로 병(病)이라고 하겠습니다.

천황의 노래를 사루가쿠(猿樂)17)처럼 부르고, 또 겉치레 인사하는 다이묘들을 주군 앞에 특히 주선(周旋: 성사시키는 일)한다니 이같은 일은 거듭 반성하지 않으면 안될 일입니다.

노래에도 "마음이야말로 마음을 어지럽히는 마음은 없다네, 마음에 마음, 방심해서는 안되지".

---

17) 사루가쿠(猿樂) : 일본 카마쿠라(鎌倉)시대에 행해진 예능으로 익살스런 동작과 곡예를 주로하는 가무곡이다.

부록 2) 병법가전서(兵法家傳書)

[글머리]

　야규 무네노리(柳生宗矩, 1571~1646)는 야규타지마노카미 타이라 무네요시(柳生俱馬守) 다섯째 아들로 태어나 에도(江戶) 초기의 검술가로 세키가하라(關が原)전투의 성공으로 24세 때 도쿠가와 히데다다(德川秀忠)의 병법스승, 2대 세이이다이 쇼군(征夷大將軍)의 병법사범으로 부와 명예를 누리자, 다쿠앙 선사가 이를 걱정하여 그가 머물던 동해사(東海寺)에서 훈계서(訓誡書)를 무네노리에 보내기도 했다. 야규 무네노리는 그후 50세가 넘은 후에 『신음류병법서·살인도·활인검』 3권을 세상에 남겼다. 이 병법은 자기 가문에 전하는 글이라 하여 이름하였다.

[원문]

진리교(進履橋: 다리 밑에 떨어진 신을 집어주는 맘으로 나아감)

신음류병법서(新陰流兵法書)

(1) 삼학(三學)
1. 몸가짐(身構: 미가마에, 공격·방어 자세)
2. 수족(手足, 손과 발)
3. 도검(太刀: 태도)
위(원문은 오른쪽)의 세 가지를 처음 배우는 입문이니, 이로부터 배움으로 들어갈 것이다.

(2) 삼학에서 대하여 다섯 가지를 익힘
1. 몸을 하나로 일치할 것.
2. 적의 주먹을 내 어깨에 받게 할 것.
3. 내 주먹을 방패로 삼을 것.
4. 왼 팔꿈치를 뻗을 것.
5. 앞 무릎에 체중을 싣고 뒷 무릎을 뻗을 것.

(3) 위 삼학(三學)의 첫수(初手)-이것은 자세이다.
첫수를 수레바퀴(車輪)라고도 한다. 이것은 도검(太刀)의 자세이다. 휘두르는 것을 차(車)라 이름한 것이다. 옆구리 자세이다. 왼 어깨를 치(베)게 하고, 치(베)는 것에 따라 휘둘러 이기는 것이다. 얕은 자세를 취해야 한다. 전체적으로 말해 자세란 적에게 베임을 당하지 않도록 조심하는 상태이다.

성곽을 구축하고, 해자를 파서 적이 가까이 오지 못하게 하는 마음가짐이다. 적을 베는 것에만 있는 것이 아니다. 경솔하게 기술을 걸지말고, 자신의 자세를 완벽하게 하여, 적에게 베임을 당하지 않도록 하라. 그러므로 먼저 자세를 비롯(시작)하는 것이다.

1. 일도양단(一刀兩斷: 단번에 쳐서 두 토막을 냄)
2. 참정절철(斬釘截鐵: 못을 부러뜨리고 쇠를 자름-과감하게 행함)
3. 반개방향(半開半向: 반은 열고 반은 향함)
4. 우선좌전(右旋左轉: 오른쪽으로 돌고 왼쪽으로 행함=좌선우전)
5. 장단일미(長短一味: 검의 길고 짧음 한 가지로 구애받지 않음)

이상은 하나하나가 서서 상대하는 입상(立相: 타치아이=師弟의 位)의 연습으로 구전(口傳)에 있는 바 글로 써서 나타내기 어렵다.

⑷ 구개(九箇)

1. 필승(必勝: 반드시 이김)

2. 역풍(逆風: 역풍, 앞바람)

3. 십태도(十太刀: 쥬다치)

4. 화복(和卜: 가보쿠)

5. 첩경(捷徑: 지름길)

6. 소힐(小詰: 시작)

7. 대힐(大詰: 막판)

8. 팔중원(八重垣: 여러 겹으로 두른 울타리)

9. 촌운(村雲: 뭉게구름)

이상은 선생과 제자가 서로 상대하여 가르치는 것으로, 글로 써서 나타내기 어렵다.(기법이 도해되어 있다)

⑸ 텐구쇼 태도 여덟가지(天狗抄 太刀數八)

1. 화차(花車)

2. 명신(明身)

3. 선대(善待)

4. 수인(手引)

5. 난검(亂劍)

6. 서(序)

7. 파(破)

8. 급(急)

덴구(天狗)란 일본 고유의 전설로 얼굴이 붉고, 코가 높으며 신통력이 있어 하늘을 자유로 날면서 심산에 산다는 상상적인 괴물이며, 태산처럼 커지기도 하고 콩알만큼 작아지기도 한다. 이는 태도의 검술수련 8종류의 텐구 명칭으로 기법이 도해된 것이기도 하다.

(6) 위 이외의 태도 여섯 가지(太刀數六, 신음류병법)

1. 첨절(添截)
2. 난절(亂截)
3. 극의(極意)
4. 무이검(無二劍)
5. 활인검(活人劍)
6. 신묘검(神妙劍)

이상의 여러 가지를 능하게 습득하여, 이 가운데로부터 천만 가지의 수를 창출해내야 한다. 삼학구개(三學九箇)라 한 것은 대체를 말한 것이다. 이 도를 잘 터득하는 것이 중요하지, 태도(太刀)의 가짓수가 중요한 것이 아니다.

(7) 계책은 장막 안에서 짜고, 승리는 천리 밖에서 결정한다.

한서고재기(漢書高宰紀)에 있는 이 문구의 마음은 장막을 치고, 그 안에서 여러 가지 계책을 세워 천리 밖의 적에게 이긴다는 것이다. 이 문구를 병법에서 중요하게 써먹는 것은 나의 가슴 안이 장막임을 깨달으라는 것이다. 내 마음 속에 준비가 되어 있고, 적의 움직임과 의도를 알아 여러 가지 의표와 적의 기틀(기회와 낌새)을 보는 것과 계책을 장막(마음) 안에서 짜는 것으로 알라는 것이다. 또 적의 기미(낌새)를 보아 태도(太刀)로 승리하는 것을 천리 밖에서 결정한다는 것을 알라는 것이다. 대군을 이끌고 합전하여 이기는 것이나 서로 상대하여 검술을 겨루는 것은 서로 다른 것이 아니다. 적과 검으로 둘이서 겨루어 이기는 마음을 가지고, 대군과 합전에 이기고, 대군과 합전하는 마음을 가지고 둘이 겨루는 병법으로 이기라는 것이다. 검 끝의 승리와 패배는 마음에 있다. 마음이야말로 수족을 움직이게 하는 것이다.

* 서파급(序破急: 산들바람으로 시작했다가 급하게 폭풍으로 몰아치는 일본

노악의 전개 양상)으로 들어가 삼구 이십칠 개의 절상(截相: 칼놀림)이 있다.

① 序: 上段 3, 中段 3, 下段 3
② 破: 상단 3, 중단 3, 하단 3, 도봉(刀棒), 절합(切合), 절갑(截甲)
③ 急: 상단 3, 중단 3, 하단 3, 상중하 각 일박자(一拍子: 노카쿠 용어인 기담에서 유래)

위의 이 1권은 사제가 서로 상대하여 가르치고 배우는 것이므로 위곡(委曲: 자세한 내용)을 글로 나타낼 수 없는 것이다. 이상의 목록을 깨달은 사람에게는 이 1권을 베끼어 전수(傳授)함으로써 문하(門下)의 제자임을 입증한다. 자손을 위해 이것을 알린다.

　　카미이즈미 무사시카미 후지와라 히데츠나(上泉武藏守 藤原 秀綱)
　　망부, 야규 다지마노가미 다이라 무네요시(亡父, 柳生但馬守 平 宗嚴)
　　적자, 야규 다지마노가미 다이라 무네노리(的子, 柳生但馬守 平 宗矩)

이 1권(두루마리)을 진리교(進履橋)라 한 것은 장량(張良)이 황석공(黃石公: 진나라 말엽의 병법가)에게 신을 집어 주고 병법을 전수받아, 계책을 세워 한고조(漢高祖)의 천하를 다스려 한가(漢家) 400년을 유지하게 하였는데, 이것에서 그 마음을 취해서 진리교라 이름 붙인 것이다. 이 책을 다리로 삼아 병법에의 길을 건너라는 것이다.

살인도 상(殺人刀 上)

병법가전서 상권 서(야규다지마노카미)

천도(天道)와 대기대용(大機大用)

옛날에 전해진 말에 "병(兵)은 상서롭지 못한 기(器)이다. 천도(天道)는 이것을 싫어한다. 멈추는 것을 얻지 못하고 이것을 사용하니, 이것도 천도(天道)이다"라고 하였다. 이것이 무슨 말이냐 하면, 궁시(弓矢)·태도(太刀)·장도(長刀) 이것을 병(兵: 쯔와모노)이라 하는데, 이것이 불길하고도 좋지 못한 기물(器物)이란 뜻이다.

천도(天道)란 사물을 살리는 도(道)인데 오히려 죽이는 일을 하니, 정말로 상서롭지 못한 기물이란 것이다. 그렇지만 하늘은 천도에 어긋나는 것을 싫어한다. 그렇기 때문에 어쩔 수 없이 병(兵)을 사용하여 사람을 죽이는 것도 천도라 하는 것이다. 이 마음은 마치 봄바람에 꽃이 피고 녹음이 무성하다가도 가을의 찬 바람이 불면 잎이 떨어지고 나무가 마르는 것과 같다. 이것이 천도의 성패(成敗)이다.

사물이 극점(極点: 璜台十成)에 도달하면 두드려 맞기가 쉽다. 운이 좋은 사람이라도 악을 행하면 그 악이 극에 달할 때 하늘이 이것을 친다. 이러하므로써 병(兵)을 사용하는 것을 천도(天道)라 하는 것이다. 한 사람의 악(惡)으로 인하여 만인(萬人)이 고통을 받는 일이 있다. 따라서 한 사람의 악인을 죽여 여러 사람을 살린다. 이것이야말로 사람을 죽이는 칼(殺人刀)이 사람을 살리는 칼(活人劍)이 되는 까닭이다.

이 병(兵)을 쓰는 데에는 법(法)이 있다. 법을 모르면 사람을 죽이기 전에 자신이 먼저 죽는다. 병법(兵法)이란 것을 깊이 생각해 보면, 사람과 내가 서로 맞서는 도법(刀法)으로 지는 이도 한 사람, 이기는 이도 한 사람이다. 이것은 아주 작은 병법이다. 승패에는 그 득실이 근소하다.

한 사람이 이기면 천하가 이기고, 한 사람이 지면 천하가 지는 것은 큰 병법이다. 그 한 사람은 대장(大將) 한 사람이다. 천하란 여러 가지의 군세(軍勢)이다. 여러 가지의 군세는 대장의 수족이다. 여러 가지 군세를 잘 움직이는 것은 대장이 그의 수족을 움직이는 것과 같다. 여러 군세가 움직여주지 않으면 대장의 수족이 움직이지 않는 것과 같다. 두 검이 마주하여 대기대용(大機大用: 기가 크게 표출되는 큰 작용인 자유자재로운 도법)이 되어, 수족을 잘 써서 승리하는 것처럼 여러 가지 세력을 잘 쓰고 계획하여 전쟁에서 이기는 것을 대장의 병법이라 한다.

또 두 진을 서로 벌리고 전쟁터에서 승부를 결정짓는 것은 말할 필요도 없이 따로 대장되는 사람이 방촌(方寸: 마음)의 가슴 속에 두 진을 벌리고 대군을 인솔하여 합전(合戰)해 보는 이것이 마음에 있는 병법이다. 태평한 시대에도 전쟁을 잊지 않는 것이 병법이다. 나라의 기(機: 국정의 움직임)를 보아 어지러움을 내몰고, 아직 어지럽기 전에 다스리는 것도 병법이다. 이미 잘 다스려진 때에는 먼 지방의 구석구석까지 열심히 일하라고 조정에서 보내는 관리인 수령(受領)·국사(國司)를 정하고, 나라를 지키겠다고 마음먹는 것도 역시 병법이다.

수령·국사·대관(代官: 직할 토지를 관장하고 지방민을 다스리는 지방관)·지두(地頭: 공령이나 장원을 관리하고 조세와 경찰업무까지 수행하던 관리)에게 사욕(私慾)이 있으면 아래 사람이 괴롭게 되니 이것이 바로 망국의 시작이다. 그 기미를 잘 살펴 이들 수령·국사·대관·지두의 사욕(私慾)으로 나라를 망치지 않게 하려고 계획을 세우는 것은 마치 겨루기의 병법에서 슈지슈리켄(手字種利劍: '手'字는 적의 칼이 쳐오는 곳이 十字가 되게 하라는 뜻이며, '種'字는 손 안에 깃들어 있는 적의 향방을 간파하라는 뜻)의 유무(有無)를 보는 것과 같다. 마음을 써서 잘 살필 일이다. 이것이 병법의 커다란 기미(幾微, 낌새)가

되는 것이다.

　임금의 좌우에 간사한 무리가 있으니 윗사람을 대할 때에는 도(道)가 있는 듯이 하고, 아래 사람을 대할 때는 눈을 부릅뜬다. 이 같은 사람에게 뇌물을 보내지 않으면 좋은 일도 나쁘게 만드니, 죄없는 사람은 괴로워하고 죄있는 사람이 자랑으로 여긴다. 이 같은 낌새를 보는 일은 슈지슈리겐(手字種利劍)보다 더 중요하다. 나라는 임금의 나라요, 백성은 임금의 백성이다. 임금의 좌우에서 일하는 사람도 모두 임금의 신하이다. 도시(都)가 멀리 있는 이도 같은 임금의 신하이다. 얼마나 친하고 소원한 사이인가? 임금을 위해서는 손발이 되어야 한다. 발은 멀고 손은 가깝다 하겠는가? 아픔과 가려움이 다르다고 하여 누구는 친하고 누구와는 소원하다고 할 수 있겠는가? 임금의 눈을 속여 백성들로부터 재산을 모으거나 죄없는 사람을 못살게 군다면 명군(名君)이라 해도 백성의 원성을 막지 못할 것이다.

　임금에 가까운 이는 5명 또는 10명만 있어도 적지 않다. 친하지 않은 사람이 더 많다. 많은 사람이 임금을 원망하는 마음으로 떠난다. 임금에 가까운 몇몇은 처음부터 제 몸만을 위하여 임금을 섬기는 것이니 조금이라도 소홀하게 대하면 원망하고, 일이 생기면 저 먼저 임금으로부터 마음이 떠나간다. 그렇다면 누가 있어 임금을 섬길 것인가? 이것은 오로지 임금의 곁에 있는 사람들이 하는 것이니 임금의 허물이 아니다. 이 낌새를 잘 보아 먼 곳에 있는 사람도 혜택을 받도록 해야 한다. 이렇게 낌새를 잘 살피는 것이라면, 곧 병법이다.

　역시 친구와 사귀는 데에도 처음과 끝이 변함 없는 것도 낌새(機)를 보아야 한다면 병법의 마음이 되지 않으면 안된다. 한 무리의 사람들과 교제하는 것도 낌새를 보는 마음이니, 모두 병법이다. 낌새를 볼 줄 알면, 바람직하지 않은 곳에 오래 머물러 있을 까닭이 없어지지 않으며, 사람의 낌새를 살피지 않아 구설수에 오르내리는 일도 없게 되니, 나의 몸의 멸망을 가져오는 일이 모두 낌새를 보느냐, 보지 않느냐에 달려 있다. 좌석에 여러 도구들을 진열하는 것도 그 장소에 따라 맞게 사용하는 것도 모두 그 좌석의 낌새를 보는 것이니, 병법의 마음에 다름 아니다. 실제 일은 언제나 변할지라도 진리(理)는 하나의 것이기 때문에 천하의 일에 있어서도 어그러지지 말아야 한다.

병법은 사람을 베는 것 뿐이라는 것은 잘못이다. 사람을 베는 것이 아니라 악(惡)을 없애는 것이다. 한 사람의 악을 죽여 만인을 살리려는 것이다. 지금 이 세 권에 쓰여진 것은 집밖으로 나가는 글이 아니다. 그렇다고 해서 도(道)가 감추어지는 것도 아니다. 비밀(秘傳)로 하는 것은 알리지 않기 위함이 아니고, 꼭 전해야 할 사람에게만 전수하기 위함이다. 알지 않으면 글이 없음과 마찬가지이니, 자손들은 이것을 잘 생각하여야 한다.

*대학(大學)은 초학(初學)의 문(門)

무릇 집에 들어가려면 문으로부터 들어가야 한다. 그러면 문은 집으로 들어가는 길잡이라 할 수 있다. 이 문을 지나 집으로 들어가 주인을 만난다. 배움(學)은 도(道)에 이르는 문이 된다. 이 문을 통해 도(道)에 도달한다. 따라서 학(學)은 문(門)이며, 집은 아니다. 문만을 보고 집이라 해서는 안된다. 집은 문을 지나서 그 안에 있는 것이다. 배움(學)을 문(門)이라 하면 문서(文書)를 읽으므로 이것을 도(道)라고 해서는 안되는 것이다. 문서(文書)는 도(道)에 이르는 문(門)이다. 그래서 어느 정도 학문을 해서 문자를 많이 알고는 있으나 도(道)에 어두운 사람이 있다. 글을 보고 잘 읽으며, 고인의 주석을 이해하고 있어도 도리(道理)에 어둡다면 도(道)를 나의 것으로 할 수는 없다. 그렇다고 해서 배우지 않고도 도(道)에 이른다고 할 수는 없다. 학문을 공부해 사물을 잘 안다고 하더라도 그 사람이 도(道)에 밝다고 할 수도 없다. 물론 배우지 않고도 천생으로 도(道)에 어긋나지 않는 사람도 있다.

대학(大學: 유교의 경서)에 치지격물(致知格物: 格物·致知·誠意·正心·修身·齊家·治國·平天下의 8조목의 앞 두 조목, 사물의 도리를 깨달아서 알기에 이르려면 사물의 이치를 끝까지 따지고 파고 들어야 함)이란 말이 있다.

치(致)는 '다하다'는 뜻이다. 지(知)를 '다하다'고 하는 것은, 모든 세상 사람들이 알고 있는 것을 모두 알고, 이 모든 것의 리(理)를 다 알아 모르는 것이 없는 것을 '지(知)를 다한다'고 말하는 것이다.

또 격물(格物: 이상정치 실현을 위한 여덟가지의 첫 단계)이란 '일을 다한다'고 읽는다. 그 일마다의 도리(道理)를 모두 안다면 모르는 일이 없을 것이니, 하지 못할 일도 없을 것이다. 아는 일은 만들기가 쉬우니, 일을 만들 수 있다. 리(理)를 모르면 어떤 일이라도 이루지 못한다. 만사가 모르는 것에서부터 이상해진다. 의심이 생겨 그 일이 가슴에서 떠나지 않게 되는 것이다. 도리(道理)가 밝혀지면 가슴에 남는 것이 없다. 이것은 '지(知)를 다하고 물(物)을 다한다'고 하는 것이다. 가슴에 아무 것도 남아있지 않으면 만사가 잘 이루어진다.

이런 까닭으로 여러 가지 도(道)를 배우는 것은 가슴에 남아있는 물(物: 인간의 감각으로 느낄 수 있는 실재적 사물, 또는 감각으로 느낄 수 없더라도 그 존재를 사유할 수 있는 일체의 것)을 마음에 차있는 의혹을 없애기 위함이다. 처음에는 아무 것도 모르기 때문에 가슴에 전혀 의혹이 남아있지도 않다. 배움에 들어가면서부터 가슴에 물(物)이 생기고, 그 물(物)에 방해를 받아 무슨 일이라도 하기 어렵게 된다. 그 배우는 일, 나의 마음에서 떠난다면, 배우는 어떤 것도 없어져, 그 방법대로 기량을 발휘하는데, 배움에 방해를 받지 않으므로 기량은 쉽게 이루어지고, 배움에 방해받지 않고 내가 그 일을 해나가면서 나도 모르는 사이에 배움을 맞게 된다.

병법(兵法)의 도(道)는 이것에서 깨달음을 얻어야 한다. 백가지 기술의 검법(太刀)을 배우고 연구해, 몸의 자세, 눈두기 등 여러 가지 배움을 잘 배워 수련하는 것은 '지(知)를 다하는' 마음이다. 그런데 잘 배우면 배움의 여러 가지가 가슴에서 없어져 아무런 마음도 없어지니 이것이 물(物)을 격(格: 이치를 연구하여 끝까지 파고 들어 궁극에 도달하는 것)하는 마음이다. 가지가지의 배움을 성취하고, 연습의 수련과 수행의 공력이 쌓이면 수족(手足)으로 하는 몸의 행위는 있으나 마음에서는 떠나서 배움과 다르되 배움을 맞아 무슨 기술이든 자유롭게 된다. 이 같은 때는 나의 마음이 어느 곳에 있는지 나도 모르는데 하물며 천마외도(天魔外道: 사람을 사악한 길로 유혹하는 마왕과 악인)가 어찌 나의 마음을 엿볼 수 있겠는가? 이 경지에 이르기 위해 배우는 것이다. 배워서 얻으면 연습(習)은 없어진다.

이것이 제도(諸道)의 극의향상(極意向上)이다. 배움을 잊고, 마음을 던져 버려, 나도 전혀 의식하지 않으면서도 리(理)에 맞는 것이 도(道)의 지극(至極)이다. 이 첫단계(一段)는 연습(習)으로 들어가 연습(習) 없는 곳에 도달하는 것이다.

1. 기(氣)와 지(志)라는 것

속으로 준비하고 생각하는 마음을 뜻(志)이라 한다. 안에 뜻(志)이 있어 밖으로 나오는 것이 기(氣)이다. 예를 들면 지(志)는 주인이요, 기(氣)는 종복이다. 지(志)가 안에 있어 기(氣)를 부린다. 기(氣)가 강해 지나치게 쏠리면 실패하게 된다. 기(氣)를 지(志)가 당겨 멈추고 지나치게 서두르지 않도록 해야 한다. 병법에서 말하는 하작(下作: 마음을 담는 장소: 단전)에 잘 다지는 것을 지(志)라 한다. 이미 마주 일어서서 겨루기에서 나타나는 것이 기(氣)이다. 하작(下作)에 신중히 다잡아 기(氣)를 급하게 걸지 마라. 지(志)로 기(氣)를 당겨 멈추고, 기(氣)에 지(志)가 끌려가지 않도록 하여 진정(鎭靜)하는 것이 간략한 요점이다.

2. 표리(表裏)는 병법의 근본이다.

표리란 계략(計略)이다. 거짓으로서 참을 얻는 것이다. 표리란 생각하면서 시도하지만 넘어가주지 않고 맞아주지도 않는 것이다. 내가 표리를 시도하면 상대가 걸린다. 거는 사람으로써 걸리게 하여 이긴다. 걸리지 않는 사람, 걸릴 것 같지 않다고 보일 때면 다시 이쪽에서 건다. 그러면 적의 걸리지 않음도 걸리게 된다. 불법(佛法)에서 말하는 방편(方便)이 이것이다. 진실을 안으로 감추고 밖으로 헤아리는 것도 결국 진실한 길로 끌어들일 때에는 거짓도 결국은 진실이 된다. 신기(神祇, 신(神)은 천신(天神)·기(祇)는 지신(地神))에는 신비로운 비밀을 가지고 사람의 신앙을 끌어내는 것과 같다. 믿을 때 리(利)가 생긴다.

무가(武家)에서는 무략(武略)이라 한다. 략(略)은 속이는 것이지만 사람을 다치게 하지 않고, 이길 때에는 속이는 것이 오히려 나중에 참(眞)이 된다. 역(逆)으로 잡아서 순(順)으로 다스린다는 것이 이것이다.

3. 풀을 쳐서 뱀을 놀라게 한다는 것이 선(禪)에서 말하는 것이다.

풀 속에 있는 뱀을 쳐서 놀라게 하듯이 사람을 한 번 더 놀라게 하는데 그 놀라게 하는 것이 성공의 방도이다. 생각지도 않은 일을 시작해서 적을 넋빠지게 하는 것도 표리요, 병법이다. 넋을 빼앗아 적의 마음을 잡으면 솜씨가 태만해진다. 부채를 펴 보이거나 손을 들어 보이는 것도 적의 마음을 잡는 것이다. 내가 가지고 있는 태도(太刀)를 던져버리는 것도 병법이다. 무도(無刀)의 경지에 도달하면 태도에 집착하지 않게 된다. 타인의 검도 나의 검이다. 기전(機前)의 작용이다.

4. 기전(機前)이라는 것은 적의 기(機) 앞에 있다는 마음이다.

기(機: 일의 작용)라는 것은 가슴에 있는 기(氣: 기운)이다. 기(機)란 기(氣)이다. 적의 기(氣)를 잘 살피고, 그 기(氣) 앞에서 그 기(氣)에 맞추어 움직이는 것을 기전(機前)이라 한다. 선기(禪機: 수행의 작용)라고 하여 선(禪: 수행)에는 이 같은 작용이 있다. 안에 감추고 있어 밖으로 드러나지 않은 기(氣)를 기(機)라고 한다. 추기(樞機: 사물의 중요한 곳)라고 하여 문안에 있는 돌쩌귀(문지도리)에 비유할 만한 것이다. 안에 숨겨져 박혀 있어 보이지 않는 기(機)를 잘 보고 움직이는 것을 기전(機前)의 병법이라 한다.

현대(懸待) 두 글자의 자세한 내용

1. 현(懸: 덤빔: 걸기)이란

맞서거나 맞서지 않거나 일념으로 상대를 내가 먼저 태도(太刀)로 단번에 베어버리려고 덤비는 것을 말한다. 적의 마음이나 나의 마음도 덤빌(懸) 때의 마음가짐은 같다.

2. 대(待: 기다림)란

갑자기 베려고 덤비는 것이 아니라, 적이 걸어오는 검을 기다리는 것이다. 엄숙한 마음으로 기다리는 것을 대(待)라고 생각하면 된다. 현대(懸待)는 덤빔(걸기)과 기다림의 두 가지이다.

3. 몸과 태도(太刀)에는 현대(懸待)의 도리가 있는 것

몸을 적에게 가까이 하는 듯이 하여 현(懸)으로 하고, 태도(太刀)를 대(待)로 하여 신족수(身足手)에 적의 선수를 끌어내, 적이 선수를 치게 하여 이긴다. 여기에서 신족(身足)은 현(懸), 태도(太刀)는 대(待)가 된다. 신족(身足)을 현으로 한 것은 적이 선수를 치게 하기 위함이다.

4. 몸과 마음에 현대(懸待)가 있는 것

마음(心)을 대(待)로 몸을 현(懸)으로 한다. 마음이 현이 되면 지나치게 달려서 나빠질 정도에 이르므로 마음을 눌러 대(待)로 하고, 몸을 현(懸)으로 하여 적이 선수를 치게 하고 이겨야 한다. 마음을 현(懸)으로 하면 먼저 사람을 베려고 하여 오히려 지게 된다. 또 유의(流儀)에 따라서는 마음을 현(懸)으로, 몸을 대(待)로 하는 것도 있음을 알아야 한다. 왜냐하면 마음은 방심하지 않고 움직여, 마음을 현(懸)으로 하며, 태도(太刀)를 대(待)로 하여 상대에게 선수를 치게 하는 마음을 갖게 하려는 것이다. 몸(身)이란 바로 태도(太刀)를 쥐고 있는 손(手)이라 생각하면 된다. 그러면 마음은 현(懸)으로 몸은 대(待)라고 말하는 것이다. 뜻(意)은 둘이라 하더라도 끝(極)나는 곳은 같은 마음이다. 어떻든 적에게 선수를 치게 하여 이길 것이다.

5. 적이 현(懸)일 때, 내가 겨루기에서 배워야 할 것

(1) ① 니쇼(二星: 칼자루를 쥔 양손의 주먹의 움직임), ② 미네타니(嶺谷: 오른팔과 왼팔로 상단 자세를 취한 적에게 쏘아보는 눈초리), ③ 구미모노(組物: 겨루기 할 때)는 도오야마(遠山: 앞쪽 양 어깨와 가슴 사이에 눈두기)로 할 것. 이상의 세가지는 메츠게(目着: 눈두기)이다. 그 자세한 것은 구전한다.

(2) ① 원근의 박자, ② 몸의 위치 센단(栴檀: 두 잎이 나란히 있는 멀구슬나무처럼 두 검이 나란히 되는 것을 피함으로써 적이 먼저 쳐 이기지 못하도록 하는 마음가짐이다)의 마음을 가질 것.

이상 두 조목은 태도(太刀)와 몸의 자세이다.

① 주먹을 방패로 하는 일
② 몸을 오로지(온전히) 할 것.
③ 적의 주먹을 내 어깨로 받게 할 것.
④ 뒷발을 벌린다는 마음먹을 것.
⑤ 자세는 언제나 상대방과 같은 자세를 취할 것.

이상의 5개 조목은 몸에 있고, 태도(太刀)에도 있으니 하나 하나 겨루기에서 배워야 한다. 글로는 표현하지 못할 것이 많다. 마음가짐은 이 5개 조목과 함께, 적과 맞서기 전에 하작(下作)에 신경을 써 마음에 빈틈이 없게 하며, 맞서서는 마음이 둘로 분열되지 않도록 하는 것이 중요하다. 마음에 하작(下作) 없이 갑자기 맞서서는 배운 기술도 아무 것도 나오지 않는다.

6. 적이 대(待)일 때 맞서기를 배워야 할 법

앞 5.의 (1)에서 본 바와 같이 ① 니쇼(二星) ② 미네타니(嶺谷) ③ 도오야마(遠山)이다.

이상의 3개 조목은 대(待)를 취한 적에게는 이 3개 조목의 눈두기(目付)이다. 이 눈두기는 현(懸)과 대(待)에 모두 이용된다. 이 눈두기는 매우 중요하다. 칠 때는 ② 미네타니(嶺谷)의 눈두기, 벨 때 혹은 겨루기할 때는 ③ 도오야마(遠山)의 눈두기를 마음에 새겨야 하며, 끊임없이 계속되는 눈두기는 ① 니쇼(二星)이다.

7. 마음가짐의 세 가지

세 가지는 바로 산켄(三見: 쳐들어 오는 상단자세, 뒤로 빠지는 하단자세, 공격을 기다리는 중단자세)이다. 붙이고·걸치며·익히기의 공격 모양새인 이상 3가지이다. 적이 어떻게 나올지를 모를 때에는 이것으로 적을 건드려 보는 것이 좋다. 적의 마음을 헤아리는 것이다. 엄하게 기다리는 적에게는 산켄(三見)을 응용하여 표리(表裏)를 걸어, 적으로 하여금 손을 내뻗게 하여 이기는 방법이다.

8. 기색(氣色)으로 취해 기색을 뒤따름

이 마음은 기다리는 적에게 이쪽에서 여러 가지 기색(적의 공격 모습, 칼뽑기, 몸동작의 변화 등)으로 걸어보아 적의 기색을 알아내는 것이다. 그 기색에 대응하여 이기는 것이다.

9. 제2의 보는 눈매

기다리는 적은 여러 가지로 표리(表裏)를 걸어 적의 움직임을 보되, 보는 것처럼 하고 보지 않으며, 안보는 것처럼 하고 보아, 조금도 마음을 놓지 않으며, 한 곳에만 눈을 두지 말고 눈을 옮겨 슬쩍슬쩍 재빨리 본다. 어떤 시(詩)에 "투안(偸眼: 곁눈질)으로 청정백로(蜻蜓伯勞)를 피한다"는 구(句)가 있다. 투안(偸眼)이란 몰래 훔쳐 보는 것(곁눈질)이다. 잠자리(蜻蜓)가 백로(伯勞: 白鷺)에게 잡히지 않으려고 백로 쪽을 보면서도 안보는 척 날아 도망치는 것을 읊은 것이다. 백로는 왜가리이다. 적의 움직임을 슬쩍 훔쳐보아 마음을 풀지 않고 움직여야 한다. 사루가쿠(猿樂: 가무와 흉내내기를 연출하는 노(能)와 쿄캔(狂言)의 원천이 된 헤이안시대 민중의 해학적인 움직임이나 곡예 중심의 예능. 申樂 또는 散樂으로도 표기한다)의 노(能)에 후다츠메즈카이(제2의 보는 눈매: 곁눈질)이라는 것이 있다. 보다가 눈을 옆으로 옮기는 것이다. 한 곳에 눈을 멈추지 않는 것이다.

10. 치면 맞아라, 맞고 이기는 마음가짐의 법

사람을 한칼에 베는 것은 쉽다. 사람에게 베이지 않는 것은 어려운 일이다. 사람은 베려고 생각하고 내리쳐도 몸에 맞지않을 만큼의 사이를 두어, 신중히 납득하여 놀라지 않고 적에게 얻어 맞는 것이다. 적은 맞을 것이라 생각하고 치겠지만 간적(間積: 쯔모리; 검과 검 사이의 거리)이 있으면 맞지 않는다. 맞추지 못한 태도(太刀)는 사태도(死太刀)이다. 이곳을 내쪽에서 넘겨쳐 승리하는 것이다. 적이 선수로 친 것은 피하고 오히려 선수의 태도(太刀)를 적에게 찔러 넣는다. 태도(太刀)를 한 번 친 다음에는 앞선 손을 들면 안된다. 치고 난 다음에 어떤 기술로 칠까 주저하면 두 번째의 태도(太刀)는 반드시 적에게 얻어맞게 된다. 여기에서 마음을 놓으면 패한다. 친 곳에 마음을 두었기 때문에 태도(太刀)의 선수를 헛되게 한 것이다. 친 곳은 베어졌거나 베었거나 그대로 마음을 쓰지 말아야 한다. 두세번, 아니 네 다섯 번을 거듭 쳐야 한다. 적이 얼굴을 들 수 없을 정도로 타격을 가해야 한다. 이기는 것은 한 번의 태도(太刀)로 결정된다.

11. 삼박자(三拍子)의 법

서로 치는 것이 하나, 들어오면서 붙어서 치는 것이 하나, 찔러오면서 넘겨치는 것이 하나이다. 상합한 박자는 나쁘고, 상위한 박자가 좋다. 박자에 맞으면 적의 태도(太刀) 사용이 좋아진다. 박자가 상위하면 적이 태도(太刀)를 쓰지 못한다. 적이 태도(太刀)를 쓰지 못하게 쳐야 한다. 들거나 넘는 것도 무박자로 쳐야 한다. 대체로 따라 하는 박자는 나쁘다.

12. 대박자(大拍子)는 소박자(小拍子)로, 소박자는 대박자로의 대응법

적이 대박자의 자세를 취하고 태도(太刀)를 쓴다면 나는 소박자의 자세를 취한다. 적이 소박자이면 나는 대박자를 취한다. 이것도 적과 박자를 맞추지 않으려고 쓰는 마음가짐이다. 박자가 실리면(얹치면) 적이 태도(太刀)를 쉽게 쓰게 된다. 예를 들면 상수(上手)의 노래는 타지 않으면서도 간격만큼 하수(下手)의 북으로는 이것에 맞추기가 어려운 것이다. 상수의 노래에 하수의 북, 상수의 북에 하수의 노래처럼, 노래하기 어렵고 북치기 어렵도록 적에게 시도해오는 것을 대박자 대 소박자, 소박자 대 대박자로 한다.

하수의 노래는 대박자로 흘러버리니, 상수의 북이 소박자로 치려고 해도 칠 수가 없는 것이다. 또 상수의 노래가 가볍게 노래하려 해도, 하수의 북이 치려고 해도 느려져 노래를 맞출 수가 없다.

상수의 새 찌르기는 작살을 새에게 보이고, 저쪽에서 작살을 흔들흔들거리면서 슬슬 접근하여 찌른다. 새가 작살의 흔들흔들거리는 박자에 속아 날개를 펼칠까 접을까 펼칠까 접을까 망설이다가 찔리는 것이다.

적에게까지도 박자가 틀리도록 해야 한다. 박자가 틀리면 몸을 날게 하려다 발을 내딛게 된다. 이런 것을 마음에 새겨 음미해야 한다.

13. 음악(唱歌)에 마음붙이는 법

춤이건 노래건 음악을 모르면 행할 수가 없다. 병법에도 음악의 마음을 가져야 한다. 적의 태도(太刀)의 움직임이 여하튼 어떠한 자세를 취하든 신중히 살펴 그 깊은 마음을 아는 것은 춤이나 노래의 음악을 잘 기억하는 마음과 같다. 적의 움직임과 그 행동을 잘 알면 적을 자유롭게 요리할 수 있다.

14. 태도(太刀) 동행의 법

적의 타격에 동반해 덤벼서 치는 것을 말한다.

15. 적과 자기 편과의 양쪽 3촌(三寸)의 법

적이 공격해 올 때 태도를 양쪽에서 서로 기다릴 때 3촌(9.09cm)거리이면 재빨리 승리를 얻게 된다.

16. 몸을 재빨리 훔치는 법

보다 안쪽으로 몸을 옮기는 것을 3척(90.9cm)을 빼앗는다고 한다.

17. 상단의 맨몸에 눈을 두는 법

팔꿈치의 맨몸 뒷면 바깥인 미네타니(嶺谷) 뒤쪽이다.

18. 수래(車)의 태도(太刀), 좌우로 나누어 눈두기 법

양손으로 칼을 잡을 때 손잡이 부분의 양쪽으로 눈을 둔다.

19. 삼척(三尺) 정도로 좁히는 법

태도거리, 내 발끝부터 적의 발끝까지의 거리로 3척(90.9cm)까지 다가가는 거리가 이상적이다. 3척 안에는 태도에 당하고 3척 밖에는 미치지 못한다.

이상의 6조목(14~19조목)은 사장(師匠: 스승이 될만한 사람)과 마주 서서 그 법을 구전으로 배워야 하는 조목이다. 글로서는 표현하기 어렵다. 이상의 조목으로 여러 가지로 기술을 걸고, 표리(表裏)를 구해도 놀라지 않고 적에게 선수를 칠 생각도 없이 굳게 기다리는 적이 있을 때에는 삼척(三尺: 태도간격)을 훔쳐 적의 몸에 가까이 간다. 이렇게 되면 적이 참지 못하고 걸기(懸)로 바꿀 때 적이 선수를 치게 하여, 맞으면서 적을 친다. 여하튼 적이 쳐오지 않는다면 이길 수 없는 것이다. 적이 나를 쳐와도 내게는 맞지 않는 간격을 잘 기억하지 못하면, 돌연히 재차 얻어맞는 수가 없다고 말하지 못한다. 그 단계를 잘 연습하여, 두려움 없이 적의 몸으로 다가가서 치게 하면 오히려 승리하게 된다. 선수(先手)의 선(先)을 잡는 마음가짐이다.

20. 다이쿄쿠(大曲: 적이 올 곳을 예비하여 이기는 것)의 법

대곡법(待曲法)의 대곡(待曲)이라고도 한다. 걸거나 처음의 베기 시작하는 것은 구전(口傳)으로만 행한다.

21. 잔심(殘心: 승패와 접전상태에 마음씀이 없으며 눈두기에 마음을 둠)에 관한 법

현대(懸待: 걸기와 기다림)와 함께 이용할 것, 구전으로만 행한다.

22. 코다치(小太刀)의 1자 5치(136cm)를 벗어나는 법

나의 몸 좌우 어깨 끝에서 136cm의 거리를 정한다. 벨 때는 그 몸을 선단으로 하면 고다치(小太刀: 소태도)가 적의 목에 닿게 된다.

23. 공격할 때 현대(懸待)가 있다는 법

몸을 현(懸: 걸기)으로, 태도(太刀)를 대(待: 기다림)로 마음먹는다.

이상의 것(20~23조목)들도 사장(師匠: 스승이 될만한 사람)과 마주 서서 그 법을 구전으로 배우지 않으면 성공하기 어려운 것이니 글로 표현할 길이 없다.

24. 풍수(風水: 바람과 물)의 소리를 듣는 법

하여간(누가 무어라 해도) 이 도(道)는 표리를 본(本)으로 하여 여러 시작을 열며, 색(色)을 걸어 적으로 하여금 먼저 치게 하여 이기는 분별뿐이다. 승부를 겨루지 않을 때도, 적이 걸기(懸)를 해 올 것이라 각오하고 긴장을 풀면 안된다. 하작(下作)에 전념함이 중요하다. 적이 걸기(懸)는 하지 않을 것이라고 생각하고 맞서기가 무섭게 어처구니 없이 급히 쳐들어오면 내가 평생에 걸쳐 배운 것도 아무 손도 나갈 수 없게 된다. 맞붙는 심신족(心身足)은 걸기(懸)로, 손을 기다림(待)으로 하는 것이 중요하다. 있음(有)을 마음으로 잘 살펴야 한다. 있음(有)을 손으로 잡으라는 것이 이것이다. 여하튼 고요히 이것을 보지 못하면 태도(太刀)의 법을 배웠어도 쓰지 못한다.

바람과 물 소리를 들으라는 것은, 위는 고요하게, 아래는 기현(氣懸)으로 기다리라는 것이다. 바람(風)은 소리가 없는 물(物)이다. 사물에 부딪혀 소리가 된다. 따라서 위의 바람은 고요하며, 아래에는 수많은 목죽(木竹)의 물건에 닿아 그 소리가 시끄럽고 급한 것이다. 물도 위에서 떨어지는 것은 소리가 없다 물(物)에 지나지 않으나 아래에 떨어져, 밑으로 가면서 시끄러운 소리를 낸다. 이것을 예로 인용해서 위(上)는 정(靜)으로, 아래(下)는 기현(氣懸)으로 기다리라고 한 것이다. 겉(外)으로는 너무도 조용하되 안(內)으로는 기(氣)를 현(懸)으로 하여 긴장을 풀지 말라는 것이다. 신수족(身手足)이 급한 것은 나쁘다. 현대(懸待)를 내외(內外)로 건다. 한편으로 치우치는 것은 나쁘다.

음양이 서로 맞는 마음가짐을 사유(思惟)한다. 움직임(動)은 양(陽)이요, 조용함(靜)은 음(陰)이다. 음과 양은 안팎이 바뀌니, 안(內)이 움직이면 양(陽)이 되므로 바깥(外)은 음(陰)이 되어 정(靜)이 된다. 안이 음(陰)이면 움직임이 밖으로 나타난다. 이같이 병법에서도 내심으로 기(氣)를 작용시켜 움직여 긴장을 풀지 않으면서, 밖으로는 짐짓 고요하게 한다. 이것은 양(陽)이 안으로 움직이면 음(陰)이 밖에서 정(靜)하는 천리(天理)에 맞는 것이다. 내심(內心)을 잡히지 않으려고 밖을 엄하게 현(懸)하거나, 안을 정(靜)하게 하여 밖을 현(懸)하게 하면 밖이 어지러워진다. 내외(內外)가 함께 움직이면 어지러워지는 것이다. 현대(懸待)·동정(動靜)·내외(內外)를 균등하게 할 것이다. 물새(水鳥)가 조용히 물위에 떠있는 것 같아도 물갈퀴를 쉬지 않고 움직이듯 내심(內心)의 긴장을 풀지 않는 연습을 계속 쌓는다면 내심이 밖과 함께 녹아, 내외(內外)가 하나 되니 조금의 걸림도 없게 된다. 이 지위에 이르면 지지극극(至至極極)이다.

25. 병(病氣)이라는 것

딱딱하게 외곬으로만 생각하는 것도 병(病)이다. 병법을 쓰는데도 외곬으로만 생각하는 것은 병(病)이다. 배운 것만을 내놓으려고 생각하는 것도 내놓으려 하지 않는 것도 병(病)이다. 아직 내놓을 때가 아니라고 생각하는 것도 병(病)이다. 병을 떨쳐버리려고 외곬으로만 생각하는 것도 병(病)이다. 어떤 일이든 마음의 한 구석에 두는 것이 병(病)이다. 이와 같이 여러 가지의 병(病)이 모두 마음에 있으니 병(病)을 없애려면 마음을 조절하여야 한다.

26. 병(病)을 없애는 초중(初重)·후중(後重)의 마음가짐의 법

(1) 병(病)을 없애는 초중(初重)

염(念: 생각)을 건너서 무념(無念), 착(着: 마음에 달라 붙음)을 건너서 무착(無着)에 이른다. 병(病)을 없애야지 하고 생각하는 것이 염(念)이다. 마음에 있는 병을 없애겠다고 생각하는 것이 염(念)으로 건너는 것이다. 병(病)이라고 말하는 것도 한쪽으로만 치달리는 염(念)을 말한 것이다. 병(病)을 없애겠다고 생각하는 것이 염(念)이다. 그렇다면 염(念)으로 염(念)을 없애야 한다. 염(念)을 없애면 무념(無念)이다. 그래서 염(念)을 건너서 무념이라 한 것이다. 염(念)에 남아있는 병(病)을 염(念)으로 없애면 나중에는 없애야 할 염(念)이나 없어져야 할 염(念)이 모두 없어진다.

쐐기(비녀장)를 박아 쐐기를 뺀다는 것은 바로 이것이다. 쐐기가 빠지지 않을 경우에 똑같은 쐐기를 박아 넣으면, 틈이 더 벌어져 쐐기가 빠지는 것이다. 빠지지 않던 쐐기가 빠지면, 뒤에 박았던 쐐기도 뒤에는 남지 않는다. 병(病)이 없어지면 병을 없애야겠다는 염(念)도 없어지니, 염(念)을 건너서 무념이 되는 것이다. 병을 없애겠다는 생각은 병에 집착한 물(物)이지만, 그 집착으로 병을 없애면 착(着)도 남지않는 상태이니, 착(着)을 건너서 무착(無着)이라 한 것이다.

(2) 후중(後重: 無念無着 단계)

후중이란 오로지 병을 없애겠다고 생각하는 마음이 없는 것이다. 없애겠다고 생각하는 것이 병(病)이다. 병난 대로 두어, 병과 함께 어울려 있되 병을 살피는 것이다. 병을 없애겠다는 생각은 병이 없어지지 않고 마음에 남아있기 때문이다. 그래서 조금도 병이 없어지지 않다고 할 정도의 일이나 생각에 따라 약간의 착(着: 마음에 달라붙음)이 남아있다면 좋은 것(勝利: 선어)이 될 수 없다. 어떻게 해야 마음에 새겨 둘 수 있을까? 대답하여 가로되 초중과 후중으로 나눈 것이 그 방법이다. 초중(初重)의 마음가짐을 수행하여 쌓으면, 집착을 없애겠다고 생각지 않아도 저절로 착(着)이 떨어져 나간다.

병(病)이란 것은 집착(着)이다. 불법(佛法)에서는 착(着)을 매우 싫어한다. 착을 벗은 중(僧)은 속세에 섞여 살아도 물들지 않으며, 어떤 일을 해도 자유로워 멈추지 않는다. 여러 가지 도(道)의 달통자(達通者)라도 그 기술상에 부착해서 착(着)이 떨어지지 않았다면 명인(名人)이라 말할 수 없다. 제대로 닦이지 않은 거친 옥에는 먼지나 티끌이 끼이게 마련이다. 잘 닦여 반짝이는 옥은 진흙 속에 있어도 더러움이 끼지 않는다. 수행하여 마음의 옥(心玉)을 갈고 닦아 더러움에 물들지 않게 하듯이 병(病)에 맡겨 집착의 마음을 버리고 행하고 싶은 대로 할 것이다.

평상심(平常心)

① 승려 고덕(高德)에게 묻기를 어떤 것이 그 도(道)인가? 고덕이 답하여 가로되 평상심(平常心)이 그 도(道)라고 한 것이다.

이 이야기는 여러 도(道)에 통하는 도리(道理)이다. 도(道)란 것이 무엇인가 물었더니 평상심을 도(道)라 한다는 것이다. 정말로 지극(至極)한 말이다. 마음의 병(病)이 모두 사라지고 평상(平常)의 마음이 되어 병과 섞이되 병이 없는 경지이다.

  활을 쏠 때 활을 쏜다는 생각이 있다면 활끝(弓前: 弓先, 유미사끼)이 어지러워져 안정되지 못한다. 태도(太刀)를 쓸 때 태도를 쓴다는 마음이 있다면 칼끝(太刀前: 太刀先, 다찌사끼)이 안정되지 않는다. 글을 쓸 때 쓴다는 마음이 든다면 붓이 안정되지 못할 것이다. 비파(琵琶: 밖으로 타는 것을 비(琵), 안으로 타는 것을 파(琶)라 함)를 타는데, 탄다는 마음이 생기면 곡이 어지러워진다.

  활쏘는 이는 활쏘는 마음을 잊고, 아무 것도 생각하지 않을 때의 평상의 마음으로 활을 쏘면 명중된다. 태도(太刀)를 쓰건 말(馬)을 타건, 태도(太刀)를 쓰지 않으며, 말(馬)을 타지 않으며, 글쓰기를 하지 않으며, 비파를 타지 않듯이 일체 생각을 잊고 보통 때의 마음 그대로 여러 가지를 행하면 그 여러 가지 일들이 어렵지 않게 진행된다.

  도(道)란 것이 무엇이가 하고 이것만을 가슴에 담는 것은 도(道)가 아니다. 가슴에 아무 것도 없는 사람이 도인(道者)이다. 가슴에 아무 것도 없고, 또 어떤 일도 이루지않겠다고 하면 일이 더 쉽게 이루어진다. 거울이 항상 맑으면 비추이는 물건이면 무엇이든지 밝게 비추는 것과 같다. 도인(道者)의 가슴 속은 거울과 같아 아무 것도 없이 맑아 무심하니 일체의 것 하나라도 숨기는 것이 없다. 다만 평상심(平常心)이 있을 뿐이다. 이 평상심을 가지고 일체의 일을 행하는 사람을 명인(名人)이라 부른다. 만사(萬事)를 행함에 마음을 바르게 가지고, 행하는 마음을 밖으로 나타내지 말 것이다.

  한 길로 그 일을 행하는데 종잡을 수가 없어 한 번은 좋고, 좋은가 싶더니 나쁘며, 어쩌면 두 번은 좋고 한 번은 나쁘다. 좋은 일 두 번에 나쁜 일 한 번이라 기뻐하지 않거나, 이것은 잘 하려고 생각하는 마음 때문이다. 연습(수련)이 쌓이면 더 이상 잘 해야지 하는 마음이 없어지고 무슨 일을 하든 생각이 없어져 무심무념(無心無念)이 되어 나무로 만든 도코노보(道幸の坊: 꼭두각시 연출자의 자유)가 재주부리는 듯한 경지에 이르게 된다. 이때에는 나도 모르게 마음에 두는 것도 없이 신수족(身手足)이 행할 때 열 번이면 열 번 다 맞게 된다. 그 사이에도 조금이라도 마음에 걸리는 것이 있다면 맞지 않게 된다. 무심(無心)일 때에 모두 맞게 된다. 무심(無心)이라고 하여 일체의 마음이 없어지는 것이 아니다. 다만 평상심이 된다.

② 목인(木人)이 화조(花鳥)를 보듯하라.

이것은 방온거사(龐蘊居士: 당나라 형주 형양현(衡陽縣) 사람, 이름은 蘊, 자는 道玄, 석두(石頭)의 희천(希遷)을 만나 마조도일(馬祖道一, 709~788)과 함께 法을 받고, 평상심이 곧 도라고 주장한 선사에게서 수행)의 말이다. 나무로 만든 사람이 화조를 보듯 하라는 것이다. 눈은 화조를 보고 있으나 마음은 움직이지 않는 것이다. 목인(木人)은 마음이 없으니 움직임이 없다. 가장 도리에 맞는 말이다. 마음이 있는 사람으로서 목인처럼 된다는 것은 어떻게 해야 그렇게 될까? 목인(木人)은 비유이다. 마음이 있는 사람으로서 나무처럼 될 수가 없다. 사람이 어찌 죽목(竹木)처럼 될 수 있으랴. 꽃을 볼 때 꽃을 본다는 마음을 새로이 일으켜 보지 말라는 것이다. 오로지 평상의 마음으로 무심하게 보라는 것이다. 평상심으로 쏘라는(射) 것이다. 상(常)의 마음을 무심(無心)이라 부른다. 상(常)의 마음을 바꾸어 새로운 마음을 만들면 형(形)도 새롭게 변해 내외(內外)가 함께 움직이게 된다. 동전(動轉: 깜짝 놀라서 어떻게 할 바를 모르는)하는 마음으로 일을 하면 무엇이든 확실하게 되는 것이 없다. 말 한 마디를 해도 동전(動轉)하지 않도록 하는 것이 사람을 칭찬하는 것이 된다. 제불(諸佛)의 부동심(不動心)이란 것은 정말로 좋은 것이다.

이상의 두 조목(①과 ②)은 병법의 악습(病氣)을 없애는 마음가짐에 이용되는 것이다.

방심심(放心心) — 마음을 다잡지 않고 놓아버리는 마음

이 말은 중봉화상(重峯和尙: 원나라 때의 선승, 1263~1323. 항주(杭州) 전당

(錢塘) 사람으로 이름은 명본(明本), 호는 幻住道人. 원의 제14대 영종황제(寧宗皇帝)의 신임이 두터웠다)이 붙인 초중(初重)·후중(後重)이 있다. 마음을 놓아 버리면 행선지(行先地: 목적지)에 멈추어 마음을 두지 못하도록 뒤에 착착 바꾸고 바뀌도록 가르치는 것이 초중(初重: 마음을 모으는 것)의 수행이다. 태도(太刀)를 한 번 치고 친 곳에 마음이 멈추는 것을 나의 몸에서 찾아 되돌리는 가르침이다. 후중(後重: 모은 마음을 놓아 버리는 것)은 마음을 놓아 마음이 가고 싶은 곳으로 가게 하는 것이다. 놓아버리는 것이나 멈추지 않는 마음이 되는 것은 마음을 놓는 것이다.

방심심(放心心)을 가지라는 말은 마음을 버리는 것을 말한 것으로, 마음이 줄(망상)에 매이어 언제나 당겨지면 자유롭지 못하다. 놓아버려도 머물지 않는 마음을 방심심이라 한다. 이 방심심을 가지면 자유롭게 일할 수 있다. 줄에 묶여 있다면 부자유하다. 개나 고양이도 풀어 놓는 것이 좋다. 줄에 묶인 개나 고양이는 불쌍하다.

유서(儒書: 유학의 경)를 읽는 사람은 경자(敬字: 경의 글자)에 머물러, 이것을 향상의 지표로 삼고 일생을 경(敬: 남을 공경함)의 글자에 매달리니, 마음을 줄에 묶인 고양이 꼴로 만든다. 불법(佛法)에도 경(敬)이란 글자가 없지 않다. 불경(佛經)에 일심불란(一心不亂)함을 설(說)한다. 이것이 경(敬)의 글자일 것이다. 마음을 한 가지 일에 모으므로 다른 일로 흩어지지 않는다. 물론 경(敬)을 말하듯 대저 부처(佛陀)를 창(唱)하기도 한다. 경례(敬禮)란 불상을 향해 일심(一心)으로 절하는 것을 말한다. 모두 경자(敬字)의 뜻과 취향에 맞는다.

어떻든 위의 이 모두는 모든 일에 마음이 어지러워지는 것을 다스리는 수단이다. 잘 다스려진 마음은 다스리는 수단을 쓸 필요가 없다. 입으로는 대성부동명왕(大聖不動明王: 진언밀교의 본존인 대일여래가 모든 마구니와 악마들을 항복시키기 위해 화염을 등지고 보살로 현신하여 수행을 계도하는데 오른손은 칼, 왼손은 오라를 들고 있다)을 창(唱)하고, 몸을 바르게 하여 합장하고, 의(意)로 부동(不動)의 모습을 본다. 이때에 신구의(身口意: 몸·입·마음)의 삼업

(三業)을 평등하게 하여 일심을 흐트리지 않는다.

이것을 삼밀평등((三密平等: 인간의 활동을 신구의(身口意)의 삼업(三業)으로 보고 이를 진정시키려고 손에는 요괴를 물리쳐 항복시키는 손짓의 인계(印契)를 취하고, 입으로는 다라니(陀羅尼) 주문의 진언(眞言)을 외우며, 마음인 의(意)로는 본존(本尊)을 관상하는 것에 의해 법신불(法身佛)의 계인을 맺는 신밀(身密), 진언을 외는 구밀(口密), 마음에 진리를 보는 의밀(意密)의 삼밀(三密)에 호응하여 신기한 힘을 얻는다고 믿는 것))이라 한다. 이것은 경(敬)이란 글자의 의취(意趣: 志趣: 의지와 취향)와 같다. 경은 바로 본심의 덕과 같은 것이다. 그러면서도 수행하는 사이의 마음이다. 합장하여 부처님 부르기를 멈추지 않으면 마음의 불상(佛像)도 없어지지 않는다. 그만두면 마음은 다시 산란해진다. 처음부터 끝까지 다스려진 마음은 있을 수 없다. 마음을 한 번 다스려 얻은 자는 신구의(身口意)의 삼업이 깨끗해 속세에 섞이더라도 물들지 않는다. 종일 움직이되 움직임이 없으니, 천파만파(千波萬波)가 쳐도 그 물 속의 달이 움직이지 않는 것과 같다. 이것이 불법에 지극한 사람의 경계(境界)이다. 법사(法師)의 가르침을 받아 여기에 적는다.

兵法家傳書 上卷 終

활인검 하(活人劍 下)

1. 백 자세가 있지만 오직 하나의 자세로 이기는 것

위의 말에 맞는 것은 적의 움직임을 감찰하여 칠 때의 가장 큰 눈 모습인 수자종리검(手字種利劍) 뿐이다.

백, 천 가지의 모양을 가르치고 배우며, 몸으로 자세를 취하고, 태도(太刀)를 들어 백 가지의 기술을 사용해도 이 수자종리검(手字種利劍) 하나의 눈(眼)에 불과하다. 적의 자세에도 백 가지가 있겠지만 수자종리검(手字種利劍)의 눈두기에 끝난다. 비전(秘傳)이므로 글로 표현하지 않고 음(音)을 빌려 슈지슈리겐(手字種利劍)이라 쓴 것이다.

2. 유무(有無)의 박자(拍子), 부(附): 있음도 있음(有有), 없음도 있음(無有)이라는 것

이것은 수자종리검(手字種利劍)에는 유(有)도 무(無)라고 가르치는 법이 있다. 나타날 때는 유(有)요, 숨겨진 것은 무(無)이다. 이 숨기도 하고 나타나기도 하는 유무(有無)가 바로 수자종리검(手字種利劍)이다. 태도(太刀)를 쥐는 손에 있다. 불법(佛法)에 유무의 가르침이 있다. 이것에 비유하여 말한 것이다. 범부(凡夫)는 유(有)를 보되 무(無)를 보지 못한다.

수자종리검(手字種利劍)에서는 유(有)를 보고 무(無)까지도 본다. 유(有)도 있고 무(無)도 있다. 있을 때에는 유(有)로 치고, 없을 때에는 무(無)로 친다. 또 유(有)를 기다리지 않고 무(無)를 치고, 무(無)를 기다리지 않고 유(有)를 치는 정도로 유(有)를 유(有)로, 무(無)를 유(有)로 치라고 한다.

노자경(老子經: 道德經)의 주(註)에도 언제나 유(有), 언제나 무(無)라 한 것이 있다. 유(有)도 언제나 있고 무(無)도 언제나 있다. 숨을 때는 유(有)가 바로 무(無)가 된다. 나타날 때에는 무(無)가 바로 유(有)가 된다. 예를 들면 수조(水鳥: 물새)가 물 위에 떠있을 때에는 유(有)가 되며, 물 속에 들어갔을 때에는

무(無)가 된다. 따라서 유(有)라고 생각되는 것도 숨으면 무(無)가 된다. 또 무(無)라고 생각한 것이 나타나면 유(有)가 된다. 그렇다면 유무(有無)란 다만 숨었거나 나타난 것이라 하겠다. 그 몸은 하나이다(一體). 그러면 유(有)도 무(無)도 상(常)이라 한 것이다.

불법(佛法)에는 이 유무를 본무(本無), 본유(本有)라고 말한다. 사람이 죽는 것은 유(有)가 숨는 것이다. 사람이 태어나는 것은 무(無)가 나타난 것이다. 그 본체는 상(常)이다. 태도(太刀)를 잡는 손에 유무(有無)가 있으니 비전(秘傳)이다. 이것을 종리검(種利劍)이라 한다. 손을 엎으면 유(有)가 숨는 것이다. 손을 바로 하면 무(無)가 나타난다.

이와 같이 말하지만 상전(相傳)하지 않으면 이 말을 알기가 어렵다. 유(有)일 때에는 이 유(有)를 보고 친다. 무(無)일 때에는 이 무(無)를 친다. 그래서 유(有)도 유(有)요, 무(無)도 유(有)라 하는 것이다. 유(有)라는 것이 바로 무(無)이다. 무(無)라고 하는 것이 바로 유(有)이다. 유무가 둘이 아니다(有無二非). 이 종리검(種利劍)의 유무를 잘못 보면 백수(百手)의 기술을 다해도 이기지 못한다. 백 가지의 병법도 이 일단(一段)으로 종극(終極)인 것이다.

3. 수월(水月), 부(附): 그 그림자인 것

이것은 적과 나 사이에 대략 몇 자가 되어야 적의 태도(太刀)가 나의 몸에 맞지 않을까 계산하는 것을 말하는 것인데, 이 척(尺)을 알아 병법을 쓴다. 이 척(尺) 안에 밟아 들어가기, 훔쳐보기, 적에게 가까이붙기 등을 달 그림자가 물에 비치는 것에 비유하여 수월(水月)이라 한다. 마음에 수월의 장(場)을 마주 서기 이전에 생각해 두고 겨룰 일이다. 병법의 척(尺)에 관한 것은 구전으로 전할 것이다.

4. 신묘검(神妙劍), 附: 좌(座)의 마음가짐을 몸과 발로 취할 것

이 신묘검(神妙劍: 신기하고 영묘한 검)은 지극히 중요하다. 내 몸에 신묘검이라 할 곳이 있다. 내 몸에 신묘검의 검(劍)이란 글자를 검자(劍字)로 써서 표시한다. 오른쪽으로 자세를 취하건, 왼쪽으로 자세를 취하건 태도(太刀) 신묘검의 자리를 벗어나지 않을 만큼 검자(劍字)에 마음이 있다. 또 적의 몸에는 검자(劍字)를 견자(見字: 볼견 글자)로 써야 함을 잊지 말 것이다. 이 신묘검의 자리를 잘 보고 벨만큼 보는 곳이 중요하다. 그러면 견자(見字)에 마음이 머문다.

5. 신(神)·묘(妙) 두 글자의 해석

신(神)은 안에 있고 묘(妙)는 밖에 나타난다. 이름을 붙여 신묘라 한다.

신·묘 두 글자의 마음을 말하겠다. 신은 안에 있고 묘는 밖에 나타나, 이것을 신묘라 이름붙인 것이다. 예를 들어 한 그루(一本)의 나무를 보면 안에 나무의 신(神)이 있으므로, 향기로운 꽃을 피우고, 초록 잎이 무성하게 되는 것이다. 이것이 묘(妙: 자연현상)이다. 나무의 신(神)은 나무를 부수어 보더라도 이것이다 할 신(神)이라고는 눈에 보이지 않지만, 신이 없다면 꽃도 잎도 밖으로 나타나지 않을 것이다. 사람의 신(神)도 몸을 찢더라도 이것이다 할 신(神)이라고는 나타나지 않지만, 안에 신(神)이 있으므로 여러 가지의 기술을 행한다.

신묘검(神妙劍)의 자리에 신(神)을 자리잡게 하는 것은 여러 가지의 묘(妙)가 수족에 나타나 군사에 꽃을 피우게 함이다. 신(神)은 마음(心)의 주인이다. 신(神)이 안에 있어 심(心)을 밖으로 사용한다. 이 심(心)은 또 기(氣)를 종복으로 쓴다. 기(氣)를 곁에 두어 부리고 신(神)을 위해서 밖으로 시도하니, 이 마음이 한 곳에 머물면 용(用: 능력, 작용)이 숨는다. 따라서 마음이 한 곳에 머물지 않도록 하는 것이 중요하다. 예를 들면 주인이 안에 있어 하인을 밖으로 심부름을 보냈는데 하인이 간 곳에서 돌아오지 않는다면 용(用)이 숨은 것과 같이 된다. 마음이 사물에 멈추어 본래의 위치로 돌아가지 않는다면 병법의 기량(手前)이 부족하게 된다. 그렇기 때문에 마음을 한 곳에 머물러 두지 않는 것은 병법뿐만 아니라 만사에 적용된다. 신(神)과 심(心)의 두 마음가짐이 있는 것이다.

6. 병을 제하는 세 가지 일: 적에게 있는 병(病)이다.

태도(太刀)를 잡고 오른쪽 끝이라고 생각하는 곳, 아래쪽 끝이라고 생각하는 곳, 합점이라 생각되는 곳, 이 세가지 무엇도 마음의 쇠퇴가 병의 출발점이다. 이는 다 내가 짓는 모든 놀라는 것에 있다.

7. 지목(指目: 눈이 가리키는 곳)의 눈두기, 박자(拍子)를 가질 곳에 관한 것 구전(口傳)할 것이다.

8. 걸음에 관한 것

걸음은 빨라도 나쁘고, 느려도 나쁘다. 평상시처럼 뚜벅뚜벅 아무 일도 없는 것처럼 걷는 것이 좋다. 지나친 것이나 모자라는 것은 나쁘니 가운데를 취한다. 빠름은 놀라고 당황한 것이다. 느림은 의심하고 적을 겁내기 때문이다. 조금도 동전(動轉: 깜짝 놀라서 어찌할 바를 모름)하지 않는 경지가 있다. 사람의 눈앞에 부채질하면 눈을 깜빡이는 것이 당연한 마음이니, 눈을 깜박이는 것은 동전(動轉)하는 것이 아니다. 그러나 연거푸 두 번 세 번 부채질하는데 조금도 눈을 깜빡이지 않는 것은 오히려 동전(動轉)한 것이다. 눈을 깜빡이지 않으려고 누르므로 오히려 눈을 깜빡인 것보다 이외로 마음이 움직인 것이 된다.

부동심(不動心)이라고 말한 것은 언제나와 같이 눈언저리에 물체가 다가오면 왠지 모르게 눈을 깜빡이는 것이다. 이것은 동전하지 않는 것이다. 오직 평상의 마음을 잃지 않는 마음가짐이 중요하다. 깜빡이지 말아야지 하는 것은 이미 마음이 움직인 것이다. 움직이는 것은 움직이지 않는 것의 도리(道理)이다. 물방아는 도는 것이 상(常: 常事)인데 돌지 않는다면 이미 상사(常事)가 아니다. 사람의 눈 깜박임은 상사(常事)이다. 깜빡이지 않은 것이 마음을 움직인 것이다. 평상의 마음을 바꾸지 않고 언제나 뚜벅뚜벅 걷는 것이 좋은 것이다. 몸도 마음도 동전(動轉)하지 않는 경지이다.

9. 일리(一理)라는 것

정면으로 적과 대치한 자세를 취했을 때의 마음가짐, 창을 들었을 때의 마음가짐이다. 무도(無刀)일 때 주의해야 한다.

위의 일리(一理: 검도 자세의 하나로 칼 끝이 상대방의 눈을 향한 자세, 중단의 자세)라고 말하는 것은 병법으로는 어떻게 해서든 자유로워지려고 한다. 끝내는 어렵고 매우 큰 일이다. 그 점을 잘 생각해 자세하게 살피고, 개(犬)가 크게 입을 벌리고 먹이를 급히 먹듯 조심하는 것을 일리(一理)라고 하는 것이다.

태도(太刀)로 쳐들어오는 자세에 가까이 다가서거나 창(槍)을 5촌 1척(5치~1자, 15.15~30.3cm)으로 찔러 올 때의 조심하는 마음, 이것을 일리(一理)라 한다.

나의 몸 뒤에 벽·토담 등이 있어 마음에 끌리지 않을 때, 쳐들어가는 것보다 기다릴 때 조심하는 것이다. 하나의 큰 일, 아주 어려운 사항임을 명심해야 한다. 무도(無刀)일 때 5촌 1척을 벗어나 눈을 한 곳에 두고, 마음을 멈추며 긴장을 풀어서는 이룰 수 없다. 이같은 것을 마음에 새기는 것을 일리(一理)라 하여 비밀로 하는 것이다.

10. 적과 자기 편이 양일척(兩一尺)인 것

상촌(相寸), 무도(無刀)의 마음가짐이다. 도구(道具)는 양쪽 다 몸과의 떨어짐은 1척(30.3cm)이다. 1척에서는 벗어날 수 있다. 1척보다 가까우면 위험하다.

11. 시극일도(是極一刀)인 것

시극(是極)이란 지극(至極)과 같은 뜻이다. 일도(一刀)란 칼을 말하는 것이 아니다. 적의 기미를 살피는 것을 일도(一刀)에 숨은(비유한) 것이다. 중요한 한칼(一刀)은 적의 움직임을 보는 무상극의(無上極意: 최상의 심오한 경지)의 일도(一刀)이다. 적의 기미(機)를 살피는 것을 한칼(一刀)이라 명심하고 움직임에 따라 치는 태도(太刀)가 두 번째의 칼(第二刀)이 됨을 명심하는 것이다. 이것을 근본으로 하여 여러 가지를 사용한다.

수리검(手利劍)·수월(水月)·신묘검(神妙劍)·병기(病氣)의 4가지와 수족(手足)의 움직임을 이상 5가지이다. 이것을 오관일견(五觀一見)의 배움이라 한다. 수리검(手利劍)을 보는 것을 일견(一見)이라 한다. 나머지 4가지를 마음에 갖는 것을 관(觀)이라 한다. 눈으로 보는 것을 견(見)이라 하고, 마음으로 보는 것을 관(觀)이라 한다. 마음으로 관념(觀念)하는 것이다.

사관일견(四觀一見)이라 하지 않고 오관(五觀)이라 한 것은 모두 합쳐서 오관이라 부르고, 그 가운데에서 수리검만을 일견(一見)이라 한 것이다. 수리검·수월·신묘검·병기·신수족(身手足)의 다섯 가지이다. 이 가운데에 넷은 마음으로 관(觀)하고, 눈으로 수리검을 보는 것을 일견(一見)이라 한다.

12. 수월·신묘검·병기·신수족 이 넷의 분별
(1) 수월은 맞겨루기 장면의 자리잡기(분별심)이다.
(2) 신묘검은 몸 안의 자리잡기이다.
(3) 신수족은 ① 적의 움직임을 본다. ② 내 몸의 움직임이다.
(4) 거병(去病)은 수리검을 보기 위함이다.

이상을 그와 같다면 종국은 수리검(手利劍)의 유무를 보는 것에 전일(專一)해야 한다. 이 넷은 대체(大體: 기본적인 큰 줄기)이다. 병을 없애고 수리검을 살피기 위함이다. 병을 없애지 않으면 병에 잡혀 살필 수가 없다. 살피지 못하면 지게 된다. 병이란 마음의 병이다. 마음의 병이란 마음의 이곳저곳에 마음이 머무는 것을 말한다. 마음을 한 칼 내려치는 곳에 두지말 것이다. 마음을 버리되 버리지 말것이다.

13. 적의 자세
태도(太刀)의 끝이 내 쪽으로 향하면 들어올린 쪽에 붙어친다.

14. 적을 치겠다 생각하고 내 몸을 친다.

적이 나를 치려고 하면 적이 되려 맞는 것이다.

15. 수월의 장면을 잡는다.

이것보다 마음가짐을 하나로 한다. 나의 장(場)을 잡으려고 하는데 적이 이미 장(場)을 먼저 잡았다면 그것을 내것으로 한다. 계산만 확실하다면 적이 다가와 5척(尺)이나, 내가 다가간 5척(尺)이나 적과 내 사이의 척(尺)은 같은 간격이다. 적이 장소를 잡으려고 하면 잡도록 내버려 둔다. 장소를 잡으려고 집착하는 것은 나쁘다. 몸을 가볍게 가질 것이다.

16. 발디딜 곳, 몸의 안배도 신묘검의 좌(座)에서 벗어나지 않도록 한다.

맞서면서부터 이 마음을 어수선하지 않도록 한다.

17. 신묘검(神妙劍)을 보는 삼단(三段)의 분별(分別)

마음으로 보는 것을 근본으로 한다. 마음으로 보아야 그 눈에도 보이는 것이다. 따라서 눈에 보이는 것은 마음의 다음이다. 눈으로 보고 다음에 신족수(身足手)로 보아라. 신족수로 본다는 것은 적의 신묘검(神妙劍)에 나의 신족수가 맞지 않도록 하는 것을 신족수로 본다는 것이다. 마음으로 보는 것은 눈으로 보기 위함이다. 눈으로 보는 것은 족수(足手)를 적의 신묘검의 자리(座)에 맞추는 것을 말한다.

18. 수월경상(水月鏡像)

마음은 물 속의 달에 흡사하여, 모양은 거울 위의 형체와 같다.

위 구절을 병법에서 인용하는 마음가짐은 물에는 달의 형체가 머문다는 것이다. 거울에는 몸의 형체를 비치게 하는 것이다. 사람의 마음에 사물이 비치는 것은 달이 물에 비치는 것과 같다. 참으로 신속히 비친다. 신묘검(神妙劍)의 좌(座)를 물에 비유하고 나의 마음을 달에 비유해 마음을 신묘검(神妙劍)의 좌(座)에 비춘다. 마음이 비추어지면 몸이 신묘검의 좌(座)에 비춘다. 마음이 가면 몸이 간다. 몸은 마음에 따르는 것이다. 또 거울을 신묘검의 좌(座)에 비유해, 나의 몸이 그림자처럼 신묘검의 좌(座)에 비추라고 하는 마음으로 이 문구를 사용한다. 수족(手足)을 신묘검의 좌(座)에서 벗어나도록 하라는 뜻이다.

달이 물에 형체를 비추니 얼마나 밝은 것인가? 아득히 멀고도 높은 하늘에 있지만 구름이 가리건 상관없이 물에 재빨리 형체를 드리운다. 높은 하늘에서 천천히 내려와 비치는 것이 아니다. 눈 한번 깜빡일 새도 없이 빨리 비친다. 사람의 마음에 사물이 비치는 것, 달이 물에 비치는 것과 같음을 비유하여 말한 것이다.

의(意: 마음)의 빠름이 수월경상(水月鏡像)과 같다고 한 경문도, 달이 불처럼 비추고 있음에도 물밑 그곳을 찾아도 달은 없다고 하는 의리(義理: 말뜻)를 말하려는 것이 아니다. 다만 아득히 먼 하늘 위로부터 순식간에 비치는 것을 말하려는 마음이다. 거울에 비치는 형체도 무엇이든 물체가 보이면 빨리 비친다. 너무나 빨리 비친다는 비유이다. 사람의 마음에 사물이 비치는 것이 이와 같다. 눈 깜빡할 새에 당나라에까지 마음은 가버린다. 깜박 잠든 사이에도 마음은 천리 밖의 고향에도 꿈으로 간다. 이같이 마음이 달려가는 것을 수월경상(水月鏡像)에 비유하여 부처는 법을 설하였다. 경(經)은 오음(吳音: 오나라 말)으로 읽으니 수월(水月: 中: 수아위에, 日: 스이가쯔)로 읽게 된다.

19. 이상의 문구를 병법의 수월(水月)에 적용해도 마찬가지이다.

나의 마음을 달처럼 마음가는 곳에 비칠 것이다. 마음이 가면 몸도 가듯이 맞서기로부터 거울에 형체가 비치듯 마음가는 곳에 몸을 비칠 것이다. 하작(下作)에 마음을 쓰지 않으면 몸이 따라가지 못한다. 장소에는 수월(水月), 몸에는 신묘검(神妙劍)이다. 어느 것이건 신족수(身足手)를 비치는 마음가짐은 같다.

20. 급급하게 공격하는 것은 아주 나쁘다.

하작(下作: 마음을 담는 곳, 단전)으로 참고, 맞서면서부터는 잘 살핀 후에 빨리 공격할 것이다. 당황하여 부산을 떨지 않는 것이 중요하다.

21. 마음을 되돌리는 것

위의 마음가짐은 한 칼(一太刀)을 치고서 쳤다고 생각한다면, 쳤다는 마음이 그대로 거기에 머무는 것이다. 친 곳에서 마음이 되돌아가지 않으면 기(氣)가 빠져 두 번째의 태도(太刀)를 적으로부터 맞아, 선수를 친 것도 소용없이 두 번째의 태도(太刀)를 맞게 된다. 마음을 되돌리라는 것은 한 태도(太刀)를 친 후에 그 친 곳에 마음을 두지 말고, 치고서 마음을 바로 되돌려 적의 기색(色)을 보라는 것이다. 얻어맞으면 적도 분발하게 되는 것이다. 얻어맞고 원통해 하고, 얻어 맞았다고 생각하면 분노하게 되는 것이다.

분노하면 적은 더욱 무서워진다. 여기에서 방심하면 적에게 얻어맞게 되는 것이다. 얻어맞은 적을 분노한 묏돼지로 생각하는 것이다. 나는 때렸다고 생각하고 마음을 멈춤으로 방심한다. 적은 더욱 기가 살아나는 것을 기억해야 한다. 또 맞은 곳을 적은 조심하는데 나는 전의 마음 그대로 때리니 맞지 않을 것은 당연하다. 못 맞추면 선(先)을 넘어와 적이 나를 친다. 마음을 되돌리라는 것은 내가 때린 곳에 마음을 두지 말고, 마음을 내몸에 붙잡아 잡아당겨 두라는 것이다. 마음을 되돌려 적의 기색(氣色)을 보라는 것이다. 또는 한 번 때린 곳에 마음을 되돌리지 말고 여유를 두지말며, 두 번 세 번 연거푸 때려 조금도 적이 칼을 휘두르지 못하게 하는 것도 지극(至極)의 마음가짐이다. 머리카락 들어갈 틈이 없다는 것이 바로 이것이다. 한 태도(太刀)와 두 태도(太刀) 사이에 한 오리의 머리 털 들어갈 틈없이 팍팍팍 연속하여 때리는 마음이다.

법전장(法戰場)이라 하는 선(禪)의 문답(問答)에 한 마디 대답하는 사이에 한 오리의 머리털도 들어갈 정도 틈이 없다. 늦으면 상대에게 공격을 당하게 된다. 승부가 분명하다. 머리털 들어갈 틈이 없다는 것은 이것을 두고 한 말이다. 두 번 세 번 연속으로 빨리 치는 태도(太刀)의 빠름을 말한 것이다.

22. 일거(一去)라고 말하는 마음가짐법
23. 공(空)의 마음가짐법
24. 봉심(捧心)의 마음가짐법

위의 일거(一去)의 마음이란 '여러 가지를 하나로 묶어 버리는 마음이다.' 여러 가지란 각종의 고질(病)을 말한다. 고질이란 마음의 병이다. 마음에 있는 여러 고질을 하나로 만들고 나머지는 버리는 것이다. 고질(病)의 종류는 별권(別卷)에서 다루기로 한다. 대개 고질(病)이란 마음이 머무는 것이다. 이것을 불법에서는 집착(着)이라 하여 가장 싫어한다. 마음이 한 곳에 집착하여 머물면 볼 것을 보지 못해 생각 외로 패한다. 마음이 머무는 것을 고질(病)이라 한다. 이 같은 고질(病)의 여러 가지를 하나로 묶어 버리라고 말한 마음이 일거(一去)라 해서, 유일(唯一)을 보아 놓치지 않도록 하라는 것이다.

그래서 유일이란 공(空)이라 말한 것이다. 공이란 숨겨진 말이다. 비전(秘傳)해야 한다. 공이란 적의 마음을 말한다. 마음은 형체도 없고 색도 없으므로 공이 된 것이다. 공유일(空唯一)을 보라는 것은 적(敵)의 마음을 보라는 뜻이다. 불법(佛法)은 이 마음의 공을 깨닫는 것이다. 마음이 공(空)이라고 말하는 사람도 많으나, 깨달은 사람은 아주 드물다고 한다.

다음은 봉심(捧心)이라 말하는 바 '마음을 바친다'고 읽는 글자이다. 적의 마음은 태도(太刀)를 쥔 손에 바쳐진다. 적이 쥐고 있는 주먹의, 바로 지금 움직이려고 하는 곳을 치는 것이다. 그 움직일까 말까 하는 곳을 보기 위하여 일거(一去)라 한다. 백(百)가지 고질을 일거(一去)하고 공(空)을 바로 보라는 것이다. 적의 마음은 손에 나타난다. 손에 마음을 바치고 있기 때문이다. 움직이지 않는 곳을 치는 것을 공(空)을 친다고 하는 것이다. 공(空)은 움직이지 않는다. 형체가 없으니 움직일 것도 없다. 공(空)을 친다는 것은 움직이지 않는 곳을 재빨리 치라는 뜻이다.

공(空)은 불법(佛法)의 눈(眼: 근본진리)이다. 공에도 허공(虛空)과 진공(眞空)의 차별이 있다. 허(虛)는 거짓이요 진(眞)은 참이다. 따라서 허공은 거짓되고, 빈 공(空)으로 아무 것도 없는 비유로 쓰인다. 진공(眞空)이란 진실의 공이니 바꿔 말하면 마음의 공(心空)이다. 마음은 형체가 없어 허공과 같으나 일심(一心)은 이 몸의 주인으로 일하는 것은 마음이 있기 때문이다. 마음이 움직이지 않는 것은 공(空)이다. 공(空)이 움직이면 마음(心)이다. 공(空)이 움직여 마음(心)이 되어 수족에게 움직이라고 시킨다. 태도(太刀)를 쥔 주먹이 움직이지 않을 때 칼을 빼어 빨리 치는 것이 공(空)을 치는 것이다.

봉심(捧心)이라고 하는 것이지만 마음은 눈으로 보이지 않는 것이다. 보이지 않는 것을 공(空)이라 하고, 움직이지 않는 것을 공(空)이라 한다. 태도(太刀)를 쥔 손에 마음을 바치고 있다 해도 눈에는 보이지 않는다. 손에 마음을 바쳐 아직 움직이지 않는 곳을 빨리 치라는 것이다. 이 심공(心空)은 눈에 보이지 않아 무슨 물건이라 할 수는 없으나 심공(心空)이 움직여서 여러 가지 일을 하며, 손으로 잡고, 발로는 밟으며, 여러 가지 묘(妙)를 다하는 것도 이 심(心)과 공(空)이 움직여 나타내는 것들이다. 이 마음을 깨달아 아는 일은 서책(書冊)을 보아도 이루기 어려운 것이다. 이야기를 들어도 도달하기 어려운 도(道)이다. 글을 쓰는 이나 이야기하는 사람도, 글만큼 혹은 이야기만큼 마음으로 마음을 깨달은 사람이 드물다.

사람의 여러 가지 기술·기특(奇特: 비길데 없는 것)이 모두 마음의 기술이라면, 역시 천지(天地)에도 이 마음이 있다. 이것을 천지심(天地心)이라 한다. 이것이 움직이면 천둥·번개·풍우(風雨)를 일으키며, 때아닌 구름의 풍경, 한 염천(炎天: 여름)에도 눈과 서리가 날리고 우박을 내리게 하는 등 사람을 괴롭게 하는 일도 한다. 그래서 이 공(空)은 천지에 있으면 천지의 주인이고, 사람의 몸에 있으면 몸의 주인이며, 춤을 추게 하면 춤의 주인이고, 노(能)를 연기하면 노(能)의 주인이며, 병법(兵法)을 쓰게 하면 병법의 주인이고, 총을 쏘게 하면 총의 주인이며, 활을 쏘면 활의 주인이고, 말을 타면 말의 주인이다. 이 주인에게 사곡(私曲: 사사롭고 마음에 바르지 않음)이 있다면 말은 타지 못하며, 활을 쏘아도 맞지 않고, 철포(총)를 쏘아도 맞추지 못한다. 이 몸에 이 마음이 자리를 잡고, 있을 자리에 제대로 있으면 여러 가지의 도(道)가 자유롭다. 이 마음을 다시 한 번 살펴 밝게 깨닫는 것이 중요하다.

 사람이 저마다 자신의 마음을 펼치고, 제 마음을 잘 부리며 '옳지 됐다'라고 말할지라도 이 마음을 제대로 살피는 사람은 드물다. 깨닫지 못한 증거는 바로 그 몸에 나타난다. 보고 알려는 자는 잘 살펴 깨달아야 한다. 깨달았다면 몸으로 행하는 모든 기술에 치우침이 없게 된다. 치우치면 밝은 사람이라 하기 어렵다. 불편부도(不偏不倒: 치우치지도 않고 넘어지지도 않음)의 마음을 본심(本心)이라 한다. 또는 도심(道心)이라고도 한다. 왜곡(曲)되고 더럽혀진 마음을 망심(妄心)이라 하며, 인심(人心)이라고도 한다.

 나의 본심을 깨닫고, 이 본심에 맞게 기술을 행하는 사람은 우아한 사람이다. 이 말은 내가 마음을 깨달아서 이같이 말하는 것은 아니다. 이렇게 말은 하지만 나도 나의 마음을 바르게 하고 치우침이 없는 마음에 맞게 몸의 진퇴(進退) 동정(動靜)을 하기가 어렵지만 도(道)이기 때문에 알리는 것뿐이다. 그렇지만 병법(兵法)은 이 마음을 바르게 하여 신수족(身手足)에 맞추지 않으면 안되는 기량이다. 평생 내 몸의 진퇴는 도(道)에 맞지 않더라도 병법의 도는 이 도를 얻지 못하면 달성할 수 없다. 여러 가지 행위에 본심(本心)에서 일탈하지 않고, 그 도(道)의 길 위에는 이 마음에 들어 맞는다 해도 그 예능(藝能) 이외의 것에 통하는 것은 아니다. 통(通)하여 알고 통하여 이루는 것이면 통달(通達)한 사람이라 한다. 하나의 재능(能) 하나의 기예(藝)에 통하면 그 길의 달자(達者: 예술 방면에 정통하고 능숙한 사람·달인)라 한다. 통달(通達: 도에 깊이 통함)이라 하기는 어렵다.

* 어떤 노래에 - 망심(妄心)과 본심(本心)

 망심(妄心)이야 말로 나쁜 마음이다. 내 본심(本心)을 어지럽히는 것이다.

본심(本心)은 어지럽지 않다. 망심(妄心)이 본심을 어지럽힌다.

망심(妄心)이 되면 망심을 가리켜 마음(心)이 되라고 말한다. 마음을 어지럽히는 마음을 가리킨다. 망심이다.

망심(妄心)에 망심이다. 이 망심을 말하는 것이다.

본심(本心)은 본심이다. 마음님이라 부르고, 본심이여 망심에 마음을 내주지 말지라.

본심을 팔지 말지라, 본심이다. 망심에 본심을 내주지 말지라.

이상의 노래는 본심(眞)과 망심(妄)을 말한다. 마음에 본심과 망심의 둘이 있다. 본심(本心)을 얻어, 본심처럼 행한다면 일체의 것이 똑바르다. 이 본심이 망심에 물들어 바르지 않고 더러움에 젖어 버리면, 일체의 소행이 바르지 않고 더러워지게 된다. 본심·망심이라 하여 흑백의 두 물건처럼 각각 따로 있는 것이 아니다. 본심이란 본래의 면목(面目)이며, 부모로부터 태어나기 이전에 이미 갖추어진 것으로, 형체(形)도 없고, 생(生)하는 것도 없고, 멸(滅)하는 것도 없다. 형체는 부모가 낳았지만 마음은 형체가 없으니 부모가 낳았다고 할 수도 없다. 사람이 태어나면 갖춰져 그 몸에 있는 것이다.

선(禪)은 이 마음을 전하는 종지(宗旨: 근본 취지)라고 이해하면 된다. 또한 상사(相似: 닮아 있는 모양)의 선(禪), 선을 배워 아직 깨닫지 못했으면서도 깨달은 척하는 사람(野弧禪: 야호선)이 많아 선자(禪者)도 한결같지 않다. 망심(妄心)이란 말하자면 혈기(血氣)이다. 사(私)이다. 혈기(血氣)란 무엇인가 하면 피의 동티이다. 피가 움직여 위로 올라가 얼굴 색을 변하게 하며 분노를 나타낸다. 또 내가 사랑하는 것을 다른 사람이 미워하면 화를 내고 원망하며, 혹은 내가 싫어하는 것을 다른 사람도 싫어하면 좋아하고 도리(道理)에 벗어난 것을 억지로 도리라 한다. 사람에게 보물을 주면 이것을 받고 기뻐 얼굴에 웃음꽃이 피고 혈기가 돌아 얼굴이 촉촉해진다. 이렇게 되면 도리에 벗어난 것을 도리(道理)라 한다. 이것은 모두 이 몸의 혈기육신(血氣肉身)에 의해, 때에 맞지 않은데 나오는 마음이다. 이것이 망심(妄心)이다. 이 망심이 일어나면 본심이 숨어 망심으로 되어 모두 잘못된 것으로 본다. 그래서 도인(道人)은 본심에 근거하여 망심을 억제하므로 존경을 받는다. 무도(無道)한 사람은 본심을 숨기고 망심(妄心)이 맹렬하므로 나쁜 짓만을 행하니 구부러지고 더러운 이름을 얻는다.

위의 노래는 비록 뛰어난 노래는 아니지만 사(邪)·정(正)을 잘 분별하여 읊고 있다. 망심은 무슨 일을 하든 사(邪)이다. 이 사심(邪心)이 들면 병법은 패배하며, 활도 맞지 않고, 총알도 벗어나며, 말에서 떨어지며, 노(能)를 보아도 보기 싫고, 춤도 추기 싫고, 말하는 것도 잘 못하게 된다. 모든 일이 틀어지게 된다. 본심에 맞으면 어떤 일도 모두 좋게 된다. 거짓을 거짓이 아닌 척하는 것이 망심(妄心)이기 때문에 빨리 그 거짓이 밝혀진다. 마음이 진실하면 시비를 가리지 않아도 듣는 사람이 곧바로 안다. 본심에는 시비의 가림이 없다. 망심(妄心)은 마음의 병이다. 이 망심을 없애는 것을 병을 없앤다고 한다. 이 병이 없어지면 무병(無病)의 마음이 된다. 다시 말하면 이 무병의 마음을 본심(本心)이라 한다. 본심의 경지에 도달하면 병법자는 명인(名人)이 되는 것이다. 온갖 모양의 일 하나라도 이 도리에서 벗어나지 말아야 한다.

○무도지권(無刀之卷)

무도(無刀)라고 해서 반드시 사람이 칼을 갖고 있지 않음을 말하는 뜻이 아니다. 또 칼을 빼앗아 보여주고 이것을 명예로 생각하는 것도 아니다. 내가 칼이 없을 때 사람에게 베이지 않도록 하는 것이 무도(無刀)이다. 단지 손으로 잡아 보여주는 따위라고 말하는 것이 본의(本意)라고 하지 않는다.

1. 빼앗기지 않겠다는 것을 꼭 뺏으려고 하는 것이 아니다. 빼앗기지 않으려 하면 뺏지않는 것도 무도(無刀)이다. 빼앗기지 않으려고 하는 사람은 베는 일은 잊어버리고, 빼앗기지 않으려는 사이에는 사람을 벨 수 없다. 내가 베임을 당하지 않으면 이긴 것이다. 사람(적)의 칼을 뺏는 것을 기예(藝)라고 할 도리(道理)

라 해서는 안된다. 나에게 칼이 없을 때 적에게 베이지 않으려는 구실의 배움이다.

2. 무도(無刀)라는 것은 사람(적)의 칼을 빼앗는 기예(藝)가 아니라, 여러 가지 도구를 자유롭게 사용하기 위한 것이다. 칼이 없어 적의 칼을 빼앗아 나의 칼로 삼는다면 무엇을 손에 가진들 사용하지 못할 것이 없을 것이다. 부채(扁)를 가지고 있더라도 적의 칼에 이길 수 있어야 한다. 무도(無刀)는 이 같은 마음가짐이다. 칼 없이 죽장(竹杖: 대나무 지팡이) 하나로 길을 가다가 적이 긴 칼을 뽑아들고 덤비더라도, 지팡이로 이를 막고 적의 칼을 빼앗거나, 만약 재차 꼭 빼앗지는 못한다 해도 제압하여 베이지 않으면 이긴 것이다. 이 같은 마음가짐이 본의(本意)임을 기억하는 것이다.

3. 무도(無刀)는 사람(적)의 칼을 빼앗기 위한 것도, 적을 베기 위한 것도 아니다. 적이 옳고 그름도 분별없이 베려고 하면 칼을 빼앗는 것이다. 뺏는 것을 처음부터 본의로 하는 것이 아니다. 예측(豫測)하는 것은 잘 하기 위한 마음가짐이다. 적과 나의 간격이 어느 정도면 칼에 맞지 않는지를 예측하는 것이다. 맞지 않도록 잘 예측하면 적이 치는 칼을 겁내지 않고, 몸에 맞을 때는 맞는다는 분별이 작용한다. 무도(無刀)는 적의 칼이 내 몸에 닿지 않을 거리에서는 잡을 수 없다. 태도(太刀)가 내 몸에 맞히는 자리(거리)에 자리를 잡는다. 베어지는 거리에 자리를 잡는다.

4. 무도(無刀)란 사람(적)에게는 칼을 들었고, 나는 손(양팔과 손바닥)을 도구로 하여 시합하는 예측이다. 그러니까 칼은 길고 손은 짧다. 적의 몸 가까이 다가가 베일 정도가 안되면 기술을 걸 수가 없다. 적의 태도(太刀)와 내 손의 시합임을 분별해야 한다. 그러므로 적의 칼은 내 몸을 스쳐 밖으로 지나가고, 나는 적의 칼 밑으로 들어가, 순간에 태도를 제압하는 마음의 공부(工夫: 작정)가

되어야 한다. 때에 따라서 한쪽으로 치우치면 안된다. 어떻든 적의 몸에 바짝 다가가지 않으면 태도를 취할 수 없다.

   5. 무도(無刀)는 우리 유파(流派)에서 가장 중요하게 여기는 비사(秘事)라 할 수 있다. 몸의 자세, 칼의 자세, 자리의 위치, 원근(遠近), 움직임, 마음씀, 붙이기, 걸기, 표리(表裏)가 모두 무도(無刀)의 예측으로부터 나오기 때문에 이것이 중요한 요점이다.

○대기대용(大機大用)

   기(機)는 마음의 움직임이며, 용(用)은 이 움직임의 동작(動作)으로 나타나는 것을 말한다. 모든 사물에는 체(體: 본체)와 용(用: 작용)이 있다. 체가 있다면 용이 있게 마련이다. 예를 들면 활은 본체(體)요, 당기고 쏘아 맞추는 것은 용(用)이다. 등불의 등은 체요, 불은 용이다. 물은 체요, 젖는 것은 물의 용이다. 매화(열매)는 체요, 향기와 색깔은 말해서 용이다. 칼은 체요, 베고 찌르는 것은 용(用)이다.

   따라서 기(機)는 체(體)요, 기(機)로부터 밖으로 나타나는 여러 가지 작용은 용(用)이라 말한다. 매화(梅)의 체가 있으므로, 체로부터 꽃이 피고 색향(色香)이 나타나며, 향기를 피우듯 기(機)가 안에 있으므로, 그 용이 밖으로 작용하여 붙고·걸고·표리·현대(懸待: 걸기와 기다림), 여러 가지로 색(色)을 준비하는 것이 안에 존재하는 기(機)에 의해 밖으로 나타나는데 이것을 용(用)이라 한다.

   대(大)란 상찬하는 말이다. 대명신(大明神)·대권현(大權現)·대보살(大菩薩) 등에서 보는 것처럼 대(大)는 상찬하는 말이다. 대기(大機)이므로 대용(大用)이 나타난다. 선승(禪僧)이 자유자재로 몸을 움직이고, 무슨 일을 말하건, 어떤 일을 하건, 모두 도리에 맞고 이(理)에 통하는 이것을 대신통(大神通)이라 하고, 대기대용(大機大用: 수행과 깨달음이 원숙한 경지에 이르러 어떤 장소·경우·

상대에 따라 자유자재로 대처하는 경지)이라 한다.

신통(神通: 신기하게 통달함)이나 신변(神變: 신비한 변화)이라 하여 특별히 허공에서 귀신이 내려와 기적(不思議)을 행하는 신변(神變)을 말하는 것이 아니다. 어떤 일을 할지라도 자유자재(自由自在)로 행하는 것을 말하는 것이다. 여러 가지의 태도(太刀)자세·표리·속임수·여러 도구의 다룸, 뛰어오르기·뛰어내리기, 손으로 검날잡기, 발차기, 여러 가지 마음가짐, 스승이 가르치지 않은 것 등을 자유롭게 터득할 수 있는 것, 이것을 대용(大用)이라 한다. 항상 안으로 대기(大機)를 갖추지 않으면 대용(大用)도 있을 수 없다.

초대받은 자리이라도 먼저 위를 살피고, 좌우를 살펴, 위로부터 떨어지는 물건은 없나 마음을 쓰고, 문을 넘어설 때에는 걸려 넘어지지 않도록 조심하며, 혹은 귀인이나 높은 신분의 사람과 동석할 때에는 자연히 뜻밖의 일이나 사고에도 마음을 쓰고, 문을 나가고 들어올 때도 마음을 놓지 말고 늘 마음에 주의를 게을리 않는다. 이것이 모두 기(機)이다. 이 기가 항상 안에 있으므로 자연히 순식간에 탁월한 효능이 나타나니, 이것을 대용(大用)이라 한다. 그렇지만 이 기(機)가 성숙하지 않았을 때는 용(用)이 나타나지 않는다.

만가지 도(道)에의 마음가짐이 쌓이고, 그 공(功)이 거듭되면 기(機)가 익숙해져 대용이 발하게 된다. 기(機)가 굳어지고 한쪽에만 치우친다면 용(用)은 없다. 기(機)가 굳어져 온통 한 덩어리로 고착하면 용(用)이 된다. 숙련되면 온몸 전체로 퍼져, 손에도 발에도 눈에도 귀에도 그 곳곳에 대용(大用)이 발한다.

이 대기대용(大機大用)의 사람을 만나면 스승으로부터 배운 범위만을 사용하는 병법으로 상대할 수가 없는 것이다. 반드시 살피는 것도 있어야 한다는 뜻이다. 대기(大機)의 사람이 눈으로 한 번 슬쩍 흘겨 보기만 해도 그 눈초리에 마음을 빼앗겨 태도(太刀)를 빼야 할 손을 잊고 마는 수도 있다. 눈 한번 깜빡일 정도로 늦었다면 빨리 졌다고 받아들여야 한다. 고양이가 노려보면 쥐가 웅크려 꼼짝 못하는 것과 같다. 고양이의 눈초리에 기를 빼앗겨 달아날 것을 잊은 것이다. 대기(大機)의 적을 만나면 쥐가 고양이를 만난 꼴이 되고 만다.

선구(禪句: 불교의 경구)에 대용은 실제 눈앞의 규칙을 무시한다는 것이 있다 (大用現前不存規則). 현전(現前: 눈 앞에 있음)이란 대기(大機)의 사람에게 대용 (大用)이 앞에 나타난다는 뜻이다. 이 대기대용의 사람은 조금도 배움이나 법도 에 거리낌이 없으니, 규칙이 존재하지 않는다는 것이다. 규칙이란 배움(學習)・ 법부(法符: 규칙)・법도(法度)인 것이다. 여러 가지의 도(道)에 배움・법부・법 도라고 말하는 것이 있게 마련이다. 지극(至極)의 경지에 도달한 사람은 가볍게 이것들을 버린다. 자유자재(自由自在)하기 때문이다. 법의 밖에서 자재(自在)한 것이니, 이것을 대기대용인(大機大用人)이라 말한다. 기(機)라 말하는 것은 안으 로 긴장을 풀지 않고 모든 사물을 잘 살피는 것을 말한다. 그런데 그 잘 살핀 기(機)가 한쪽으로 치우쳐 굳어지면 오히려 기(機)에 마음이 구속되어 자유롭지 못하게 된다. 아직도 기(機)가 익숙하지 않는 증거이다. 공부를 쌓으면 기(機)가 익숙해져 나의 몸 안으로 퍼져 자유롭게 된다. 자유롭게 되는 것을 대용(大用) 이라 말하는 것이다.

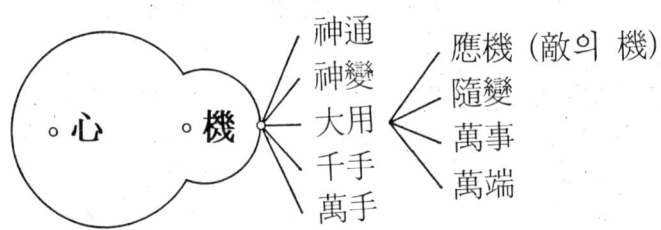

기(機)란 마음의 입구 즉 기(氣)이다. 자리에 따라 기(機)라 부른다. 심(心)은 깊은 곳에 있고 기(氣)는 입구에 있다. 추기(樞機)라고도 하니 문의 돌쩌귀(지 도리, 경첩)이다. 심(心)은 한 몸의 주인이 된다면 깊숙한 곳에 자리하고 있는 것으로 마음가짐(心得)이다.

기(氣)는 문 입구에 있어, 마음을 주인으로 하여 밖의 일을 한다. 마음이 선 과 악으로 나뉘는 것은 이 기(機)로부터 밖으로 나가는 것이니, 선으로 가건 악 으로 가건 이 기(機)로부터 갈라진다. 문 입구에서 엄중하게 수호하는 기(氣)를 기(機)라고 부른다. 사람이 문지도리(돌쩌귀)를 열고 밖으로 나가 선이나 악을 행하는 것도, 신변신통(神變神通)을 부리는 것도 이 문의 문(지도리)을 열지 않았을 때의 생각(여러가지를 궁리함)으로부터 시작된다. 따라서 이 기(機)가 아주 중요한 것이다. 이 기(機)가 작용하여 밖으로 나가서 대용(大用)이 드러난다. 아무거나 기(機)라고 생각하면 틀림이 없다. 그 있는 장소에 따라 말이 바뀐 것 뿐이다. 또 그렇다면 속의 입구(入口)라 말하며, 몸 안에 어디를 속이라 하여 입구라고 정한 것은 아니다. 어떤 때는 몸 속이라 하기도 하고 입구라 하기도 한다. 사람이 말하는 것과 같다. 말이 시작되는 곳을 입(口)이라 하고, 말한 것을 행하는 곳을 속(奧)이라고도 한다. 그래서 깊은 입의 자리는 정한 것이 없다 한 것이다.

○심수만경전 전처실능유(心隨萬境轉 轉處實能幽)

마나라존자(摩拏羅尊者)의 게(偈)에 이르되, "마음은 온갖 경계를 다 따라 굴러다니나 / 굴러다닌 그곳은 실로 깊고 그윽하여라"

제22조 마나라존자(Manara, ?~825) : 인도 나제국(那提國) 상자제국왕(常自在國王)의 아들로 30세에 출가하여, 제21조 바수반두존자(波須般頭尊者, 世親보살)의 제자. 월씨국에 갔을 때 제자가 될 학륵나(鶴勒那) 비구가 어디를 가든 500마리 학이 따라 다녔는데 5백제자의 복덕이 부족해서 해탈하도록 읊은 게송으로 원문은 "심수만경전 전처실능유(心隨萬境轉 轉處實能幽) 수류인득성 무희역무우(隨流認得性 無喜亦無憂)"인데 이를 해석하면, "마음은 온갖 경계를 다 따라 굴러다니나 / 굴러다닌 그곳은 실로 깊고 그윽하여라 / 흘러가는 그곳을 따라서 본성을 알면 / 기쁨도 없고 또한 근심도 없네."

이 게(偈: 부처를 찬미하는 시구의 체재)는 참학(參禪學道: 참선학도)에서도 비밀로 삼는 것이다. 병법에도 이 뜻이 매우 중요하기 때문에 여기에 이것을 인용하여 기록한다. 참선하지 않는 사람은 더욱 깨닫기 어려운 것이다. 만경(萬境)이란 병법에서 말하자면 적의 여러 가지 움직임이라 할 것이다. 그 하나하나의 움직임에 마음이 구르는 것이다. 예를 들면 적이 태도(太刀)를 들어 올리면 그 태도에 마음이 구르고, 오른쪽으로 돌리면 마음이 오른쪽으로 구루며, 왼편으로 돌리면 왼쪽으로 구른다. 이것을 만경(萬境)에 따라 구른다고 하는 것이다. 구른 곳이 아주 유(幽: 그윽하다·깊다)하다고 한 것이 병법의 요점이다. 그곳에 마음이 흔적을 남기지 않아 삿대로 저어 가는 배 뒤의 물결처럼, 흔적은 사라지고 앞으로 구르듯 조금도 멈추지 않는 것을 말한다. 흔적은 없지만 앞으로 나아가 잠시의 멈춤도 없는 것을 말한다. 흔적은 없지만 앞으로 나아가 잠시의 멈춤도 없는 것을 보아 구른 곳에 진정한 유(幽)가 있음을 알 것이다. 유(幽)란 흐릿하여 보이지 않는 것이다. 마음을 여기저기 멈추지 말라는 뜻이다. 마음이 한 곳에 멈추면 병법에 지는 것이다. 구른 곳에 남으면 흩어진다. 마음은 색깔도 모양도 없지만, 눈에도 보이지 않는 것이지만 집착하여 멈추면 마음이 그대로 보이게 된다. 예를 들면 흰 비단과 같다. 홍색을 물들이면 붉게 되고, 자색을 물들이면 자주색이 되는 것과 같다.

 사람의 마음도 사물에 물들면 나타나 보이게 된다. 찌고(稚兒: 變童; 신사·사찰의 축제행렬에 때때옷을 입고 참가하는 미소년을 뜻했으나, 후일 남색의 상대가 되는 소년)에 마음이 끌려 동성애에 빠지면 사람들이 아는 것과 같다. 사람의 마음은 눈에도 보이는 형상뿐만 아니라 가슴에 품고 있는 마음도 밖으로 표출되어 알게 된다. 안에 있는 생각은 밖으로 드러나게 된다. 적의 움직임을 보고 거기에 마음을 멈추면 병법(兵法)에 진다고 한 것이다. 마음을 멈추지 말라는 것으로 이 게(偈)를 인용한 것이다. 아래의 두 구절은 생략하여 기록하지 않는다(역자가 이 두 구절을 앞에 기록해 두었다). 참학(參學: 참선)으로 이 전편(全篇)를 안다는 것이다. 병법에서는 위의 구절만으로도 충분하다.

○출문려소숙 심무소류의(出門旅騷宿 心無所留矣)

 병법에는 불법에 맞으며, 선(禪)에 통하는 것이 아주 많다. 그 중에서도 특히 착(着)을 싫어해, 사물에 머무는 것을 싫어한다. 이것이 가장 절실한 것이다. 멈추지 않음을 중시한다. 에구치(江口: 가나카와·요도가와의 분기점에 있는 항구)의 유녀(遊女: 유녀가 보현보살의 화신이었다는 전설이 있음)가 사이고 법사(西行法師, 1118~1190)의 노래에 답한 시에 "집을 나선 나그네로 부산스런 여관에는 / 마음 둘 곳은 없구나(出門旅騷宿 心無所留矣)." 병법에서는 이 가사의 아래 부분을 음미해야 한다. 여러 가지의 비전(秘傳)을 배워 손을 쓰더라도 그 손에 마음이 멈추면 병법에 지는 것이다. 적의 움직임이나 나의 움직임에도, 베거나 찌르거나 간에 그 때마다 거기에 마음이 머물지 않도록 수련하여야 하며, 이것이 아주 중요하다.

○주불견비주 비주불견주(柱不見非柱 非柱不見柱)

용제화상(龍濟和尙, 이름은 龍濟紹修, 1529~1588 : 중국 羅漢桂琛의 제자, 撫州 龍濟山의 주인이며, 修山王이라 했다)이 중생에게 계시하여 이르기를 "기둥을 기둥 아닌 것으로 보지 말며 / 기둥이 아닌 것을 기둥으로 보지 마라 / 옳고 그름이 이미 없어졌으니 / 옳고 그름의 속을 깊이 깨달으라(柱不見非柱 / 非柱不見柱 / 是非已去了 / 是非裏薦取)"

병법에 이 설법을 여러 가지 도(道)에 적용할 것이다. 선현(타쿠앙 스님)의 말씀대로 병법에 적용하여 이곳에 기록해 둔 것이다. 시주비주(是柱非柱)란 시비(是非)가 기둥이 서 있듯이 시비선악(是非善惡)도 사람의 마음에 그렇게 서 있다는 것이다. 도리에 맞는 것을 마음에 두는 것도 때에 따라서는 싫어지는데, 그렇지 않은 것을 마음에 두는 것은 더욱 싫은 일이다. 그래서 기둥을 보지 말라고 한 것이다. 옳고 그름(是非)의 기둥을 보지 말라는 뜻이다. 이 시비선악이 마음의 병(病)이다. 이 병이 마음에서 떠나지 않으면 무슨 일을 해도 좋지않다. 이렇게 하여 시비가 이미 사라져 버리는 것을 시비(是非)의 속에서 천취(薦取:

죄다 터득해서 자기 것으로 하는 것)된다고 말하는 것이다. 시비를 끊어 버리고 오히려 시비 속에 섞여 있으라는 시비의 속으로부터 지극(至極)의 경지로 나아가야 한다는 뜻이다. 불법(佛法)에서 말하는 대로, 시비의 가치판단을 떠난 안목이야말로 참으로 고맙게 여기는 것이다.

법상응사 하황비법(法尙應捨 何況非法)

위의 구절 "법은 언제나 버려야 하는 것, 하물며 비법이랴(法尙應捨 何況非法)"에서 심(心)은 법(法)이란 진실의 정법(正法)이다. 정법이라도 한 번 깨달았으면 마음에 두지 말아야 한다. 법(法)은 언제나 버려야 하는 것이다. 정법(正法)을 깨달은 뒤 마음에 이것을 남겨두면 마음의 먼지가 된다. 하물며 비법(非法: 법이 아닌 것)을 마음에 두랴! 정법조차도 버리는데 어떻게 비법을 두겠는가. 이것을 가슴(마음)에 두어서는 안될 것이다. 일체(一切)의 도리를 깨닫되 다 마음에 두지 않고 시원하게 버려 가슴을 공허하게 비우고, 아무 일도 없는 듯이 편안한 마음으로 행동한다. 이 같은 경지에 도달하지 않으면 병법(兵法)의 명인(名人)이라 말하기 어렵다. 병법(兵法)이 우리 집의 일이라면, 주제넘게 병법이라 말한다. 병법 한 가지에만 국한할 것이 아니라, 도(道)에도 적용되는 말이다. 병법(兵法)을 쓰는데, 병법의 마음이 남으면 이것이 병(病)이다.

활을 쏘는데 활을 쏜다는 마음이 남으면 이것이 활의 병이다. 오로지 평상심(平常心)을 가지고 칼을 쓰고 활을 쏜다면, 활에는 어려움이 없고, 칼을 자유롭게 쓸 수 있을 것이다. 무슨 일이건 놀라지 않고 평상심을 갖는 것이 좋다. 평상심을 잃고 있는데 꼭 뭐라고 해야 할 말이 있다면 그 마음의 긴장으로 음성이 떨린다. 평상심을 잃었는데 사람들 앞에서 글을 쓴다면 그 손(붓)이 떨릴 것이다. 평상심(平常心)이란 가슴에 아무 것도 남겨 두지 않고 시원하게 버려 마음이 공허해지면 평상심이라 말한다. 유서(儒書)를 읽는 사람은 이 허심(虛心)의 도리를 깨달지 못하고, 오로지 '경(敬)이란 글자의 뜻에만' 빠져있다. 경의 마음은 지극향상(至極向上)에 있지 않고 한두 단계의 수행일 뿐이다.

　병법의 본서 일권은 진리교(進履橋: 다리 밑에 떨어진 신을 집어주는 맘으로 나아감)라 이름한다. 대략의 목록이다. 망부(亡父) 다지마노카미무네요시(但馬守 宗嚴), 가미이즈미무사시노카미후지와라히데쯔나(上泉武藏守藤原秀綱)로부터 직전(直傳)된 것이다. 위 목록의 내용을 탐구한 사람에게는 본서 1권을 복사하여 이것을 수여하고, 상전(相傳)의 증거로 삼는 것이다. 지금의 상하(上下) 양권은 배움 외의 별전(別傳)이다. 망부가 일생을 이 도(道)를 가지고, 자고 먹는 사이에도 잊지 않았다. 그래서 이 도(道)로 묘리(妙理)를 얻어 평생 나를 좌우에 두고 묘(妙: 훌륭한 도리)를 설하고 현(玄: 심오한 도리)을 말하였다. 조금이라도 들어 알게 되면 삼가 가슴에 와닿는 것이 있었다. 내가 성인이 되어 손에 칼을 들고 망부의 업을 계승하였지만 아직도 자유로운 경지에 이르지 못하였다. 겨우 지명(知命: 50세)의 나이가 지나서야 이 도(道)에 자미(滋味)를 얻게 되었다. 일건(一件)의 리(理: 도리)를 알 때마다 이것을 기록하였다. 쌓아서 여러 끝으로 나누고, 탐구하여 한 마음으로 돌리며, 한 마음(一心)을 여러 일(多事)로 나뉘고, 여러 일(多事)을 일심(一心)에 담는다. 끝내 여기에 있다. 지금 이것을 기록하여 두 권을 더 만들어 본서(本書)와 함께 세 권을 집(가문)에 전한다.

강에이(寬永) 9년(1632) 壬申 9월 吉辰

가미이즈미무사시노카미 후지와라 히데쯔나　上泉武藏守 藤原 秀綱
망부 야규타지마노카미 타이라 무네요시　亡父 柳生但馬守 平 宗嚴
적자 야규타니마노카미 타이라 무네노리　的子 柳生但馬守 平 宗炬

　이 책의 상하권을 살인검(殺人劍)·활인검(活人劍)이라 이름 붙인 마음은, 사람을 죽이는 칼이 도리어 사람을 살린다고 한 것은, 이 어지러운 세상에 까닭 없이 죽는 사람이 많기 때문이다. 어지러운 세상을 바로잡기 위해서 살인도(殺人刀)를 이용하며, 이미 바로잡혔을 때에는 살인도가 바로 활인검(活人劍)이 되는 것이다. 이것으로 이름한 것이다.

부록 3) 오륜서(五輪書)

[글머리]

오륜서(五輪書)는 검성(劍聖)이라 불리우던 미야모토 무사시(宮本武藏, 텐쇼 12년인 1584년생으로 쇼호 2년 1645년 6월 13일 사망)가 죽음을 맞이하기 2년 전 1645년 5월 12일에 편술한 병법서로 불교용어인 오대오륜(五大五輪)을 따서 地·火·水·風·空의 5권으로 구성하여 기술한 것이다.

그리고, 병법 35개조목은 오륜서가 쓰여지기 2년 전에 구마모토번(熊本藩)의 번주인 호소카와(細川)에게 바친 니텐이치류(二天一流)의 검법서(劍法書)이며, 오륜서에도 많이 인용되고 있다.

[원문]

1. 지의 권(地之卷)

병법의 도(道), 니텐이치류(二天一流)[1]라 칭하고, 수년간 단련한 일을 처음 문서로 저술하기로 생각하였던 바, 때는 강에이(寬永) 20년(1643) 시월 상순경(초순 무렵), 큐슈 히고(九州肥後)의 지방의 이와토산(岩戶山)에 올라, 하늘에 경배하고, 관음(觀音)에 예(禮)하고, 부처님 전에 절하니, 쇼고쿠 하리마(生國播磨; 현재 효고현의 서남쪽)의 무사, 신멘무사시노카미 후지와라겐신(新免武藏守藤原玄信)의 나이는 60세였다.

나는 어렸을 때부터 병법의 길에 마음을 두었고, 13살에 이르러 처음으로 승

---

1) 화·풍·공(火·風·空)의 3권에서는 니텐이치류(二天一流)라 하였다.

부를 겨루는 결투를 하였다. 그 상대는 신토류(新當流) 아리마키헤에(有馬喜兵衛)라고 부르는 병법자(兵法者)에 이겼으며, 16살에는 타지마국 아키야마(但馬國 秋山)란 강력한 병법자와 싸워 이겼다. 21살에 도회(교토)로 올라와 천하의 이름난 병법자들과[2] 만나 여러 번 겨루었지만 패한 적이 없었다. 그 후에 나라 각 지방을 돌며, 여러 유파의 병법자들과 승부를 겨루기 60여 차례나 되지만 한 번도 패한 적이 없었다. 그 정도 나이였던 13살부터 28~9살[3] 때까지의 일이다.

내가 30이 넘어 지난 날을 돌아보니, 나의 병법이 지극해서 이긴 것이 아니었다. 태어나면서부터 무예의 재능이 뛰어나 자연스레 칼쓰는 법에 익숙했던 연고이든지, 아니면 다른 유파의 실력이 부족한 소치이리라. 그후에도 더욱 깊이 도리를 깨닫기 위해 아침저녁으로 단련해, 저절로 병법의 도에 이르게 된 것은 내 나이 50살이 되어서이다. 그때부터 지금까지 누구에게 물어본 적도 없이 광음(光陰: 세월)을 보냈다. 병법의 이(利: 이치)[4]에 맡기고 제예·제능(諸藝·諸能)의 도를 행하였지만 만사에 있어, 내게는 스승이 없었다.

지금 이 글을 쓰는데도 불법(佛法)이나 유도(儒道)의 고어(古語)를 빌리지 않고, 군기(軍記)·군법(軍法)의 옛것을 이용하지 않고, 나의 병법인 니텐이치류(二天一流)의 견해를 진지하게 나타내기 위해 천도(天道: 만유를 주재하는 절대신인 천신)와 관세음(觀世音: 세상을 관찰해서 구제하는 분)을 거울로 삼아, 10월 10일의 밤 인시(寅時, 새벽 3시에서 5시 사이 시간)의 일점에 붓을 들어 처음 적는 것이다.

무릇 병법(兵法)이란 무가(武家: 무사)의 법이다. 장수된 자는 모름지기 이 법(法)을 행하고, 병졸이 된 자는 이 도(道)를 알아야만 한다. 금세(今世)에는 병법의 도를 확실히 안다고 말하는 무사가 없다. 먼저 도(道)라 하여 나타난 것

---

[2] 일본 제일의 병법자라고 일컫던 요시오카(吉岡) 일문(一門)과 세 번 싸웠다.(二天記)
[3] 엄류(嚴流)의 사사키고지로(佐佐木小次郎)와의 결투는 1612년 무사시가 29세 때였다고 한다.(二天記)
[4] 리(利)와 발음은 같으나, 여기에서는 理가 맞다.

에 불법(佛法)이 있으니 사람을 구하며, 또 유도(儒道)라 하여 문(文)의 길을 가르치며, 의사(醫師)는 여러 병을 치료하는 도(道)이며, 혹은 가도자(歌道者)는 노래를 가르치고, 혹은 다도(茶道)를 하는 사람, 궁법자(弓法者), 그밖의 제예(諸藝)・제능(諸能)까지도 생각에 생각하여 수련하며, 마음으로 좋아하고 행한다. 병법(兵法)의 도(道)에는 좋아하는 사람이 드물다.

먼저 무사는 문무이도(文武二道)라 하여 두 가지 도(道)의 소양을 쌓아야 도를 한다고 할 수 있다. 비록 이 도에 서투르다고 해도 무사가 되는 것은 각자의 자신들이 신분에 상응해서 병법을 배워야 한다. 대략 무사의 생각하는 마음을 헤아리면 무사(武士)란 다만 죽음의 도(道)를 좋아하는 것일 뿐이다. 죽는 법에 관해서는 무사뿐만 아니라, 출가한 중이건 여자이건 간에 백성 이하의 사람에 이르기까지 의리를 알고 부끄러움을 느껴 죽을 곳을 생각하는 것은 그 차별이 있을 수 없다. 무사가 병법을 행하는 법(道)은 어떤 일에서건 사람을 구하는 것을 근본으로 하며, 혹은 한 몸의 결투로부터 혹은 여러 사람과의 싸움에 이기고, 주군을 위해 나 자신을 위해 이름을 드날리고 입신출세하기 위함이라 생각한다. 이것이야말로 병법의 덕(德)을 소유한 것이라 하겠다. 또 세상에는 병법의 도를 배우지만 실전에서는 역할을 하지 못하는 것도 있음을 알아야 한다. 병법의 도는 어떤 때라도 그 소임을 다할 수 있도록 수련하고, 만사에 도움을 주도록 가르치는 것이 병법의 진정한 도(道)이다.

(1) 병법의 도(道)라고 말하는 것

한토(漢土: 중국), 화조(和朝: 일본)에서도 이 길을 가는 사람을 병법의 달자(達者: 달인・명인)라고 부른다. 무사(武士)로서는 이 법을 반드시 배워야 한다. 근대에 병법자라고 해서 세상을 살아가는 사람, 이들은 검술 한 가지만을 알 뿐이다. 히타치국(常陸國: 현재 이바라키현에 위치한 옛나라) 가고시마(鹿島: 큐슈 남쪽 끝의 현), 칸도리(香取)5)의 신관(神官)들이 묘진(明神: 신)의 가르침이

---

5) 칸도리는 카즈사국(上總國, 지금의 치바현 중앙부)이다. 유명한 보크덴(塚原卜傳) 등을 말하

라 하여 유파(流派)를 세우고, 여러 나라를 돌며 사람들을 가르치고 있는 요즈음이다.

예로부터 십능(十能) 칠예(七藝)라는 것 가운데에 쓸모가 있다 해서 예도(藝道)의 하나쯤 배우는 것이 유용하다고 말하므로 검술 한 쪽에만 국한할 것은 없다. 검술의 한 쪽의 이치로는 검술을 안다고 할 수 없다. 물론 병법에도 맞지 않다.

세상을 보면 제예(諸藝)를 매물(賣物)로 해서 제 몸을 매물처럼 생각하며, 여러 도구까지도 매물로 하려는 마음은 꽃과 열매 두 가지로 보아서 꽃보다도 열매가 적은 것이다. 더구나 이 병법의 도(道)에 모양을 장식하고 꽃을 꽂아 기술인 것처럼 보이거나, 혹은 이 도장, 혹은 저 도장으로 다니면서 이 병법을 가르치며, 이 병법을 배워 이득을 보려고 생각하는 것은 누군가가 말한 것처럼「어설픈 병법은 큰 상처의 근원」이 됨을 절실히 깨달아야 한다.

무릇 사람이 세상을 살아가는 것에는 사농공상(士農工商)이라고 해서 네 가지 길이 있다.

첫째에는 농사(農事)의 길이다. 농부가 여러 가지 농기구를 준비하여 사계절의 변화의 마음가짐에 쉴 새 없으며, 봄과 가을을 보내는 것이 이 농사의 길(道)이다.

둘째로는 상업(商業)의 길이다. 술을 만드는 사람은 각각의 도구를 준비하고 그 좋고 나쁨의 이익을 얻어 세상을 살아간다. 이렇게 상인의 길이란 각자가 몸으로 벌어 그 이익을 가지고 이 세상을 살아간다. 이것이 장사(商)의 도(道)이다.

셋째로는 사도(士道)로 무사는 여러 가지의 병구(兵具)를 다룰 줄 아는 것이 당연하며, 병구 그 각각의 덕을 갖추는 것이 무사(武士)의 도(道)이다. 병구도 다룰 줄 모르며 그 병구 각각의 이치를 모르니, 오늘날의 무가는 조금의 소양

는 것으로 텐진쇼텐신토류(天眞正傳神道流, 香取), 신토류(新當流, 鹿島)를 전국에 고취시켰다.

도 천박하지 않은가.

 넷째로는 장인(工)의 길이다. 대공(大工: 목수)의 길이란 여러 가지 모양의 도구를 잘 다룰 줄 알고, 그 도구들을 잘 사용하며, 묵척(墨尺: 곡척을 써서 건축재목에 먹줄을 치는 기법)을 가지고 그 설계도를 조사하여 쉴 짬도 없이 그 기술로 세상을 살아가는 것이다.

 이것이 사농공상의 4가지 도(道)이다. 병법을 목수(大工)의 도에 비유하여 말한 것이다. 목수에 비유하는 것은 집에 비유하여 말하는 것과도 같다.

 공가(公家)·무가(武家)·사가(四家)6) 그 집의 파괴와 그 집의 존속이라는 것, 각각의 류(流)·풍(風)·가(家) 등에 비유하면 집이라 하기보다는 목수의 도에 비유하는 것이 좋을 것이다. 목수는 크게 정교하다고 기록되어 있으니, 병법의 도(道) 역시 크게 기교를 부리는 것이므로 이것을 목수에 비유하여 글로 나타낸 것이다. 병법을 배우고 싶으면 이 책을 궁리하고, 스승은 바늘·제자는 실7)이 되어 끊임없이 수련할 일이다.

⑵ 병법의 도, 목수에 비유한 것

 대장은 목수의 통령(統領: 도목수)과 같으니, 천하를 다스리는 법을 갖추고, 그 나라의 법을 바르게 하며, 그 집안의 법을 아는 것이 통령의 도이다. 목수의 통령은 당탑(堂塔)이나 가람(伽藍)의 구조를 알며, 궁전누각의 설계도를 알아, 사람들을 부려 집들을 짓는 것이니, 목수의 통령이나 무가의 통령도 같은 것이다. 집을 짓는데 나무를 적재적소에 배치하는 것, 곧고 마디가 없어 보기에도 좋은 나무는 외면기둥으로, 약간의 마디는 있으나 곧고 강한 것은 뒷면 기둥으로, 비록 조금 약해도 마디가 없어 보기 좋은 것은 문지방(하인방; 문턱)·상인방·문과 미닫이로 각각 사용하며, 마디도 있고 굽었지만 강한 나무를 그 집의 요소 요소에 분간해서 잘 조사(음미)해 사용하니 집이 오래 되어도 쓸어지지

---

6) 고대 일본의 패권을 겨루었든 원(源), 평(平), 등(藤), 교(橋)의 네 집안을 말한다.
7) 선생과 제자의 관계는 바늘과 실 같다. 제자는 선생이 전수한 것을 따르고 익혀 연습에 전념하는 것이 중요하다는 뜻이다.

않게 된다. 또 재목 가운데에서도 마디가 많고 구부러져 약한 것은 발판이나 되었다가 나중에는 땔감으로 사용되고 만다.

통령이 되어서 목수를 부리는 것에 그 상중하를 알며, 혹은 토고노마(장식바닥)를 만드는 이, 혹은 문과 미닫이, 혹은 문지방·문미·천정을 담당하는 사람을 각각 부리고, 나쁜 것은 마루청의 횡목으로 쓰고, 여전히 모자라는 것은 쐐기(비녀장)를 깎게 하듯이, 사람을 살펴 알아 쓰면 솜씨가 좋다고 한다. 과감하게 시키고 솜씨가 좋다는 것, 어떤 작은 일에도 느슨하지 않은 것, 대용(大用: 용도)을 아는 것, 기(氣)의 상중하를 아는 것, 기세를 올릴 줄 아는 것, 한계를 아는 것, 이와 같은 것들을 통령(대장)이 가져야 할 마음가짐이다. 병법의 이치(理)도 이것과 같다.

(3) 병법의 도(道)

사졸(병사)이란 것은 목수와 같으니, 손으로 그 도구를 갈고, 여러 가지 책금(責金: 사용도구)을 갖추어 목수의 상자에 넣어 구비하며, 통령이 시키는 곳을 받아 기둥이나 (대)들보를 큰자귀(손도끼)로 깎으며, 침상이나 선반을 대패로 밀며, 깎을 것은 깎고, 끌로 팔 것은 파며, 못질을 잘 하며, 구석구석까지 살펴 손을 잘 보아 주는 것이 목수의 법이다. 목수의 기술이 제 손 안에 있고, 곡척(曲尺: 먹줄을 매김)을 잘 안다면 나중에 통령(대목수)이 되는 것이다.

목수의 몸가짐은 잘 드는 도구를 가지고 틈틈이 연마하는 것이 중요하다. 그 도구로 손잡이, 감실장(두 짝 문이 달린 궤), 책장, 선반, 혹은 사방등(四方燈: 초롱), 도마, 냄비뚜껑에 이르기까지도 달자(달인)처럼 하는 것이 목수의 전문이다. 사졸이 된 자도 이와 같다. 잘 생각해 볼 것이다. 대공의 기술, 비뚤지않게 하며, 빈틈이 없게 하며, 대패질을 잘 하며, 흠이 생기지 않게 하며, 나중에 비틀리지 않게 하는 것이 중요하니, 이 도(道)를 배우려고 한다면 글로 나타낸 곳을 마음을 다해 잘 음미해야 한다.

(4) 이 병법서는 5권으로 만든 것

5개의 도리(道)로 나누고, 한 권, 한 권에 그 이치를 설명하기 위해 지·수·화·풍·공(地水火風空)의 5권에 글로 나타내었다.

제1 지(地)의 두루마리에서는 병법도(兵法道)의 대체(大體: 기본적인 큰 줄기), 내 이치류(一流)의 견해, 검술일통(劍術一統)으로는 진정한 도를 얻기 어렵다는 것, 큰 곳에서부터 작은 것을 알고, 얕은 곳에서 깊은 곳으로 이른다. 바른 길의 지형(地形)을 단단히 다진다는 연유로 처음을 지(地)의 권(卷)이라 이름하였다.

제2 수(水)의 두루마리는 물을 근본으로 하여 마음을 물에 비유한 것이다. 물은 방원(方圓: 네모와 원)의 그릇(容器)에 따르며, 한 방울도 되고 넓은 바다도 된다. 물에 벽담(碧潭: 푸른 빛이 감도는 연못)의 색깔이 있으니 그 깨끗함을 빌어 이치류(二天一流)에 관한 것을 글로 나타낸 것이다. 검술일통의 이치(理)를 분명하게 깨달아 한 사람의 적이라도 자유롭게 이긴다면 세상의 모든 사람과 싸워 이길 수 있다. 한 사람에게 이긴다는 마음은 천만의 적에게도 마찬가지이다. 장수된 자의 병법이란 작은 것으로 큰 것을 이루는 것이니, 목수가 자(尺)의 본(原型)을 가지고 대불(大佛)을 만듦과 같다. 이 같은 의미를 자세하게 쓸 수는 없다. 한 가지로 만 가지를 아는 것이 병법의 이치(理)이다. 니텐이치류(二天一流)에 관한 것을 이 수(水)의 권에 썼다.

제3 화(火)의 권(卷)인데 이 두루마리에는 전투에 관한 것을 기록하였다. 불은 크고 작은 것이 있고, 묘한 마음을 만들어 변화가 심하니 합전(合戰)에 관한 것을 썼다. 합전의 도(道)는 한 사람이 한 사람과 싸우는 것이나 만인이 만인과 싸우는 것이나 같은 도리이다. 마음을 크게 하여 혹은 마음을 작게 하여 잘 음미해보아야 한다. 큰 곳은 보기 쉽지만 작은 곳은 보기 어렵다. 그 자세함과 많은 인원수를 즉석에서 전술로 전환하기는 어렵다. 한 사람의 일은 그 하나의 마음에 달려 변하는 것이 빠르니, 작은 일을 하는 것도 쉽지 않다. 잘 음미해야 한다. 이 화(火)의 권(卷)은 빠른 순간의 일이기 때문에 매일 손에 익숙해지도록 단련하고, 평상시와 같은 마음의 변하지 않는 병법을 중요하게 여긴다. 따라서 전투에서의 승부를 화(火)의 권(卷)에 써서 나타내었다.

제4 풍(風)의 권(卷)인데, 이 두루마리를 풍(風)이라 한 것은 나의 니텐이치류(二天一流)에 관하여 기록한 것이 아니고, 이 세상의 병법(兵法)과 그 유파(流派)의 것을 기록한 것이다. 풍(風)이라는 것에서는 옛날의 기풍, 지금의 기풍, 여러 집의 가풍 등이 있다면, 세간의 병법, 각 유파의 소위(所爲: 기술) 등을 정하여 기록하여 나타낸 것이 이 풍(風)이다. 다른 사람의 것을 잘 알지 못하면 자기의 것도 이루기 어렵다. 여러 가지 도(道)와 일을 행함에 외도(外道: 이단 사설)라는 것이 있다. 매일 그 도(道)를 근행한다고 해도, 마음이 도리에서 벗어난다면 그 몸은 바른 길을 추구해도, 바른 경지에서 보면 진정한 도(道)가 아니다. 진정한 도의 극의를 얻지 못하면 조그마한 마음의 비뚤어짐이 나중에는 커다란 비뚤어짐이 된다. 음미해야 한다. 다른 병법에서 검술뿐인 세상을 생각하는 것도 당연하다. 내 병법의 이치(理)는 기술에서도 각별한 의미가 있다. 세간의 병법을 알리기 위해 풍(風)의 권이라 하고, 다른 유파에 관한 것을 글로 나타내었다.

제5 공(空)의 권(卷)인데 이 두루마리를 공(空)이라고 글로 표현한 것은 공(空)이라고 말하므로 무엇인가 깊이가 있는 것, 뭔가 입으로 말할 수 없는 것을 기록하였기 때문이다. 도리(道理)를 얻었으면 도리를 떠나고, 병법의 도에서 자기 자신과 자유롭고, 다른 사람에 비해 역량이 뛰어나며, 때가 되면 상대의 박자(拍子)을 알고, 손에 검을 들었는지 검이 내 손에 있는지를 잊어버린 채, 상대를 치고 적중하는 것이 공(空)의 도(道)이다. 내가 실(實)의 도(道)에 들어가는 것을 기록한 것이 공(空)의 권(卷)으로 해서 쓴 것이다.

(5) 이 일류(一流)를 이도(二刀)라 이름붙인 것이다.

이도(二刀: 니토)라 말한 것은 무사(武士)와 장졸 모두 두 자루의 칼을 허리에 꽂고 있기 때문이다. 옛적에는 다치(太刀)·가타나(刀)라 했고, 지금은 가타나(刀: 외날의 긴 칼), 와키자시(脇差, 脇刀, 脇指: 허리에 차는 호신용의 약 50cm 정도의 작은 칼)라 한다. 무사가 이 두 가지를 허리에 차는 것을 자세하게 쓸 필요는 없다. 아조(我朝: 일본)에서는 알든 모르든 허리에 차는 것이 무사의 도이다. 이 이도(二刀: 니토)의 이치(理)를 알게 하기 위해 이도일류(二刀一流: 니토이치류)라 한 것이다. 창(鑓)이나 나기나타(長刀: 왜장도)는 외물(外物: 주변무예)이라 하여 군대(병사) 도구가 된다.

이치류(一流)의 도(道)는 초심자에게 다치(太刀, 이하 태도로 통일함)와 와키자시(脇刀)를 양 손에 들고 도(道)를 배우는 것이 실제이다. 한 생명을 바칠 때에는 도구를 남김없이 사용케 하려는 것이다. 도구를 소용대로 쓰지도 못하고, 허리에 매단 채 죽는 것은 본의가 아니다. 그렇지만 양 손에 물건을 들고 좌우로 자유롭게 쓰는 것은 어려운 일이다. 태도(太刀)를 한 손으로 드는 것만도 어렵다. 창(鑓)·장도(長刀) 등의 큰 도구는 부득이 태도(太刀)와 협도(脇刀)에 있어서는 언제라도 한 손에 들어야 하는 도구이다.

태도(太刀)를 양손에 들어서 좋지않는 것으로 마상(馬上)에서 달릴 때이다. 늪·수렁논·돌벌판·비탈길·사람이 많은 곳에서 불리하다. 왼 손에 활·창을 들고, 어느 다른 물건을 들었을 때에도 한 손에 태도(太刀)를 들게 되면 두 손으로 태도(太刀)를 쓰는 것은 실제적인 방법이 못된다.[8] 만약 한 손으로 쳐서 죽일 수 없을 때에는 두 손으로 쳐야만 한다. 방비할 시간을 주어서는 안된다. 먼저 한 손으로 태도(太刀)를 휘두르기 위해서는 두 칼을 들되 태도(太刀)를 한 손에 휘두르는 것이 병법이다.

사람마다 처음할 경우에는 태도(太刀)가 무거워 한 손으로 휘두르기가 어렵지만, 모든 일의 처음 착수할 때는 활을 당기는 것도, 장도(長刀)를 휘두르는 것도 어렵다. 어떻든 각각의 도구 다루기에 익숙해지면 활도 힘껏 당길 수 있게 되고, 태도(太刀)도 처음에는 휘두르지도 못하다가 방법을 알게 되면 잘 휘

---

[8] 실전, 실용의 입장에서 다른 유파가 두 손으로 칼을 잡는 것을 심하게 비판하고, 이도(二刀)를 들게 하여 한 손만으로 휘두르는 연습법의 합리성을 강조한 것이다.

두르게 된다. 태도(太刀)의 법도(法道)라는 것은 빠르게 휘두르는 것만은 아니기 때문에 제2 수(水)의 권에서 설명하기로 한다.

태도(太刀)는 넓은 곳에서 휘드르며, 와키자시(脇刀)는 좁은 곳에서 휘두르는 것이 도법(刀法)으로 당연하다. 나의 이치류(一流, 곧 二天一流)로서 긴 것에도 이기고, 짧은 것에도 이긴다. 따라서 태도(太刀)의 길이에 관계없이 어떤 경우에도 이기는 것이 내 이치류(一流)의 도(道)이다. 태도(太刀) 하나만을 갖는 것보다 두 개를 갖는 것이 여러 사람을 상대로 한 사람이 싸울 때, 또는 좁은 곳에서 둘러 싸였을 때 좋은 것이다. 이 같은 경우를 지금 자세하게 글로 쓸 수는 없으나, 한 가지를 미루어 만 가지를 알아야 한다. 병법의 도(道)를 행할 경우에는 한 가지라도 안 보이는 일은 없다. 잘 음미하여야 한다.

⑹ 병법이란 두 글자의 이치(理)를 아는 것

이 길(道)에서는 태도(太刀)를 휘두를 줄 아는 사람을 병법자(兵法者)라고 세간에서 말한다. 무예(武藝) 각각의 도(道)에 이르러서는, 활 잘 쏘는 사람을 사수(射手)라 하고, 총을 잘 쏘는 사람을 총장이, 창(鑓)을 잘 쓰는 사람을 창장이, 장도(長刀)를 잘 휘두르는 사람은 장도장이라 한다. 그러나 태도(太刀) 쓰는 법에 익숙한 사람을 태도장이, 요도(脇差)를 잘 쓰는 사람을 요도장이라고 하지는 않는다. 활·총·창·장도의 모두가 무가의 도구라면, 이 모두를 병법(兵法)의 도라 할 수 있을 것이다. 그러나 태도(太刀) 쓰는 법을 가지고 특히 병법이라 하는 것은 그 나름으로의 도리가 있기 때문이다.

태도(太刀)의 덕(德)으로 세상을 다스리고 몸을 다스리니 태도(太刀)는 병법의 근본이라 하겠다. 태도(太刀)의 덕을 얻으면 한 사람이 열 사람을 이길 수 있다. 한 사람이 열 사람을 이기면, 백명이 천명을 이기고, 천명이 만명을 이긴다. 그러므로 나의 이치류(一流) 병법에서는 한 사람이나 만 사람이나 같은 것이니 무사의 법을 모두 병법이라 말한 것이다. 도(道)라 하여 유자(儒者)·불자(佛者)·다도가(茶道家), 미자(일본어로「しつけ(躾: 예의 범절을 가르침)」는 신

(身)과 미(美)가 합쳐져 한 글자를 이룸. 躾者(시쯔케샤: しつけしゃ)는 예법을 가르치는 사람을 일컬음), 노역자(亂舞者: 能役者)9) 등의 일은 무사의 길에는 없다. 그 길에는 없을지 몰라도 길을 넓히면 모든 사물에 다 통한다. 아무래도 사람으로서 나의 길을 잘 닦는 것이 중요하다.

(7) 병법에 무구(武具)의 이치(利: 理)를 안다고 하는 것

전쟁 도구의 이치(利: 理)를 획득하면 어떤 도구라도 그때그때 때와 장소에 맞추어 잘 쓸 수가 있다. 요도(脇差: 와키자시)는 좁은 장소, 적의 몸이 가까이 있을 때에 따라서 이치에 통한다. 태도(太刀)는 어떤 장소에서건 대형의 전투에 통한다. 장도(長刀)는 전장에서는 창에 뒤진다. 창은 선수(先手)이고 장도(長刀)는 후수(後手)이다. 같은 정도의 배움(기량)이라면 창이 조금 강하다. 창이나 장도(長刀)는 좁은 곳에서는 그 이점(利)이 적다. 포위된 자들에게도 마땅치 않다. 다만 전장의 도구로 사용된다. 합전(合戰)의 장소에는 중요한 도구가 된다. 그럼에도 불구하고 앉은자리에서의 이점만 기억하고, 자상하게 생각해 실제의 도(道)를 잊어서는 전투에서 아무런 역할도 못하게 된다. 활은 합전의 장소에서 군세(軍勢)의 진퇴에도 역할을 다한다. 창술부대 혹은 그 외의 부대들에게 초동(初動)의 쟁탈전이 용이해져 평지에서의 전투에 이롭다. 성을 공격하거나 또 적과의 거리가 20간(1間은 1.818m이므로 36.36m) 정도 떨어지면 효율이 부족한 것이다.

지금에 이르러서 활은 물론이고 여러 가지 무예가 화기(華技)10)로 변질되어 실전용이지 못해 알맹이가 없다. 이 같은 예능(藝能)은 긴요할 때에 쓸모에 도움되지 않는다. 그 이익이 많은 것으로 성곽 내에서 총에 필적하는 것은 없다. 평지의 전투에서도 합전이 있기 전까지는 이익이 된다. 전투가 시작되면 모자란다. 활의 한 가지 이점은 날아가는 화살이 사람의 눈에 보인다는 것이다. 총

---

9) 일본의 대표적인 가면 음악극을 노(能)라 함. 야쿠샤(役者)는 배우니, 무대에서 박자에 맞추어 노래를 부르거나 가면을 쓰고 연기한다.
10) 태평시대를 맞아 여러 무예의 유파가 실전이 아닌 가타(形)중심의 무예로 변질된 화법무예(華法武藝).

알은 보이지 않아 좋지 않다. 이것은 잘 음미해야 한다.

  말(馬)이란 힘이 강하고 잘 견디는 것이 중요하다. 대체로 무술의 도구를 갖추고, 말도 그토록 많이 걸어야 하고, 외날칼(刀)·요도(脇差)도 무겁고, 창(鑓)·장도(長刀)도 그처럼 크고, 활·총도 강하고, 쉽게 부서지지 않는 것이 좋다. 도구(道具) 이하(以下)에도, 형(形: 가타)의 그 중에서도 틈이 있으면 안된다. 남는 것은 모자라는 것과 같다. 다른 사람을 흉내내지 말고 내 몸에 맞추어, 전투도구는 손에 맞아야 한다. 장군이나 사졸 모두 도구를 좋아하고 도구를 싫어하는 것이 있다면 좋지 않다. 공부가 중요하다.

(8) 병법의 박자라는 것

  사물마다 곁들인 박자(拍子)는 익숙해 있지만 그중에서도 병법의 박자는 단련하지 않으면 미치지 못하는 것이다. 세상에 있는 박자 중에 나타나 있는 것은 난부(亂舞: 현란한 노의 춤)의 도(道), 영인(伶人: 樂人)이 치는 관현(管絃)의 박자 등, 이 모두 있어야 할 곳의 상태가 바른 박자이다. 무예의 도에도 활을 쏘거나 총을 발사하고 말을 타는 것까지도 박자와 음조가 있다. 제예(諸藝), 여러 노가쿠(諸能)에 이르기까지 박자를 등한히 하면 안된다. 또 허공이 된 것에도 박자가 있다. 무사의 신체상에도 봉공(奉公)에 입신하는 박자가 있고, 화살이 날아가는 박자, 화살이 현(弦: 활줄)에 맞는 박자, 화살에 맞지않는 박자가 있다. 혹은 상인의 도에는 재산가가 되는 박자, 재산가에게도 그에 맞는 박자가 있으니, 도(道)마다 박자가 서로 다른 것이다. 모든 사물에 성하는 박자, 쇠하는 박자가 있음을 잘 분별하여야 한다.

  병법의 박자에도 여러 가지가 있다. 먼저 합당한 박자를 알아 틀린 박자를 가려내고, 대소(大小)·지속(遲速: 더디고 빠른)의 박자 중에도 간격의 박자를 알며, 상대의 박자를 타지 않고 반대로 상대의 박자를 이용해, 상대의 균형을 잃게 하는 박자를 아는 것이 병법에서 중요하다. 이같이 거스르는 박자를 얻지 못하면 병법이 확실치 않는 것이다. 병법의 전투에 적의 박자를 알고, 적이 생각지 않은 박자를 가지고 공(空)의 박자를 지혜(智惠)의 박자로부터 발하여 이기는 것이다. 모든 두루마리에도 박자에 관한 것을 기록하였다. 그 글을 음미하고 잘 단련해야 한다.

이상의 이치류병법(一流兵法)의 도를 아침저녁으로 부지런히 힘써 수련함으로써 스스로 넓은 마음이 되고, 크고 작은 병법(兵法)으로 해서 세상에 전하려는 바 처음으로 글로 써서 나타낸 것이 지수화풍공(地水火風空)의 이 다섯 권이다. 나의 병법을 배우려 생각하는 사람에게는 도(道)를 배우는 방법이 있다.

제1, 도리에 어긋나지 않은 것(바른길)을 생각할 것.
제2, 도(道)를 단련할 것.
제3, 여러 가지 예(藝)를 알 것.
제4, 여러 가지 직업의 도(道)를 알 것.
제5, 모든 사물의 손(損)과 득(得)을 알 것.
제6, 모든 사물의 진실을 분별할 줄 알 것.
제7, 눈에 보이지 않는 곳을 득도(得道)할 것.
제8, 사소한 일도 주의할 것.
제9, 도움이 되지 않는 일을 하지 말 것.

대략 이 같은 이치를 마음에 두고 병법의 도를 단련할 것이다. 이 도(道)에 한해서, 마음을 넓고 바르게 해서 보지 않으면 병법의 달인이 되기는 어렵다. 이 법을 배워 얻으면 혼자서도 20~30의 적에 포위되어질 리(道)가 없다. 먼저 기(氣)에 병법을 끊임없이 바른 길을 힘쓰면 손으로 쳐 이기고, 눈으로 보는 것도 사람으로부터, 또 단련하여 온몸이 자유로우면 몸으로도 사람을 이긴다. 또 이 도(道)에 익숙해지는 마음이면, 마음을 가지고도 사람을 이긴다. 이 손·눈·몸·마음의 경지에 이르면 어떻게 해도 사람에게 지는 일은 없을 것이다. 또 큰 병법에서는 훌륭한 사람을 담당하여, 여러 사람을 부리는 일에서 몸을 바르게 두는 법(道)에서, 나라를 다스리는 일에서, 백성을 기르는 일에서, 세상의 여러 법을 행함에서, 어떤 도라도 사람에게 지지않음을 알아, 몸을 돕고 이름을 날리니 이것이 병법의 도(道)이다.

쇼호(正保) 二歲(1645年) 五月 十二日   신멘무사시(新免武藏)
데라오마고노죠(寺尾孫丞 殿: 귀하)
간분(寬文) 七年(1667年) 二月 五日   데라오유메요카츠노부(寺尾夢世勝延)
야마모토겐스케(山本源介 殿)   (花押: 수결과 함자)

2. 수의 권(水之卷)

병법, 니텐이치류(二天一流)의 정신은 물을 근본으로 하여 이익(理致)을 얻는 방법으로, 수(水)의 두루마리에 이치류(一流)의 태도(太刀)의 줄기를 이 글로서 책에 나타낸 것이다. 이 도(道)의 어느 것도 자세하게 마음 내키는 대로 분류할 수는 없다. 비록 말은 계속되지 않는다고 말하더라도 이(利: 理)는 스스로 납득해야만 한다. 이 책에 쓰여져 있는 것은 한 마디 말마다, 글자 한 자에도 사안(思案: 생각)해야 한다. 적당히(제멋대로) 생각하여 배운다면 잘못된 도(道)를 배우게 되는 수가 많다. 병법의 이치(利: 理)는 한 사람과 한 사람과의 승부에 있는 것처럼 기록해 두었지만 만 사람과 만 사람의 전투의 이치에도 마음을 두고 크게 보는 것도 중요하다. 이 도(道)에 한해서는 조금이라도 길을 잘 못 들어 길을 헤매게 되면 악도(惡道)에 떨어지게 된다. 이 책만을 보고 병법의 도(道)에 미치는 것은 어렵다. 이 글에 쓰여져 있는 것을 본 그대로 생각하지 말고, 모방만 하려 생각하지 말고, 자기 몸에 쓴 글이라 마음먹어 바로 내 마음으로부터 나온 이치(理)로 보고 항상 그런 마음가짐으로 차근차근 공부해야 한다.

(1) 병법에서의 마음가짐이라는 것(병법35개조 8항 참조)
병법의 도에 있어서 마음가짐은 평상심을 바꾸는 것은 안된다. 보통 때나 병법을 쓸 때나 조금도 변하지 않고 마음을 넓고 곧게 하며, 지나치게 긴장하지도 않으며, 조금도 느슨하지도 않고 마음이 치우치지도 않게, 마음을 가운데에 두고, 마음을 조용함에 동요(動搖)로서, 그 동요될지라도 동요됨 없이 천천히 음미한다. 조용한 때라도 마음을 조용하게 하지 않으며, 급한 경우에도 마음은 조금도 급하게 하지 않으며, 마음이 몸에 잡히지 않으며, 몸도 마음에 잡히지 않으며, 마음에 조심하되 몸에는 조심하지 않으며, 마음에 모자라는 것도 마음에 조금도 남는 것이 없게 하며, 외견은 약해 보여도 그 속마음은 강하게 하며, 마음을 사람에게 보지이 않게 하며, 작은 것이더라도 마음에 큰 것을 남김없이 알며, 큰 것이더라도 마음에 작은 것을 잘 알며, 크건 작건 마음을 곧게 하여 내 몸에 편애함이 없게 마음을 갖는 것이 중요하다. 마음이 안으로 응고되지 않고 넓게 퍼지는 곳에 지혜를 두어야 한다. 지혜도 마음도 오로지 닦는 것이 중요하다. 지혜를 연마하여 천하의 이비(利非: 是非: 잘잘못)를 분별하고, 사물의 선과 악을 알며, 여러 가지 예능, 각각의 도(道)를 섭렵하고, 세간의 사람들에게 조금도 속지 않도록 한 후 병법(兵法)의 지혜(智慧)11)가 되는 마음이다. 병법의 지혜에도 분별을 잘 못하는 것도 있을 수도 있다. 전쟁터에서 만사가 조급한 때에도 병법의 도리를 궁구하여 움직임이 없는 마음이 되도록 잘 생각해야 한다.

(2) 병법에서의 몸이 되는 것(병법35개조 4항·6항 참조)

몸의 자세는 얼굴을 숙이지 말며, 처들지 말며, 기울지 말며, 뒤틀지 말며, 눈을 어지럽히지 말며, 이마에 주름을 잡지 말며, 미간(눈썹 사이)을 찡그려 모아, 눈동자를 움직이지 않게 하며, 깜빡거리지 않으려고 생각하며, 눈을 가늘게 떠 대상을 관찰하며, 코끝을 바르게 하며, 아래턱을 조금 바로 세워내는 듯한다. 목은 뒷덜미에 힘을 주어 바르게 하며, 어깨와 몸이 하나가 되도록 생각하며, 양 어깨를 내리며, 척추를 곧게 하며, 엉덩이를 빼지 않으며, 무릎에서 발끝까

---

11) 병법의 지혜(智惠): 병법의 도(道)는 리(理)와 리(利)를 분명하게 아는 것이다. 지(智)는 물과 같으니 일을 함에 막힘이 없이 자유로운 것이다.(二刀一流 極意條)

지 힘을 넣고, 허리가 굽어지지 않도록 배에 힘을 주며, 비녀장(쐐기) 박듯이 요도(脇差)의 칼집에 배(腹)를 지탱시키고, 띠를 여유있게 매어 움직이지 않도록 비녀장을 만들며 눌러 준다. 모든 병법에서의 몸이란 평상시의 몸을 병법의 몸이라 하며, 병법의 몸을 평상시의 몸으로 하는 것이 중요하다.

(3) 병법의 눈두기라 하는 것(병법35개조 6항 참조)

눈두기 방법은 크게 하여 넓게 보는 눈이다. 관견(觀見)[12]의 두 가지인 것으로 관(觀)의 눈은 강하게, 견(見)의 눈은 약하게, 먼 곳을 가깝게, 가까운 곳을 멀게 보는 것이 병법에서 중요하다. 적의 태도(太刀)를 알아 조금치도 적의 칼을 보지 않는 것이 중요하다. 공부해야 한다. 이 눈두기는 소규모의 병법에서도 대규모의 병법에서도 같다. 눈동자를 움직이지 않고도 양 옆을 보는 것이 중요하다. 이 같은 일은 바쁠 때 황급하게 해서는 알 수 없다. 이 글을 잘 깨닫고 언제나 이 눈두기에, 무슨 일에도 눈두기에 유념하고 잘 음미해야 하는 것이다.

(4) 태도(太刀)를 잡는 방법(병법35개조 3항 참조)

태도를 잡는 방법은 엄지와 식지(검지: 집게 손가락)를 띄우는 듯 마음에 두고, 중지(장지)는 잡되 힘을 빼며, 약지(약손가락: 무명지)와 소지(새끼손가락)로 조이는 듯하게 잡는다. 손 안쪽에는 헐렁하게 조이는 것은 좋지 않다. 적을 베겠다고 생각하고 태도(太刀)를 잡아야 한다. 적을 벨 때에도 손 안은 변하지 않는다. 손이 위축되지 않고 자유롭게 잡는다. 만약에 적의 태도(太刀)를 뻗는 것·맞받는 것·마주치는 것·누르는 것이 있을 때도, 엄지와 식지만 약간 바꾼다는 마음으로 어떻든 베겠다는 기분으로 생각해서 태도(太刀)를 잡는다. 시험삼아 벨 때의 손 안도, 병법으로 벨 때의 손 안도, 사람을 벤다고 하는 것의 손 안에는 변함이 없다. 일반적으로 태도(太刀)로 하든 손으로 하든 고착(固着)되어 움직임이 없는 것을 피해야 한다. 고착은 생명을 잃는 손이다. 고착되지

---

12) 견(見)이란 눈을 들어 보는 것이다. 관(觀)이란 마음으로 보는 관지(觀智)를 말한다. 정신(精神)을 배에 그득하게 넣고 기(氣)를 발(發)하여 보는 것이다.(二刀一流極意條)

않음은 죽지않는(생명의) 손이다. 깊이 생각하여야 한다.

(5) 발을 사용하는 법(병법35개조 5항 참조)

발의 움직임은 발가락끝을 약간 들고 발뒤꿈치로 강하게 밟아야 한다. 발움직임은 경우에 따라 대소(大小)·지속(遲速)은 있겠으나 언제나 걷는 것처럼 하여야 한다. 발에 비족(飛足), 부족(浮足), 고착(固着)된 발의 이 3가지는 좋지 않은 발이다. 이 도(道)에서 주요한 것은 음양(陰陽)의 발이며, 이것이 중요한 마음이다. 음양의 발이란 한쪽 발은 움직이지 않는 것이다. 벨 때·이끌 때·받을 때라도 음양이라 하여, 오른쪽·왼쪽을 교대로 밟는 발이다. 계속하여 한쪽 다리만을 밟으면 안된다. 깊이 음미해야 한다.

(6) 오방(五方)의 자세라는 것(병법35개조 9항 참조)

다섯 방위의 자세는 상단(上段)·중단(中段)·하단(下段)·오른쪽옆구리·왼쪽옆구리의 방위, 이것을 오방(五方)이라 한다. 자세를 다섯 가지로 나누었지만 모두가 사람을 베기 위한 것이다. 이 다섯 자세 이외는 없다. 어떤 자세를 취하든 자세라고 생각하지 말고 사람을 벨 것만 생각해야 한다. 자세의 크고 작음은 일의 이(利: 理)를 따라야 한다. 상·중·하는 본체(本體)의 자세이다. 양 옆구리는 응용의 자세이다. 우(右)왼쪽자세는 위로 들어올리되 옆구리에 한 편으로 닿는 곳에 붙인 자세이다. 우(右)왼쪽자세는 경우에 따라 분별해야 한다. 이 병법의 가장 중요한 것은 최선의 자세는 중단(中段)이라는 것을 알아야 한다. 중단은 자세의 본의(本意)이다. 병법을 크게 보아야 한다. 중단은 대장의 자리이다. 대장(大將)의 다음으로 남은 네 단계의 자세이다. 잘 생각해야 한다.

(7) 태도(太刀)의 도(道)라는 것(병법35개조 11항 참조)

"태도(太刀)의 도를 안다"라고 하는 것은 언제나 내가 차고 있는 칼을 손가락 두 개로 휘두를 때도 태도(太刀)의 이치를 잘 알고서 자유롭게 휘두르는 것이다. 태도(太刀)를 빨리 휘드르려고 마음을 두면 태도의 도(道)에 거스르게 되어 휘두르기 어렵다. 태도(太刀)는 휘두르기 좋을 만큼 조용히 휘두르는 마음이다. 혹은 부채나 혹은 작은 칼 등을 쓰는 것처럼 빠르게 휘두르려고 하면 태도(太刀)의 도(道)에 가깝게 휘두르지 못한다. 그것은 작은 칼은 칼자국만 낼 뿐이니 그래서는 태도(太刀)로 사람을 벨 수 없는 것이다. 태도(太刀)를 쳐 내릴 때는 그 방법만큼 들어올려야 하며, 옆으로 휘두를 때는 옆으로 휘두를 수 있는 것만큼 태도(太刀)를 돌리고, 팔을 크게 뻗어 강하게 휘둘러야 한다. 이것이 태도(太刀)의 도(道)이다. 나의 병법의 이 다섯 가지 자세를 자유롭게 쓸 수 있으면 태도(太刀)의 도(道)가 안정되어 잘 휘두르게 된다. 열심히 단련해야 한다.

⑻ 태도의 다섯 가지 자세
① 태도(太刀)자세의 제1의 것

제일의 자세는 중단(中段)이다. 태도(太刀)의 끝이 적의 얼굴에 닿을 듯이 하고 적과 마주칠 때, 적이 태도로 쳐올 때는 오른 쪽으로 태도(太刀)를 벗어나 타며[13], 또 적이 쳐올 때 칼끝으로 되돌려 치되 쳐 내려오는 태도(太刀)를 그대로 두며, 적이 쳐 올 때는 아래로부터 적의 손을 친다. 이것이 제일이다.

대개 이 다섯 가지 태도자세를 글로 다만 써둘뿐이지 이룰 수 없다. 다섯 자세 문장은 손수 찌르는 태도(太刀)의 도(道)이므로 이를 수련하여야 한다. 이 다섯 태도(太刀)의 자세로 나의 태도(太刀)의 도(道)를 알고, 쳐오는 적의 태도(太刀)도 알아야 하는 것이다. 이 니토(二刀)의 태도(太刀) 자세가 이 다섯 가지 이외에는 없음을 알아야 한다. 단련할 뿐이다.

② 태도(太刀)자세의 제2의 것

제2의 태도(太刀)는 상단(上段) 자세로 적이 쳐오는 곳으로 한 번에 적을 친다. 적을 쳐 피한 후 태도(太刀)를 그 법도 대로, 또 적이 치는 곳을 아래로부

---

13) 탄다는 것은 당기거나 빗기는 것이 아니고 칼끝보다 빨리 위로 빗겨 지나가는 것이다. 『圓明流劍法書』, 國書刊行會 編, 『武術叢書』

터 들어올리며 친다. 지금 한 번 치는 것과 같다. 이 자세의 안에는 여러 가지의 마음가짐, 여러 가지의 박자(拍子), 이 자세의 수단을 강구하여 이치류(一流)의 단련을 한다면, 다섯 가지 태도(太刀)의 도(道)를 숙지하게 되어, 어떤 상황에서도 이기게 된다. 수련할 뿐이다.

③ 태도(太刀)자세의 제3의 것

제3의 자세는 하단(下段)으로 유지하며, 물러서는 마음으로 적이 쳐 오는 곳을 아래에서부터 손을 뻗는다. 손을 뻗는 곳을, 또 적이 태도(太刀)로 쳐 오는 곳을 넘어서는 박자14)로 적을 친 뒤에 제2의 팔 곧, 상박부(上膊部: 팔의 상부)를 옆으로 벤다. 하단으로 적의 쳐 오는 곳을 한 번에 쳐 멈추게 한다. 하단의 자세는 태도(太刀) 솜씨(기술) 수련시에 빠를 때도 느릴 때도 대적하는 것이다. 태도(太刀)를 가지고 단련할 뿐이다.

④ 태도(太刀)자세의 제4의 것

제4의 자세는 내 왼옆구리에 옆으로 자세를 잡아 적이 쳐 오는 손을 아래로부터 뻗는다. 아래로부터 뻗는다는 것은 적이 쳐 오는 곳으로 손을 뻗친다는 기분이므로 그대로 태도(太刀)가 가는 길을 받아 내 어깨 위의 근육과 교차되게 한다. 이것이 태도(太刀)의 도(道)이다. 또 적이 쳐 올 때도 태도(太刀)의 도(道)를 받아 이기는 법(道)이다. 깊이 음미할 뿐이다.

⑤ 태도(太刀)자세의 제5의 것

제5의 자세는 태도(太刀)의 자세를 내 오른옆구리 옆으로 취하고, 적의 쳐 오는 곳의 위치를 잡아 나의 태도(太刀) 아래 옆으로부터 교차하여, 상단(上段)으로 들어올리고, 위로부터 바로 벤다. 이것도 태도(太刀)의 도(道)이니 잘 알아두어야 한다. 이 자세에서 휘두르기가 익숙해지면 무거운 태도(太刀)를 자유롭게 휘두를 수가 있는 것이다.

---

14) 넘어서는 박자란 친 곳은 그대로 둔 채, 이것을 넘어 보다 효과적인 다음 개소(箇所)를 치는 것이다.

이 다섯 가지의 자세에 관해서는 더 이상 상세한 기록은 생략하기로 한다. 내 집안의 일관된 태도법(太刀法)을 알고, 또 대형박자(大形拍子)를 배우고, 적이 어떤 태도(太刀)를 쓰는지 알기 위해서는 먼저 이 다섯 가지 자세를 부단히 수련하여야 한다. 적과 싸울 때에도 이 태도(太刀) 쓰는 법에 익숙하고, 적의 마음을 받아 여러 가지의 박자(拍子)로 대적하면 이기는 것이다. 깊이 분별한다.

(9) 유구무구의 가르침(병법35개조 33항 참조)

 유구무구(有構無構)란 태도(太刀)의 자세를 잡는다는 것 뿐만이 아니다. 그와 같이 다섯 가지 방향(五方)으로 자리를 둔다면 자세로도 될 수 있다. 태도(太刀)는 적이 쳐 오는 것을 계기로 하고, 장소에 따라 경기(景氣: 분위기와 느낌)에 따라 어떤 방향에 두어도 그 적을 잘 벨 수 있게 하는 마음가짐이다. 상단(上段)도 때에 따라서는 좀 익숙해진 마음이 되면 중단(中段)도 되고, 중단(中段)으로 이익이 없다고 생각되면 상단(上段)이 된다. 양 옆구리의 자세도 위치를 조금 가운데로 나간다면 중단(中段)도 되고 하단(下段)도 되는 마음이다. 그러므로 자세는 있기도 하고 자세는 없기도 하다는 이치(利: 理致)가 된다. 먼저 칼을 들었으면 어떤 경우에도 적을 벤다는 마음을 가져야 한다.

 만약 적의 칼을 받고·막고·맞히고·붙이고·건드리기 등을 말하는 것이지만, 이 모든 것이 적을 베기 위한 마음가짐이 있어야 한다. 받겠다고 생각하거나 맞힌다고 생각하고, 붙는다고 생각하고, 건드린다고 생각하면, 생각 때문에 확실하게 벨 수가 없게 된다. 어떤 것이든 벤다는 마음이 중요하다. 잘 음미해야 한다. 병법(兵法)을 크게 하고 많은 사람일지라도 모두 자세를 취한다. 모두 합전(合戰)에서 승리하는 연유이다. 삼가 소중히 하라고 말하는 것은 졸렬하다. 열심히 배워야 한다.

(10) 적을 치려면 한 박자로 칠 것(병법35개조 22항 참조)

 적을 치는 박자에 일박자(一拍子)15)란 것이 있어 적과 내가 태도에 닿는 거리를 두어, 적이 마음을 가다듬기 전에, 내 몸과 마음을 움직이지도 않고 되도록 빨리, 바로 치는 박자이다. 적이 태도(太刀)로 치고·막고·치려는 생각을 먹기 전에 치는 박자가 바로 1박자이다. 이 박자를 잘 습득하여 틈새의 박자를 빨리 칠 수 있도록 단련할 뿐이다.

(11) 둘을 넘어서는 박자16)라는 것(병법35개조 22항 참조)

둘을 넘어서는 박자(拍子)란 내가 빨리 쳐 나갈 때, 적도 빨리 물러나며, 빨리 뻗쳐 올 경우에 내가 치는 것처럼 하면서, 적이 뺀 직후의 빈 곳을 치며, 뒤로 물러 서는 곳을 치며, 이 두가지 기회를 엿보아 치는 것이다. 이 글로 쓰는 정도로는 어지간히 이해시키기 어려울 뿐이다. 가르침을 받으면 금세 수긍할 수 있는 것이다.

(12) 무념무상(無念無想)으로 치는 것(병법35개조 22항 참조)

적도 치려 하고 나도 치려고 생각할 때, 몸도 치려는 몸이 되고 마음도 치려는 마음이 되면서, 손은 언제인지도 모르게 허공으로부터 나중인 듯싶게 잘도 치는 것, 이것이 무념무상인데 가장 중요한 치기이다. 이 치기는 시합에서 자주 나오는 타법(打法)이다. 잘 배워 얻고 단련하여야 한다.

(13) 흐르는 물 베기라는 것(병법35개조 22항 참조)17)

흐르는 물을 벤다는 것은 적과 서로 대치했을 때, 적은 빨리 치고 빨리 벗어나려고 태도(太刀)를 빨리 뻗으려고 시도하면, 내 몸과 마음을 크게 하여 태도(太刀)를 내 몸보다 더디게, 매우 천천히 마치 개울물이 흘러 연못으로 들어가면 물이 멈춘 듯이 보이는 것처럼, 크면서도 힘차게 베는 것이다. 이 베기를 습득하면 잘 벨 수 있다. 적의 정도를 살펴 이해하는 것이 중요하다.

---

15) 단 한 수에 적을 거꾸러뜨리는 직선적인 타격법이다.
16) 적의 기가 빠를 때에는 나의 몸과 마음을 쳐, 적의 움직인 뒤를 치는 것이다.
17) 받을 적에 매우 느린 듯이 주저하는 마음으로 틈을 치는 것이니 늦은 박자라 한다.

(14) 연(緣)의 맞추기라는 것(병법35개조 27항 참조)[18]

내가 쳐 나갈 때, 적도 쳐 막으려하고 뻗치려 할 때, 나의 일타(한칼)에 머리를 치든 손을 치든 발을 친다. 태도(太刀)의 법도(法道) 하나를 가지고 언제든 칠 수 있는 것을 이 연(緣: 기회)의 맞추기라 한다. 이 맞추기를 잘 연습하여 언제라도 상대를 친다. 자주 치는 연습을 하여 분별을 기르는 것이다.

(15) 석화(石火) 치기라는 것

석화치기는 적의 태도(太刀)와 나의 태도(太刀)가 맞붙었을 때에 나의 태도(太刀)를 조금도 들어올리지 않고 어떻게든지 강하게 치는 것이다. 이것은 발도 강하게·몸도 강하게·손도 강하게, 세 군데를 또 빠르고 강하게 치는 것이다. 이렇게 치는 것은 자주자주 연습해도 치는 것이 어렵다. 잘 단련한다면 강하게 칠 수 있는 것이다.

(16) 단풍(紅葉)치기라는 것

단풍치기라는 것은 적의 태도(太刀)를 쳐서(때려) 떨어뜨리고, 태도(太刀)를 쥐는 마음이다. 적 앞에서 태도(太刀)를 쥐는 자세를 취하여 치고·밀어내고·받는다고 생각할 때, 내가 치는 마음은 무념무상의 치기이며, 또 석화치기에서도 적의 태도(太刀)를 강하게 치고, 그대로 착 달라 붙은 느낌으로 하고, 칼끝을 아래로 눌러 치면, 적의 태도(太刀)가 반드시 떨어진다. 이 치기를 단련하면 적의 칼을 쳐 떨어뜨리는 것이 쉽다. 열심히 수련할 뿐이다.

(17) 태도(太刀)로 변하는 몸이라는 것(병법35개조 15항 참조)

몸으로 변하는 태도(太刀)라 해도 좋다. 대개 적을 칠 때에 태도(太刀)도 몸

---

18) 나의 몸도 마음도 태도(太刀)도 항상 치려는 마음이 연(緣)이다. 연은 관계성이 강한 불교 용어이다. 원인을 도와서 결과를 낳게 하는 작용이 연(緣)이다.

도 한 번에 칠 수는 없다. 적이 치는 연(緣)에 따라 몸을 칼 끝에 치는 몸이 되고, 태도(太刀)는 몸에 관계없이 치는 것이다. 만약 몸을 움직이지 않고 태도(太刀)로 치는 경우도 있지만, 대형(大形)은 몸을 먼저 치고 태도(太刀)를 나중에 친다. 잘 음미하여 치는 것을 배워야 한다.

(18) 치기와 맞추기라는 것(병법35개조 12항 참조)

치기라고 말하는 것, 맞추기라고 말하는 것 두 가지가 있는데, 치기라고 말하는 것(마음)은 어떤 치기라도 의식(생각)하고 확실하게 치는 것이다. 맞힌다는 것은 나아가 끝이 닿아서 맞았다는 느낌이며, 어떻게든 세게 맞으면 물론 적이 죽을 정도지만 이것은 맞춘 것이다. 치기라고 말하는 것은 마음먹고 치는 것이다. 음미할 일이다. 적의 손에도 발에도 맞춘다고 말하는 것은 먼저 닿았다는 것이다. 닿은 뒤에 강하게 치려는 것이다. 맞추기는 건드리는 정도의 느낌이다. 잘 연습해 습득하는 것은 각별한 것이다. 공부해야 한다.

(19) 추후(秋猴)의 몸이라는 것(병법35개조 29항 참조)[19]

추후(가을 원숭이)의 몸이란 손을 내밀지 않는 마음이다. 적에게 몸을 밀착시켜 조금도 손을 내밀려는 생각없이 적을 치기 전에 몸을 재빨리 밀착시키는 마음이다. 손을 내밀려고 생각하면 반드시 몸을 먼 곳에 두어 온몸을 재빨리 쳐 넣는 마음이다. 손으로 상대할 정도의 틈이라면 몸을 밀착시키기도 쉽다. 잘 음미해야 한다.

(20) 칠교(漆膠)의 몸이라는 것(병법35개조 28항 참조)[20]

칠교(옻칠과 아교는 목재를 붙이는 물질)란 적의 몸에 내 몸을 밀착시키는

---

19) 손이 짧은 원숭이. 손을 뻗는 것보다 몸으로 다가서라는 뜻이다. '두 손이 없다고 생각하고 몸을 적에게 붙이라'는 것이다.
20) 칠(漆)은 옻을 칠 한다는 것이요. 교(膠)는 아교이다. 적의 몸에 나의 몸을 밀착시키라는 것, 몸이 붙지 않으면 적이 마음대로 기술을 걸 염려가 있다.

마음이다. 적의 몸에 밀착시킬 때 머리도 붙이고, 몸도 붙이고, 발도 모두 강하게 붙인 것이다. 사람들이 얼굴과 발은 빨리 붙여도 몸은 떨어지기 쉽다. 적의 몸에 나의 몸을 잘 붙여 조금도 틈이 없게 밀착시켜야 한다. 깊이 음미해야 한다.

(21) 키재기[21]라 말하는 것(병법35개조 30항 참조)

 키재기라고 말하는 것은 언제라도 적에게 붙으려 할 때는 내 몸을 웅크리지 말고, 발도 뻗고・허리도 펴고・목을 늘이고 강하게 붙어 (나의 얼굴과) 적의 얼굴이 나란히 하여 몸의 키를 비교해서, 키재기에서 이긴다는 마음으로 키높이를 늘려 강하게 붙이는 것이 중요하다. 깊이 깊이 공부해야 한다.

(22) 적의 태도에 달라붙기라는 것

 적도 쳐 오고 나도 태도(太刀)를 쳐 적이 막았을 때, 나의 태도(太刀)를 적의 태도에 붙여 달라붙는 마음가짐으로 붙인다. 달라붙는다는 것은 태도(太刀)를 떨어지지 않게 하는 마음이니 지나치게 강하지 않는 마음으로 붙인다. 적의 태도(太刀)에 달라붙는데, 착 달라붙을 때에는 힘을 들이지 말고 아주 조용하게 붙인다. 붙인다는 것과 뒤엉킨다는 것이 있는데, 붙인다는 것은 강한 것이고, 뒤엉킨 것은 약한 것이다. 이것을 구별해야 한다.

(23) 몸부딪히기라는 것

 몸부딪치기는 적의 측면에 붙여 들어가 몸으로 적에게 부딪치는 느낌이다. 나의 얼굴을 약간 옆으로 돌리고, 내 왼쪽 어깨로 나아가서 적의 가슴에 부딪힌다. 부딪힐 때는 나의 몸을 강하게 하여 치는데, 기세의 리듬으로 힘찬 느낌으로 쳐야 한다. 이렇게 들어가기를 연습하고 습득하려면 적이 2~3칸(3.5~5.5m)을 나가 떨어질 정도로 강해야 한다. 적이 거의 죽을 정도로 친다. 잘 단

---

21) 몸을 적에게 붙일 때의 마음가짐. 몸을 웅크리지 말고 몸을 크게 세워 강하게 붙인다.

련할 뿐이다.

(24) 세 가지 받기라는 것

세 가지 받기라는 것은 적에게 다가갈 때, 적의 쳐오는 태도(太刀)를 받는데, 나의 태도(太刀)로 적의 눈을 찌를 듯이 하고, 적의 태도(太刀)를 나의 오른 어깨로 유인해 (빗겨) 흘리며 받는 것이다. 또 '찌름의 받기'라 하여 적의 쳐오는 태도(太刀)를(일반적으로 칼끝은 적의 왼눈에 부착시키지만, 이 경우는) 적의 오른 눈을 찌를 듯이 하고, 머리를 약간 감싸는 기분으로 받는 것이다. 또 적이 칠 때 짧은 태도(太刀)로 다가가 받는 태도(太刀)에는 그리 상관하지 말고, 내 왼손으로 적의 얼굴을 찌르려고 다가든다. 이른바 이것을 세 가지의 받기라 한다. 왼 손을 주먹쥐어 얼굴을 찌른다고 생각해야 한다. 잘 단련하여야 하는 것이다.

(25) 얼굴 찌르기라는 것

얼굴 찌르기라는 것은 적과 태도(太刀)를 마주하였을 때, 적의 태도(太刀)의 틈과 나의 태도(太刀) 사이의 틈으로 적의 얼굴을 나의 태도(太刀)로 찌르겠다는 마음으로 항상 생각하는 중요한 마음이다. 적의 얼굴을 찌르려는 마음이 있다면 적의 얼굴도 몸도 뒤로 자빠진다. 적의 자세를 무너뜨리면 여러 가지의 이점이 있어 이길 수 있다. 충분히 공부해야 한다. 싸움 중에 적이 자기 몸에 마음쓰면 일치감치 이긴 것이다. 그러므로 얼굴을 찌른다는 것을 잊어서는 안 된다. 병법을 수련하면서 이 같은 이치(利, 理致)를 단련해야 하는 것이다.

(26) 가슴찌르기라는 것

가슴(心: 심장) 찌르기라는 것은 싸움 중에, 위로도 막히고 옆으로도 막힌 곳 등에서 베는 것이 어려울 때 적을 찌르는 것이며, 적의 쳐오는 태도(太刀)를 받는 마음은 나의 태도(太刀)의 칼등을 바로 적에게 보이고 태도(太刀)의 끝이 나가지 않도록 당겨 잡아 적의 가슴을 찌르는 것이다. 만약 내가 피로하였을 때,

또는 칼이 베어지지 않았을 때 이것을 전적으로 쓰는 기분이다. 잘 분별해야 한다.

(27) 갈돌이라는 것22)

갈돌(喝咄)이라 말하는 것은 언제나 내가 쳐나가 적을 밀어낼 때, 적도 쳐나오려 하는 곳을 아래로부터 적을 찌를 듯이 칼을 들어올려 되받아치는 것이니, 항상 빠른 박자로써 갈돌로 치며, 갈(喝: 선종에서 미망이나 잘못을 꾸짖을 때 고함침)로 찔러 올리고, 돌(咄: 놀라거나 고함칠 때 내는 말)로 치는 마음이다. 이 박자(拍子)는 언제라도 치고 받을 때에는 한결같이 나오는 것이다. 갈돌은 칼끝을 드는 마음으로 적을 찌르는 기분이니, 적을 치려고 생각하여 들어올리면 한 번에 치는 박자이다. 잘 수련하고 음미할 것이다.

(28) 치고 받기라는 것

치고 받기라는 것은 적과 서로 치고 받을 때, 쿵쾅쿵쾅거리는 박자에 맞지 않으면 적이 치려는 곳을 나의 태도(太刀)로 당겨 맞추어 치는 것이다. 당겨 맞추는 마음은 심하게 당기지도 역시 심하게 받는 것도 아니다. 적이 치는 태도(太刀)에 응해 쳐오는 태도(太刀)를 당기고, 당기기에서 빨리 적을 치는 것이다. 당기어 선수를 잡고, 치는 것에 선수를 잡는 것이 중요하다. 당기는 박자를 잘 맞추면 적이 아무리 강하게 쳐와도 조금만 당기는 마음이 있으면 태도(太刀) 끝이 떨어지지는 않는다. 잘 습득하고 음미해야 한다.

(29) 다적(多敵)의 위(位)라는 것

다적의 위(位)라고 말하는 것은 혼자 몸으로서 큰 세력(많은 적)과 싸울 때라는 것이다. 나의 두 칼을 뽑아 좌우로 넓게 벌리고 태도(太刀)를 양 옆구리에

---

22) 태도의 칼날을 적에게 향하고 왼발을 8촌(25cm) 정도 내디디고, 칼끝을 약간 들어 베는 것이다. 발은 태도를 들어올릴 때마다 들고, 벨 때는 발을 딛는다. 발을 딛어나가는 것은 적과의 원근(遠近)에 맞춘다(圓明流劍法書).

내리는 자세를 취한다. 적은 사방에서 쳐들어오겠지만 이것을 한쪽으로 모는 마음이다. 적이 다가오는 위치·전후를 살피고, 앞으로 다가오는 적에게 빨리 다가가 전체의 움직임을 보며, 적을 칠 수 있는 위치를 잡아 좌·우의 태도(太刀)로 단번에 엇갈려 후려치는데, 기다리면 좋지 않다. 빨리 양 옆구리자세를 잡아 적이 나오려는 곳을 강하게 베어 압박해가며, 그대로 또 적이 나온 쪽으로 달려나가며 휘두르는 마음이다. 한쪽으로 적을 물고기를 모는 마음으로 몰아 적의 대열이 겹치고 흩어지는 것을 보면 그 틈을 놓치지 말고 강하게 들이친다. 적이 들어오는 곳을 정면에서 막지 못하면 어처구니 없이 나아갈 수가 없다. 적의 나오는 것이 강하다고 생각되면 기다리는 마음이 되어서는 이길 수 없다. 적이 나오는 박자(拍子)를 받아 막는 곳을 알아야 이기는 것이다. 그때그때 적을 무수히 끌어모아 물리치는 법을 습득하면 한 사람의 적이나 열·스무 사람의 적도 마음 편하게 대적할 수 있다. 잘 수련해서 음미할 뿐이다.

(30) 시합(試合)의 이(利)라는 것

이 시합의 이(利)라고 말하는 것으로, 병법(兵法)·태도(太刀)에서의 승리를 내 것으로 하는 것이다. 자세하게 기록할 수 있는 것이 아니다. 잘 수련하여 이기는 곳을 아는 수밖에 없다. 대형 병법의 실제의 도(道)를 나타내는 태도(太刀)이다. 입으로만 전한다.

(31) 단번에 베기라는 것

단번(單番: 단칼)에 벤다는 마음을 가지고서 확실하게 이기는 법을 얻는 것이다. 병법(兵法)을 잘 배우지 않으면 얻을 수 없다. 이것을 잘 단련한다면 병법심(兵法心)이 뜻대로 되어 마음먹은 그대로 이길 수 있다. 잘 수련할 뿐이다.

(32) 직통(直通)의 위(位)라는 것(병법35개조 35항 참조)

직통(直通: 二天一流의 극의를 말함)의 마음은 이도일류(二刀一流, 니토이치류)의 진정한 도를 전수받은 것이다. 잘 단련하여 이 병법으로 몸을 이루는 것이 중요하다. 입으로만 전한다.

　이상의 글에서 이치류(一流)의 검술의 대강을 이책에 기록하여 둔 것이다. 병법(兵法)·태도(太刀)를 가지고 적을 이기려면, 먼저 5개의 기본형을 알고, 5가지의 자세를 알며, 태도(太刀)의 도를 깨달아 온 몸이 자유스럽고, 마음이 민첩하게 움직여, 도(道)의 박자(拍子)를 알고, 스스로 태도(太刀)의 손놀림이 날카롭고, 몸도 발도 마음먹은 대로 원활할 때 움직여 한 사람에게 이기고, 두 사람에게도 이겨, 병법(兵法)의 선악(善惡)을 알게 된다.

　이 한 책의 한 조목 한 조목을 수련하고, 적과 싸우면 점점 병법(兵法)의 도리를 습득하여 끊임없이 마음에서 지워지지 않게 될 것이며, 이런 마음이 되면 급한 마음이 없어지고, 그때 그때 손을 댄 것에 덕을 느끼게 되니 어떤 사람과 시합을 해도 그 마음을 알게 되고, 천리 밖의 길이라도 한 걸음에 달릴 수 있다. 천천히 생각해, 이 법을 행하는 것이 무사(武士)의 역할을 다하는 것이라 깨달아(心得), 오늘은 어제의 나를 이기고, 내일은 하수(下手)를 이기며, 훗날에는 상수(上手)에게 이긴다고 결심하고, 이 책 대로 하여 조금이라도 옆길로 마음을 보내려 생각지 말 것이다.

　비록 어느 정도 적에게 이긴다고 해서 유파(스승)의 가르침을 배반하는 일에서 실제의 도에 떠나지 말 것이다. 이 같은 마음의 이치를 알면 한 몸으로도 수십 명을 이기는 마음의 소양에 있는 것이다. 나아가 검술의 지력(智力)으로 대분(大分: 많은 사람)·일분(一分: 한 사람)의 병법을 득도(得道)할 뿐이다. 천일(千日)의 수련을 단(鍛)이라 하고, 만일(萬日)의 수련을 련(鍊)이라 한다. 잘 음미할 것이다.

　　　　쇼호(正保) 二年 五月 十二日 신멘무사시(新免武藏)
　　　　데라오마고노죠(寺尾孫丞 殿)
　　　　간분(寬文) 七年 二月 五日 데라오유메요가츠노부(寺尾夢世勝延) (花押)
　　　　야마모토켄스케(山本源介 殿)

3. 화의 권(火之卷)

　니토이치류(二刀一流)의 병법(兵法)은 전투법을 불에 상상하여 싸움과 승부에 관한 것을 화(火)의 두루마리로 하여 여기에 써 나타낸다. 먼저 세상에서 병법자(兵法者)라 하는 사람마다 병법의 이치(利: 理)를 작은 것이라 생각하거나, 혹은 손가락 끝에 5치 3치의 이치(利: 理)를 알고, 또는 부채를 들고 팔꿈치 전후의 승리를 분별하거나, 또는 죽도(竹刀) 따위로 잔재주(利)를 급히 익히며, 손재주를 익히고, 발재주를 익혀, 작은 이익에 전념하고 있는 것이다. 나의 병법(兵法)은 여러 번의 승부에 한 목숨을 걸고 싸워 생과 죽음이란 두 가지의 이치(利: 理)를 분별하며, 칼의 도를 알고, 적의 쳐오는 태도(太刀)의 강약을 알고, 칼의 날(刀刃)과 등(刀背)의 도(道)를 알아 적을 쳐부수기 위해 단련하니, 앞에서 말한 손발 끝의 잔재주쯤이야 문제되지 않는다. 특히 육구(六具: 갑주에 딸린 6가지 무구인 투구·토시·경갑 따위)를 갖추는 전쟁의 이치에 잔재주는 부릴 틈도 없다.

　더욱이 목숨을 건 싸움에 있어서 한 사람으로 해서 다섯사람·열사람과도 싸워 이겨, 그 이기는 법을 확실하게 아는 것이 내가 추구하는 병법이다. 그러하니 한 사람이 열 사람에게 이기거나 천인으로 일만 명을 이기는 도리에 무슨 차별이 있겠는가. 깊이 음미할 일이다. 그렇기는 하나 평상시의 수련에서 천인·만인을 모아 이 도를 가르치기는 불가능하다. 혼자 태도(太刀)를 들고도 적들의 지략을 재고, 그 적의 강약·솜씨를 알고, 병법의 지덕(知德)으로만 사람을 이기는 것을 탐구하며, 이 도의 달인(명인)이 되어 내 병법의 바른 도(道)를 세계에 있어 어느 누가 깨닫지 못하랴. 또 언젠가는 반드시 깨달으리라 결심하고 조석으로 단련하고, 닦은 뒤에 홀로 자유를 획득하고 스스로 기특(奇特: 갸륵함·기특함)을 얻어, 만사에 통하는 신기한 힘을 얻는 것이다. 이것이 무사가 병법을 수행하는 기개이다.

(1) 자리의 순서(우위)라는 것

자리의 위치를 분간하는 곳에, 자리에 있어서 해(太陽)를 등에 진다는 것이 있다. 해를 등뒤로 하고 자세를 취한다는 것이다. 만약 장소에 따라 해를 뒤로 하지 못할 경우에는 오른옆구리 쪽에 해가 오도록 한다. 객실에서도 등불을 뒤로 하거나 오른옆구리 쪽에 오도록 하는 것은 전과 같다. 뒤의 공간(장소)은 좁지 않도록 하고 왼쪽 공간을 넓게 하고, 오른옆 공간을 좁혀 자세를 잡는 것이다. 밤에도 적을 보았을 때에는 불을 뒤로 두고, 등불을 오른 옆에 두는 것은 앞에서와 같은 지식으로 마음 써야 하는 것이다. 적을 내려다 보는 정도로 약간 높은 곳에 장소를 잡는다는 것을 유념한다. 객실에서는 높은 사람의 자리를 높은 곳에 둔다. 싸움이 시작되고 적을 쫓을 때에는 나의 왼편으로 쫓으며, 험난한 곳을 적의 뒤에 두어 적을 그 험난한 곳으로 몰아나가는 것이 중요하다. 험난한 곳에서는 적이 자리를 제대로 보지 못하게 여유를 주지 않도록 적이 얼굴을 돌리지 못 할만큼 사정없이 공격해야 한다. 객실에서도 문지방·상인방·문과 미닫이·툇마루, 또 기둥 따위 쪽으로 몰아 붙혀 공간을 보여주지 말아야 한다. 언제나 적을 모는 곳은 발밟기가 불편한 곳, 또 옆구리에 장애물이 있는 곳이어야 한다. 어느 경우에서도 자리의 우위를 살려, 자리로서 이긴다는 마음을 먹어야 한다. 잘 음미하고 단련하는 것이다.

(2) 3가지 선수라는 것(병법35개조 13항 참조)

세 가지 선수 가운데, 하나는 내 쪽에서 먼저 적에게 덤비지 않는 것처럼 하는 것을 현(懸: 걸기)의 선수라 한다. 또 다른 하나는 적으로 내쪽으로 걸어올 때의 선(先), 이것을 대(待: 기다림)의 선수라 한다. 또 남은 하나는 나도 걸고, 적도 걸었을 때의 선수로 체체(體體: 맞붙기)의 선수라 한다. 이것이 세 가지의 선수이다. 어떤 싸움이든 처음에는 이 세 가지의 선(先) 이외의 것은 없다. 선수를 치느냐에 따라 재빠른 승리를 얻게 될 것 같으면 선수라는 것이 병법에서 가장 중요한 것이다. 이 선수라는 것이 자세한 모양이 있으나 그 시리(時理)를 선수로 하고, 적의 마음을 읽고 나의 병법의 지혜로 이긴다면 자세하게 쓸 필요도 없다.

첫째 현(懸)의 선수로 내가 쳐야겠다고 마음먹으면 조용하게 있다가 갑자기 빠르게 거는 선수, 몸의 움직임을 강하고 빠르게 하고 발과 마음은 뒤로 남기는 마음의 선수, 또 나의 마음을 아주 강하게 먹고 발은 평소보다 약간 빠르게 적의 옆에 이르면 빠르고 격렬하게 공격하는 선수, 또 마음을 풀고 처음부터 끝까지 한 가지 일로 적을 꺾는다는 마음으로 거기까지 강한 마음을 가지고 이기는 이것이 현(懸)의 선수이다.

둘째, 대(待)의 선수로 적이 내 쪽으로 덤벼올 때, 조금도 덤비지 않고 약하게 보여 적이 가까이 오면 단번에 강하게 획 날아붙는 것처럼 적의 느슨한 곳을 보고 곧바로 쳐 이기는 것이 하나의 선(先)이며, 또 적이 쳐올 때 나도 역시 강하게 나가 적의 리듬(拍子)이 변하는 틈을 쳐 그대로 승리를 얻는 것이니, 이것을 대(待)의 선(先)의 이치이다.

셋째 체체(體體)의 선수로 적이 빨리 쳐올 때에 나도 고요하면서도 강하게 쳐나가며, 적이 가까이 오면 거침없는 생각의 몸으로 해서 적의 느슨함을 간파할 때 바로 쳐 이기는 것, 또 적이 조용하게 자세를 취할 때, 내 몸을 움직여 조금 더 빨리 자세를 취하고 적이 가까이 오면 잠깐 적의 변화에 따라 강하게 이기는 것이 체체(體體)의 선이다. 이 내용의 자세한 모양에 대해 글로 나누어 설명하기 어렵다. 이 글을 보고 그 대략을 공부할 것이다.

이 세 가지의 선수를 때(時)와 이치(理)에 따라 언제라도 내 쪽에서 공격을 걸지는 않더라도, 가능하면 내가 먼저 자세를 취하고 적을 몰아부쳐 승리하고 싶은 것이다. 어떻든 선수란 병법의 지력(智力)을 써서 반드시 이기는 마음을 얻는 것이니 잘 단련해야 한다.

(3) 베개 누르기라는 것(병법35개조 23항 참조)

베개를 누른다는 것은 머리(두부)를 들지 못하게 한다는 뜻이다. 병법승부(兵法勝負)의 길에서 나의 몸이 적에게 휘돌림을 당하는 것은 나쁘다. 어떻게 해서든 적을 내 마음대로 몰아붙이는 것이다. 그러한 것처럼 적도 그렇게 생각해서 나에게도 그런 마음이 있으므로 상대가 나오는 것을 살펴 알지 못하면 희망대로 될 수가 없다. 병법에 적이 쳐오는 것을 멈추게 하고, 찌르는 곳을 막으며, 달라붙으면 강제로 떼어 놓는 등을 하는 것이다. 베개를 누른다는 것은 내가 실도(實道)를 얻어 적을 치려 할 때에 적이 무엇을 생각하는지 의도를 사전에 간파하여, 적의 치려고 하는 돌출부를 꺾어눌러 생각조차 일어나지 않게 하는 마음이 이 베개를 누르는 마음이다.

예를 들면 적이 걸어오기 전에 자세를 걸어 누르고, 적이 뛰기 전에 그 뜀을 누르며, 적이 베려하면 그 보다 먼저 적을 베는 마음이다. 적이 나에게 기술을 걸려고 하면, 그 기술이 소용이 없는 것을 적에게 돌리고, 소용이 있는 것만을 내가 눌러 적이 마음먹은 대로 될 수 없게 하는 것이 병법에서 중요하다. 이것도 적이 하는 것을 '눌러야지 눌러야지' 하는 마음은 후수(後手)이다. 먼저 내가 무슨 일이든 도(道)에 따라 기술을 거는 가운데 적이 선수라고 생각하는 그 머리를 눌러 무슨 일에도 역할을 다하지 못하게 적을 자유롭게 이끄는 것, 이 병법의 달인(達人)으로서 단련의 이유가 여기에 있다. 베개 누르기를 잘 음미할 뿐이다.

(4) 나루터를 넘는다는 것(병법35개조 14항 참조)

나루터(渡津)를 넘어간다는 것은, 예를 들면 바다를 건너는데 세토(瀨戶: 좁은 해협)라는 곳이 있고, 또 40리나 50리의 먼 바다를 건너는 나들목을 나루터라 한다. 인간 세상을 건너는 데도 살아있는 동안(一代)에는 나루터에 해당하는 곳(경우), 즉 건너지 않을 수 없는 위험한 곳이 많다. 뱃길에도 그 나루터를 알고, 배의 위치를 알고, 그날의 길흉(일진)을 알며, 우주(友舟: 본선을 따르는 부속선)를 띄우지 않더라도 그 때의 위치를 확인받거나, 혹은 현측풍(舷側風: 옆바람)을 의지하거나 순풍(追風: 뒷바람)을 받으며, 만약에 바람을 대신해서라도 2리·3리는 노를 저어서라도 항구에 도착하겠다는 마음으로 배를 운행하여 나루터를 건너는 것이다. 그 마음을 얻어 사람의 세상을 건너는 것도 큰 일을 걸고 나루터를 건너는 것이라 생각하는 마음이 있어야 한다.

병법의 싸움 가운데에도 그 나루터를 건너는 일이 중요하다. 적의 위치를 알아 내고 몸의 능력을 바르게 판단하고, 이 이치(理)를 가지고 나루터를 건너는 것이나 훌륭한 뱃사공이 해로(海路)를 넘는 것이나 같다. 나루터를 건너면 마음은 평안해진다. 나루터를 건너는 것만(나의 강함)으로도 적에게는 약함이 생기니 내 몸을 선수로 하면 대개는 이긴다. 대형의 병법에서도 나루터를 건넌다고 하는 것이 중요하다. 잘 음미해야 한다.

(5) 경기를 안다는 것(병법35개조 24항 참조)

경기(景氣)를 안다는 것은 큰 규모의 병법에서 적의 번성함과 쇠퇴함을 알고, 상대의 사람 수를 알며, 그 장소의 위치를 알고, 적의 경기(景氣: 기세)를 잘 살펴 내 편의 사람 숫자를 얼마로 하면 이 병법의 도리에 맞아 이길 수 있다는 확신을 가지고 선(先)의 위치를 먼저 잡아 싸우는 것이다. 또 작은 규모의 병법에서는 적의 유파를 파악하고, 상대의 됨됨이를 살피며, 상대의 강한 곳·약한 곳을 알아내어 적의 기색(氣色: 의표)을 찔러 전혀 다른 박자로 나가며, 적의 고저(めり: 저음, かり: 고음, 기세)를 알고 그 틈의 박자를 잘 맞추어 선수를 치는 것이 중요하다. 모든 사물의 경기(景氣)란 나의 지력(智力)이 강하면 반드시 보이는 것이다. 병법이 자유로운 경지에 이르면 적의 마음을 잘 살펴 승리의 방법(道)을 많게 할 수 있는 것이다. 공부해야 한다.

(6) 검을 밟기라는 것(병법35개조 17항 참조)

검(劍)을 밟는다는 마음은 병법에서 전문적으로 사용하는 기법이다. 우선 큰 규모의 병법에서는, 활이나 총으로도 적이 내쪽으로 무슨 무기로 뭔가 공격해 올 때, 적의 공세가 일단락된 뒤에나 공격할 수 있고, 또 활을 당기고 또 총에 탄환을 재거나 기다리고 있을 때에는 적진으로 쳐들어 갈 수가 없다. 활이나 총을 쏘더라도 적진으로 재빨리 공격하여 들어가는 마음이다. 빨리 쳐들어가면 활도 쏘기 어렵고 총도 쏠 여유가 없는 것이다. 모든 일에 적이 공격해 오는 그대로 이치(理)를 받아들이고 적의 하는 일을 짓밟아 이기는 마음이다. 또 규모가 적은 병법이라도 적이 쳐오는 태도(太刀)보다 뒤쳐진 기술이면 바로 그때마다 이길 수가 없다. 적이 쳐오는 태도(太刀)를 발로 밟아 부순다는 마음으로 쳐서 나아가는 것으로 두 번 다시 적이 덤빌 수 없게 해야 한다. 밟는다는 것은 발에만 한정된 것은 아니라, 몸으로도 밟고·마음으로도 밟으며, 물론 태도(太刀)로도 밟아 적에게 두 번 다시 덤비지 못하도록 마음 먹게 한다. 다시 말하면 모든 일의 선수의 마음이다. 적이 덤벼옴과 동시에 쳐나가는 마음이 아니라, 그대로 뒤에 붙는 마음이다. 잘 음미해야 한다.

(7) 무너짐을 안다는 것

무너짐이라고 말하는 것은 모든 사물에 다 있는 것이다. 그 집이 무너지고, 몸이 무너지고, 적이 무너지는 것도 때가 되어 리듬(拍子)이 틀려서 무너지는 것이다. 대규모의 병법에서도 적의 무너지는 박자를 잡아 그 틈을 놓치지 않고 뒤쫓아 치는 것이 중요하다. 무너지는 틈을 놓치면 힘이 더 들어가는 것이다. 또 작은 규모의 병법에서도 전투중에 적의 리듬이 틀려서 무너지는 것이 보인다. 이 틈을 방심하면 다시 처음부터 시작해 감당하기 힘들게 되는 것이다. 그 무너지는 틈을 노려 적이 얼굴을 들지 못하도록 확실하게 쳐버리는 것이 중요하다. 뒤쫓아가 즉시 강하게 치는 마음이다. 적이 다시 일어서지 못하도록 쳐버려야 하는 것이다. 쳐서 넘어뜨린다는 것을 잘 분별해야 한다. 넘어뜨리지 않으면 주저하는 마음이 생기게 된다. 공부해야 하는 것이다.

(8) 적이 되어 본다는 것(병법35개조 25항 참조)

적(敵)으로 된다는 것은 내가 적의 입장이 되어 생각해 보는 것이다. 세상을 보면 도둑질 따위를 하고 집안에서 처박혀 있는 것도, 적이 강하다고 생각하기 때문이다. 적의 입장이 되어 생각하면 세상 사람을 모든 적으로 생각하고 도망해야지 자신으로서는 더 이상 어찌할 수 없다는 절박한 마음에서이다. 처박혀 있는 사람은 참새요, 쳐죽이려고 들어가는 사람은 매(鷹)이다. 잘 공부해야 한다. 큰 규모의 병법에서도 적을 강하게 여기면 대사(大事)에 소극적이 되는 것이다. 많은 인원을 갖고 병법의 도리(道理)도 잘 알아 적에게 이길 수 있다는 생각을 가지면 염려할 필요가 없다. 작은 규모의 병법에서도 적의 입장에서 생각해 보아야 한다. 병법을 잘 알아 검의 이치(劍理)에도 밝아 달인의 경지에 이른 사람을 만나면 반드시 패한다고 생각하는 것이다. 잘 음미해야 한다.

(9) 버티기에서 벗어나기라는 것(병법35개조 20항 참조)

버티기(四手: 씨름에서처럼 두 사람의 손이 샅바를 맞잡은 모양)라 말하는 것은 적도 나도 같은 마음으로 대립하는 마음이 되어서는, 싸움에는 승부가 나지 않는 것이다. 버티기의 마음이 되면 그대로 마음을 버리고 다른 이치로 이겨야 하는 것을 간파해야 한다. 큰 규모의 병법에서 버티기의 마음이 되면 과감하게 나가지 못해 자기 편의 손실이 많아진다. 빨리 마음을 바꾸어 적이 생각하지 못하는 도리로 이기는 것이 중요하다. 역시 작은 규모의 병법에서도 버티기가 되었다고 생각되면, 그 버티는 마음을 바꾸어 적의 위치에서 어찌하든지 다른 이치(利)로써 승리하는 것이 중요하다. 잘 분별해야 한다.

(10) 배후를 움직이라는 것(병법35개조 19항 참조)

배후(陰)를 움직인다고 하는 것은 적의 마음을 알 수 없을 때 쓴다. 큰 규모의 병법에서 아무도 적의 위치를 알 수 없을 때는 우리 쪽에서 강하게 쳐들어가는 것처럼 보이게 하여 적의 손 안을 본다. 적의 손 안을 보았으면 다른 이치를 세워 쉽게 이기는 것이다. 역시 작은 규모의 병법에서도 적이 뒤에 태도(太刀)를 준비하거나 옆으로 자세를 잡으려고 할 때는 불의(不意)에 치려고 하면 적이 생각하는 마음을 태도(太刀)에 나타내는 것이다. 적의 마음이 보이면 그대로 이로움(利)을 얻어 확실하게 이겨야 한다. 방심하면 박자(拍子)가 빠져 버린다. 잘 음미해야 한다.

(11) 그림자 진압하기라는 것(병법35개조 18항 참조)

그림자 진압하기라고 말하는 것은 적이 쳐들어오려는 마음이 보일 때 쓰는 것이다. 큰 규모의 병법에서는 적이 기술로 선수를 치는 것을 진압한다고 하는데, 내쪽에서 그 이치를 진압하려는 것을 적에게 강하게 보여주면, 그 강한 기세에 적의 마음이 눌리는 것이다. 나도 마음을 바꾸고 비워서(空) 선수를 쳐 이기는 것이다. 작은 규모의 병법에서도 일어나려는 적의 강한 의도를 선수로 누르는 이치의 박자(拍子)로 그치게 하고, 숨겨진 박자로 나의 승리를 이어받아 선수를 쳐나가는 것이다. 잘 공부해야 한다.

(12) 옮겨주기라는 것

옮겨주기라고 말하는 것은 모든 사물에 다 있다. 혹은 졸리는 따위도 옮고, 하품하는 것도 옮겨진다. 시간도 옮겨진다. 큰 규모의 병법에서도 적이 들뜨고 일을 급하게 서두르는 기색이 보일 때는 조금도 거기에 관심을 보이지 말고, 이쪽에서 아주 여유있는 태도를 보이면 적도 내 여유가 옮아져 기개가 느슨해진다. 그런 기색이 옮아졌다고 보이면, 내 쪽에서는 마음을 비우고 빠르고도 강하게 공격해 이기는 이치를 터득하는 것이다. 작은 규모의 병법에서도 나의 몸과 마음을 여유 있게 가져, 적의 느슨해진 틈을 빠르고 강하게 선수를 쳐 이기는 것이 중요하다. 또 취(醉)하게 한다고 하는 것도 이것과 비슷한 것이다. 하나는 마음이 나태한 마음이고, 다른 하나는 허둥대는 마음이며, 또 하나는 약해지는 마음이다. 잘 공부해야 한다.

(13) 화가 치밀게 하라는 것

화가 치밀게 하라는 것은 여러 가지가 있다. 첫째는 절박스런 마음, 둘째는 곤란한 마음, 셋째는 생각나지 않는 마음 등이니 잘 음미해야 한다. 큰 규모의 병법에서도 화를 돋구는 것이 중요하다. 적이 생각지도 않은 곳에 거친 기세로 쳐나가 적의 마음이 절박해졌을 때 나의 이로움(利)으로 선수를 쳐 이기는 것이 중요하다. 또 작은 규모의 병법에서도 처음에는 느슨하게 보이다가 돌연히 강하게 치면 적의 마음이 허둥대므로 움직임에 따라 틈을 주지 말고, 그대로 밀어붙여 이로움(利)을 얻고, 승리를 분별하는 것이 중요하다. 아주 잘 음미해야 한다.

(14) 겁박하기라는 것

겁박한다는 것은 모든 사물에 있는 것이다. 생각지도 못한 일에 겁나는 마음이 생기기도 한다. 큰 규모의 병법에서도 적을 겁내게 만드는 것은 눈 앞에 보이는 것만은 아니다. 혹은 사물의 소리에도 겁나게 하고, 혹은 작은 것을 크게 하여 놀라게도 하며, 또 옆에서 불시에 놀라게 하는 것, 이것이 겁주기에 해당된다. 이 겁주기의 리듬을 얻고 그 이로움(利)으로 이겨야 한다. 작은 규모의 병법에서도 몸으로 겁을 주고, 태도(太刀)를 써서 겁을 주며, 함성을 질러 겁을 주어, 적의 마음에 없는 일을 불의에 걸어, 겁내는 것(경우)에 이(利)를 얻어, 그대로 이기는 것이 중요하다. 잘 음미해야 한다.

(15) 혼전으로 이끌기라는 것

혼전이라는 것은 적과 나의 실력이 비슷해져 서로 강하게 대립하여, 벽창호(벽창우)처럼 보이면 그대로 적과 하나가 되어 혼전하는 것을 말하는데, 이 혼전 속에서 이로움(利)을 찾아 이기는 것이 중요하다. 대소의 병법에서도 적과 내가 대치하고 있을 때에는 서로 마음으로 대항하여 승부가 나지 않을 때에는 그대로 적과 혼전하여 적도 나도 구분할 수 없는 상황에서 그 사이에 이득을 얻어 그대로 승리를 알고 강하게 이기는 것이 중요하다. 아주 잘 음미해야 한다.

(16) 각(角)을 건드리라는 것

각(角: 귀퉁이·구석)을 건드린다고 하는 것은 모든 일에 강한 물건을 제압하는데 그대로 즉시 제압하기가 어렵다는 말이다. 큰 규모의 병법에서도 적의 사람 수를 보고, 돌출된 강한 곳의 요새를 두드려 이점(利)을 얻는다. 요새(角)의 약화에 따라 모두 다 쇠약해지는 마음이다. 그 약해진 가운데에도 거점(角)을 알아 승리를 얻는 것이 중요하다. 작은 규모의 병법에서도 적의 몸의 거점(角)에 손상을 입혀, 그 몸을 조금이라도 약하게 하고 머뭇거리게 하면 이기는 일은 쉬운 것이다. 이 일을 잘 음미하여 이기는 것을 분별하는 것이 중요하다.

(17) 허둥되게 하는 것.

허둥되게 하는 것이란 적에게 확실한 마음을 갖지 못하게 하는 것이다. 큰 규모의 병법의 경우, 전쟁터에서 적의 마음을 저울질하고 내 병법의 지력(智力)으로써 적의 마음을 아무 곳에도 없게 하고, 이제나저제나 하는 마음이 되게 하여, 적이 허둥되게 하는 마음이 되도록 리듬(拍子)을 만들어 확실하게 이기는 것을 분별하는 것이다. 역시 작은 규모의 병법에서는 내가 때를 맞추어 여러 가지 기술을 걸거나, 또는 강하게 치는 듯이 하거나, 혹은 찌를 듯이 하고, 또는 안으로 파고든다고 생각케하여, 적이 방황하는 마음을 만들어 자유롭게 이기는 것이니, 이것이 전투의 요점이다. 잘 음미해야 한다.

(18) 세 가지의 목소리라는 것

세 가지의 목소리라는 것은 초(初)·중(中)·후(後)의 목소리라 하는데 셋으로 나눈 것이다. 장소에 따라 소리를 지르는 것이 요점이다. 목소리는 숨을 내

뱉는 것인데, 불이 났을 때나 풍파가 칠 때 지르는 목소리는 세력을 보이는 것이다. 큰 규모의 병법의 경우, 전투에서 처음 지르는 소리는 상대를 위압시키는 소리를 지르며, 또 전투 중의 소리는 말투를 낮게 저음으로부터 나오는 소리를 지르며, 이긴 후에는 크고 강하게 지르는 소리, 이것을 세 가지의 목소리라 한다. 또 작은 규모의 병법에서는 적을 움직이게 하려고 칼로 치는 듯 보이며 기합 소리를 지르고, 소리지른 후에 태도(太刀)를 쳐나가는 것이다. 또 적을 친 후에 지르는 소리라는 것은 승리를 알리는 소리이다. 이것을 선후(先後)의 소리라 한다. 태도(太刀)로 치는 것과 동시에 큰 소리를 질러서는 안된다. 만약에 싸움 중에 소리를 지르려면 박자에 어울리는 소리를 낮게 지른다. 잘 음미해야 한다.

(19) 어지럽히기라는 것

어지럽히기라는 것은 대규모의 전투에서 사람 수를 서로 대치시켜, 적이 강할 때 어지럽히려고 적의 한 쪽을 공격하다가, 적이 쓰러지는 것을 보면 확인하는 것도 버려 두고, 다른 강한 적들을 공격하여 마치 좌우 대형(大形)으로 갈대를 꺾는 듯이 쳐나가는 마음이다. 작은 규모의 병법에서도 적을 크게 무찌르는 것도 이 마음이 요점이다. 한 쪽만을 이기는 것이 아니라 여러 방향을 공격하고, 또 강한 곳도 두드려 적의 리듬(拍子)을 빼앗아 강한 박자로 좌우의 갈대를 베는 마음으로 생각해서 적의 기색을 보아 공격한다. 그 적의 위치를 빼앗아 쳐나갈 때는 조금도 마음을 빼앗기지 말고 강하게 승리하는 이치(利: 理)이다. 한 사람일 경우에도 적의 강함에는 어지럽히기가 좋다. 어지럽히는데는 한 발도 물러서면 안되므로 어지럽힌다는 마음을 잘 분별해야 한다.

(20) 기세를 꺾는다는 것

기세를 꺾는다는 것은, 예를들면 적이 약하다고 보아 자기가 강하다고 생각해서 기세를 꺾는다는 마음이 요점이다. 대규모의 병법에서도 적이 적은 수 정도임을 보고, 또는 큰 세력이더라도 적이 흔들리는 약점으로 보여지면 기세꺾기로 선두로부터 배후를 쳐서 박살내는 기분이다. 기세를 꺾는 것이 약하면 적의 기세가 다시 살아난다. 기세를 손 안에 장악하고 기세를 꺾는 마음을 잘 분별해야 한다. 또 작은 규모의 병법일 때에도 나보다 상대가 안되는 자, 또는 적의 리듬이 깨어지고 후퇴하려고 할 때, 조금도 기회를 주지않고 눈을 떼지 말고 곧장 기세를 꺾어나가는 일이 중요하다. 조금도 일어서지 못하게 하는 점이 제일이다. 잘 음미해야 한다.

(21) 산과 바다 바꾸기라는 것

산과 바다의 마음이라는 것은 적과 내가 싸우는 중에 같은 일을 반복하는 것은 나쁘다는 것이다. 같은 일을 두 번 하면 좋지 않지만 세 번하면 안된다. 적에게 기술을 거는데 한 번에 성공하지 못했을 때는 다시 한 번 더 공격해도 그 이익을 얻지 못하면, 어쨌든 간에 적의 의표를 찌르는 기술을 걸어야 되는데, 그럼에도 승부가 나지 않으면 또 다른 기술을 걸어야 한다. 그런데도 이에 적이 산(山)이라고 생각되면 바다(海)로 걸고, 바다라고 생각하면 산으로 거는 마음이 병법의 도(道)이다. 잘 음미해 두는 것이다.

(22) 속마음 뽑기라는 것

속마음 뽑기라는 것은 적과 싸움에 그 병법의 이점을 확보하여 겉으로는 이긴 듯이 보이나, 마음으로는 적개심을 가져 겉으로는 지고, 속의 마음은 지지않은 일이 있다. 이러한 경우에는 나의 마음을 급히 바꾸어 적의 속 마음을 없애어 속마음으로부터 졌다고 하는 적의 마음이 되도록 하는 것이 중요하다. 이 속마음 뽑기는 태도(太刀)로도 뽑고, 또 몸으로도 뽑으며, 마음으로도 뽑는 것이므로 하나의 방법만으로 뽑는다는 생각은 버려야 한다. 속마음에서부터 무너지면 내 마음에 유감이 없다. 그렇지 않을 때에는 마음이 남는다. 나의 마음이 남으면 적을 무너뜨리기가 어렵다. 대소의 병법에서도 속마음 뽑기를 잘 단련해야 한다.

(23) 새로나기라는 것

새로나기라는 것은 적과 내가 싸울 때 뒤엉켜진 기분으로 승부가 나지 않을 때, 나의 기분을 떨쳐 버리고 일체의 사물을 처음부터 다시 시작한다는 마음으로 생각해서 그 박자를 받아 승리하는 것이다. 새로나기라는 것은 적과 내가 원활하지 않는 기분이 된다고 생각하면, 그대로 마음을 바꾸어 확 바뀐 방법으로 이겨야 한다. 대규모의 병법에서도 새로나는 것의 장소를 판별하는 것이 중요하다. 병법의 지력(智力)으로 순식간에 보는 것이다. 잘 음미해야 한다.

(24) 쥐머리와 소머리라는 것

쥐머리와 소머리라는 것은 적과 싸우는 중에 서로가 세부만을 공격하여 뒤엉킬 때, 병법의 도를 언제나 서두우수(鼠頭牛首), 쥐가 가진 자세함과 소가 가진 대범함을 갖추어 생각하고, 어떻게든 아주 작은 마음에서부터 돌연히 큰 마음으로, 대소를 바꾸는 것이니 병법의 한 가지 마음이다. 평소 사람의 마음도 쥐머리와 소머리로 생각해야 하는 것이 무사의 핵심이다. 대소규모의 병법에서도 이 마음을 잊어서는 안된다. 이것을 잘 음미해야 한다.

(25) 장졸(將卒: 장수와 병졸)을 알기라는 것(병법35개조 32항 참조)

장수와 병졸을 안다는 것은 어느 것이나 전투에 미칠 때 내가 생각하는 법도에 이르는데는, 끊임없이 이 법도를 행해, 병법의 지력(智力)을 얻어, 나의 적 모두를 내 졸병으로 생각하고 내가 가르친 대로 따르도록 하는 마음을 얻어, 적을 자유롭게 휘두른다고 생각하는 데에 내가 장수요, 적은 졸병이 되는 것이다. 공부할 뿐이다.

(26) 칼자루 놓기라는 것

칼자루(束 : 柄)를 놓기에도 여러 방법(마음)이 있다. 칼 없이(無刀) 이기는 마음도 있고, 또 태도(太刀)로도 이기지 못하는 마음도 있다. 여러 가지 마음 쓰는 것을 다 기록하는 것이 어렵다. 잘 단련해야 한다.

(27) 반석(岩尾) 같은 몸이라는 것(병법35개조 34항 참조)

반석 같은 몸이란 병법을 득도해서 즉석에서 반석같이 되는 것이니, 모든 일에 적당하지 않는 것, 강하고도 큰 것이니, 구전(口傳)한다.

이상의 써놓은 글은 일류검술의 장면에서 끊임없이 생각해 왔던 것만을 일러 표현해 둔 것이다. 지금 처음으로 이 이치를 글로 기록하므로 문제라면 전후라던가 문장이 혼란하여 상세하게 표현한 것이 못된다. 그러나 이 길을 배우고자 하는 사람을 위해서는 마음에 좌우명이 될 것이다. 나는 젊어서부터 지금까지 병법(兵法)의 도(道)에 마음을 두고 검술 하나에만 손을 갈고 마음을 갈아, 여러 종류와 가지각색 마음의 수행을 쌓은 후, 다른 유파를 방문하여 관찰하였음에 어떤 이는 입만 살아 훌륭하게 설명하고, 어떤 이는 작은 기술로 사람의 눈에 잘 보이지만 알맹이는 하나도 없는 것도 있었다. 물론 이 같은 것을 배워서라도 몸이나 마음을 단련하겠다고 생각하겠지만, 이것들은 모두 병법(兵法)의 도(道)에 병폐가 되어, 나중에까지 나쁜 영향을 미쳐 병법(兵法)의 바른 도(道)로 나가기 어렵게 하고 도를 방해한다. 검술의 진정한 도(道)는 적과 싸워 승리하는 것이니, 이 법을 어떤 일이 있어도 바꾸어서는 안된다. 내 병법의 지력을 얻고 바른 곳에 시행하면 이길 것이니 의심이 있어서 안되는 것이다.

쇼호(正保) 二年 五月 十二日 신멘무사시(新免武藏)

데라오마고노죠(寺尾孫丞 殿)

칸분(寬文) 七年 二月 五日 데라오유메요카츠노부(寺尾夢世勝延) (花押)

야마모토겐스케(山本源介 殿)

4. 풍의 권(風之卷)

　병법(兵法)은 다른 유파의 도(道)를 아는 것이다. 다른 병법의 유파들에 따른 각각의 방식(격식)을 기록하여 바람(風)의 두루마리로 하여 이 책에 표현한 것이다. 다른 유파의 도(道)를 알지 못하면 내 이치류(一流; 二刀一流)의 도를 확실하게 이해하지 못한다. 다른 병법을 찾아보면 큰 태도(太刀)를 들고 강한 것에 요점을 두어, 그 기술이 성립된 것이 있다. 혹은 소태도(小太刀)라 하여 짧은 칼로 도를 수련하는 유파도 있다. 혹은 태도(太刀)의 수많은 정교한 자세를 고안하여 특정한 자세를 기본형이라 하고, 비장(奧)으로 도를 전달하는 유파도 있다. 이것들은 모두 진정한 도가 아닌 것, 이 두루마리 속에서 확실하게 기록하여 선악(善惡)과 옳고그름(理非)을 알린다. 나의 이치류(一流)의 도리(道理)는 특별한 뜻이 있다. 다른 유파는 기술(藝)로 넘어가서, 생계를 잇기 위해 색깔로 분장시키고 화려한 모양으로 장식하고, 기술을 파는 것일 뿐, 진정한 도로 존재케 하는 것인가? 또 세상의 병법(兵法)이 검술만으로 작게 보이게 해서 태도(太刀)나 휘두르며 익혀 몸을 잘 놀려 손이 가벼워진 것으로 승리하는 것을 바라는가? 어떤 것도 진정한 도가 아니다. 다른 유파의 부족한 곳을 하나하나 여기에 글로 기록한다. 잘 음미하여 니토이치류(二刀一流)의 이치를 이해하기를 바라는 것이다.

(1) 타유파에 큰 태도(太刀)를 지닌 것
　큰 태도(太刀)를 좋아하는 유파가 있다. 나의 병법(兵法)으로 이것을 나약한 유파라고 보는 것이다. 왜냐하면 그 병법은 어떤 경우에도 적에게 이겨야 한다는 이치를 모르고, 태도(太刀)의 길이만을 이점으로 삼아 적의 태도가 닿지 않는 곳에서 이기려고 생각하여, 긴 태도를 좋아하기 때문이다. 세간에 말하는

"한치(3cm)라도 손이 길면 긴 만큼 유리하다"라고 하는 것으로 병법을 모르는 사람의 이야기이다. 그런데도 병법의 도리를 깨닫지 못하고 길이로 먼 적을 이기려고 하는 이것은 마음이 나약하다는 증거이니 약한 병법으로 본 것이다. 이미 적이 근접하여 맞붙어 싸울 정도일 때는 태도(太刀)가 아무리 길어도 벨 수가 없고, 소태도(小脇差)를 자유롭게 휘두르는 적에게 지게 되는 것이다.

긴 태도를 좋아하는 사람에게도 그 나름대로의 이치는 있겠지만 그것은 그 한 사람의 이치이다. 세상의 진정한 도리(道理)로 볼 때는 아무 도리도 아닌 것이다. 긴 칼을 갖지 않고 짧은 칼을 가지면 반드시 지는 것일까? 혹은 장소에서 아래위가 막혀버린 장소, 혹은 요도(脇差: 와키자시)라는 허리에 차는 작은 칼만을 휴대한 자리에서도 긴 것을 좋아하는 마음은 병법에 대한 의심이 일어나므로 나쁜 마음이다. 옛날부터 "큰 것은 작은 것도 겸비한다"는 말이 있으니 무조건 긴 것을 싫어하는 것은 아니고, 긴 칼에만 의존하는 마음은 안 된다는 뜻이다. 대규모의 병법에서 긴 칼은 사람이 많은 것이요, 짧은 칼은 사람의 수가 적은 것이다. 적은 인원과 많은 인원의 싸움은 상대가 되지 않는 것인가? 적은 인원으로 승리한 예도 많이 있다. 나의 이치류(一流)에서는 이같이 편협한 마음을 좋아하지 않는다. 잘 음미해야 한다.

(2) 타유파에 있어서 강력 태도(太刀)라는 것

태도(太刀)에 강한 칼, 약한 칼이란 있을 수 없다. 강한 마음으로 휘두르는 칼은 정교하지 않은 것이다. 거칠기만 하면 이기지 못한다. 또 강한 태도라 하여 사람을 벨 때 무리하게 힘을 들여 베려고 하면 베어지지 않는 마음이다. 시험삼아 물건을 베려는 마음도, 강하게 베려고 하는 것도 나쁘다. 누구라도 힘들게 베거나 약하게 베거나 강하게 베려고 생각해서는 안된다. 오직 사람을 베어 죽이려고 생각할 때는, 강한 마음도 아니고 물론 약한 마음도 아닌 적이 죽을 정도로만 생각하는 것이다.

만약 강한 태도(太刀)에 다른 사람이 태도로 강하게 버티면, 지나친 힘을 써

자세가 망가지고, 반드시 나쁜 결과를 가져온다. 적의 태도(太刀)에 강하게 부딪히면 나의 태도가 부러지게 되는 것이다. 그러므로써 강한 칼이란 있을 수 없다. 대규모의 병법에서도 강력한 군세를 가지고 전투에 임해 강한 것으로 이기려 생각하면 적도 강력한 군세로 강하게 힘을 다하려고 생각하니 이것은 마찬가지 일이 되는 것이다. 모든 것에 이기는 일은 도리(道理) 없이 이기는 일은 없다. 나의 도(道)에는 조금도 무리한 일을 생각하지 않으며, 병법의 지력(智力)을 가지고 언제나 승리를 얻는 마음이다. 잘 공부해야 한다.

(3) 타유파에 짧은 태도(小太刀)를 쓰는 것

짧은 태도로 헤아려 이기려고 생각하는 것도 진정한 도(道)가 아니다. 옛날부터 태도(太刀: 다치는 길이가 3자 이상 외날 칼), 도(刀: 가타나는 2자에서 3자까지 외날칼), 와키자시(脇着: 요도는 1자 8치 이내)이라는 것에는 긴 것과 짧은 것을 표현해 두고 있다. 세상 사람 가운데는 힘이 센 사람은 큰 태도(太刀)를 가볍게 휘두르게 되면 무리하게 짧은 칼을 좋아할 리 없다. 또한 긴 것을 이용한 창(鑓), 장태도(長太刀: 나카다치)를 갖는 것이 좋다. 짧은 태도(太刀)를 들고 적이 휘두르는 태도(太刀)의 틈을 베려고 뛰어들까·붙잡을까 따위로 생각하는 마음으로 동요되어 나쁘다. 또 틈을 노려야 하기 때문에 만사에 후수를 당하여 엉클어진 마음이 되어 좋지않는 것이다. 또는 짧은 것으로 적에게 들어가 잡으려고 하는 것은 많은 적들 가운데 있을 경우에는 도움이 안된다.

짧은 칼을 든 사람은 대세를 물리치고, 자유롭게 뛰어들거나 나가려고 생각해도 언제나 수세에 몰려 에워싸인 마음이 있으니, 확실하게 이기는 도(道)가 되지 못하는 것이다. 같은 값이면 내 몸은 강하고 바르게 하되 적을 추격하여 적을 날려 버리고 적을 당황하게 만들어 확실하게 이기는 것을 요점으로 하는 도(道)이다. 대규모의 병법에 있어서도 그 이치(理)이다. 마찬가지로 대군세를 가지고 적을 갑자기 공격하여 그 자리에서 즉시 무찌르는 마음이 병법에서 중요하다. 세상에 사람의 일을 배우는 것, 평소의 기술인 받기·몸바꾸기·빠지기·웅크리기 등을 배워도 어려움에 직면하면, 이 같은 말단의 기술에 마음을 빼앗겨 후수가 되고 적에게 몰리게 되는 마음이다. 병법의 도를 바르게 배우면 바른 도리(正理)로 적을 쫓게 되고, 사람이 따르게 되니 이것이 중요한 것이다. 잘 음미해야 한다.

(4) 타유파에 태도(太刀)의 자세가 많다는 것

태도의 자세를 무수히 만들어 사람에게 전하는(가르치는) 것은 도(道)를 파는 물건으로 삼는 짓으로, 태도수 만큼 많은 자세를 알아야 좋다고 초심자들을 꾀는 것이 될 뿐이다. 병법에 좋지 않은 마음이다. 더구나 사람을 베는 것에 여러 가지가 있다고 생각하는 것은 혼란시키는 마음이다. 세상에 있어 사람을 베는데 다른 방법(道)이 없다. 아는 사람이나 모르는 사람도, 여자나 어린애도 쳐서 벤다고 말하는 도(道)는 많지 않음을 아는 것이다. 만약 있다면 찌르고 후려치는 것이라고 말하는 정도일 것이다. 먼저 베는 방법에는 종류가 많지 않고 자세하지도 않다. 물론 장소와 사정에 따라 상하·좌우가 막힌 곳에서는 태도를 쓸 수 있는 것같이 지닌 도(道)라면 다섯 방향에 대한 다섯 가지 수가 있는 것이다. 이 밖에 따로 더 보태어 손을 죄고·몸을 비틀며·날고·벌려 사람을 베는 것은 진정한 도(道)가 아니다. 사람을 베는데 비틀거나 죄어서 벨 수는 없고, 날거나 벌려서도 벨 수 없으니 전연 도움이 안되는 것이다. 나의 병법에서는 몸가짐도 마음도 바르게 해서 적을 비뚤어지게 하고 왜곡시켜, 적의 마음이 뒤틀어진 곳을 쳐 이기는 것을 중요하게 여긴다. 잘 음미해야 한다.

(5) 타유파에 태도(太刀)의 자세를 이용하는 것

태도(太刀)의 자세를 전문으로 하는 것은 이치에 맞지 않는 일이다. 세상에 자세가 있다는 것은 적이 없을 때의 일일뿐이다. 그 자세에 관한 상세한 것은 옛날부터의 전례(傳例)로, 지금 세상의 법 따위로 되어 법례(法例)를 세운 것은 승부의 길에는 있을 수 없다. 그 적이 나쁘게 꾸미는 일이 될 뿐이다. 모든 사물에서 자세란 사물에 동요되지 않는 확고한 태세를 취하기 위한 조심함이다. 혹은 대비(축성)하거나 혹은 그 수비태세(진지구축)를 취하고 있으면, 적이 싸움을 걸어오더라도 강한 부동의 마음이 되는 이것이 보통의 자세이다. 병법승부(兵法勝負)의 길(道)에서는 무슨 일에나 선수를 치겠다고 마음먹어야 하는 것이다. 자세를 취하는 마음은 선수를 기다리는 마음이다. 잘 공부해야 한다.

병법승부의 도(道), 적의 자세를 움직일 수 있게 하고, 적의 마음에 없던 일을 걸고, 혹은 적을 당황케 하며, 혹은 주저케 하고, 또는 위협하여, 적이 헷갈리는 부분의 박자의 이치를 응하여 이기는 것이면, 자세는 후수(後手)의 마음이니 피한다. 그러므로 나의 도에 유구무구(有構無構)라 하여 자세가 있으나 자세가 없다는 것을 강조하는 것이다.

대규모의 병법에서도 적의 많고 적음을 알아, 내 편의 정도를 알아 그 덕을 얻고, 인원을 세워 싸움을 시작하는 그것이 접전의 요점이다. 적에게 선수를 치거나, 내가 적에게 싸움을 걸 때는 그 이익과 불리함이 배(倍)로 상이하다. 태도(太刀)의 준비태세를 잘 취하고 적의 태도를 잘 막으며, 잘 버티는 것을 배우는 것은 창이나 장태도(長太刀)를 들고 목책에 휘두르는 것이나 같다. 적을 칠 때는 또 목책을 뽑아 버리고 창(鑓)이나 장태도를 쓰는 정도의 마음이다. 다시 한 번 잘 음미해야 한다.

(6) 타유파에 눈매두기라는 것

눈매두기라고 말해서 그 유파에 따라서 적의 태도(太刀)에 눈을 두거나, 혹은 손(手)에 눈을 두는 유파도 있다. 혹은 얼굴(顔)에 눈을 두거나, 혹은 발(足)에 눈을 두는 것도 있다. 그와같이 유달리 눈으로 바라보는 것은 헷갈리는 마음이 있어 병법의 고질(病)이라는 것으로 된다. 그 자세한 예는 공을 차는 사람은 공을 눈으로 잘 보지 않고도 습관의 기술로 공을 차며, 뒤쫓아 가며 차고, 돌려서 차는 것, 습관대로 차는 것이 있으면 확실히 눈으로 보고 나서 차는 것은 아니다.

또 곡예(曲藝)를 하는 사람의 기술에도 그 방법에 익숙해지면 창틀을 코로 세우고, 칼을 여러 자세로 구슬처럼 다루는 것, 이것도 모두 확실하게 눈으로 보는 것은 아니지만 부단히 손에 익게 되면 저절로 보이는 것이다. 병법의 도에 있어서도 그 점에 익숙해지고, 적의 경중(輕重)을 알며, 도를 깨달았다면 태도의 원근(遠近)·지속(遲速: 느림과 빠름)까지도 전부 보이게 된다.

병법에서 눈매는 대형병법으로 그 적의 마음을 통찰하는 눈이다. 대규모의 병법에서도 그 적의 인원수 정도를 보는 통찰력이다. 관견(觀見: 강하게도 약하게도 봄)의 두 가지를 보는데, 관(觀)의 눈을 강하게 하여 적의 마음(心)을 보며, 그 장소의 위치를 보고, 크게 눈을 가지고 그 싸움의 기세를 보며, 그 적의 그때그때의 강약을 보아 확실히 승리하는 것이 중요하다. 병법의 크고 작음을 불문하고 눈을 작게 뜨는 것은 안된다. 앞에서 언급한 대로 작고 약한 눈으로 보면 큰 일을 놓치거나, 주저하는 마음이 일어나서 확실히 이길 수 있는 싸움을 놓치는 것이다. 이 이치를 잘 음미하고 단련해야 한다.

(7) 타유파에 발을 사용하고 있다는 것

발을 사용하는데 부족(浮足: 움직이려고 뒤축이 들린 발), 비족(飛足: 날아오르는 발), 도족(跳足: 뛰어오르는 발), 부동답족(不動踏足: 밟아 움직이지 않는 발), 이족(利足: 烏足: 잘 쓰는 쪽 발, 또는 까마귀발) 등이라 말하는 여러 가지가 있는 것이다. 나의 병법에서 보면 부족(不足)하다고 생각하는 것이다. 부족(浮足)을 꺼리는 것, 또한 그 이유는 전투가 되어서는, 반드시 발이 뜨려고 하기 때문에 확실히 밟아야 하는 것이 도리이다. 또 비족(飛足)을 좋아하지 않는 것은 날아오르면 거기에 마음을 빼앗겨 다음 동작이 자유롭지 못하게 되기 때문이다. 또는 뛰고 나는 것은 이치에 맞지 않으니 비족(飛足)은 나쁘다. 또 뛰는발(跳足)도 역시 뛰려는 마음으로 일이 잘 진척되지 않는다. 밟아 멈춘 발인 부동답족(不動踏足)은 기다리는 발이므로 특히 좋지 않은 발이다. 그 밖에 이족(利足), 여러 가지의 잡족(雜足)이 있다. 혹은 늪·개천·산천·돌밭·좁은 길에서 적과 마주쳤다면 장소에 따라서는 뛰어오르는 것도 되지않고, 잡족(雜足)이 생성되는 곳도 있을 것이다. 나의 병법에서는 발을 바꾸지 않고 평상시의 길을 걷는 듯이 한다. 적의 박자를 따라 바쁠 때·조용할 때, 몸의 위치를 알고, 부족하지도 넘치지도 않게 발가짐에 어지러움이 없도록 해야 한다. 대규모의 병법에서도 발을 옮기는 것이 중요하다. 그러므로 적의 마음을 모르고 호락호락 빠르게 덤비면, 박자가 틀려 이기기 어렵게 되는 것이다. 또 발을 너무 조용하게 디디면 적이 주저하고 망설이는 것을 보지 못해 승기(勝機)를 잡지 못하므로 재빨리 승부를 얻지 못하는 것이다. 주저하고 망설이는 장면을 보아 조금도 적이 쉴 틈을 주지 않고 이기는 것이 중요하다. 잘 단련하여야 한다.

(8) 타유파의 병법에 재빠름을 쓰는 일

병법의 빠름이라는 것은 진정한 도(道)가 아니다. 빠름이라는 것은 모든 사물의 박자 사이에 맞춤으로써 빠름·느림이라고 말하는 마음이다. 그 도(道)의 상수가 되면 결코 빠르게 보이지는 않는다. 예를 들면 적에게 비각(飛脚)이라 하여 40~50리를 가는 사람도 있다. 이것도 아침부터 밤까지 빨리 달리는 것만은 아니다. 도(道)에 미숙한 사람은 하루 종일 달린 것 같더라도 진척되지 않는 것이다. 노(能: 亂舞)의 도(道)에 상수(上手: 능숙한 자)의 노래에 하수(下手: 서툰 자)가 끼여 노래하면 뒤쳐질까봐 마음이 급해지는 것이다.

또 장구·북으로 오이마쓰(老松: 소나무를 주제로 한 가면 무극)를 치는데도 고요한 위치에 있으면서도 하수(下手)는 늦을까 걱정하는 마음을 지닌다. 타카사고(高砂: 다정한 노부부의 전설을 다룬 요곡으로 혼례시·피로연 등 축복하는 노래로 불림)는 급한 정도인데도 빠른 것은 나쁘다. 재빠르게 달리면 넘어진다는 말이 있듯이 박자의 간격이 맞지 않아 나쁘다. 물론 느린 것도 나쁘다. 이것도 상수(上手)가 하는 일은 느릿느릿한 것처럼 보이지만 틈이 없는 것이다. 여러 가지 일에 숙련된 사람이 연출하는 일은 서두르(急)게 보이지 않는 것이다. 이런 비교를 통해 도리(道理)를 알아야 한다.

특히 병법의 도에서 서두름은 나쁘다. 자세히 말하면 늪이나 진흙에서는 몸과 발이 빨리 가지 못한다. 태도(太刀)로는 더욱 더 빨리 벨 수 없다. 빨리 베려고 하면 부채·소도를 가볍게 휘두르듯 하여 손끝으로만 움직이니 조금도 베지를 못하게 된다. 잘 분별해야 한다. 대규모의 병법에서도 빠르고 급한 것은 나쁘다. 베개를 누른다는 기분으로 하면 조금도 늦는 일은 없는 것이다. 또 적의 쉽사리 조급해 하는 것 따위에는 외면하고 조용하여 적에게 끌려 다니지 않는 것이 중요하다. 이 마음의 공부를 단련하는 것이다.

⑼ 타유파에 오의(비장)와 겉(외면)으로 보이는 것

병법의 어디에 있어서 어떤 것을 겉(外面)이라 하고 어디까지를 오의(奧儀)라 하는가. 기예에 따라서는 극의(極意)·비전(秘傳) 따위라 하여 깊은 경지에 들어가는 오의에 통하는 입구(奧口)가 있다는 것도, 적과 싸울 때의 이치에는 겉으로 싸우고 오의로 벤다는 것은 있을 수 없다. 우리 병법의 가르침은, 처음으로 도를 배우는 사람에게는 그 사람의 기량에 응해 빨리 수긍할 수 있는 것부터 먼저 가르치고, 마음에 이해하기 어려운 것을 보아가면서 차츰차츰 깊은 곳의 이치(理)를 후에 가르치는 마음이다. 그렇지만 대개는 그 적과 상대할 때의 사실 등을 깨달아 찾으므로 오구(奧口)란 없는 것이다. 그러나 세상에는 깊은 산을 찾았는데 더 깊은 곳으로 간다고 생각했지만 오히려 입구(入口)로 나오고 마는 자도 있다. 어떠한 일의 도에 있어서도 깊은 곳이 이르는 경우도 있고, 입구를 나오는 일도 있다. 이 싸움의 이치에 무엇을 감추고 무엇을 나타낼 것인가. 그런데도 우리의 도(道)를 전수함에 서지·벌문(誓紙·罰文)[23]을 좋아하지 않으며, 이 도를 배우는 사람의 지력(智力)을 살펴 바른 도리를 가르치고, 병법의 오도·육도(五道·六道)[24]의 나쁜 버릇을 버리고, 저절로 무사의 진정한 도

---

23) 서지·벌문(誓紙·罰文): 신불(神佛)을 걸고 맹세한 글로 서명·혈판을 찍은 증서인 기청문(起請文)이다. 유파에 따라서는 입문(入門)·초전(初傳)·중전(中傳)·개전(皆傳)의 각 단계에 이것을 수여하였다. 이것이 나중에 돈으로 매매하는 폐단을 가져오기도 했다.
24) 오도·육도(五道·六道): 병법을 배우면서 몸에 밴 나쁜 버릇을 말한다.

로 들어가 확고한 마음을 가지는 것이 우리 병법의 가르침의 도이다. 잘 단련해야 한다.

이상에서 다른 유파의 병법을 아홉 조목으로 바람(風)의 두루마리에 대강 기록한 것으로 일일이 각 유파에 따라 입문에서 고급까지, 확실하게 글로써 나타내는 것이 온당할 것이지만 일부러 어떤 유파의 어떤 기술이 중요한지 그 이름까지를 기록하지는 않았다. 그런 까닭으로 하나 하나의 유파를 선정해 그 각각의 도(道)가 있고, 사람에 따라 마음(心)이 있으며, 각자의 생각이 있는 것이라면, 같은 유파에도 다소간의 견해 차이는 있는 것이라면, 먼 후일까지를 위해 어떤 유파에 어떤 태도(太刀) 쓰는 법이 있는지도 기록하지 않았으며, 다른 유파의 아홉 조목의 대략을 기록한 것은 세상에 유행하는 도(道)도 사람의 바른 도리로 보면 장도(長刀)를 좋아하고, 단도(短刀)를 이점으로 하며, 강함과 약함, 거침과 자세함이라는 것도 모두 편협한 도(道)라면, 다른 유파의 입문·고급(口·奧)을 기록할 것도 없이 모든 사람들이 저절로 알게 될 것이기 때문이다. 나의 니토이치류(二刀一流)의 병법에는 태도(太刀)에 입문·고급(口·奧)이 없고 몸자세에 다함(끝)이 없다. 오로지 마음으로 그 덕을 아는 것이니, 이 병법의 요점이다.

쇼호(正保) 二年 五月 十二日 신멘무사시(新免武藏)
데라오마고노죠(寺尾孫丞 殿)
칸분(寬文) 七年 二月 五日 데라오유메요카츠노부(寺尾夢世勝延) (花押)
야마모토겐스케(山本源介 殿)

5. 공의 권(空之卷)

이도일류(二刀一流: 니토이치류)의 병법도(兵法道)를 공(空)의 두루마리로 해서 글로 기록한 것으로, 공(空)이라는 마음(心)은 일체의 사물을 병법에서 본래

극의(極意)의 형(形)이 없는 전적으로 무형(無形)이므로, 알 수 없는 것을 공(空)으로 보는 것이다. 물론 공(空)은 형체가 없다. 도리(道理)를 알고 나서 도리를 버리는 그것이 공(空)이다. 세상에 있는 비속한 관점으로는 사물의 도리를 판별하지 못하는 것을 공(空)이라 보는 것은, 진정한 공(空)이 아니며, 사람을 미혹시키는 것이다. 이 병법의 도에서도, 무사(武士)의 도를 행하는데 사(士)의 법을 모르는 것이 공(空)이 아니며, 여러 가지로 망설여 어찌할 도리없는 것을 공(空)이라 하나, 이것도 진정한 공은 아니다.

무사(武士)는 병법의 도를 분명하게 알고, 그 밖에 무예를 닦아 무사가 해야 할 본분을 조금도 주저하지 않으며, 마음(心)에 주저함이 없는 것이 아침마다 그때그때 조회에 소홀하지 않고 심의(心意: 마음과 뜻) 두 마음을 연마, 관견(觀見: 강·약의 보기)의 두 눈을 떠, 조금의 흐림도 없이, 미혹의 구름이 갠 것이야 말로 이것이 진정한 공(空)임을 아는 것이다.

진정한 도를 알지 못할 때에는 불법(佛法)도 모르고 세상의 법칙(世法)도 몰라 자기 자신은 필시 도(道)가 분명하다 생각하고, 좋은 일이라 생각하지만, 마음의 바른 도리와 세상의 큰 법칙에 비추어 보면 그 각자의 마음이 편벽되고, 그 눈이 흐려 진정한 도(道)에 거스른 것을 알게 된다. 그 마음을 알고, 바른 것을 근본으로 삼아 진정한 마음을 도로 하고, 병법(兵法)을 널리 행해 바르고 밝은 곳·큰 곳을 생각해 받아들이며, 공(空)을 도(道)로 하고, 도(道)를 공(空)으로 보는 것이다. 공(空)은 선(善)만 있고 악(惡)은 없으며, 지(智)도 있고, 리(利: 理)도 있고, 도(道)도 있으나 마음은 공(空)이다.

   쇼호(正保) 二年 五月 十二日 신멘무사시(新免武藏)
   데라오마고노죠(寺尾孫丞 殿)
   칸분(寬文) 七年 二月 五日 데라오유메요카츠노부(寺尾夢世勝延) (花押)
   야마모토 겐스케(山本源介 殿)

병법35개조(兵法三十五箇條)

병법 니토이치류(二刀一流)를 수년 동안 단련했던 것을, 지금 처음 붓으로 종이에 써서 남기는 것이니, 앞뒤로 부족한 것을 글(말)로 보이기 어려운 것이지만 평소에 연마하여 깨달은 병법의 태도절차와 마음으로 습득한 것을 아래에 있는 그대로 생각해 내어 그 대략이나마 글로 써서 밝히려 한다.

(제1조) 이 병법을 니토(二刀)라 이름붙인 것

이 병법은 니토(二刀: 두 자루 칼)로 한 것은 태도(太刀)를 두 자루 갖는 것으로 왼 손으로만 찌르는 것(마음)이 아니다. 태도(太刀)를 한 손에 들기 위함이다. 한 손에는 칼을 들고 군진(軍陣)·마상(馬上)·강변(川沿)·좁은길(細道)·돌밭길(石原)·사람이 붐비는 곳(人籠·人込み)을 달려야 한다. 만약에 왼 손에 다른 무도구(武道具)를 들었을 때는 할 수 없이 한 손에 칼을 쥐어야 한다. 태도(太刀)를 잡는 것이 처음에는 무겁게 느껴지지만 나중에는 자유스럽게 된다. 이렇게 되면 활을 쏠 때는 그 힘이 강해지며, 말을 탈 때도 그 힘이 있다. 보통이하 기량의 뱃사공이 노를 잡으면 그 힘이 강해지며, 농민(토민: 土民)이 괭이를 잡으면 그 힘이 강해진다. 태도(太刀)도 잡기를 익히면 힘이 나오는 것이다. 사람들은 힘의 세고 약함에 따라 그의 몸에 응하는 태도(太刀)를 가져야 하는 것이다.

(제2조) 병법의 도를 세움

이 도(道), 대규모의 병법이거나 일신(一身)의 병법에 이르기까지 모두 이 병법에 같은 뜻일 뿐이다. 지금 기술한 일신의 병법에서는 예컨대 마음(心)을 대장으로 하고, 수족(手足)을 신하·대장부 등으로 생각하고, 동체(胴體)를 보졸이나 백성(土民)으로 삼는 것처럼, 나라를 다스리는 것이나 몸을 닦는 것의 크고 작은 일이 모두 병법의 도와 같다. 병법의 소용에 닿는 모양은 모든 것이 하나가 되어 남거나 모자라는 것없이, 강하지도 않고 약하지도 않으며, 머리에서 발끝까지 하나로 마음을 다잡아 한 쪽으로 치우친 모양이 되지 않게 하는 것이다.

(제3조) 태도(太刀) 쥐는 법

태도(太刀)를 쥐는 모양(법)은 엄지와 검지 사이를 띄우는 듯 잡고, 중지와 소지를 죄여 잡는다. 태도(太刀)와 손(手)에도 죽음과 삶이 있다. 자세를 취할 때, 맞받을 때나 멈출 때 등에 베는 마음을 잊어버리고 있는 손, 이것은 죽은 것(死手)이라 한다. 살았다고 하는 것은 언제라도 태도나 손이 잘 맞고 굳어있지 않아 베기 쉽도록 편한 것을 산 손(生手)이라고 한다. 손목은 걸림이 없고 팔은 지나치게 뻗지 않으며 지나치게 굽지도 않으며, 팔의 상근(上腕筋)은 약하게 하근(下腕筋)은 강하게 잡는다. 잘 음미해야 한다.

(제4조) 몸가짐

몸가짐은 얼굴을 쳐들지 말며, 턱을 너무 빼지 말며, 어깨를 높이 치키지 말며, 무릎을 꿇지 말며, 가슴을 내밀지 말고, 배를 앞으로 내밀고, 허리는 굽히지 않으며, 무릎을 붙이지 않으며, 몸을 정면으로 향하고, 앞가슴(웃통)을 넓게 해서 보는 것이다. 평상시 병법의 몸으로 살며(常住), 병법도 평상시의 몸(常身)이라 말하는 것을 잘 음미하고 있어야 한다.

(제5조) 발딛기

발 쓰기는 때에 따라 대소(大小) 지속(遲速)은 있으나 평소에 걷는 것처럼 한다. 발에 피해야 할 것은 뛰는발, 뜨는발, 짓밟아버리는발, 빠지는발, 앞서거니 뒷서거니하는발은 모두 피한다. 발딛기가 나쁜 곳이라도 자세를 취해 확실하게 딛어야 한다. 다른 비서(奧書)에 써 놓았으니 더욱 익혀두어야 한다.

(제6조) 눈두기

눈두기라고 일컬으는 것은 옛날부터 여러 가지가 있었지만, 지금 전하는 눈두기는 대체로 얼굴에 두는 것이다. 눈의 최종 모양은 보통의 눈으로 보는 것이 아니라 조금 가늘게 떠 골목집 2층을 흘겨보는 듯한다. 눈알을 움직이지 않고 적이 가까이 있어도 먼 곳을 보는 눈이다. 그런 눈으로 보면 적의 기술이 미치지 못하며 좌우 옆구리까지도 보인다. 관(觀)과 견(見) 두 가지로 보는데 관의 눈은 강하고, 견의 눈은 약해야 한다. 또 적에게 암시하는 눈도 있다. 의도(意)는 눈에 붙이되 마음에 붙도록 해서는 안된다. 잘 음미해야 한다.

(제7조) 간격의 계산이라는 것

간격을 헤아리는 방법(양태)은 다른 것에도 여러 가지가 있고, 모든 병법(兵法)에도 있듯이 마음을 두었다고 하여 이제까지 전해진 경우, 별다른 뜻이 있는 것은 아니다. 어떤 도(道)일지라도 그것에 익숙해지면 잘 알게 된다. 대략은 나의 태도(太刀)가 적을 맞힐 정도의 경우라면 적의 태도에 나도 맞을 수 있다는 사실을 생각해야만 한다. 적을 치려고 하면 내 몸은 잊어버리는 것이다. 잘 공부해야 한다.

(제8조) 마음가짐

마음가짐의 상태는 느슨하지도 않고, 가볍지도 않으며, 위세를 떨치지 않으며, 겁내지도 않고, 바르며 넓게 가져, 생각(意)의 마음은 가볍게, 근본(本心)의 마음은 무겁게 한다. 마음(心)을 물처럼 하여 (마음에) 느끼는 대로 일에 응하는 마음이다. 물에는 시퍼런(벽담색) 색깔이 있다. 한 방울도 있고 푸른 바다도 있음을 잘 음미해야 한다.

(제9조) 병법에 상중하의 위치(단계)를 아는 것

병법에 몸의 자세가 있다. 태도(太刀)에도 여러 자세를 보면 강하게 보이거나 빠르게 보이는 병법, 이것은 낮은 단계임을 알아야 한다. 또 병법이 자세하고 기술이 보기 좋으며, 박자가 좋은 모양으로 보이고, 그 품위가 있어 보이는 것의 병법은 중간의 단계이다. 상단의 병법은 강하지도 약하지도 않으며, 모나지도 않고 빠르지도 않다. 보기에 멋지지도 않고, 보기에 나쁘지도 않으며, 크고 바르며, 고요하게 보이는 병법이 최상의 단계이다. 잘 음미해야 한다.

(제10조) 줄자(絲矩: 실자)라고 말하는 것

항상 줄자를 마음에 가져야 한다. 상대의 마음에 줄을 묶어 본다면, 강한 곳·약한 곳·바른 곳·비뚤어진 곳·팽팽한 곳·느슨한 곳을 나의 마음을 자(尺)로 삼아 정확하게 해서 줄을 당겨보면 사람의 마음을 알 수 있는 것이다. 그 줄자로 원으로도·각으로도·긴 것도·짧은 것도·굽은 것도·곧은 것도 잘 알도록 하는 것이다. 공부해야 한다.

(제11조) 태도(太刀)의 도(道)인 것

태도(太刀)의 도(道)를 잘 모르면 태도(太刀)를 마음먹은 대로 휘두르지 못한다. 그 이상(其上) 강해질 수가 없다. 태도(太刀)의 날과 등은 분별하지 못하거나 혹은 태도(太刀)를 소도(小刀)로 사용하거나, 혹은 밥주걱 따위처럼 쓴다면 중요한 적을 베어야 할 때에 마음이 통일되지 않는다. 항상 태도(太刀)의 도(道)를 분별하고 무거운 태도의 상태로 태도(太刀)를 조용(침착)한 상태로 하여 적을 벨 수 있도록 단련해야 한다.

(제12조) 치기와 맞추기라고 말하는 것

치기와 맞추기라고 말하는 것은 어떤 태도(太刀)로든 그 친 곳을 확실하게 깨달아 시험삼아 물체를 베듯 마음껏 치는 것이다. 또 맞추기라 말하는 것은 친 곳을 확실하게는 몰랐을 때 아무 것일지라도 적의 몸에 혹은 태도(太刀)를 맞춘 것이다. 맞추는 것에도 강하게 맞추었다고 해도 친 것이 아니다. 적의 몸에 맞았건 태도(太刀)에 맞았건 맞지 않았건 중요하지 않다. 진짜 칠 수 있도록 수족(手足)을 처들어 올리는 마음이다. 잘 공부해야 한다.

(제13조) 세가지 선수라고 말하는 것

세 가지의 선수라 말하는 것은 첫째는 내가 적을 공격하는 선수이다. 둘째는 적이 나를 공격할 때의 선수이다. 셋째는 나도 공격하고 적도 공격할 때의 선수이다. 이것을 세 가지 선수라 한다. 내가 공격할 때의 선수는, 몸은 현(懸: 걸기)의 몸으로 해서 발(足)과 마음(心)을 속에 남겨 느슨하지도 않으며, 팽팽하지도 않고, 적의 마음을 움직이게 하는데 이것을 현(懸)의 선(先)이라 한다. 또 적이 현(懸)으로 공격해 올 때의 선수(先手)는 내 몸에 마음을 두지 않고 어느 정도 가까울 때 마음을 그 상태로 내버려 두고 적의 움직임에 따라 그대로 선수를 치는 것이다. 또 서로 공격할 때는 내 몸을 강하게 제대로(충분히) 해서, 태도(太刀)로 하건·몸으로 하건·발로 하건·마음으로 하건 선수를 치는 것이다. 선수를 치는 것이 중요하다.

(제14조) 나루터를 건넌다고 말하는 것

적도 나도 서로 맞출 정도일 때 나의 태도(太刀)를 현(懸)으로 내려치면서 나루터(渡津) 안쪽으로 넘어가 몸(身)과 발(足)을 함께 움직여서 적의 몸 가까이 붙인다. 나루터를 건너는데 마음을 쓸 것은 없다. 이런 부류는 뒤에 다시 써두겠으니 잘 분별해 두어야 한다.

(제15조) 태도(太刀)로 바뀌는 몸이란 것

태도(太刀)로 바뀌는 몸이라 말하는 것은 태도(太刀)를 쳐갈 때 몸이 따르지 못하는 것이다. 또 몸을 쳤다고 볼 때는 태도(太刀)를 나중에 치는 마음이다. 이것이 공(空)의 마음이다. 태도(太刀)와 몸(身)과 마음(心)이 한 번에 치는 일은 없다. 속에 내재하고 있는 마음, 속에 있는 자기 자신(身)을 잘 음미해야 한다.

(제16조) 두 발걸음이라고 말하는 것

두 발걸음이란 것은 태도를 한 번 치는 사이에 발을 두 발걸음을 옮긴다는 것이다. 태도를 휘두르거나·막거나·찌르거나·당기거나 간에 발은 두 발걸음이다. 발을 붙인다고 말하는 마음이 이것이다. 태도 한 번에 한 걸음이면 나아감이 없는 것이다. 두 발걸음이라 생각하면 언제나 걷게 된다. 잘 공부해야 한다.

(제17조) 칼을 밟는다고 말하는 것

태도의 끝을 발로서 밟아 누른다고 말하는 마음이다. 적의 현(懸)으로 쳐오는 태도와 떨어지는 곳을 나의 왼 발로 밟아 누르는 마음이다. 밟아 누를 때에는 태도로도·몸으로도·마음으로도 선수를 치면 어떤 경우에도 이기는 경지이다. 이 마음이 없다면 태도만 순간순간 마주쳐 나쁜 것이다. 발은 헛디디는 것도 있으니 칼을 밟아 누르는 그때는 그렇지 않다. 잘 음미해야 한다.

(제18조) 그늘을 누르기라고 말하는 것

그늘의 그림자를 누른다고 말하는 것은 적의 몸 안을 보아서 마음에 남는 곳도 있고 부족한 곳도 있다. 나의 태도로 마음이 남는 곳을 주의하면서 모자라는 곳을 그대로 공격하면, 적이 박자를 잃어서 승리할 수 있는 것이다. 그렇다 해도 나의 마음을 남겨, 친 곳을 잊지 않는 것이 중요하다. 공부해야 한다.

(제19조) 그림자를 움직인다고 말하는 것

그림자는 태양에 드리워진 그늘이다. 적이 태도를 들고 몸을 앞으로 내민 자세를 취할 때, 마음은 적의 칼을 누르고, 몸을 비워서 적이 나오려는 곳을 태도로 치면 반드시 적이 몸을 움직여 나온다. 움직여 나오면 이기기 쉽다. 옛날에는 없었던 것이다. 지금은 붙박힌 마음을 싫어해서 나오려는 곳을 친다. 잘 공부해야 한다.

(제20조) 활줄 벗기기(끄르기)라고 말하는 것
활줄 벗기기(끄르기)란 적도 나도 마음이 긴장하고 있음을 말한다. 몸에도·태도(太刀)에도·발에도·마음에도 빨리 긴장을 벗어나는 것이다. 적의 생각이 미치지 못하는 곳에서 잘 벗어나야 하는 것이다. 공부해야 한다.

(제21조) 참빗(小櫛)의 가르침이라는 것
참빗의 마음이란, 맺혀서 풀어지지 않는 마음을 푼다는 뜻이다. 내 마음의 참빗을 가지고 적의 마음이 맺혀 풀어지지 않는 곳을 각자의 상황에 따라 푸는 마음이다. 맺히는 것이나 긴장하는 것은 비슷한 것일지라도, 긴장하는 것은 강한 마음이요, 맺히는 것은 약한 마음이다. 잘 음미해야 한다.

(제22조) 박자의 틈새을 안다고 하는 것
박자의 틈새을 안다는 것은 적에게 빠름도·느림도 있으니 적에게 쏠린 박자이다. 마음이 느린 적에게는 태도(太刀)를 서로 마주친 후에 나의 몸은 움직이지 말고, 태도(太刀)가 나가는 것도 모르게 빨리 하늘을 치는 것이 한 박자이다. 적의 기(氣)가 빠를 때는 내 몸과 마음을 치고, 적의 움직임의 뒤를 치는데, 이것이 두(둘) 넘기기라고 말한다. 또 무념무상(無念無想)이라고 하는 말은 몸을 치는 것같이 하고 마음과 태도(太刀)는 남겨 적의 기(氣)의 틈을 허공으로부터 강하게 치는 것이 무념무상이다. 또 느린 박자라고 말하는 것은 적의 태도를 치는 것을 받을 때 더디게 속마음이 주저하는 마음으로 틈을 치는 것을 말한다. 잘 공부해야 한다.

(제23조) 베개 누르기라 말하는 것

베개 누르기란 것은 적이 태도로 쳐 오는 기미를 알아서 치려고 생각하는 돌출부(히라가나 '우' 글자 'う'의 두부)를 허공에서 억누르는 것이다. 억눌러라, 마음으로도 누르고, 몸으로 누르고, 태도로도 억누르는 것이다. 이 기미를 안다면 적을 베는 데도 좋고, 쳐들어가기도 좋으며, 끄르기(벗기기)도 좋으니 선수를 치기에도 좋다. 어느 것도 시합하는 마음에 있으니 단련하는 것이 중요하다.

(제24조) 기미(景氣)를 안다고 말하는 것

기미(상황)를 안다고 말하는 것은 그 장소의 모양, 적의 상황, 부침(浮沈: 성함과 쇠함), 천심(淺深: 얕음과 깊음, 적의 방비상태), 강약의 상황을 보아 잘 아는 것이다. 줄자(絲尺)라고 말하는 것은 보통의 법도이나 상황(기미)은 즉석의 일이다. 시간 상황을 알면 앞으로 나가건 뒤로 나가건 이긴다. 잘 음미해야 한다.

(제25조) 적으로 된다고 말하는 것

나 자신을 적의 입장에서 생각해 보는 것이다. 또는 한 사람인가, 또는 여러 사람인가, 그 도(道)에 수준이 높은 사람인가 등 적의 마음(心)의 어려움을 헤아리는 것이다. 적의 마음이 헤매는(허둥되는) 것인지도 알지 못하고, 약한데도 강할 것이라 생각하며, 병법에 달자가 아닌데도 달자로 보거나, 작은 적을 큰 적으로 보면, 적은 불리함에도 이익을 주게 되는 것이다. 적의 마음이 되어 잘 분별하라.

(제26조) 잔심(殘心)과 방심(放心)이란 것

잔심(남는 마음)과 방심(버린 마음)은 일에 따르고, 때에 따르는 것이다. 나의 태도(太刀)를 들고 항상 의(意)를 버리고 마음을 남기라는 것이다. 또 적을 확실히 베었을 때는 마음을 버리고 의를 남긴다. 잔심·방심을 보는 입장에는 여러 가지가 있는 것이다. 잘 음미해야 한다.

(제27조) 인연(緣)의 만남이라고 말하는 것

인연(緣)의 만남이라고 말하는 것은 적이 태도(太刀)를 들고 베려고 걸어(懸)올 때, 나의 태도로서 뻗는 일도 있고, 막는 것도 있다. 뻗거나 막는 것도 적을 베는 태도(太刀)의 인연이라 생각하는 것이다. 타는 것(乘)도·벗어나는 것도·부딪히는 것도 모두가 치기 위함이니 나의 심신과 태도도 항상 베겠다는 마음이다. 잘 음미해야 한다.

(제28조) 옷칠과 아교의 붙이기라고 하는 것

옷칠을 하고 아교를 붙이는 것이란 적의 몸에 바짝 밀착시키라는 것이다. 발·허리·얼굴까지도 틈새없이 마치 칠교(漆膠)로서 물건을 붙이는 것처럼 달라붙으라는 것이다. 몸에 틈이 생기면 적이 여러 가지 기술을 걸어온다. 적에게 붙는 박자는 베개누르기로 하되 고요한 마음으로 해야 한다.

(제29조) 수후(愁猴)의 몸이라고 말하는 것

수후(근심하는 원숭이, 앞에서는 秋猴로도 설명되었다)의 몸이란 적에게 밀착시킬 때 좌우의 손이 없는 마음으로 하여 적의 몸에 붙으라는 것이다. 잘못하면 몸은 남고(움직이지 않고) 손만 나가는 것이다. 손만 나가면 몸은 남게 된다. 왼 어깨가 닿을 정도가 되어야 도움이 된다. 손끝만 닿아서는 소용이 없다. 적에게 붙는 박자는 앞에서와 같다.

(제30조) 키재기라고 말하는 것

키를 잰다고 말하는 것은 적의 오른 편에 붙을 때 적과 키를 재는 듯이 내 몸을 늘여 적의 키보다는 나의 키가 더 크게 하는 마음으로 적의 몸곁에 붙인 박자는 어느 경우에도 같은 뜻이다. 잘 음미해야 한다.

(제31조) 문짝의 가르침이라고 말하는 것

문짝(扉)의 몸이라고 말하는 것은 적의 몸에 붙을 때 내 몸의 폭을 넓고 바르게 펴, 적의 태도(太刀)나 몸도 맞서듯이 하여 적과 내 몸의 틈이 없도록 붙는 것이다. 또 몸을 옆으로 밀어붙일 때는 어떻게든 움추려 바르게 하여, 적의 가슴에 내 어깨를 강하게 붙여야 한다. 적에게 부딪혀 넘어뜨리는 몸이다. 공부해야 한다.

(제32조) 장졸(將卒)의 가르침이라고 말하는 것

장졸이라고 말하는 것은 병법의 이로움을 몸에 받아드려 적을 졸병으로 보고, 내몸을 장수로 생각해서 적으로 하여금 조금도 자유롭지 못하게 하는 것이다. 태도를 휘두르는 것이나 움츠리는 것도, 모두 내 마음이 의도하는 대로 되도록 적의 마음에 계략을 쓰지 못하게 하는 것이다. 이것이 중요하다.

(제33조) 자세가 있으면서 자세가 없다라고 말하는 것

유구무구(有構無構)라는 것은 태도를 든 몸의 틈(間)에 있는 것으로 어느 것도 자세 아닌 것이 없지만, 자세를 취하는 마음의 있음에 따라 태도도 몸도 붙박히는 것이다. 장소나 일에 따라 어느 쪽에도 태도는 있지만 자세를 취하려는 마음이 없고, 적에게 상응하는 태도라면 상단(上段)에도 세 가지가 있다. 중단(中段)에도·하단(下段)에도 세 가지 마음이 있다. 좌우 옆구리의 자세도 같다. 이것으로 본다면 자세란 없는 마음이다. 잘 음미해야 한다.

(제34조) 바위의 몸이라고 말하는 것

바위의 몸이라고 말하는 것은 움직이는 일 없이 강하고 큰 마음이다. 자기 몸에 스스로 만리(萬理)를 깨달아 끝나는 곳이 없다면 살아 있는 것은 모두 바른 마음이 있다. 무심한 초목까지도 뿌리가 튼튼해진다. 내리는 비·부는 바람도 같은 마음이라면, 이 몸을 잘 음미해야 한다.

(제35조) 때를 아는 것

때를 안다고 말하는 것은 빠를 때를 알고, 늦을 때를 알며, 도망치는 때를 알고, 물러나지 않을 때를 아는 것이다. 이치류(一流: 二刀一流)에 직도(直道)라고 하는 극의의 태도(太刀)가 있다. 이것은 각각 특색과 차등이 있으므로 입으로 전할 뿐이다.

○ 만리일공(萬理一空)이라는 것

만리(萬理)는 일공(一空)인 것, 글로 쓰지 못한다. 자기 자신이 스스로 공부해야 할 것이다.

「만리일공(萬理一空)은 미야모토 무사시의 병법서인 오륜서(五輪書)와 병법35개조(兵法三十五箇條)를 이 넉자로 요약한 것이다. 만리(萬理, 또는 萬里)는 아주 높은 지극한 도리·법도이며, 일공(一空)은 텅 비어 아무것도 없는 상태인 지극한 이치(理)를 뜻한다. 이는 "무예를 연마하고 마음에 주저함이 없으며, 조금의 흐림도 없고, 어두운 구름이 활짝 갠듯한 경지를 뜻한다. - 역자 첨부」

이상의 35가지 조목은 병법(兵法)의 견해·마음가짐에 이르기까지의 대략을 기록한 것이다. 사소한 부분은 다 기록하지 못한 곳은 모두 앞에서 말한 이유인 것뿐이다. 또 이치류(一流: 二刀一流)에 한 몸을 닦았음으로 태도(太刀) 근간(내용)의 여러가지에 관한 구전 등은 글로 쓰지 않았다. 부족한 점은 말로 설명할 뿐이다.

강에이(寬永) 18(1641)년 2월 길일(吉日)

신멘무사시 겐신(新免武藏 玄信)

역자 약력

▷ 대구보건대학 생활체육학과(스포츠건강관리과) 교수
▷ 경력
전) 한국 장애인 수영연맹 부회장
전) 대구광역시 장애인 수영연맹 상임 부회장
전) 대구광역시 장애인체육회 자문위원
전) 대구광역시 보디빌딩협회 이사
제88회(2007), 제89회(2008), 제90회(2009) 전국체육대회 대구광역시 선수단 스쿼시팀 감독 참가
대한유도회 유도 공인 5단(2급 지도사범 및 2급 공인 심판 자격증 취득)
한국합기도연맹 합기도 공인 8단(1급 사범 자격증 취득)
대한우슈협회 우슈 공인 4단(우슈 경기지도자 및 사범 자격증 취득)
대한보디빌딩협회 2급 공인심판 자격증 취득
대한스쿼시연맹 경기지도자 자격증 취득
현) 한국운동재활학회 이사
현) 대구광역시 우슈협회 이사
현) 대구광역시 스쿼시연맹 이사
▷ 무도관련 연구 논문 및 저서(번역서)
일본 학교교육의 무도(武道)교과 취급 관련 정책 및 제도변천의 사(史)적 전개, 대구보건대학 논문집 VOL. 30 (2010.)
일본 전통문화로서의 무도(武道)수련체계의 형성과 정신성 의미 탐색, 대구보건대학 논문집 VOL. 29 (2009.)
가노지고로(嘉納治五郎)의 유도 교육이념과 학교체육 교재로서의 교육적 가치성, 대구보건대학 논문집 VOL. 28 (2008.)
근대 일본의 국가주의 교육정책과 학교 무도(武道)교육 변천의 상황적 맥락성 탐색, 한국스포츠리서치 제18권 06호 (통권 105호), (2007.)
무도사상탐구(武道思想探究), 도서출판 학사원 (2009.)

武道學講論

2010년 8월 15일 인쇄
2010년 8월 20일 발행

편역자 : 金　釘　瞰
펴낸이 : 張　世　珍
펴낸데 : 學　士　院

대구광역시 중구 서문로2가 38번지
전화 : (053) 253-6967, 254-6758,
FAX : (053) 253-9420
등록 : 1975년 11월 17일 (라120호)

□ 무단복제를 금함　　　값 25,000원